A civilização do
Ocidente medieval

Dados Internacionais de Catalogação na Publicação (CIP)
(Câmara Brasileira do Livro, SP, Brasil)

Le Goff, Jacques
A civilização do Ocidente medieval / Jacques Le Goff ; tradução de Monica Stahel. – Petrópolis, RJ : Vozes, 2016.

Título original: La civilisation de l'Occident médiéval

Bibliografia

2ª reimpressão, 2018.

ISBN 978-85-326-5275-1

1. Civilização medieval I. Título.

16-03630   CDD-940.1

Índices para catálogo sistemático:

1. Civilização medieval : História   940.1

Jacques Le Goff

A civilização do
Ocidente
medieval

Tradução de Monica Stahel

EDITORA
VOZES
Petrópolis

© Éditions Flammarion. Paris, 1982

Título do original em francês: *La civilisation de l'Occident médiéval*

Direitos de publicação em língua portuguesa – Brasil:
2016, Editora Vozes Ltda.
Rua Frei Luís, 100
25689-900 Petrópolis, RJ
www.vozes.com.br
Brasil

Todos os direitos reservados. Nenhuma parte desta obra poderá ser reproduzida ou transmitida por qualquer forma e/ou quaisquer meios (eletrônico ou mecânico, incluindo fotocópia e gravação) ou arquivada em qualquer sistema ou banco de dados sem permissão escrita da editora.

CONSELHO EDITORIAL

Diretor
Gilberto Gonçalves Garcia

Editores
Aline dos Santos Carneiro
Edrian Josué Pasini
Marilac Loraine Oleniki
Welder Lancieri Marchini

Conselheiros
Francisco Morás
Ludovico Garmus
Teobaldo Heidemann
Volney J. Berkenbrock

Secretário executivo
João Batista Kreuch

Editoração: Maria da Conceição B. de Sousa
Diagramação: Alex M. da Silva
Capa: Felipe Souza | Aspectos
Ilustração de capa: Iluminura "Falconry, Château d'Étampes" (detalhe), do manuscrito "Très Riches Heures du duc de Berry", cerca de 1416.

ISBN 978-85-326-5275-1 (Brasil)
ISBN 978-2-0812-1294-7 (França)

Editado conforme o novo acordo ortográfico.

Este livro foi composto e impresso pela Editora Vozes Ltda.

Sumário

Introdução, 7

Parte I – Do mundo antigo à Cristandade medieval, 15

1 A instalação dos bárbaros (séculos V-VII), 17

2 A tentativa de organização germânica (séculos VIII-X), 40

3 A formação da Cristandade (séculos XI-XIII), 54

4 A crise da Cristandade (séculos XIV-XV), 93

Parte II – A civilização medieval, 97

Gênese, 99

1 Estruturas espaciais e temporais (séculos X-XIII), 115

2 A vida material (séculos X-XIII), 182

3 A sociedade cristã (séculos X-XIII), 248

4 Mentalidades, sensibilidades, atitudes (séculos X-XIII), 315

Referências, 353

Índice, 383

Introdução

O plano da coleção "Les Grandes Civilisations" (As Grandes Civilizações) impôs o limite cronológico e o recorte desta obra, e aceitei-os de bom grado. De pleno acordo com Raymond Bloch, Sylvain Contou e Jean Delumeau, centrei o livro no período do século X ao XIII – a Idade Média Central, que também é, numa perspectiva mais ampla, um momento decisivo na evolução do Ocidente, a escolha de um mundo aberto ao invés de um mundo fechado – apesar das hesitações da Cristandade do século XIII entre os dois modelos, a opção, ainda inconsciente e freada pela mentalidade autárquica, pelo crescimento, pela instauração de estruturas ainda fundamentais do mundo atual. Esse período assistiu ao nascimento da cidade (a cidade medieval é diferente da cidade antiga – e a cidade da Revolução Industrial será também diferente) e da aldeia[1], a verdadeira arrancada de uma economia monetária, as invenções tecnológicas apropriadas para garantir a conquista rural, o artesanato pré-industrial, a construção em grande escala (charrua dissimétrica com rodas e aiveca, ferramentas de ferro, moinho de água com suas aplicações e moinho de vento, sistema de cames, tear, aparelhos de levantamento, sistema de atrelagem "moderno"). Com o surgimento da máquina de uso utilitário (e não apenas lúdico ou militar), elaboram-se também novos modos de dominação do espaço e do tempo, sobretudo do espaço marítimo, com a invenção do leme de cadaste, a adoção da bússola, novos tipos de navio, o avanço da precisão das medidas, a noção de horas regulares e a fabricação de relógios para medi-las e mostrá-las. A Igreja mantém e às vezes reforça seu controle ideológico e intelectual, mas a alfabetização progride, a oposição *litterati/illiterati* (instruídos/ignorantes, corruptores de latim e gente confinada às línguas vulgares) já não abarca a oposição clérigos/laicos, um novo tipo de ensino e de ciência, a escolástica, apoiada numa nova instituição, a universidade, continua clerical, mas desen-

---

1. Jean Chapelot e Robert Fossier acabam de mostrá-lo em *La Village et la maison au Moyen Age*. Paris, 1980 [A aldeia e a casa na Idade Média].

volve o espírito crítico e favorece marginalmente o desenvolvimento dos conhecimentos e das funções jurídicas e médicas, que logo escaparão à Igreja. Apesar do internacionalismo cristão, os homens se agrupam cada vez mais em nações e em estados em torno de dirigentes laicos, segundo um modelo principalmente monárquico ou principesco. As estruturas sociais e mentais conferem lugar privilegiado a tipos de organização ternária – o esquema indo-europeu tripartido: os que rezam, os que combatem, os que trabalham, ou mais ainda, com a afirmação do conceito de médio, de intermediário, a trilogia dos grandes, médios e pequenos – ou pluralista (os estados mundanos, as virtudes e os vícios). As mentalidades mudam: emergem novas atitudes diante do tempo, do dinheiro, do trabalho, da família, apesar da força persistente dos modelos aristocráticos reforçados pela formação do ideal cortês, primeiro código propriamente ocidental de polidez, sejam quais tenham sido as influências árabes e o peso das tradições camponesas difundidas por meio de um pensamento "folclórico". A Igreja elabora para essa nova sociedade um humanismo cristão que resgata o homem humilhado como Jó, por referência à imagem de Deus, transforma a devoção graças ao desenvolvimento do culto mariano e à humanização do modelo cristológico, altera a geografia do além introduzindo o Purgatório entre o Paraíso e o Inferno, privilegiando assim a morte e o julgamento individual.

Nem tudo é cor-de-rosa, ao contrário do que pretendem alguns, nesse desabrochar da Idade Média central. Há sempre ameaça de fome, a violência é onipresente, as lutas de classes são cruéis e constantes, embora surjam formas mais pacíficas e organizadas de resistência das classes e grupos dominados: a greve no meio artesanal e no universitário. A Igreja, preocupada e incapaz – apesar das novas ordens monásticas e religiosas, cistercienses e ordens mendicantes, e os concílios animados pelo papado – de um verdadeiro *aggiornamento* (o que ela chama de reforma), endurece seu apelo ao inferno e organiza o cristianismo do medo que Jean Delumeau tão bem mostra para o período seguinte. Mas é claro que, a partir do século XI, já não se pode falar, como se falava entre os séculos XVI e XIX, de idade das trevas para designar a Idade Média, e nosso tempo reconhece nela nossa infância, o verdadeiro início do Ocidente atual, independentemente da importância das heranças judeu-cristã, greco-romana, "bárbara" e tradicional que a sociedade medieval recolheu. Apesar da real crueldade dos tempos medievais em muitas esferas da vida cotidiana, admitimos cada vez menos que medieval seja sinônimo de atrasado e selvagem. Seria mais fácil aceitar algo mais próximo de primitivo, pois nossa época é quase fascinada pelo primitivismo. O essencial é a inegável potência criadora da Idade Média.

Embora para mim o âmago da Idade Média continue situado nos três séculos e meio que vão do ano 1000 à peste negra, hoje tendo mais a recolocar essa Idade Média curta dentro de uma longa Idade Média que se estende aproximadamente do século III até mais ou menos meados do século XIX, um milênio e meio cujo sistema essencial é o do feudalismo, mesmo sendo necessário distinguir nela fases às vezes intensamente contrastantes. Minha "bela" Idade Média do crescimento é limitada por dois intervalos de recessão ou de estagnação, que levaram Emmanuel Le Roy Ladurie a evocar a ideia de uma história (quase) imóvel, embora ele se recuse evidentemente, como todo historiador, a parar a história, o que seria negá-la. Aliás, nem a alta Idade Média, que, na minha opinião, remonta ao que hoje se denomina Antiguidade tardia, nem o ecossistema de Emmanuel Le Roy Ladurie para o período que se chamava, escolarmente, "moderno" são para mim simples arrefecimentos ou perdas de fôlego da História. Embora a meu ver se tenha exagerado o brilho dos Renascimentos (tanto o dos carolíngios como a dos humanistas), os séculos IX e XVI, o século de Carlos Magno e o de Carlos Quinto, segundo dizia Voltaire, são tempos de renovação. Mas o essencial é, para a Cristandade latina, o longo equilíbrio do modo de produção feudal dominado pela ideologia cristã, que se estende do fim da Antiguidade clássica até a Revolução Industrial, não isento de crises nem de inovações.

Assim, minha Idade Média é mais do que nunca, e o paradoxo é apenas aparente, ancorada no longo prazo e impelida por um intenso movimento. O sistema que descrevo caracteriza-se, de fato, pela passagem da subsistência para o crescimento. Ele produz excedentes, mas não os sabe reinvestir. Gasta, esbanja sob o signo da largueza as colheitas, os monumentos, o que é belo, e os homens, o que é triste. Não sabe o que fazer de seu dinheiro, apanhado entre o desprezo dos adeptos da pobreza voluntária e as condenações da usura pela Igreja.

No entanto o Ocidente vive, entre os séculos XI e XIV, uma conversão essencial. Antes contentava-se em subsistir, em sobreviver, porque acreditava próximo o fim dos tempos. O mundo envelhecia e o medo do anticristo era contrabalançado pelo desejo do milênio, do reinado dos santos sobre a terra, ou, de maneira mais conforme à ortodoxia da Igreja, a espera do juízo final alimentava igualmente a esperança do Paraíso e o temor do Inferno. A partir de então ele se instala na terra por um tempo sempre limitado, porém mais longo, e, mais do que no retorno às purezas originais do Paraíso ou da Igreja primitiva, ou na precipitação para o fim dos tempos, ele pensa no que o separará por muito tempo ainda da eternidade. O provisório perdurará. Ele pensa cada vez mais em organizar sua morada terrestre e se oferecer, no além, um território, um reino de espera e de esperança entre a morte individual e a ressurreição final, o Purgatório.

Quinze anos depois, durante os quais se afirmaram, sobretudo na escola histórica francesa, as orientações que levaram à noção de antropologia histórica, de uma história que não reconhece para si fronteiras precisas com a sociologia e a etnologia, não creio ter de modificar substancialmente a arquitetura do cerne desta obra, arquitetura que depende de escolhas teóricas e metodológicas.

Começo por um estudo das estruturas do espaço e do tempo não apenas porque são os âmbitos fundamentais de toda sociedade, mas porque seu estudo mostra que, em história, nada se apreende e nada funciona que não seja uma estrutura mista de realidades materiais e simbólicas. O espaço na Idade Média é ao mesmo tempo a conquista de territórios, de itinerários, de lugares e a elaboração da representação desses espaços. Um espaço valorizado que relega a um lugar subalterno a antiga oposição entre direita e esquerda para privilegiar os pares em cima e embaixo, interior e exterior. Um espaço construído como a realização de uma identidade coletiva, mas que, ao mesmo tempo, secreta espaços de exclusão em seu próprio interior para o herege, o judeu, mas também para aqueles cristãos em quem a sociedade dominante vê apenas ideais extraviados, o itinerante transformado em vagabundo, o pobre transformado em mendigo válido, o leproso revelando-se envenenador, o folclore deixando transparecer por trás das máscaras de carnaval seu verdadeiro rosto, o de satã. Uma época que discute entre os sinos dos clérigos e os campanários dos laicos, entre o tempo cheio de rupturas da escatologia escandido pelas conversões, pelos milagres, pelas epifanias diabólicas e divinas e o tempo contínuo da historicidade que analistas e cronistas constroem laboriosamente, o tempo circular do calendário litúrgico e o tempo linear das histórias e das narrativas, o tempo do trabalho, o tempo do lazer, e a lenta emergência de um tempo divisível em partes iguais e mecanicamente mensuráveis, o dos relógios, que é também o do poder unificador, do Estado. Assim, nas estruturas profundas revela-se a união do real e do imaginário cuja compreensão se recusa à inaceitável problemática da infraestrutura e da superestrutura, velhas luas que nunca clarearam nada.

Em seguida, sempre me parece necessário insistir, nos dois extremos da cadeia histórica, sobre dois domínios cuja importância as pesquisas recentes têm mostrado cada vez mais, a cultura material e as mentalidades. Não é que a primeira seja puramente material. Os antropólogos nos ensinaram a decifrar a comida e a roupa como códigos alimentar e de vestuário. Os homens da Idade Média investiram muito, simbolicamente, nesses códigos. A sociedade da caça e da carne assada olhava por cima o mundo da agricultura e das sopas, mas todos, em diversos níveis, eram hortícolas por um lado, carnívoros por outro. Quanto ao vestuário, citarei apenas um fenômeno, impressionante: o fenômeno da pele, que acaba de ser magistralmente estudado por Robert Delort, e a revolução do pelo que não eriça as peles para fora, mas as *enfurna**** para dentro.

Quanto às mentalidades, talvez sejam uma resposta canhestra ao velho projeto dos historiadores de introduzir em sua ciência, ainda na infância, a psicologia coletiva, sob uma forma que não seja por demais impressionista ou subjetiva, sempre conservando a plasticidade e a fluidez das estruturas mentais. Elas são principalmente o meio de abrir a porta para outra região da história, para algo diferente dos empobrecimentos da história rotineira, neopositivista ou pseudomarxista.

Na encruzilhada do material e do simbólico o corpo fornece ao historiador da cultura medieval um observatório privilegiado: num mundo em que os gestos litúrgicos e o ascetismo, a força física e o aspecto corporal,

---

* Em francês, *fourrer* (inserir, enfurnar, forrar). O substantivo derivado *fourrure* é pele de animal [N.T.].

a comunicação oral e a lenta valorização do trabalho contam tanto, interessa dar toda a importância, para além da escrita, à palavra e ao gesto.

Julgo sobretudo que o funcionamento da sociedade se esclarece principalmente pelos antagonismos sociais, pela luta das classes, mesmo que o conceito de classe não se adapte bem às estruturas sociais da Idade Média. Mas essas próprias estruturas também são impregnadas de representações mentais e simbolismo. Daí a necessidade de completar a análise das "realidades" sociais por aquelas do imaginário social, do qual uma das criações mais originais da Idade Média foi o recurso ao esquema trifuncional indo-europeu, cuja importância foi revelada por Georges Dumézil e ao qual Georges Duby acaba de dedicar um grande livro, *Les Trois Ordres* ou *l'imaginaire du féodalisme* (As Três Ordens ou o imaginário do feudalismo).

Finalmente, considero que, no empenho de descrever e explicar a civilização medieval, não devem ser esquecidas duas realidades essenciais.

A primeira está ligada à própria natureza do período. Nele, a Igreja desempenha um papel central, fundamental. Mas é preciso ter em conta que o cristianismo funciona então em dois níveis: como ideologia dominante apoiada por um poder temporal considerável e como religião propriamente dita. Ignorar um ou outro desses papéis levaria à incompreensão e ao erro. Aliás, no último período medieval, aquele que, a meu ver, começa depois da peste negra, a consciência mais ou menos clara que a Igreja tem da contestação de seu papel ideológico leva-a ao endurecimento que se expressará pela caça às bruxas e, mais geralmente, pela difusão do cristianismo do medo. No entanto, a religião cristã nunca se reduziu ao papel de ideóloga e de polícia da sociedade estabelecida. Principalmente não na Idade Média, que lhe deve seus arroubos pela paz, pela luz, pela elevação heroica, um humanismo em que o homem peregrino, feito à imagem de Deus, se empenha em busca de uma eternidade que não está atrás, mas à frente dele.

A segunda realidade é de ordem científica e intelectual. É provável que não haja domínio da história que o ensino universitário tradicional mais tenha esmiuçado, na França com certeza, em outros lugares o mais das vezes. À história geral ou propriamente dita amalgamaram-se a história da arte e a arqueologia (esta em pleno desenvolvimento), a história da literatura (conviria dizer das literaturas, num mundo do bilinguismo em que se expandem, ao lado do latim dos clérigos, as línguas vernáculas), a história do direito (também aqui *dos* direitos, o canônico constituindo-se ao lado do romano renascente). Ora, talvez nenhuma sociedade, nenhuma civilização tenha tido paixão mais intensa pela globalidade, pelo todo. A Idade Média foi, pelo melhor e pelo pior, totalitária. Reconhecer sua unidade é antes de tudo restituir-lhe sua globalidade.

J. Le Goff

Parte I
Do mundo antigo à Cristandade medieval

1
A instalação dos bárbaros (séculos V-VII)

O Ocidente medieval nasceu sobre as ruínas do mundo romano. Elas foram apoio e, ao mesmo tempo, desvantagem. Roma foi seu alimento e sua paralisia.

Colocada por Rômulo sob o signo do fechamento, a história romana, até em seus sucessos, não é mais que a história de uma grandiosa clausura. A cidade reúne à sua volta um espaço dilatado pelas conquistas até um perímetro máximo de defesa que ela se obriga, no século I, a encerrar por trás de *limes*, verdadeira muralha da China do mundo ocidental. No interior desses muros, ela explora sem criar: nenhuma inovação técnica desde a época helenística, uma economia alimentada pela pilhagem, em que as guerras fornecem a mão de obra servil e os metais preciosos obtidos nos tesouros amealhados do Oriente. É exímia nas artes conservadoras: a guerra, sempre defensiva apesar das aparências de conquista; o direito, que se constrói sobre o arcabouço dos precedentes e previne contra as inovações; o sentido do Estado, que garante a estabilidade das instituições; a arquitetura, arte por excelência da morada*. Essa obra-prima de permanência, de integrações, que foi a civilização romana é atacada, na segunda metade do século II, pela erosão de forças de destruição e de renovação.

A grande crise do século III mina o edifício. A unidade do mundo romano se desfaz: o coração, Roma e a Itália, se esclerosa, já não irriga os membros que tentam ter vida própria – as províncias se emancipam e depois se tornam conquistadoras. Espanhóis, gauleses, orientais invadem o senado. Os imperadores Trajano e Adriano são de origem espanhola,

---

* Em francês, *demeure* = morada, permanência [N.T.].

Antonino é de ascendência gaulesa; sob a dinastia dos Severo, os imperadores são africanos, as imperatrizes, sírias. O édito de Caracalla concede, em 212, o direito de cidadania romana a todos os habitantes do Império. Tanto quanto o êxito da romanização, essa ascensão provincial manifesta a intensificação das forças centrífugas. O Ocidente medieval será herdeiro dessa luta: unidade ou diversidade, Cristandade ou nações?

A fundação de Constantinopla, a Nova Roma, por Constantino (324-330) materializa a inclinação do mundo romano para o Oriente. Essa clivagem também marcará o mundo medieval: os esforços de união entre Ocidente e Oriente não resistirão a uma evolução que passará a ser divergente. O cisma está inscrito nas realidades do século IV. Bizâncio continuará Roma e, sob a aparência de prosperidade e de prestígio, prosseguirá a agonia romana atrás de suas muralhas, até 1453. O Ocidente, empobrecido, barbarizado, deverá refazer as etapas de um desenvolvimento que lhe abrirá, no final da Idade Média, os caminhos do mundo inteiro.

A própria fortaleza romana de onde partiam as legiões à captura de prisioneiros e butim é sitiada e logo derrubada. A última grande guerra vitoriosa data de Trajano, e o ouro dos dácios, depois de 107, é o último grande alimento da prosperidade romana. Ao esgotamento externo acrescenta-se a estagnação interna e, antes de tudo, a crise demográfica que aguça a penúria da mão de obra servil. No século II, Marco Aurélio contém o assalto bárbaro ao Danúbio, onde ele morre em 180; o século III assiste a um ataque geral às fronteiras do *limes*, que se apazigua menos pelos sucessos militares dos imperadores ilírios no fim do século e de seus sucessores do que pela trégua causada pela acolhida dos bárbaros admitidos no exército ou nas margens interiores do Império, como federados aliados: primeiros esboços de uma fusão que caracteriza a Idade Média.

Os imperadores acreditam conjurar o destino ao abandonar os deuses tutelares, que faliram, pelo novo Deus dos cristãos. A renovação constantiniana parece justificar todas as esperanças: sob a égide de Cristo a prosperidade e a paz parecem retornar. Trata-se apenas de uma breve trégua. E o cristianismo é um falso aliado de Roma. As estruturas romanas são para a Igreja apenas um contexto ao qual se moldar, uma base na qual se apoiar, um instrumento para se afirmar. Religião de vocação universal, o cristianismo hesita em se encerrar nos limites de uma civilização determinada. Decerto ele será o principal agente de transmissão da cultura romana ao Ocidente medieval. Mas diante dessa religião fechada a Idade Média ocidental conhecerá também uma religião aberta, e o diálogo entre essas duas faces do cristianismo dominará esse período intermediário.

Economia fechada ou economia aberta, mundo rural ou mundo urbano, fortaleza única ou casas diversas, o Ocidente medieval levará dez séculos para solucionar essas alternativas.

★

Uma vez que é possível identificar na crise do mundo romano no século III o início da mudança da qual surgirá o Ocidente medieval, é legítimo considerar as invasões bárbaras do século V como o acontecimento que precipita as transformações, que lhes dá um ar catastrófico e modifica profundamente seu aspecto.

As invasões germânicas, no século V, não são novidade para o mundo romano. Sem remontar aos cimbros e aos teutões derrotados por Mário no início do segundo século antes de Jesus Cristo, devemos lembrar que desde o reinado de Marco Aurélio (161-180) a ameaça germânica pesa permanentemente sobre o Império. As invasões bárbaras são um dos elementos essenciais da crise do século III. Os imperadores gauleses e ilírios do final do século III afastaram o perigo por algum tempo. Mas – para nos atermos à parte ocidental do Império – a grande incursão dos alamanos, dos francos e de outros povos germânicos que, em 276, assolam a Gália, a Espanha e a Itália do norte prefigura a grande investida do século V. Ela deixa feridas malcicatrizadas – campos devastados, cidades em ruínas –, derruba a evolução econômica – declínio da agricultura, recuo urbano –, a recessão demográfica e as transformações sociais: os camponeses são obrigados a se colocar sob o patrocínio cada vez mais intenso dos grandes proprietários, que se tornam também chefes de grupos militares; a situação do colono assemelha-se à do escravo. E às vezes a miséria do colono se transforma em rebelião camponesa: circunceliões africanos, bagaudas gauleses e espanhóis, cuja revolta é endêmica nos séculos IV e V.

Também no Oriente aparecem bárbaros que avançarão e desempenharão papel muito importante no Ocidente: os godos. Em 269 são detidos pelo Imperador Cláudio II em Nisch, mas ocupam a Dácia em sua estrondosa vitória sobre o Imperador Graciano, em Andrinopla, em 9 de agosto de 378. Embora não tenha sido o acontecimento decisivo descrito com terror por tantos historiadores "romanófilos" – "Poderíamos parar aqui", escreve Victor Duruy, "pois de Roma não resta nada: crenças, instituições, cúrias, organização militar, artes, literatura, tudo desapareceu" –, nem por isso é menor o trovão que anuncia a tempestade que submergirá o Ocidente Romano.

As causas das invasões pouco nos importam. Desenvolvimento demográfico, atração por territórios mais ricos, invocada por Jordanes, provavelmente só agiram depois de um impulso inicial que bem poderia ser uma mudança de clima, um resfriamento que, da Sibéria à Escandinávia, teria reduzido os terrenos de cultivo e de criação de animais dos povos bárbaros, e, um impelindo o outro, os teria feito se deslocar para o sul e o oeste até as finisterras ocidentais: a Bretanha, que se tornaria a Inglaterra, a Gália, que seria a França, a Espanha, da qual apenas o sul tomaria o nome dos vândalos (Andaluzia*), e a Itália, que só no norte, na Lombardia, conservaria o nome de seus invasores tardios.

Alguns aspectos dessas invasões são mais importantes.

Em primeiro lugar, são quase sempre uma fuga avançada. Os invasores são fugitivos pressionados por algo mais forte ou mais cruel do que eles. Sua crueldade com frequência é a do desespero, principalmente quando os romanos lhes recusam o asilo que eles pedem, com frequência pacificamente.

Certamente, os autores desses textos são sobretudo pagãos que, como herdeiros da cultura greco-romana, odeiam o bárbaro que aniquila por fora e por dentro essa civilização, destruindo-a ou aviltando-a. Porém, muitos cristãos, para quem o Império Romano é o berço providencial do cristianismo, sentem a mesma repulsa pelos invasores.

Santo Ambrósio considera os bárbaros inimigos desprovidos de humanidade e exorta os cristãos a defenderem pelas armas "a pátria contra

---

* *Al-andalus*, do árabe, provavelmente se origina do nome dos vândalos [N.T.].

a invasão bárbara". O Bispo Sinésio de Cirene chama todos os invasores de citas – símbolo de barbárie – e aplica-lhes o verso da *Ilíada* em que Homero aconselha "expulsar esses cães malditos que o Destino trouxe".

No entanto, outros textos transmitem tom diferente. Santo Agostinho, ao mesmo tempo em que deplora as desgraças dos romanos, recusa-se a ver na tomada de Roma por Alarico, em 410, algo mais do que um episódio doloroso, tal como tantos outros que a história romana conheceu, e sublinha que, ao contrário da maioria dos generais romanos vencedores que se celebraram pelo saque das cidades conquistadas e pelo extermínio de seus habitantes, Alarico aceitou considerar as igrejas cristãs como asilos e as respeitou. "Tudo o que se cometeu de devastações, massacres, pilhagens, incêndios e maus-tratos nesse desastre muito recente de Roma é resultado dos costumes da guerra. Mas o que se realizou de uma maneira nova, a selvageria bárbara que, por uma prodigiosa mudança do aspecto das coisas, pareceu tão suave a ponto de escolher e designar, para enchê-las de gente, as mais amplas basílicas, onde ninguém seria atacado, de onde ninguém seria arrancado, para onde muitos eram conduzidos com vista a serem libertados por inimigos compassivos, de onde ninguém seria levado ao cativeiro, nem mesmo por inimigos cruéis: isso é ao nome de Cristo, isso é aos tempos cristãos que se deve atribuir..."

Mas o texto mais extraordinário emana de um simples monge que não tem as razões dos bispos aristocratas para poupar a ordem social romana. Por volta de 440, Salviano, que se intitula "Padre de Marselha" e é monge na Ilha de Lérins, escreve um tratado, *Du gouvernement de Dieu* (Sobre o governo de Deus), que é uma apologia da Providência e uma tentativa de explicação das grandes invasões.

A causa da catástrofe é interna. Foram os pecados dos romanos – inclusive cristãos – que destruíram o Império que seus vícios entregaram aos bárbaros. "Os romanos eram, de si mesmos, inimigos piores do que seus inimigos de fora, pois, embora os bárbaros já os tivessem arrasado, eles se destruíam ainda mais por si mesmos."

Aliás, o que reprovar a esses bárbaros? Ignoram a religião; se pecam, é inconscientemente. Sua moral, sua cultura é outra. Por que condenar o que é diferente?

"O povo saxão é cruel, os francos são pérfidos, os gépidas desumanos, os hunos despudorados. Mas serão seus vícios tão condenáveis quanto os nossos? Será o despudor dos hunos tão criminoso quanto o nosso? A perfídia dos francos, tão censurável quanto a nossa? Será um alamano bêbado tão represensível quanto um cristão bêbado? Será um alano ganancioso tão condenável quanto um cristão ganancioso? Será de surpreender a velhacaria do huno ou do gépida por ele ignorar que a velhacaria é um erro? Será o perjúrio do franco algo inaudito por ele pensar que o perjúrio é um discurso comum e não um crime?"

Principalmente – para além de suas opções pessoais que podem ser discutidas – Salviano nos dá razões profundas para o sucesso dos bárbaros. Decerto há a superioridade militar. A superioridade da cavalaria bárbara corresponde à superioridade do armamento. A arma das invasões é a espada longa, afiada e pontiaguda, arma colossal cuja terrível eficácia é a fonte real dos exageros literários da Idade Média: capacetes destroçados e corpos cortados em dois, às vezes junto com o cavalo. Amiano Marcelino anota com horror uma façanha desse tipo, desconhecida para os romanos. Mas havia bárbaros nos exércitos romanos e, passada a surpresa dos primeiros embates, uma superioridade militar logo é compartilhada pelo adversário.

A verdade é que os bárbaros foram favorecidos pela cumplicidade ativa ou passiva da massa da população romana. A estrutura social do Império Romano, em que as camadas populares eram cada vez mais esmagadas por uma minoria de ricos e poderosos, explica o sucesso das invasões bárbaras. Ouçamos Salviano: "Os pobres são despojados, as viúvas choram, os órfãos são espezinhados, a tal ponto que muitos deles, inclusive bem-nascidos e que receberam uma educação superior, refugiam-se entre os inimigos. Para não sucumbir à perseguição pública, vão buscar entre os bárbaros a humanidade dos romanos, porque já não conseguem suportar, entre os romanos, a desumanidade dos bárbaros. São diferentes dos povos entre os quais se retiram; nada têm de suas maneiras, nada de sua língua e, se ouso dizer, nada tampouco do cheiro fétido dos corpos e dos trajes bárbaros; no entanto preferem dobrar-se a essa diferença de costumes a sofrer entre os romanos injustiça e crueldade. Emigram então para o meio dos godos ou dos bagaudas, ou dos outros bárbaros que dominam por toda parte, e não têm por que se arrepender desse exílio. Pois preferem viver livres sob aparência de escravidão a ser escravos sob aparência de liberdade. O nome de cidadão romano, antes não só muito estimado como comprado a preço alto, é hoje repudiado e evitado, considerado não apenas depreciativo, mas também abominável... Daí que mesmo os que não se refugiam entre os bárbaros são forçados a se tornar bárbaros, como acontece com a maioria dos espanhóis, com uma boa quantidade de gauleses e com todos aqueles que, em toda a extensão do mundo romano, a iniquidade romana obriga a deixar de ser romanos. Vamos falar agora dos bagaudas, que, despojados por juízes maus e sanguinários, espancados, mortos, depois de perderem o direito à liberdade romana perderam também a honra do nome romano. E nós os chamamos de rebeldes, homens perdidos, ao passo que fomos nós que os forçamos a se tornarem criminosos".

Em meio às provações, espíritos lúcidos percebem a solução do futuro: a fusão entre bárbaros e romanos. O retórico Temístio, no final do século IV, prediz: "Por enquanto as feridas que os godos nos causaram ainda estão abertas, mas logo os teremos como companheiros de mesa e de combate, participando de funções públicas".

Afirmação por demais otimista, pois, embora a longo prazo a realidade tenha se assemelhado ao quadro um tanto idílico de Temístio, é notável a diferença com que os bárbaros vencedores admiram a seu lado os romanos vencidos.

No entanto, a aculturação entre os dois grupos foi desde o início favorecida por certas circunstâncias.

Os bárbaros que se instalaram no Império Romano no século V não eram aqueles povos jovens, mas selvagens, recém-saídos de suas florestas ou de suas estepes, descritos por seus detratores da época ou seus admiradores modernos. Tinham evoluído muito com seus deslocamentos, muitas vezes seculares, que acabaram por lançá-los no mundo romano. Tinham visto muito, aprendido muito e incorporado bastante. Seus caminhos os levaram a contatos com culturas e civilizações das quais absorveram costumes, artes e técnicas. Direta ou indiretamente, a maioria deles havia sofrido influência das culturas asiáticas, do mundo iraniano e do próprio mundo greco-romano, principalmente em sua parte oriental, que, em vias de tornar-se bizantina, continuava sendo a mais rica e mais brilhante.

Traziam com eles técnicas metalúrgicas refinadas: da masquinagem, técnicas de ourivesaria, a arte do couro e a admirável arte das estepes, com seus motivos animais estilizados. Com frequência tinham sido seduzidos pela cultura dos impérios vizinhos, adquirindo por seu saber e por seu luxo uma admiração decerto canhestra e superficial, mas não isenta de respeito.

Outro fato fundamental transformara a imagem dos invasores bárbaros. Embora uma parte deles continuasse pagã, outra, e não das menores, tornara-se cristã. Mas, por um curioso acaso, que acarretou pesadas consequências, esses bárbaros convertidos – ostrogodos, visigodos, burgúndios, vândalos e, mais tarde, lombardos – o foram ao arianismo, que, depois do Concílio de Niceia, tornara-se heresia. Na verdade eles tinham sido cristianizados pelo "apóstolo dos godos", Úlfilas, neto de capadócios cristãos feitos prisioneiros pelos godos em 264. O jovem "goticizado", enviado a Constantinopla, foi conquistado pelo arianismo. Voltando para junto dos godos como bispo missionário, para sua edificação traduziu a Bíblia para o gótico, tornando-os hereges. Assim, o que deveria ter sido um vínculo religioso foi, ao contrário, objeto de discórdia e gerou lutas acirradas entre bárbaros arianos e romanos católicos.

Restava a atração exercida pela civilização romana sobre os bárbaros. Os chefes bárbaros, além de convocar os romanos como conselheiros, com frequência tentaram imitar os costumes romanos, paramentar-se com títulos romanos: cônsules, patrícios etc. Não se apresentavam como inimigos, mas como admiradores das instituições romanas. Podia-se quando muito tomá-los por usurpadores. Não eram mais que a última geração daqueles estrangeiros, espanhóis, gauleses, africanos, ilírios, orientais, que aos poucos foram chegando às mais altas magistraturas e ao Império. Mais ainda: nenhum soberano bárbaro ousou fazer-se imperador. Quando, em 476, Odoacro depõe o imperador do Ocidente Rômulo Augústulo, ele devolve as insígnias imperiais ao Imperador Zenão, em Constantinopla, avisando-lhe que um só imperador é suficiente. "Admiramos os títulos conferidos pelos imperadores mais do que os nossos", escreve um rei bárbaro ao imperador. Teodorico, o mais poderoso deles, toma o nome romano *Flavius*, escreve ao imperador: *ego qui sum servus vester et filius* (eu que sou vosso escravo e vosso filho) e lhe declara que sua única ambição é fazer de seu reino "uma imitação do vosso império sem rival".

É preciso esperar o ano 800 e Carlos Magno para que um chefe bárbaro ouse fazer-se imperador. Conclui-se que considerar as invasões bárbaras um episódio de instalação pacífica e, como jocosamente se evocou, um fenômeno de "deslocamentos turísticos" está longe da realidade.

Certamente aqueles tempos foram principalmente de confusão. Confusão surgida antes de tudo da própria mistura de invasores. Ao longo de seu trajeto, as tribos e os povos haviam se combatido, submetido uns aos outros, misturado. Alguns formam confederações efêmeras, como os hunos, que englobam em seu exército os remanescentes de ostrogodos, alanos e sármatas vencidos. Roma tenta jogar uns contra os outros, tenta romanizar às pressas os primeiros que chegam para fazer deles seus instrumentos contra os próximos que permanecem mais bárbaros. O vândalo Estilicão, tutor do Imperador Honório, utiliza contra o usurpador Eugênio e seu aliado franco Arbogasto um exército de godos, alanos e caucasianos.

Confusão acrescida pelo terror. Mesmo levando em conta os exageros, os relatos de massacres, de devastações, que abundam na literatura do século V, não deixam dúvida quanto às atrocidades e destruições que acompanharam os "passeios" dos povos bárbaros.

Essa é a abertura macabra que dá início à história do Ocidente medieval. Ela continuará dando o tom ao longo de dez séculos. As armas, a fome, a epidemia, a ferocidade serão os sinistros protagonistas dessa história. Certamente os bárbaros não foram seus únicos portadores. O mundo antigo os conhecera e sua tendência foi voltar com força no momento em que os bárbaros os desencadearam. Mas, a esse desencadeamento da violência, os bárbaros deram força inédita. O gládio, a espada longa das grandes invasões, que será a dos cavaleiros, estende a partir de então sua sombra mortífera sobre o Ocidente. Antes que o trabalho de construção seja lentamente retomado, um frenesi de destruição apodera-se do Ocidente por muito tempo. Os homens do Ocidente medieval são realmente filhos daqueles bárbaros semelhantes aos alanos descritos por Amiano Marcelino: "O júbilo que os espíritos doces e pacíficos encontram num tempo de estudo, eles investem, por sua vez, nos perigos e na guerra. A seus olhos, a suprema felicidade é perder a vida num campo de batalha; morrer de velhice ou por acidente é opróbrio e covardia, que eles cobrem de terríveis insultos; matar um homem é heroísmo para o qual não encontram elogios suficientes. O mais glorioso troféu é a cabeleira de um inimigo escalpelado; serve de ornamento para cavalo de guerra. Não se veem entre eles nem templo nem santuário, nem mesmo uma casinha coberta de choupo. Uma espada nua, cravada no chão segundo o rito bárbaro, torna-se emblema de Marte; honram-na com devoção como Soberana das regiões que percorrem".

Paixão pela destruição que o cronista Fredegar, no século VII, expressa pela boca da mãe de um rei bárbaro exortando seu filho: "Se quiseres realizar uma proeza e fazer fama, destrói tudo o que os outros edificaram e massacra o povo inteiro que tiveres derrotado; pois não podes erigir um edifício superior aos que foram construídos por teus predecessores e não há mais bela proeza sobre a qual possas elevar teu nome".

*

Ora ao ritmo de lentas infiltrações e avanços mais ou menos pacíficos, ora ao de bruscas investidas acompanhadas de lutas e massacres, a invasão dos bárbaros, entre o início do século V e o fim do século VII, modificou profundamente o mapa político do Ocidente, sob a autoridade nominal do imperador bizantino.

De 407 a 429, uma série de incursões assola a Itália, a Gália, a Espanha. O episódio mais dramático é o cerco e a pilhagem de Roma por Alarico e seus visigodos, em 410. Muitos são tomados de estupor pela queda da Cidade Eterna. "Minha voz se estrangula e soluços me interrompem enquanto dito estas palavras", deplora São Jerônimo na Palestina. "Foi conquistada, ela, a cidade que conquistou o universo." Os pagãos acusam os cristãos de serem a causa do desastre por terem expulsado de Roma seus deuses tutelares. Santo Agostinho toma o acontecimento como pretexto para definir, em *A Cidade de Deus*, as relações entre a sociedade terrena e a sociedade divina. Ele isenta os cristãos de culpa e reduz o acontecimento a suas proporções: um episódio trágico que se repetirá – dessa vez sem efusão de sangue, *sine ferro et igne*[*] – em 455, com Genserico e seus vândalos.

---

[*] Em latim no original: "sem ferro e fogo" [N.T.].

Vândalos, alanos e suevos assolam a Península Ibérica. A breve instalação dos vândalos no sul da Espanha batiza, no entanto, a Andaluzia. Já em 429, os vândalos, únicos bárbaros a possuir uma frota, vão para a África do Norte e conquistam a província romana da África, ou seja, a Tunísia e a Argélia Oriental.

Os visigodos, após a morte de Alarico, retrocedem da Itália para a Gália em 412 e depois, em 414, para a Espanha, de onde recuam em 418 para instalar-se na Aquitânia. A cada uma dessas etapas, aliás, a diplomacia romana agiu. É o Imperador Honório que desvia para a Gália o rei visigodo Ataulfo, que se casa em Narbonne, em 1 de janeiro de 414, com uma irmã do imperador, Gala Placídia. É ele que, depois do assassínio de Ataulfo, em 415, incita os visigodos a disputarem a Espanha com os vândalos e os suevos, depois os chama de volta para a Aquitânia.

A segunda metade do século V assiste a mudanças decisivas.

Ao norte, bárbaros escandinavos, anglos, jutos e saxões, depois de uma série de incursões na Bretanha (Grã-Bretanha), acabam por ocupá-la entre 441 e 443. Uma parte dos bretões derrotados atravessa o mar e instala-se na Armórica, que se torna a Bretanha.

Contudo, o acontecimento principal é na verdade, embora efêmero, a formação do império huno de Átila. Mas ele faz tudo se alterar. Primeiro, tal como fará Gêngis Khan oito séculos mais tarde, por volta de 434 Átila unifica as tribos mongóis que vieram para o Ocidente, depois vence e absorve outros bárbaros, mantém relações ambíguas com Bizâncio durante um tempo, rondando sua civilização ao mesmo tempo em que a espreita como a uma presa – assim fará Gêngis Khan com a China –, finalmente deixando-se persuadir, depois de uma tentativa nos Balcãs, a se lançar sobre a Gália, onde o romano Aécio, graças sobretudo aos contingentes visigóticos, o detém em 451 nos Campos Catalaunicos. O império huno se desfaz e as hordas recuam para o leste, com a morte, em 453, daquele que permanecerá na história, segundo as palavras de um obscuro cronista do século IX, como "o Flagelo de Deus".

Em 468, os visigodos de Eurico retomam a conquista da Espanha, que realizam em dez anos.

Surgem então Clóvis e Teodorico.

Clóvis é o chefe da tribo franca dos sálios, que, no decorrer do século V, introduziu-se na Bélgica e, depois, no norte da Gália. Ele reúne à sua volta a maioria das tribos francas, submete a Gália do Norte triunfando sobre o romano Siágrio em 486, em Soissons, que se torna sua capital. Repele uma invasão dos alamanos na batalha de Tolbiac e, finalmente, em 507 conquista a Aquitânia dos visigodos, cujo Rei Alarico II é derrubado e morto em Vouillé. Quando ele morre, em 511, os francos são senhores da Gália, com exceção da Provence.

Os ostrogodos, de fato, finalmente haviam se lançado sobre o Império. Sob comando de Teodorico, atacam Constantinopla em 487, são desviados para a Itália, conquistada em 493. Instalado em Ravenna, Teodorico reina durante trinta anos e, salvo excesso de exagero dos panegiristas, leva a Itália, que ele governa com conselheiros romanos, a conhecer Libério, Cassiodoro, Símaco, Boécio, uma nova idade áurea. Por sua vez, tendo vivido dos oito aos dezoito anos como refém na corte de Constantinopla, ele foi o mais bem-sucedido, o mais sedutor dos bárbaros romanizados. Restaurador da *pax romana* na Itália, só intervém em 507 contra Clóvis, a quem impede de anexar a Provence à Aquitânia, tomada dos visigodos. Não se preocupa em ver o franco ter acesso ao Mediterrâneo.

No início do século VI, parece garantida a partilha do Ocidente entre os anglo-saxões numa Grã-Bretanha sem nenhum vínculo com o continente, os francos que detêm a Gália, os burgúndios confinados na Savoia, os visigodos senhores da Espanha, os vândalos instalados na África, e os ostrogodos que dominam a Itália.

Em 476 ocorreu um episódio que passou quase despercebido. Um romano da Panônia, Orestes, que fora secretário de Átila, depois da morte de seu chefe reúne alguns remanescentes de seu exército – esquires, hérulos, turcilíngios, rúgios – e os coloca a serviço do Império na Itália. Tornando-se chefe da milícia, aproveita para depor o Imperador Júlio Nepos e proclama para substituí-lo, em 475, seu jovem filho Rômulo. No ano seguinte, porém, o filho de outro favorito de Átila, o esquire Odoacro, à frente de outro grupo de bárbaros, levanta-se contra Orestes, mata-o, depõe o jovem Rômulo e envia as insígnias do imperador do Ocidente a Constantinopla, para o Imperador Zenão. O acontecimento parece não ter comovido muito seus contemporâneos. Cinquenta anos depois, um ilírio a serviço do imperador de Bizâncio, o Conde Marcelino, escreverá em sua crônica: "Odoacro, rei dos godos, obteve Roma... O Império Romano do Ocidente, que Otávio Augusto, primeiro dos imperadores, começara a reger no ano 709 de Roma, terminou com o pequeno Imperador Rômulo".

Até então, a política dos imperadores do Oriente tentara limitar os estragos: impedir os bárbaros de tomar Constantinopla comprando sua retirada a preço de ouro, desviá-los para a parte ocidental do Império, satisfazer-se com uma vaga sujeição dos reis bárbaros a quem se distribuíam títulos de patrício ou de cônsul, tentar afastar os invasores do Mediterrâneo. O *mare nostrum* não é apenas o centro do mundo romano, mas continua sendo a artéria essencial de seu comércio e seu abastecimento.

A política bizantina muda com o advento de Justiniano em 527, um ano depois da morte de Teodorico, em Ravenna. A política imperial abandona a passividade e passa à ofensiva. Justiniano quer reconquistar, se não toda a parte ocidental do Império Romano, pelo menos o essencial de seu domínio mediterrâneo. Ele parece consegui-lo. Os generais bizantinos liquidam o reino vândalo na África (533-534), mais dificilmente, de 536 a 555, a dominação gótica na Itália e, em 554, tomam a Bética dos visigodos da Espanha. Sucessos efêmeros, que enfraquecem um pouco mais Bizâncio diante dos perigos orientais, exaurem mais o Ocidente, ainda mais porque a partir de 543 a peste negra acrescenta sua devastação às da guerra e da fome. A maior parte da Itália, com exceção do exarcado de Ravenna, de Roma e seus arredores e do extremo sul da península, é perdida entre 568 e 572 para novos invasores, os lombardos, empurrados para o sul por uma nova invasão asiática, a dos avaros. Os visigodos reconquistam a Bética já no final do século VI. Finalmente, a África do Norte será conquistada pelos árabes, a partir de 660.

O grande acontecimento do século VII – mesmo para o Ocidente – é o surgimento do Islã e a conquista árabe. Veremos adiante a importância para o cristianismo da formação do mundo muçulmano. Examinaremos aqui apenas os efeitos do Islã sobre o mapa político do Ocidente.

A conquista árabe primeiro toma o Magreb da Cristandade ocidental, em seguida submerge a Espanha facilmente conquistada aos visigodos entre 711 e 719, com exceção do noroeste, onde os cristãos se mantêm independentes. Por um tempo domina a Aquitânia e principalmente a Provence, até que Carlos Martel a detém em Poitiers, em 732, e os francos a rechaçam para o sul dos Pireneus, para trás dos quais ela se retira depois da perda de Narbonne, em 759.

O século VIII é, na verdade, o século dos francos. A ascensão dos francos no Ocidente, apesar de algumas derrotas, diante de Teodorico, por exemplo, é regular a partir de Clóvis. O golpe de mestre de Clóvis foi converter-se com seu povo, não ao arianismo, como os outros reis bárbaros, mas ao catolicismo. Com essa cartada religiosa ele consegue beneficiar-se do apoio, se não do papado ainda fraco, pelo menos da poderosa hierarquia católica e do igualmente poderoso monaquismo. No século VI os francos conquistaram o reino dos burgúndios, de 523 a 534, e depois a Provence, em 536.

As divisões e as rivalidades entre os descendentes de Clóvis retardam o esforço franco, que até parece comprometido no início do século VII com a decadência da dinastia merovíngia – legendária pela imagem de seus reis vadios – e do clero franco. Os francos já não são, então, os únicos ortodoxos da Cristandade ocidental. Visigodos e lombardos abandonaram o arianismo pelo catolicismo; o Papa Gregório Magno (590-604) empreendeu a conversão dos anglo-saxões confiada ao Padre Agostinho e a seus companheiros; a primeira metade do século VIII, graças a Willibrord e Bonifácio, vê o catolicismo penetrar na Frísia e na Germânia.

Ao mesmo tempo, no entanto, os francos recuperam todas as suas chances. O clero se reformava sob a direção de Bonifácio, e a dinastia jovem e empreendedora dos carolíngios substituía a dinastia merovíngia debilitada.

Os mordomos do palácio carolíngios detinham havia decênios, decerto, a realidade do poder entre os francos, mas o filho de Carlos Martel, Pepino o Breve, acabou por tomar uma decisão que conferiu pleno alcance à liderança católica dos francos. Concluiu com o papa uma aliança favorável às duas partes. Ao pontífice romano, ele reconhece o poder temporal sobre uma parte da Itália em torno de Roma. Apoiado numa fraude forjada entre 756 e 760 pela chancelaria pontifical, a pretensa Doação de

Constantino, o Estado pontifical ou Patrimônio de São Pedro nasce e funda o poder temporal do papado, que desempenhará papel tão importante na história política e moral do Ocidente medieval. Em contrapartida, o papa reconhece a Pepino o Breve, o título de rei em 751 e o consagra em 754, próprio ano em que surge o Estado pontifical. Estavam instaladas as bases que, em meio século, permitiriam à monarquia carolíngia agrupar a maior parte do Ocidente cristão sob sua dominação e, depois, restaurar em seu benefício o império do Ocidente.

Porém, durante os quatro séculos que separam a morte de Teodósio (395) da coroação de Carlos Magno (800), um novo mundo nascera no Ocidente, surgindo lentamente da fusão do mundo romano e do mundo bárbaro. A Idade Média ocidental havia tomado forma.

*

Esse mundo medieval resulta do encontro e da fusão de dois mundos em evolução, um em direção ao outro, de uma convergência das estruturas romanas e das estruturas bárbaras em vias de se transformar.

O mundo romano, pelo menos desde o século III, distanciava-se de si mesmo. Construção unitária, fragmentava-se constantemente. À grande divisão que separava o Ocidente do Oriente, acrescentava-se o isolamento cada vez maior entre as partes do Ocidente romano. O comércio, que era principalmente um comércio interno, entre províncias, declinava. As produções agrícolas ou artesanais destinadas à exportação para o resto do mundo romano – óleo mediterrâneo, vidraria renana, cerâmica gaulesa – restringiam sua área de difusão, o numerário rareava e se deteriorava, áreas cultivadas eram abandonadas, os *agri deserti*, campos abandonados, se multiplicavam. Assim esboçava-se a fisionomia do Ocidente medieval: atomização em células encolhidas entre "desertos" – florestas, landes, baldios. "Em meio aos escombros das grandes cidades, apenas grupos esparsos de populações miseráveis, testemunhas das calamidades passadas, atestam ainda para nós os nomes de outrora", escreve Orósio no início do século V. Esse testemunho – entre tantos outros – confirmado pelo arqueólogo, sublinha um fato fundamental: o definhamento urbano acelerado pelas destruições das invasões bárbaras[2]. Decerto este é apenas um aspecto de uma consequência geral da violência dos invasores que destruiu, arruinou, depauperou, isolou, reduziu. Decerto as cidades eram, pela atração de suas riquezas acumuladas e provocativas, uma presa por excelência. Foram as vítimas mais intensamente massacradas. Mas, se não se recuperaram de suas provações, foi porque a evolução afastava delas a população subsistente. E essa fuga dos citadinos não era mais que a consequência da fuga das mercadorias que já não vinham alimentar o mercado urbano. A população urbana é um grupo de consumidores que se alimenta de importações. Quando a evasão do numerário deixa as pessoas das cidades sem poder de compra, quando as rotas comerciais deixam de irrigar os centros urbanos, os citadinos são obrigados a se refugiar perto dos lugares de produção. É a necessidade de se alimentar que, antes de mais nada, explica a fuga do rico para suas terras, o êxodo dos pobres para os domínios dos ricos. Ainda aqui, as invasões bárbaras, desorganizando a rede econômica, deslocando as rotas comerciais, precipitam a ruralização das populações, mas não a criam.

Fato econômico, fato demográfico, a ruralização é ao mesmo tempo, primordialmente, um fato social que modela a fisionomia da sociedade medieval.

A desorganização das trocas multiplica a fome, e a fome impele as massas para o campo e as submete à servidão aos que dão o pão, os grandes proprietários.

Fato social, a ruralização é apenas o aspecto mais visível de uma evolução que imprimirá na sociedade do Ocidente medieval um caráter essencial que permanecerá ancorado nas mentalidades por mais tempo ainda do que na realidade material: a compartimentação profissional e social. A fuga em relação a certos ofícios, a mobilidade da mão de obra rural levara os imperadores do baixo Império a tornar obrigatoriamente hereditárias certas profissões e estimulara os grandes proprietários a vincular à terra os colonos destinados a substituir os escravos, cada vez menos numerosos. A Cristandade medieval transformará em pecado maior o

---

2. Escavações arqueológicas recentes no norte da Itália, na Suíça ocidental, na França ródano-alpestre levam a relativizar essa concepção.

desejo de escapar à própria condição. Tal pai tal filho será a lei da Idade Média ocidental, herdada do baixo Império Romano. Permanecer estará em oposição a mudar e, sobretudo, a triunfar. O ideal será uma sociedade de "manentes"*, de *manere*, permanecer. Sociedade estratificada, horizontalmente compartimentada.

Nesses estratos os invasores bárbaros se introduziram ou se instalaram à força sem grandes dificuldades.

Os grupos bárbaros, que se estabeleceram por bem ou à força no território romano, não eram, já não eram se é que tinham sido, sociedades igualitárias. O bárbaro poderá tentar, diante do vencido, prevalecer-se de uma condição livre tanto mais cara ao colono quando se trata de um pequeno colono. A verdade é que uma diferenciação social já grande cria entre os invasores categorias, se não classes, antes da invasão. Há fortes e fracos, ricos e pobres que se transformam facilmente em grandes e pequenos proprietários ou ocupantes na terra conquistada. As distinções jurídicas dos códigos da alta Idade Média podem dar ilusão de um fosso entre bárbaros todos livres, cujos escravos seriam estrangeiros escravizados, e descendentes dos romanos hierarquizados em livres e não livres. A realidade, mais forte, rapidamente separa *potentiores*, poderosos, de origem bárbara ou romana, e *humiliores*, humildes, dos dois grupos.

Assim, reforçada pela tradição de uma coexistência que, em algumas regiões, remontava ao século III, a instalação dos bárbaros pôde seguir-se bem rapidamente de uma fusão mais ou menos completa. É inútil, exceto para um número limitado de casos, buscar a marca étnica naquilo que é possível saber dos tipos de exploração rural da alta Idade Média. Deve-se pensar, principalmente, que nesse domínio, mais do que em qualquer outro, das permanências e do longo prazo, seria absurdo reduzir as causas da diversidade ao confronto entre tradições romanas e costumes bárbaros. Os estímulos da geografia e a diversificação resultante de uma história que remonta ao neolítico constituíram, provavelmente, uma herança mais determinante. O que importa e que se percebe claramente é o

---

* Em francês, *manant*, que significa habitante de um burgo ou aldeia na Idade Média e, também, é um termo depreciativo para designar um indivíduo simples, do "povão", estendendo-se para o sentido geral de grosseiro, sem educação [N.T.].

mesmo movimento de ruralização e de progresso da grande propriedade que impele o conjunto da população.

Se era grande a necessidade de codificação e de redação das leis sobretudo para os bárbaros, uma nova legislação destinada aos romanos pareceu necessária a vários soberanos bárbaros. Em geral foram adaptações e simplificações do código teodosiano de 438. Assim foram o *Breviário de Alarico* (506), dos visigodos, e a *Lex romana burgundiorum* (Lei romana dos burgúndios), dos burgúndios.

A diversidade jurídica não foi tão grande quanto se poderia crer, em primeiro lugar porque as leis bárbaras assemelhavam-se muito de um povo para outro, em seguida porque em cada reino um código tendia a se sobrepor ao outro, finalmente porque a marca romana, mais ou menos forte desde o início – assim também entre os visigodos –, inclinou-se, dada sua superioridade, a se constituir com maior precisão. A influência da Igreja, sobretudo depois da conversão dos reis arianos, e as tendências de unificação dos carolíngios no final do século VIII e no início do século IX contribuíram para um recuo ou desaparecimento da personalidade das leis em favor de sua territorialidade. Já no reinado do visigodo Recesvinto (649-672), por exemplo, o clero obrigou o soberano a publicar um novo código aplicável tanto aos visigodos quanto aos romanos.

No entanto, a legislação particularista da alta Idade Média fortaleceu a tendência, ao longo de toda a Idade Média, à compartimentação que, como vimos, enraizava-se na fragmentação do povoamento, da ocupação e da exploração do solo, da economia. Uma mentalidade de grupelho, um espírito de igrejinha próprio da Idade Média foram reforçados por isso. Às vezes até se invocava abertamente o particularismo jurídico da alta Idade Média.

★

Decerto, os bárbaros adotam tanto quanto possível o que o Império Romano legou de superior, sobretudo no campo da cultura, como veremos, e no da organização política.

Mas de todo modo eles precipitaram, agravaram, exageraram a decadência iniciada no Império. Transformaram o declínio em retrocesso.

Amalgamaram uma tripla barbárie: a deles, a do mundo romano decrépito e a das velhas forças primitivas anteriores ao verniz romano e liberadas pela dissolução desse verniz sob influência das invasões. Retrocesso antes de tudo quantitativo. Destruíram vidas humanas, monumentos, equipamento econômico. Queda demográfica, perda de tesouros de arte, ruína das estradas, das oficinas, dos entrepostos, dos sistemas de irrigação das culturas. Destruição contínua, pois os monumentos antigos em ruínas servem como pedreiras de onde se extraem as pedras, as colunas, os ornamentos. Incapaz de criar, de produzir, o mundo bárbaro "reutiliza". Num mundo empobrecido, subalimentado, enfraquecido, uma calamidade natural vem terminar o que os bárbaros começaram. A partir de 543, a peste negra, vinda do Oriente, assola por mais de meio século a Itália, a Espanha e grande parte da Gália. Depois dela, é o fundo do abismo, o trágico século VII, pelo qual tem-se quase vontade de ressuscitar o velho termo *dark ages**. Dois séculos depois, ainda, com alguma ênfase literária, Paulo o Diácono, evocará o horror do flagelo na Itália: "Propriedades ou cidades até então tomadas por multidões de homens eram em um dia mergulhadas no mais profundo silêncio por uma fuga generalizada. Filhos fugiam abandonando sem sepultura o cadáver dos pais, pais abandonavam as entranhas fumegantes de seus filhos. Se por acaso alguém permanecia para enterrar seu próximo condenava-se a ficar, por sua vez, sem sepultura... O século voltara ao silêncio anterior à humanidade: nenhuma voz nos campos, nenhum assobio dos pastores... As colheitas esperavam em vão quem as colhesse, as uvas ainda pendiam nas vinhas ao aproximar-se o inverno. Os campos tinham se transformado em cemitérios e as casas dos homens, em covis para os animais selvagens..."

Retrocesso técnico que deixará o Ocidente medieval desvalido por muito tempo. A pedra, que já não se sabe extrair, transportar, trabalhar, some e dá lugar à madeira como material essencial. A arte do vidro, na Renânia, desaparece com o natrão, que já não é importado do Mediterrâneo depois do século VI, ou se reduz a produtos grosseiros fabricados em choças, perto de Colônia.

Retrocesso do gosto, como veremos; dos costumes. As penitências da alta Idade Média – tarifas de castigos aplicáveis a cada espécie de pecado – poderiam figurar nos "infernos" das bibliotecas. Além de res-

---

* Em inglês no original, corresponde a "idade das trevas" [N.T.].

surgir o velho repertório de superstições camponesas, desenfreiam-se todas as aberrações sexuais, exasperam-se as violências: espancamentos e ofensas, glutonaria e bebedeira. Um livro famoso, que apenas acrescentou à fidelidade aos documentos uma hábil exposição literária, *Récits des temps mérovingiens* (Relatos dos tempos merovíngios), de Augustin Thierry, extraídos das melhores fontes e em primeiro lugar de Grégoire de Tours, nos fez conhecer há mais de um século o desencadeamento da violência bárbara, ainda mais selvagem pelo fato de a categoria superior de seus protagonistas lhes garantir uma relativa impunidade. Só a prisão e a morte põem freio nos excessos dos príncipes e princesas francos, cujo governo foi definido por uma célebre expressão de Fustel de Coulanges: "despotismo temperado pelo assassínio".

"Naquele tempo cometeram-se muitos crimes... cada um via a justiça conforme sua vontade", escreve Grégoire de Tours.

O refinamento dos suplícios inspirará por muito tempo a iconografia medieval. O que os romanos pagãos não tinham feito os mártires cristãos sofrerem os francos católicos infligirão aos seus. "É comum cortarem-se as mãos e os pés, a extremidade das narinas, arrancam-se os olhos, mutila-se o rosto por meio de ferros em brasa, enfiam-se bastões pontiagudos sob as unhas das mãos e dos pés... Quando os ferimentos, após escorrer o pus, começam a se fechar, são feitos de novo. Em caso de necessidade, recorre-se a um médico para que, curado, o infeliz possa ser torturado por suplício mais longo." São Léger, bispo de Autun, cai nas mãos de seu inimigo, o mordomo do palácio de Nêustria, Ebroin, em 677. Cortaram-lhe a língua, talharam-lhe as faces e os lábios, obrigaram-no a andar descalço por uma piscina forrada de pedras pontiagudas e cortantes como pregos, finalmente furaram-lhe os olhos. Houve também a morte de Brunilda, torturada durante três dias e, finalmente, amarrada à cauda de um cavalo rebelão, chicoteado até sair embalado...

A linguagem sem emoção dos códigos é o que mais impressiona. Excerto da lei sálica: "Arrancar do outro uma mão, um pé, um olho, o nariz: 100 soldos; mas apenas 63 se a mão ficar pendurada; arrancar o polegar: 50 soldos, mas apenas 30 se ficar pendurado; arrancar o indicador (dedo que serve para atirar ao arco): 35 soldos; outro dedo: 30 soldos; dois dedos juntos: 35 soldos; três dedos juntos: 50 soldos".

Retrocesso da administração e da majestade governamental. O rei franco, erguido sobre o escudo em sua entronização, leva como única insígnia a lança, em vez do cetro ou do diadema, e como sinal distintivo a longa cabeleira: *rex crinitus**. Rei-sansão, de juba, seguido de *villa* em *villa* por alguns escribas, por escravos domésticos, por sua guarda de *antrustiões*. Tudo isso paramentado de títulos mirabolantes, extraídos do vocabulário do baixo Império. O chefe dos cavalariços é "conde da estrebaria", condestável, os guarda-costas são "condes do palácio", aquele amontoado de soldados bêbados e de clérigos grosseiros são "homens magníficos" ou "ilustres". Como os impostos não entram, a riqueza do rei se reduz a caixas de moedas de ouro, de vidrilhos, de joias que as mulheres, as concubinas, os filhos, os bastardos disputam por ocasião da morte do rei, assim como partilham as terras e o próprio reino.

E a Igreja?

Em meio à desordem das invasões, bispos e monges – tal como São Severino – tinham se tornado chefes polivalentes de um mundo desorganizado: a seu papel religioso acrescentaram um papel político, negociando com os bárbaros; econômico, distribuindo víveres e esmola; social, protegendo os pobres contra os poderosos; até militar, organizando a resistência ou lutando "com as armas espirituais" quando as armas materiais já não existiam. Por força das circunstâncias eles haviam feito o aprendizado do clericalismo, da confusão dos poderes. Pela disciplina penitencial, pela aplicação da legislação canônica (o início do século VI é época dos concílios e dos sínodos paralelamente à codificação civil), tentam lutar contra a violência, suavizar os costumes. Os manuais de São Martinho de Braga, que em 579 tornou-se arcebispo da capital do reino suevo, estabelecem um programa de correção dos costumes camponeses – *De correctione rusticorum* (Sobre a correção dos rústicos) – e o ideal moral do príncipe cristão – *Formula vitae honestae* (Fórmula da vida honesta), dedicado ao Rei Mir. Seu sucesso se estenderá ao longo da Idade Média. No entanto, eles próprios barbarizados ou incapazes de lutar contra a barbárie dos grandes e do povo, os chefes eclesiásticos ratificam um retrocesso da espiritualidade e da prática religiosa: julgamentos de Deus, desenvolvimento inédito do culto às relíquias, reforço dos tabus sexuais e alimentares em

---

* Rei cabeludo [N.T.].

que a mais primitiva tradição bíblica se alia aos costumes bárbaros. "Cozido ou cru", decreta um penitencial irlandês, "rejeita tudo o que uma sanguessuga contaminou".

A Igreja busca sobretudo seu próprio interesse, sem se preocupar com a razão dos estados bárbaros mais do que fizera com o Império Romano. Por meio de doações arrancadas aos reis e aos grandes, até mesmo aos mais humildes, acumula terras, rendas, isenções e, num mundo em que o entesouramento esteriliza cada vez mais a vida econômica, faz a produção sofrer a mais grave drenagem. Seus bispos, quase todos pertencentes à aristocracia dos grandes proprietários, são onipotentes em suas cidades, seus episcopados, e tentam sê-lo no reino.

Enfim, desejando servir-se uns dos outros, reis e bispos se neutralizaram e se paralisaram mutuamente: a Igreja tenta conduzir o Estado e os reis tentam dirigir a Igreja. Os bispos erigem-se em conselheiros e censores dos soberanos em todos os domínios, empenhando-se em fazer com que os cânones dos concílios se transformem em leis civis, ao passo que os reis, mesmo os que se tornaram católicos, nomeiam os bispos e presidem a esses próprios concílios. Na Espanha, as assembleias conciliares tornam-se, no século VII, verdadeiros parlamentos do reino visigótico, impõem uma legislação antissemita, que aumenta as dificuldades econômicas e a insatisfação de populações que acolherão os muçulmanos, se não com fervor, pelo menos sem hostilidade. Na Gália, apesar dos esforços dos reis francos para confiar a laicos os cargos de sua casa e de seu governo, apesar da brutalidade de um Carlos Martel, que confiscará parte dos imensos domínios eclesiásticos, a interpenetração dos dois poderes é tal que a decadência da monarquia merovíngia e a do clero franco caminham juntas. Antes de ir evangelizar a Germânia, São Bonifácio deverá reformar o clero franco. Será o início do Renascimento carolíngio. O pontificado de Gregório Magno (590-604), o mais glorioso do período, é também o mais significativo. Eleito papa durante uma crise da peste negra em Roma, antigo monge, Gregório acha que as calamidades anunciam o fim do mundo, e para ele o dever de todos os cristãos é fazer penitência, desprender-se deste mundo e preparar-se para o que se aproxima. Ele pensa em estender a Cristandade, em converter, quer se trate de anglo-saxões ou de lombardos, apenas para melhor cumprir seu papel de pastor a quem o Cristo do juízo final pedirá constantemente prestação de contas de seu rebanho. São Bento, ou seja, a renúncia monástica, e Jó, ou seja, o despojamento integral e a resignação, são os modelos que ele apresenta em sua obra de edificação espiritual. "Por que continuar a colheita quando o lavrador não sabe sobreviver? Que cada um considere o curso de sua vida e então compreenderá que o pouco que tem lhe é suficiente." As palavras do pontífice que terá tanta influência são também uma abertura na Idade Média, tempo de desprezo pelo mundo e recusa da Terra.

Em cada renascimento medieval os clérigos afirmam, mais do que a nostalgia da volta à Antiguidade, o sentimento de terem se tornado diferentes. Aliás, nunca pensam seriamente em voltar a Roma. Quando pensam num retorno, é ao que os levaria ao seio de Abraão, ao paraíso terrestre, à casa do pai. Trazer Roma de volta à terra é simplesmente, para eles, restaurá-la, transferi-la: *translatio imperii, translatio studii**. Importa transferir o poder, a ciência, que no início da Idade Média estavam em Roma, para novas sedes, tal como outrora tinham se transferido da Babilônia para Atenas, depois para Roma. Renascer é recomeçar, não é retornar. A primeira dessas novas largadas foi nos tempos carolíngios, no final do século VIII.

---

* *translatio imperii, translatio studii* = transferência de poderes, transferência de saberes [N.T.].

2

A tentativa de organização germânica (séculos VIII-X)

Esse novo começo inscreve-se antes de tudo no espaço. A reconstituição da unidade ocidental pelos carolíngios desenvolve-se em três direções: a sudeste para a Itália, a sudoeste em direção à Espanha, a leste para a Germânia.

Pepino o Breve, aliado do papa, introduz a política carolíngia na Itália. Primeira expedição contra os lombardos em 754, segunda em 756. Carlos Magno acaba por capturar o Rei Desidério em Pavia em 774, toma-lhe e cinge a coroa da Itália, mas precisa guerrear para impor-se no norte da península, sendo que os ducados de Spoleto e de Benevento acabam lhe escapando.

Em direção ao sudoeste também é Pepino que dá a arrancada, retomando Narbonne dos muçulmanos em 759. No entanto, é Carlos Magno que, segundo a lenda, ligará seu nome à reconquista da cidade. Mais tarde, em 801, aproveitando-se das querelas internas dos muçulmanos, Carlos Magno tomará Barcelona. Uma marca da Espanha foi criada da Catalunha a Navarra, graças principalmente ao conde Guilherme de Toulouse, que se tornaria herói das canções de gesta do ciclo de Guilherme de Orange. Na luta contra os muçulmanos e contra os povos pireneus, os carolíngios ainda não tinham sido tão bem-sucedidos. Em 778 Carlos Magno tomou Pamplona, não ousou atacar Saragoça, tomou Huesca, Barcelona e Gerona e, renunciando a Pamplona que havia arrasado, voltou-se para o norte. Montanheses bascos armaram uma emboscada na retaguarda para apossar-se da equipagem dos francos. Em 15 de agosto de 778, no desfiladeiro de Roncevaux, os bascos massacraram as tropas comandadas pelo senescal Eginhard, pelo conde palatino Anselmo e por Rolando, prefeito da marca da Bretanha. Os *Annales royales*

(Anais reais) carolíngios não dizem uma palavra sobre a desventura; um analista anota, sobre 778: "Nesse ano o senhor Rei Carlos Magno foi para a Espanha e lá sofreu grande desastre". Os derrotados foram transformados em mártires e seus nomes se perpetuaram. Sua revanche foi *A canção de Rolando*.

A leste, Carlos Magno inaugurou uma tradição de conquista em que se mesclavam massacre e conversão, a cristianização forçada que a Idade Média praticaria por muito tempo. Ao longo do Mar do Norte, primeiro foram conquistados os saxões, com muita dificuldade, de 772 a 803, numa série de campanhas em que se alternavam aparentes vitórias e revoltas dos pretensos derrotados, das quais a mais espetacular foi uma de 778, chefiada por Widukind. Ao desastre sofrido pelos francos em Süntal a resposta foi uma repressão feroz: Carlos Magno mandou decapitar quatro mil e quinhentos revoltados em Verden.

Ajudado por missionários – todo ferimento infligido a um deles e toda ofensa à religião cristã foram punidos de morte, em virtude de um capitular editado para ajudar a conquista – e conduzindo ano após ano os soldados pela região, uns batizando, outros pilhando, incendiando e massacrando, e deportando em massa, Carlos Magno acabou por reduzir os saxões. Episcopados foram fundados em Bremen, Münster, Paderborn, Verden e Minden.

O horizonte germânico e singularmente saxão atraíra Carlos Magno para o leste. Ele abandonou o Vale do Sena, onde os merovíngios haviam se instalado em Paris e nos arredores, pelas regiões dos rios Meuse, Mosela e Reno. Sempre itinerante, preferia frequentar as *villas* reais de Heristal, Thionville, Worms e sobretudo de Nimegue, de Ingelheim e de Aix-la--Chapelle (Aachen), onde mandou construir três palácios. O de Aix-la-Chapelle, porém, teve uma certa primazia, pelo caráter particular de sua arquitetura, pelo número de temporadas que Carlos Magno passou nele e pela importância dos acontecimentos de que foi palco.

A conquista da Baviera foi a de um território já cristão e teoricamente vassalo dos francos desde os merovíngios.

A nova província bávara continuava exposta às incursões dos avaros, de origem turco-tártara, vindos das estepes asiáticas como os hunos, que, englobando um determinado número de povos eslavos, tinham fundado um império dos dois lados do médio Danúbio, da Caríntia à Panônia.

Saqueadores profissionais tinham obtido em suas incursões um enorme butim, acumulado em seu quartel-general, que conservara a forma redonda das barracas mongóis: o Ring. Em 796 Carlos Magno apoderou-se do Ring. O soberano franco anexou a parte ocidental do Império Bávaro, entre o Danúbio e o Drava.

O Estado Carolíngio pouco atacara o mundo eslavo. Expedições realizadas pelo curso inferior do Rio Elba e para além, após a conquista da Saxônia, tinham repelido ou englobado algumas tribos eslavas. A vitória sobre os avaros fizera eslovenos e croatas entrarem no mundo franco.

Carlos Magno finalmente lançou-se sobre os gregos. Mas era um conflito muito particular. Seu significado especial vinha do fato de que, em 800, um acontecimento dera nova dimensão às empreitadas de Carlos Magno: o rei franco fora coroado imperador pelo papa, em Roma.

O restabelecimento do Império no Ocidente parece ter sido uma ideia pontifical, e não carolíngia. Carlos Magno tinha principalmente a preocupação de consagrar a divisão do antigo Império Romano em um Ocidente, do qual seria chefe, e um Oriente, que ele não pensava em disputar com o basileu bizantino, mas recusava-se a reconhecer a este um título imperial que evocasse a unidade desaparecida.

Porém o Papa Leão III viu, em 799, uma tripla vantagem em dar a coroa imperial a Carlos Magno. Preso e perseguido por seus inimigos romanos, tinha necessidade de ver sua autoridade restaurada de fato e de direito por alguém cuja autoridade se impusesse incontestavelmente a todos: um imperador. Chefe de um Estado temporal, o patrimônio de São Pedro, queria que o reconhecimento dessa soberania temporal fosse corroborado por um rei superior a todos os outros, efetivamente e de fato. Enfim, com uma parte do clero romano, pensava em fazer Carlos Magno imperador de todo o mundo cristão, inclusive Bizâncio, a fim de lutar contra a heresia iconoclasta e estabelecer a supremacia do pontífice romano sobre toda a Igreja. Carlos Magno deixou-se convencer e foi coroado em 25 de dezembro de 800. No entanto, só abordou Bizâncio para fazer com que fossem reconhecidos seu título e sua igualdade. O acordo se fez em 814, alguns meses antes da morte de Carlos Magno. Os francos entregavam Veneza, conservavam as terras ao norte do Adriático, e o basileu reconhecia o título imperial de Carlos Magno.

Carlos Magno teve a preocupação de administrar e governar com eficácia o imenso espaço. Embora os atos governamentais continuassem a ser sobretudo orais, o uso da escrita foi estimulado, e um dos principais objetivos do renascimento cultural, do qual falaremos adiante, foi o de aperfeiçoar o equipamento profissional dos oficiais reais. Carlos Magno empenhou-se principalmente em fazer com que sua autoridade fosse sentida em todo o reino franco, desenvolvendo os textos administrativos e legislativos e multiplicando os enviados pessoais, isto é, os representantes do poder central.

O instrumento escrito foram os *capitulares*, ou ordenanças, ora específicos para uma região, como os capitulares dos saxões, ora gerais, como o capitular de Heristal sobre a reorganização do Estado (779), o capitular *De villis* (Sobre as *villas*) sobre a administração dos domínios reais, o capitular *De litteris colendis* (Sobre o estudo das letras) sobre a reforma da instrução. O instrumento humano foram os *missi dominici* (enviados do senhor), grandes personagens laicos e eclesiásticos enviados em missão anual de supervisão dos delegados do soberano – os condes e, nas fronteiras, os marqueses ou os duques – ou de reorganização administrativa.

Na cúpula, todos os anos, no final do inverno, uma assembleia geral reunia em torno do soberano os personagens importantes da aristocracia eclesiástica e laica do reino. Essa espécie de parlamento aristocrático – a palavra *populus* (povo) que os designa não deve levar a engano – que garantia a Carlos Magno a obediência de seus súditos impunha, ao contrário, a vontade dos grandes a seus fracos sucessores.

A grandiosa edificação carolíngia, na verdade, no decorrer do século IX, se desmantelaria rapidamente sob os golpes conjugados de inimigos externos – novos invasores – e de agentes internos de desagregação.

*

Os invasores vêm de todos os horizontes. Os mais perigosos chegam por mar, do norte e do sul.

Do norte chegam os escandinavos, chamados simplesmente homens do norte ou normandos, ou ainda *vikings*. De início vêm pilhar. Saqueiam as costas, sobem pelos rios, lançam-se sobre as ricas abadias, às vezes sitiam as cidades. Não se deve esquecer que a expansão escandinava se exerce tanto a leste como a oeste. Os suecos, ou varegues, colonizam a Rússia, com certeza economicamente, dominando o comércio que a atravessa, talvez politicamente, suscitando as primeiras formas de Estado. A oeste, os noruegueses atacam sobretudo a Irlanda, os dinamarqueses as regiões margeadas pelo Mar do Norte e a Mancha. Já em 809 a travessia do Canal da Mancha deixou de ser segura. Depois de 834, as investidas normandas que se fazem principalmente contra os portos de Quentovic e de Duurstede, nas saídas comerciais dos rios Escaut, Meuse e Reno, tornam-se anuais e prenuncia-se uma fase de fixação. A partir do final do século IX eles pensam em se instalar, em se assentar, em substituir as pilhagens pela cultura e pelo comércio.

Em 878, pela paz de Wedmore, conseguem que Alfredo o Grande, reconheça para eles uma parte da Inglaterra, que passa a ser governada por eles, em 980, sob Svend e seu filho Cnut o Grande (1019-1035). Mas são os normandos, estabelecidos no norte da Gália, na região a que darão seu nome* depois que Carlos o Simples a concede a seu chefe Rollon pelo Tratado de Saint-Clair-sur-Epte em 911, que se espalharão e deixarão marcas duradouras no Ocidente. Em 1066 conquistam definitivamente a Inglaterra, a partir de 1029 instalam-se na Itália do sul e na Sicília, onde fundam um dos estados mais originais do Ocidente medieval. Estarão no Império Bizantino, na Terra Santa, no tempo das cruzadas.

No sul, o ataque vem dos muçulmanos de Ifríquia, depois que uma dinastia árabe, os Aglábidas, tornou-se praticamente independente do califado e construiu uma frota. Os piratas ifriquianos apareceram na Córsega em 806, depois empreenderam a conquista da Sicília a partir de 827 e em menos de um século a tomaram, com exceção de alguns bolsões que permaneceram em mãos dos bizantinos ou dos indígenas.

---

* Trata-se da Normandia [N.T.].

Assim, enquanto os carolíngios estabeleciam sua dominação sobre o continente, os mares pareciam lhes escapar. E, mesmo em terra, houve um momento em que uma nova invasão provinda da Ásia pareceu ameaçá-los: a dos húngaros.

Mas em 955 o rei da Germânia, Oto, arrasa-os na batalha de Lechfeld, perto de Augsburgo. Seu ímpeto se rompe. E eles terminam a curva da história dos invasores bárbaros: renúncia às incursões, sedentarização, cristianização. A Hungria nasce no final do século X.

No entanto a invasão húngara ajudou um novo poder a surgir no Ocidente: o da dinastia otoniana, que em 962 restaura o poder imperial abandonado pelos carolíngios, minados mais por uma decadência interna do que pelos ataques externos.

★

Apesar do empenho em absorver de Roma sua herança política e administrativa, os francos não haviam adquirido o sentido de Estado. Os reis francos consideravam o reino sua propriedade, exatamente como seus domínios, seus tesouros. E, o reino que lhes pertence, os reis francos partilham entre seus herdeiros. De tempos em tempos, o acaso, a mortalidade infantil, a debilidade mental agrupam os estados francos sob dois reis ou apenas um. Assim Dagoberto reina sozinho de 629 a 639; assim Carlos Magno, com a morte prematura de seu irmão Carlomano, torna-se o único senhor do reino franco em 711. A restauração do Império não impede que Carlos Magno, por sua vez, partilhe seu reino entre seus três filhos por ocasião da *Ordinatio* de Thionville em 806. Mas ele não dizia nada sobre a coroa imperial. Em 814, mais uma vez o acaso, depois do desaparecimento de Carlos Magno, que fora precedido na morte por seus filhos Pepino e Carlos, deixou Luís como único senhor do reino. Bernardo, sobrinho de Carlos Magno, que recebera do tio o reino da Itália, conservou-o, mas foi a Aix-la-Chapelle prestar juramento de fidelidade a Luís. Em 817, Luís o Piedoso, tentou regulamentar por meio de uma *Ordinatio* o problema de sua sucessão, conciliando a tradição da partilha e a preocupação com a unidade imperial: dividiu o reino entre seus três filhos, porém garantiu a primazia imperial ao mais velho, Lotário. O nascimento tardio de um quarto filho, Carlos, a quem Luís quis dar uma parte de seu reino, pôs em questão a *Ordinatio* de 817. Rebelião dos filhos contra o pai, luta dos filhos entre si, novas partilhas, essas peripécias ocupam o reinado de Luís o Piedoso, que perde toda a autoridade. Depois de sua morte, em 840, partilhas e lutas continuam. Lotário, o mais velho, recebe um longo corredor do Mar do Norte ao Mediterrâneo, com Aix-la-Chapelle, símbolo do Império Franco, e a Itália, ou seja, a proteção de Roma; Luís recebe os territórios a leste, tornando-se "Luís o Germânico"; Carlos, chamado o Calvo, os territórios a oeste. Em 870, em Meersen, Carlos o Calvo, e Luís o Germânico, dividem entre si a Lotaríngia, com exceção da Itália, que continuava em posse de Luís II, filho de Lotário I e nominalmente imperador. Depois da partilha de Ribermont (880), que faz a Lotaríngia pender para leste, rumo à Frância Oriental, a unidade do Império por um momento parece restabelecida sob Carlos o Gordo, terceiro filho de Luís o Germânico, imperador e rei da Itália (881), único rei da Germânia (882), finalmente rei da Frância Ocidental (884). No entanto, depois de sua morte (888) ocorre a rápida falência da unidade carolíngia. Com exceção do carolíngio Arnulfo (896-899), apenas alguns reizinhos italianos portam o título imperial, que desaparece em 924. Na Frância Ocidental, a realeza, que voltou a ser eletiva, faz alternar reis carolíngios e reis da família de Eudes, conde de França, ou seja, da Ile-de-France, herói da resistência em Paris contra os normandos em 885-886. Na Germânia, a dinastia carolíngia se extinguira com Luís a Criança, (911) e a coroa real, lá também outorgada pelos grandes mediante eleição, cabe ao Duque Conrado de Francônia, depois ao duque da Saxônia Henrique I, o Passarinheiro. Seu filho será Oto I, fundador de uma nova linhagem imperial.

Todas essas divisões, essas lutas, essa confusão, por mais rápido que tenha sido seu desenrolar, deixaram no mapa e na história marcas duradouras.

Primeiro, a partilha efetuada por cento e vinte peritos em Verdun, em 843, que parece desprezar todas as fronteiras étnicas ou naturais, correspondia à consideração de realidades econômicas, conforme mostrou admiravelmente Roger Dion. Tratava-se de garantir a cada um dos três irmãos um pedaço de cada uma das faixas vegetais e econômicas horizontais que constituem a Europa "dos grandes pastos das Marschen às salinas e olivais da Catalunha, da Provence e da Ístria". Problema das relações entre Norte e Sul, entre Flandres e a Itália, entre a Liga Hanseática e as cidades mediterrâneas, rotas dos Alpes, rota do Reno, rota do Ródano, a importância dos eixos norte-sul está colocada numa Europa em formação não centrada no Mediterrâneo e na qual a circulação se orienta sobretudo "perpendicularmente às zonas de vegetação" que se escalonam de leste para oeste.

Depois o esboço de futuras nações: a Frância Ocidental, que será a França e à qual começa a se fundir, ao sul, a Aquitânia, por muito tempo tão diferente e individualizada em reino; a Frância Oriental, que será a Germânia e que, não tendo fronteira exceto ao norte, será atraída para oeste, até além da Lotaríngia, durante séculos pomo de discórdia entre a França e a Alemanha, herdeiras da rivalidade dos netos de Carlos Magno, para o sul onde a miragem italiana e imperial manterá sua sedução por muito tempo, *Sehsucht nach Süden*[*] alternando-se ou combinando-se com *Drang nach Osten*[**] que também se esboça, nas marchas em direção aos eslavos; a Itália, que continua sendo, entre essas vicissitudes, um reino ameaçado pelas pretensões imperiais germânicas e as ambições temporais dos papas.

E também a fragilidade de formações políticas intermediárias: reino da Provence, reino da Borgonha, Lotaríngia destinados a ser absorvidos, apesar de alguns ressurgimentos medievais, até os angevinos da Provence e os grandes duques da Borgonha.

Sobretudo, essas crises políticas favoreceram, assim como as invasões, uma fragmentação da autoridade e do poder imperiais mais reveladora e, pelo menos de imediato, mais importante do que o fracionamento político dos reinos. Os grandes assumem mais o poder econômico, a terra e, a partir dessa base, os poderes públicos.

O Concílio de Tours constata, no final do reinado de Carlos Magno: "Por diversos tipos de razões, os bens dos pobres foram, em muitos lugares, intensamente reduzidos, isto é, os bens daqueles que são conhecidos por serem homens livres mas que vivem sob a autoridade de poderosos magnatas". Grandes eclesiásticos e laicos, são esses, cada vez mais, os novos senhores.

---

* Em alemão no original: *nostalgia do sul* [N.T.].

** Em alemão no original: *impulso para o oeste* [N.T.].

Mas esse poder econômico abriu o caminho para o açambarcamento dos poderes públicos pelos grandes proprietários graças a um processo instituído, ou pelo menos favorecido, por Carlos Magno. E seus sucessores, na esperança de chegar a resultados completamente opostos. De fato, para consolidar o Estado franco, Carlos Magno multiplicou as concessões de terras – ou benefícios – aos personagens cuja fidelidade queria garantir e obrigou-os a lhe prestar juramento e a se tornarem seus vassalos. Acreditava que, com esses vínculos pessoais, pudesse assegurar a solidez do Estado. Para que o conjunto da sociedade, pelo menos as pessoas que importavam, se ligasse ao rei ou ao imperador por uma rede tão estreita quanto possível de subordinações pessoais, ele incentivou os vassalos a, por sua vez, submeterem seus súditos à sua própria vassalagem. As invasões reforçaram essa evolução porque o perigo levava os mais fracos a se colocarem sob a proteção dos mais poderosos e, em troca da colação de benefícios, os reis exigiam de seus vassalos ajuda militar. A partir de meados do século IX o termo *miles* – soldado, cavaleiro – com frequência é usado para designar o vassalo, substituindo o termo *vassus*. Uma evolução fundamental levou, ao mesmo tempo, à hereditariedade dos benefícios. O costume instaurava-se na prática. Foi reforçado em 877 pelo capitular de Quierzy-sur-Oise, em que Carlos o Calvo, preparando-se para partir em expedição à Itália, deu garantias a seus vassalos quanto à salvaguarda dos direitos à herança do benefício paterno pelos filhos jovens ou ausentes cujo pai morresse. Os vassalos, por efeito da hereditariedade do benefício, constituíam-se mais solidamente como classe social.

Ao mesmo tempo, as necessidades econômicas e militares que permitiam ao grande proprietário, sobretudo se fosse conde, duque ou marquês, tomar iniciativas, ou até o obrigavam a isso, começavam a fazer do senhor um anteparo entre seus vassalos e o rei. Já em 811 Carlos Magno queixa-se de que alguns recusam o serviço militar sob pretexto de que seu senhor não foi chamado e devem permanecer ao lado dele. Os grandes que, como os condes, eram investidos de poderes decorrentes de sua função pública tenderam a confundi-los com os direitos que, como senhores, tinham sobre seus vassalos, ao passo que os outros, a exemplo deles, os usurpavam cada vez mais. Decerto o cálculo carolíngio não foi completamente errado. Se os reis e imperadores entre os séculos X e XIII chegaram a conservar algumas prerrogativas soberanas, foi principalmente em virtude de que os grandes, tornando-se seus vassalos, não puderam furtar-se a seus deveres contraídos por juramento de fidelidade.

Percebe-se, porém, o que acontece de decisivo na época carolíngia para o mundo medieval. Cada homem, a partir de então, vai depender cada vez mais de seu senhor, e esse horizonte próximo, esse jugo ainda mais pesado por se exercer num círculo mais estreito serão fundamentados em direito, a base do poder será cada vez mais a posse da terra e o fundamento da moralidade será a fidelidade e a fé, que por muito tempo substituirão as virtudes cívicas greco-romanas. O homem antigo devia ser justo ou correto, o homem medieval deverá ser fiel.

*

Oto I, rei da Germânia, é coroado imperador em São Pedro de Roma pelo Papa João XII, em 2 de fevereiro de 962.

Oto I, todavia, à imagem de Carlos Magno, vê em seu Império apenas o Império dos francos, limitado aos territórios que o reconheceram como rei. As campanhas que ele empreende contra os bizantinos visam apenas a obter o reconhecimento de seu título, o que se faz em 972: tratado selado pelo casamento de seu filho mais velho com a princesa bizantina Teofano. Oto I respeita também a independência do reino da Frância Ocidental.

A evolução que se constata sob seus dois sucessores visa apenas a exaltar o título imperial, sem o transformar em dominação direta.

Oto II (973-983) substitui o título de *Imperator Augustus*, habitualmente assumido por seu pai, pelo de "imperador dos romanos", *Imperator Romanorum*. Seu filho Oto III, marcado pela educação da mãe bizantina, instala-se em Roma em 998 e proclama a restauração do Império Romano, *Renovatio Imperii Romanorum*, numa bula em que constam de um lado a cabeça de Carlos Magno e, do outro, uma mulher carregando lança e escudo, *Aurea Roma*. Seu sonho assume o tom de universalismo. Uma miniatura mostra-o entronizado em majestade e recebendo as oferendas de Roma, da Germânia, da Gália e da Eslávia. No entanto, sua atitude com os vizinhos do leste manifesta a flexibilidade de suas concepções. No ano 1000 ele reconhece a independência da Polônia, onde Gniezno torna-se arquidiocese e cujo Duque Boleslav o Valente, recebe o título de cooperador do Império, e a da Hungria, cujo Príncipe Estêvão, batizado, recebe a coroa real.

Por um breve instante de concórdia, o sonho otoniano parece prestes a se realizar graças à unidade de visões entre o jovem imperador e o Papa Silvestre II, o erudito Gerbert, favorável à restauração imperial e romana. Mas o sonho logo se desfaz. O povo de Roma rebela-se contra Oto III. Oto III morre em janeiro de 1002, Silvestre II em maio de 1003. Henrique II contenta-se em voltar ao *Regnum Francorum*, ao Império assentado sobre o reino franco, que se tornou a Alemanha.

Os otonianos, no entanto, terão legado a seus sucessores a nostalgia romana e uma tradição de subordinação do papa ao imperador, da qual se originará a querela do sacerdócio e do Império, recomeço da luta entre os guerreiros e os sacerdotes.

*

Quando termina o sonho romano do ano 1000, uma renovação está prestes a se manifestar: a do Ocidente inteiro. Sua brusca eclosão faz do século XI o século da verdadeira arrancada da Cristandade ocidental.

Esse impulso só poderia se desenvolver sobre bases econômicas. Elas se instauraram, sem dúvida, antes do que muitas vezes se imagina. Cabe pensar que, se houve Renascimento Carolíngio, ele foi antes de tudo um renascimento econômico. Renascimento, como o da cultura, limitado, superficial, frágil e, mais ainda, quase destruído pelas invasões e pilhagens normandas, húngaras e sarracenas do século IX e do início do século X, que decerto retardaram em um ou dois séculos o Renascimento do Ocidente, assim como as invasões dos séculos IV e V haviam precipitado a decadência do mundo romano.

É mais fácil identificar alguns sinais de uma renovação do comércio no século VIII e no século IX: apogeu do comércio frísio e do Porto de Duurstede, reforma monetária de Carlos Magno, exportação dos tecidos provavelmente flamengos, mas que então se dizem frísios, os *pallia fresonica*, com que Carlos Magno presenteia o Califa Harum al-Rachid.

Mas nessa economia essencialmente rural, vários indícios permitem concluir por uma melhoria da produção agrícola: parcelas de *manse** que decerto provêm de desmatamentos, surgimento de um novo sistema cuja primeira representação conhecida encontra-se num manuscrito de Trèves de cerca de 800, reforma do calendário por Carlos Magno que dá aos meses nomes que evocam o progresso das técnicas de cultivo. As miniaturas que representam os trabalhos dos meses modificam-se radicalmente, abandonando os símbolos da Antiguidade por cenas concretas em que se manifesta a mestria técnica do homem: "O homem e a natureza são agora duas coisas, e o homem é o mestre".

Mais certamente, quer as invasões do século IX tenham sido responsáveis ou não por um novo recuo ou um simples atraso econômico, o progresso é nitidamente visível no século X. Um congresso de medievalistas americanos dedicado a essa época considerou o século X um período de inovações decisivas, especialmente no âmbito do cultivo e da alimentação, em que, segundo Lynn White, a introdução intensiva de plantas ricas em proteínas – legumes como fava, lentilha, ervilha –, portanto, dotadas de alto poder energético, teria dado à humanidade ocidental a força que a faria construir catedrais e desmatar amplas extensões. *The Xth century is full of beans* (O século X é cheio de feijões), concluía humoristicamente o medievalista americano. Robert Lopez, por sua vez, indaga se não é o caso de admitir um novo Renascimento, o do século X, em que o comércio escandinavo se desenvolve, em que a economia eslava é estimulada pelo duplo incentivo do comércio normando e dos negócios judeu-árabes ao longo da rota que liga Córdoba a Kiev pela Europa central, em que os territórios do Meuse e do Reno inauguram sua expansão, em que principalmente a Itália do Norte já é próspera, em que o mercado de Pávia tem caráter internacional, em que Milão, cuja ascensão Cinzio Violante analisou magistralmente, conhece uma alta de preços, "sintoma de retomada da vida econômica e social".

---

* *Manse*: pequeno domínio feudal, constituindo uma unidade de exploração agrícola.

*

A quem ou a que atribuir esse despertar do Ocidente medieval? De acordo com Maurice Lombard, ao efeito da formação do mundo muçulmano, mundo de metrópoles urbanas consumidoras que suscitam no Ocidente bárbaro maior produção de matérias-primas a serem exportadas para Córdoba, Kairouan, Al-Foustât (Cairo), Damasco, Bagdá: madeira, ferro (espadas francas), estanho, mel e a mercadoria humana, os escravos, da qual Verdun, na época carolíngia, é um grande mercado? Hipótese, portanto, do apelo eterno que, além do mais, derruba a célebre teoria de Henri Pirenne que atribuía à conquista árabe o fechamento do Mediterrâneo e o esgotamento do comércio ocidental, conquista que se torna, ao contrário, motor do despertar econômico da Cristandade ocidental. Ou, de acordo com Lynn White, a progressos técnicos desenvolvidos em próprio solo do Ocidente: progresso agrícola que – com a charrua de rodas e aiveca, o avanço do cultivo rotativo trienal que permite sobretudo incluir os excelentes legumes ricos em proteínas, a difusão da atrelagem moderna – aumenta áreas cultivadas e rendimentos; progresso militar que, com o estribo, permite controlar o cavalo e dá origem a uma nova categoria de guerreiros, os cavaleiros, que além do mais se identificam com os grandes proprietários capazes de introduzir em seus domínios as novas ferramentas e técnicas? Explicação, portanto, pelo desenvolvimento interno que, além do mais, esclarece o deslocamento do centro de gravidade do Ocidente para o norte, região das planícies e dos grandes espaços em que podem desenvolver-se as lavras profundas e as cavalgadas de perder o fôlego.

A verdade, decerto, é que a ascensão dos grandes – tanto proprietários quanto cavaleiros – cria uma classe capaz de captar as possibilidades econômicas que lhe são oferecidas: a maior exploração do solo e dos meios de escoamento ainda limitados sendo que uma parte dos ganhos que o mundo cristão extrai deles é abandonada a alguns especialistas – os primeiros mercadores ocidentais. Vemo-nos tentados a pensar que as conquistas de Carlos Magno e suas empreitadas militares, na Saxônia, na Baviera e ao longo do Danúbio, na Itália do Norte e na direção de Veneza, enfim além-Pireneus, iam ao encontro das zonas de troca e buscavam englobar as rotas do comércio renascente. E o Tratado de Verdun poderia ter sido também uma partilha de trechos de rotas e de faixas de cultura. Principalmente o grande domínio, continuação da *villa* antiga, dá lugar a um novo esquema de poder que renova as formas de exploração econômica, as relações entre os homens, a ideologia: a senhoria. Ela se baseia em novos centros de agrupamento dos homens: a aldeia, o castelo e logo, ambígua, a cidade. Depois do ano 1000 a mudança se acelera. A Cristandade medieval entra realmente em cena.

3

A formação da Cristandade
(séculos XI-XIII)

É célebre a passagem do cronista borgonhês Raoul Glaber: "Ao se aproximar o terceiro ano que seguiu o ano 1000, viu-se em quase toda a terra, mas principalmente na Itália e na Gália, reconstruírem-se os edifícios das igrejas; embora em sua maioria, muito bem construídas, não tivessem nenhuma necessidade disso, uma verdadeira emulação impelia cada comunidade cristã a ter uma mais suntuosa do que a dos vizinhos. Dir-se-ia que o próprio mundo se sacudia para despir sua vetustez e se revestia por toda parte de um *manto branco de igrejas*. Então, quase todas as igrejas das sedes episcopais, as dos mosteiros consagrados a todos os tipos de santos e mesmo as pequenas capelas das aldeias foram reconstruídas mais bonitas pelos fiéis".

É o sinal mais evidente do impulso da Cristandade que se afirma por volta do ano 1000. Esse grande movimento de construção certamente desempenhou papel fundamental no avanço do Ocidente medieval entre os séculos X e XIV. Em primeiro lugar por sua função de estimulante econômico. A produção em grande escala de matérias-primas (pedra, madeira, ferro), a instauração de técnicas e a fabricação de equipamentos para extrair, transportar e erigir materiais de tamanho e peso consideráveis, o recrutamento de mão de obra, o financiamento dos trabalhos, tudo isso fez dos canteiros de construção (e não só das catedrais, mas também das inúmeras igrejas de todas as dimensões, das construções de uso econômico: pontes, granjas, mercados, e das casas de ricos cada vez mais frequentemente construídas em pedra) o centro da primeira, e quase única, indústria medieval.

Mas esse ímpeto da construção não é um fenômeno inicial. Ele responde a necessidades, sendo a principal delas a de alojar uma população mais numerosa. Decerto nem sempre há uma relação direta entre as proporções das igrejas e o número de fiéis. Razões de prestígio e de devoção também atuaram em favor de uma busca do grandioso.

É difícil discernir nesse desenvolvimento da Cristandade o que foi causa e o que foi consequência, pois a maioria dos aspectos desse processo foi uma e outra ao mesmo tempo. É mais difícil ainda apontar a causa primeira e decisiva desse progresso. É possível, todavia, negar esse papel a fatores frequentemente invocados para explicar a arrancada do Ocidente. Assim, o crescimento demográfico, que não foi mais que o primeiro e mais visível resultado desse processo. Igualmente a pacificação relativa que se instaura no século X: fim das invasões, avanço das instituições de "paz" que regulamentam a guerra limitando os períodos de atividade militar e colocando certas categorias da população não combatente (clérigos, mulheres, crianças, camponeses, comerciantes e às vezes animais de trabalho) sob a proteção de garantias juradas pelos guerreiros (o Sínodo de Charroux, em 989, instaura a primeira organização destinada a fazer com que seja respeitada a paz de Deus). Essa redução da insegurança é também uma consequência do desejo, por parte de amplas camadas da sociedade cristã, de proteger o progresso nascente. "Todos estavam sob o efeito do terror das calamidades da época precedente e atormentados pelo medo de se ver despojados, no futuro, das doçuras da abundância", diz apropriadamente Raoul Glaber, para explicar o movimento de paz ao qual ele assiste na França do início do século XI.

No entanto, a origem desse impulso deve ser buscada na terra, que na Idade Média é a base de tudo. Não parece que a classe dominante – com exceção de alguns senhores eclesiásticos e de altos funcionários carolíngios – tenha se interessado diretamente pela exploração de seus domínios. Mas as taxas e os serviços que ela exigia da massa camponesa devem ter incitado esta última, para satisfazê-la, a uma certa melhoria de seus métodos de cultura. Imagino que os avanços decisivos que constituiriam o que se chamou de "Revolução Agrícola", entre os séculos X e XIII, devem ter começado humildemente já nos séculos VII-VIII e se desenvolveram lentamente até por volta do ano 1000, quando se aceleraram consideravelmente.

Não se deve ignorar, além do mais, que a sedentarização dos bárbaros acarretou, por parte dos novos senhores, uma verdadeira política de valorização. A história dos primeiros duques da Normandia, do cônego Dudon de Saint-Quentin, no século XI, mostra-nos como os normandos, durante o primeiro século de sua instalação na Normandia, transformam-se em exploradores agrícolas sob o comando de seus duques, que colocam as ferramentas rurais de ferro, e especialmente as charruas, sob a proteção ducal.

A lenta difusão da rotação trienal de culturas permite aumentar a área cultivada (um terço do solo, em vez da metade, fica em repouso), variar os tipos de cultura, lutar contra as intempéries pelo recurso aos cereais de primavera quando os de outono foram deficitários (ou vice-versa). A adoção da charrua dissimétrica de rodas e aiveca e o emprego crescente do ferro nas ferramentas agrícolas permitiram lavras mais profundas, repetidas com maior frequência. As áreas cultivadas, os rendimentos, a variedade da produção e, por conseguinte, da alimentação aumentaram.

Uma das primeiras consequências foi um aumento da população, que provavelmente dobrou entre os séculos X e XIV. Segundo J.C. Russel, a população da Europa ocidental passou de 14,7 milhões, por volta de 600, para 22,6 em 950 e 54,4 antes da Grande Peste de 1348. Segundo M.K. Bennett, para o conjunto da Europa o aumento seria de 27 milhões, por volta de 700, para 42 no ano 1000 e 73 em 1300.

Esse impulso demográfico foi decisivo, por sua vez, para a expansão da Cristandade. As condições do modo de produção feudal, que podiam suscitar algum progresso técnico, porém, com mais certeza, o impediam de ultrapassar um nível medíocre, não permitiam progressos qualitativos da produção agrícola suficientes para responder às necessidades originadas pelo crescimento demográfico. O aumento dos rendimentos e do poder nutritivo das colheitas continuava fraco. A cultura feudal excluía um cultivo realmente intensivo. Restava aumentar o espaço cultivado. O primeiro aspecto da expansão da Cristandade entre os séculos X e XIV foi um intenso movimento de desmatamento. Sua cronologia é difícil de estabelecer, pois os textos não são muitos antes do século XII e a arqueologia rural é pouco avançada, sua prática é difícil, uma vez que a paisagem medieval com frequência foi modificada ou destruída pelas épocas posteriores, e a interpretação de seus resultados é delicada. Segundo Georges Duby, "a atividade dos pioneiros, que durante dois séculos permaneceu tímida, descontínua e muito dispersa, tornou-se ao mesmo tempo mais intensa e mais coordenada perto de 1150". Em um setor fundamental, o dos cereais, o período decisivo da conquista agrária situa-se entre 1100 e 1150, conforme mostrou a palinologia: a parte do pólen dos trigos nos resíduos florais aumenta sobretudo durante essa primeira metade do século XII.

Na maioria das vezes os campos novos foram mera extensão dos terrenos antigos, "uma ampliação progressiva da clareira" que avançou sobre o cinturão de terras incultas e pastos. Os terrenos desmatados conquistados por queimadas faziam recuar as zonas de matagal, mas raramente atingiam os bosques, tanto por causa da precariedade das ferramentas (o enxó, mais do que o machado, foi o principal instrumento dos desmatamentos medievais) como do desejo dos senhores de conservar seus territórios de caça e das comunidades aldeãs de não desfalcar demais os recursos florestais, essenciais para a economia medieval. A conquista do solo fez-se também por secagem dos pântanos e constituição de pôlderes. Em Flandres, rápida e intensamente atingida pelo progresso demográfico, vê-se esse movimento iniciar-se por volta de 1100, pela construção de pequenos diques em muitos lugares.

Às vezes, no entanto, os desmatamentos acarretaram a conquista de novos territórios, acompanhando a fundação de novas aldeias.

*

Paralelamente a essa expansão interna, a Cristandade valeu-se de uma expansão externa. Parece mesmo que primeiro ela deu preferência a esta, as soluções militares aparentando ser mais fáceis do que as soluções pacíficas de valorização.

Assim surgiu um duplo movimento de conquista que resultou no espaçamento das fronteiras da Cristandade na Europa e em expedições longínquas à região muçulmana: as cruzadas. A expansão da Cristandade na Europa, que conhecera uma forte retomada no século VII e prosseguira nos séculos IX e X, tornara-se quase inteiramente apanágio dos alemães, que ocupavam as fronteiras cristãs em contato com os pagãos ao norte e a leste. O resultado foi uma mistura de motivos religiosos, demográficos, econômicos e nacionais que, a partir do século IX, conferiu a esse movimento características muito particulares. Seu aspecto dominante foi, finalmente, um enfrentamento entre germanos e eslavos, no qual os motivos religiosos passaram para segundo plano, uma vez que os alemães não hesitaram em atacar seus vizinhos mesmo quando estes tinham se convertido ao cristianismo. Já no século IX o príncipe morávio Rostislav chama Cirilo e Método a seu Estado para contrabalançar a influência dos missionários alemães.

Essa cristianização se faz lentamente, não isenta de incidentes. Santo Adalberto, arcebispo de Praga no final do século X, considera que os tchecos voltaram a ser pagãos e especialmente polígamos. E, depois da morte de Mesco II (1034), uma violenta insurreição das classes populares polonesas é acompanhada por uma volta ao paganismo. Em 1060, o rei da Suécia, Stenkel, embora cristão, recusa-se a destruir o velho santuário pagão de Upsal e, no final do século XI, o Rei Sweyn favorece um breve retorno aos sacrifícios sangrentos, o que lhe vale o apelido de Blotsweyn*. A Lituânia, após a morte de Mindaugas (1263), batizado em 1251, voltou ao culto dos ídolos.

No entanto, por volta do ano 1000, uma nova série de estados cristãos ampliou a Cristandade para norte e leste: a Polônia de Mesco em 966, em 985 a Hungria de Vâik que se torna Estêvão (Santo Estêvão) e rei em 1001, a Dinamarca de Harald do Dente Azul (950-986), a Noruega de Olaf Tryggveson (969-1000) e a Suécia de Olaf Skortkonung.

É verdade que, na mesma época, é de Bizâncio que Vladimir, príncipe de Kiev, recebe o batismo (988), assim como o haviam recebido, um século antes, o búlgaro Boris e os sérvios. O cisma de 1054 separaria da Cristandade romana toda a Europa balcânica e oriental.

Os prussianos só se converterão no século XIII, e sua conversão será a base da formação do Estado alemão dos Cavaleiros Teutônicos, imprudentemente chamados, em 1226, pelo duque polonês Conrado de Mazó-

---

* *Blot* = sacrifício [N.T.].

via e Cujávia. Os lituanos, por sua vez, só se converterão depois da união entre a Polônia e a Lituânia, em 1385, e do casamento de Jagiello com a polonesa Edwige, tornando-se o rei cristão Vladislas da Polônia e Lituânia, batizado na Cracóvia em 15 de fevereiro de 1386.

Ao lado dessas anexações à *Respublica Christiana* devidas à evangelização de povos pagãos, importantes migrações ao interior da Cristandade modificaram profundamente o mapa do Ocidente. Dessas migrações, a mais importante é, sem dúvida, a colonização alemã a leste. Ela contribuiu para abrir novas regiões de cultivo, adensou e transformou a rede urbana. A expansão germânica é também política. Os sucessos mais evidentes nesse domínio são os de Alberto o Urso, que se torna, em 1150, margrave da nova marca de Brandemburgo, e dos Cavaleiros Teutônicos que conquistam a Prússia entre 1226 e 1283.

A expansão escandinava é igualmente impressionante. Prossegue no século X na direção da Islândia, da Groenlândia e talvez da América, onde "normandos" teriam desembarcado por volta do ano 1000 na Vinlândia. Conhece grandes sucessos na Inglaterra, uma primeira vez no final do século X, com o Rei Svend. Depois de sua morte (1014), seu filho Cnut o Grande, reina sobre a Inglaterra, a Dinamarca, a Noruega e a Suécia. Mas, com sua morte (1035), o anglo-saxão Eduardo o Confessor, subtrai a Inglaterra aos dinamarqueses. Ela volta a ser conquistada a partir de outra base escandinava, a Normandia. Em 1066, Guilherme o Bastardo, duque da Normandia, conquista a Inglaterra em uma única batalha, em Hastings.

Outros normandos, porém, avançaram mais para fora da zona setentrional e instalam-se no Mediterrâneo. Já no início do século XI, principados normandos surgem na Itália do sul. Roberto Guiscardo apodera-se da Campânia, derrota as tropas pontificais e em 1059 é reconhecido pelo Papa Nicolau II, toma a Sicília dos muçulmanos em 1060-1061, expulsa os bizantinos da Itália tomando-lhes seus últimos locais, Reggio e, finalmente, Bari (1071). Chega a enviar seu filho, Bohemondo, em 1081-1083, para devastar Épiro e a Tessália. É fundado o reino normando das Duas Sicílias, uma das mais originais criações políticas da Idade Média. O viajante muçulmano Ibn Jobair, na segunda metade do século XII, fica maravilhado com a corte de Palermo, onde convivem normandos e sicilianos, bizantinos e muçulmanos. O latim, o grego e o árabe são, além do mais, as três línguas oficiais da chancelaria real. O reino normando será para a Cristandade um modelo político – em que se define uma monarquia feudal mais moderna – e cultural: centro de tradução do grego e do árabe, foco de fusão artística de que ainda dão testemunho as magníficas igrejas de Cefalù, de Palermo e de Monreale, que combinam em sínteses originais as soluções romano-góticas cristãs com a tradições bizantinas e muçulmanas. É nesse meio que se forma a mais curiosa e mais sedutora personalidade da Cristandade medieval, o Imperador Frederico II.

A expansão francesa também é vigorosa. Seu berço é a França do Norte, onde o crescimento demográfico está no auge nas planícies em que a Revolução Agrícola dá os resultados mais eficazes. Essa França do Norte coloniza a França do Sul, graças à cruzada dos albigenses, terminada pelo Tratado de Paris (1229), que prepara a reunião do Languedoc à França capetíngia realizada com a morte de Afonso de Poitiers, irmão de São Luís (1271). Os franceses se lançam atrás de outro irmão de São Luís, Carlos de Anjou, à conquista do reino das Duas Sicílias, tomado dos descendentes de Frederico II – de seu filho bastardo Manfredo, em Benevento em 1266, de seu neto Conradino, em Tagliacozzo em 1268. Mas a Sicília escapa de Carlos de Anjou depois das Vésperas sicilianas de 1282 e passa para Aragão.

Emigração francesa sobretudo na Espanha. Um dos grandes sucessos da expansão cristã entre os séculos X e XIV é, de fato, a reconquista de quase toda a Espanha aos muçulmanos, realizada pelos reis cristãos com ajuda dos mercenários e dos cavaleiros, na maioria franceses, vindos do outro lado dos Pireneus. Entre esses auxiliares da Reconquista, os monges franceses de Cluny, que também apoiaram a expansão da peregrinação em Santiago de Compostela, desempenharam papel primordial.

A Reconquista não foi uma sucessão ininterrupta de êxitos. Ela conheceu reveses – como a destruição da Basílica de Santiago de Compostela em 997 pelo célebre Al-Mansur, o Almansur das canções de gesta –, sucessos sem futuro, como a efêmera tomada de Valência por Fernando I, em 1065, que se repetiu em 1094, por Rodrigo Díaz de Vivar o Cid, e longos períodos de intervalo. As etapas decisivas, no entanto, são vencidas em 1085, com a tomada de Toledo por Afonso VI de Castela e a conquista de toda a região entre o Douro e o Tejo, em 1093, pela tomada de Santarém, Cintra, Lisboa, perdidas e depois reconquistadas em 1147. A grande data é 16 de julho de 1212. Nesse dia, os reis de Castela, de Aragão e de Navarra obtêm sobre o califa de Córdoba uma vitória estrondosa em Las Navas de Tolosa. No entanto, os frutos de Las Navas, que rompeu a resistência muçulmana, só mais tarde serão colhidos. Em 1229, Jaime I de Aragão conquista Maiorca, em 1238 conquista Valência e, em 1265, Múrcia. Aragoneses e catalães têm à sua frente, a partir de então, uma missão marítima. A tomada da Sicília, em 1282, a confirma. Em 1248, os castelhanos apoderam-se de Sevilha. No final do século XIII, os muçulmanos estão confinados, na Espanha, ao pequeno reino de Granada, que aliás brilhará singularmente no século XIV com as belezas do Alhambra.

A Reconquista Espanhola é também uma empreitada sistemática de repovoamento e de valorização de um país devastado. A *población* acompanha cada etapa da conquista. Aos espanhóis do norte, aos cristãos estrangeiros e antes de tudo aos franceses, ela oferece um terreno especialmente favorável de instalação.

Em meados do século IX, a Reconquista Espanhola assumira atmosfera de guerra religiosa (de fato desconhecida até então) que preparava o caminho para as realidades militares e espirituais da cruzada. Mais tarde, a colonização francesa no sul da França e no reino das Duas Sicílias e a colonização alemã na Prússia adquirem oficialmente o nome de cruzada.

Mas esse fenômeno de expansão – e de degenerescência – da cruzada, que permite situar no contexto da expansão global do Ocidente de meados do século XI ao final do século XIII empreitadas aparentemente isoladas e diversas, não deve ocultar que a cruzada por excelência foi a da Terra Santa. Embora acabasse levando a resultados medíocres e, para o Ocidente, mais nefastos do que benéficos, ela não deixou de ser, por sua repercussão psicológica, a ponta de lança do movimento de expansão da Cristandade medieval.

Deve-se, portanto, sem esquecer o papel essencial desempenhado no desencadeamento das cruzadas pelas causas materiais e antes de tudo demográficas, mais que diretamente econômicas, dar uma atenção especial ao contexto mental e emocional da cruzada, tal como foi admiravelmente analisado por Paul Alphandéry e Alphonse Dupront.

Decerto a Cruzada pareceu – embora não fosse um impulso claramente formulado nem sentido pelos cruzados – aos cavaleiros e camponeses do século XI um exutório para o excedente ocidental, e o desejo de terras, riquezas, feudos além-mar foi um chamariz primordial. No entanto as cruzadas, antes mesmo de concluído seu completo fracasso, não saciaram a sede de terras dos ocidentais, e estes tiveram que procurar rapidamente na Europa, e antes de tudo na expansão agrícola, a solução que a miragem ultramarina não lhes trouxera. Frente de combates, a Terra Santa não foi aquele foco de aquisições – boas ou ruins – que historiadores equivocados e frequentemente enganosos descreveram com condescendência. As cruzadas não trouxeram à Cristandade nem a expansão comercial nascida de relações anteriores com o mundo muçulmano e do desenvolvimento interno da economia ocidental, nem as técnicas e os produtos vindos por outros caminhos, nem os instrumentos intelectuais fornecidos pelos centros de tradução e pelas bibliotecas da Grécia, da Itália (antes de tudo da Sicília) e da Espanha, onde os contatos eram muito mais estreitos e fecundos do que na Palestina, nem mesmo o gosto pelo luxo e os hábitos leviános que moralistas taciturnos do Ocidente acreditam ser o apanágio do Oriente e o presente envenenado dos infiéis aos cruzados ingênuos e indefesos diante dos encantos e das encantadoras do Oriente. Decerto os benefícios obtidos, não do comércio, mas principalmente das locações dos barcos e dos empréstimos concedidos aos cruzados permitiram que algumas cidades italianas – sobretudo Gênova e Veneza – enriquecessem rapidamente; no entanto, já não há historiador sério que acredite que as cruzadas tenham suscitado o despertar e o impulso do comércio da Cristandade medieval. O fato de elas terem, ao contrário, contribuído para o empobrecimento do Ocidente, particularmente da classe cavaleiresca; o fato de, em vez de criarem a unidade moral da Cristandade, terem provocado intensamente o acirramento das oposições nacionais nascentes (basta ler, entre muitos depoimentos, o relato da Segunda Cruzada por Eudes de Deuil, monge de Saint-Denis e capelão do capetíngio Luís VII, em que o ódio entre alemães e franceses se acirra a cada episódio); o fato de terem escavado um abismo definitivo entre ocidentais e bizantinos (a cada cruzada acentua-se a hostilidade entre latinos e gregos que levará à Quarta Cruzada e à tomada de Constantinopla pelos cruzados em 1204); o fato de, em vez de suavizar os costumes, a fúria de a guerra santa ter levado os cruzados aos piores excessos, desde perseguições perpetradas em seu caminho até massacres e saques (de Jerusalém, p. ex., em 1099, e de Constantinopla em 1204, sobre os quais é possível ler nos relatos dos cronistas cristãos e também muçulmanos e bizantinos); o fato de o financiamento da cruzada ter sido motivo ou pretexto para a intensificação da fiscalização pontifical, para a prática desmedida das indulgências; e, finalmente, o fato de as ordens militares, impotentes para defender e conservar a Terra Santa, terem se voltado para o Ocidente para lá se entregarem a todos os tipos de exações financeiras ou militares – este é, na verdade, o penoso passivo dessas expedições. Vejo apenas o damasco como possível fruto das cruzadas trazido pelos cristãos.

Seja como for, o estabelecimento efêmero dos cruzados na Palestina foi o primeiro exemplo de colonialismo europeu, e a título de precedente está carregado de ensinamentos para o historiador.

Quando Urbano II, em Clermont, em 1095, acendeu o fogo da cruzada, quando São Bernardo o reavivou em 1146 em Vézelay, eles pensavam transformar a guerra endêmica no Ocidente numa causa justa, a luta contra os infiéis. Queriam purgar a Cristandade do escândalo dos combates entre correligionários, dar ao ardor belicoso do mundo feudal um exutório louvável, indicar à Cristandade o grande objetivo, o grande desígnio necessário para forjar a unidade de coração e de ação que lhe faltava. E, é claro, a Igreja e o papado previam, graças à cruzada de que assumiam a direção espiritual, oferecer-se o meio de dominar no próprio Ocidente a *Republica Christiana* conquistadora, mas turbulenta, dividida contra si mesma e incapaz de absorver sua vitalidade em seu próprio seio.

Esse grande desígnio fracassou. Mas a Igreja soubera responder a uma expectativa e conseguiu fazer do espírito de cruzada o cristalizador dos desejos vagos e das inquietações veladas do Ocidente. Uma longa preparação da sensibilidade e das mentalidades formou os corações ocidentais para a busca da Jerusalém celeste. A Igreja mostrou aos cristãos que aquela imagem ideal se materializara e que através da Jerusalém terrestre era possível cingi-la. A sede de errância que atormentava aqueles cristãos que as realidades da terra eram incapazes de prender ao chão estancara-se de repente por uma peregrinação da qual podia-se esperar tudo: aventura, riqueza, salvação eterna. A cruz ainda era no Ocidente um símbolo, não de sofrimento, mas de triunfo. Pendurando-a no peito dos cruzados, a Igreja finalmente conferia àquele estandarte seu verdadeiro significado e restituía-lhe a função que exercera junto de Constantino e dos primeiros cristãos.

As clivagens sociais reproduziam-se na cruzada, mas para animar ardores paralelos e convergentes. O exército dos cavaleiros era acompanhado pelo exército dos pobres. Por ocasião da Primeira Cruzada, a cruzada dos pobres, a mais inspirada, partiu primeiro, massacrou muitos judeus pelo caminho, debandou pouco a pouco e acabou golpeada pela fome, pelas doenças e pelos turcos antes de vislumbrar o objetivo: a Cidade Santa. Mais tarde o espírito de cruzada ainda se manteve por muito tempo nos meios mais humildes, que mais intensamente sentiam sua espiritualidade, sua mitologia. No início do século XIII, a cruzada das crianças – de jovens camponeses – representou a permanência emocionante dessa atração.

Os sucessivos fracassos, a rápida degeneração da mística da cruzada em política e logo em escândalo não chegaram a abafar por muito tempo aquela grande inquietação. O apelo do além-mar, da "passagem", agitou ao longo de todo o século XIII, e além dele, as imaginações e as sensibilidades de ocidentais que não conseguiam encontrar em sua terra o sentido de seu destino coletivo e individual.

1099: Jerusalém é tomada, forma-se um império latino na Terra Santa, mas logo ele é ameaçado. Luís VII e Conrado III, em 1148, não são capazes de socorrê-lo, e a partir de então o mundo cristão da Palestina é uma pele de chagrém que se encolhe sem cessar. Saladino retoma Jerusalém em 1187; Ricardo Coração de Leão multiplica proezas por ocasião da Terceira Cruzada (1189-1192), ao passo que Filipe Augusto se apressa em reconquistar seu reino; a Quarta Cruzada é desviada pelos venezianos para Constantinopla, cria outro império latino efêmero (1204-1261) em Constantinopla e na Grécia; Frederico II, excomungado pelo papa, obtém por negociação a restituição de Jerusalém, em 1229, retomada pelos muçulmanos em 1244. Só alguns idealistas mantiveram então o espírito de cruzada. São Luís é um deles. Em meio à consternação da maioria dos membros de sua família – a começar por sua mãe, Branca de Castela – e de seus conselheiros, consegue conduzir um exército de cruzados cuja maioria o segue mais por amor a ele do que a Cristo, uma primeira vez em 1248 (até 1254), para cair prisioneiro dos infiéis no Egito, e uma segunda vez em 1270, para morrer diante de Túnis.

Até o final do século XV, e além, ainda se falará com frequência em partir em cruzada. Mas isso não voltará a acontecer.

★

Ao mesmo tempo em que Jerusalém monopolizava as imaginações ocidentais, outras cidades, mais reais e de mais futuro terrestre, desenvolviam-se no próprio Ocidente.

Em sua maioria essas cidades existiam antes do ano 1000, remontavam à Antiguidade ou a antes. Mesmo em território bárbaro, tardiamente cristianizado, entre os escandinavos, os germânicos ou os eslavos, as cidades medievais prolongam cidades primitivas: *grods* eslavos, *wiks* nórdicas. Raras são as fundações urbanas *ex nihilo* na Idade Média. No entanto, mesmo nesses casos de continuidade, os mais frequentes, será possível dizer que as cidades medievais são as mesmas que suas ancestrais?

No mundo romano as cidades eram um centro político e administrativo, militar e, secundariamente, econômico. Durante a alta Idade Média, encolhidas num canto de suas antigas muralhas que se tinham tornado grandes demais, foram reduzidas quase exclusivamente à função política e administrativa, ela própria atrofiada. As menos modestas em geral deviam sua importância relativa menos à presença de um soberano (habitualmente itinerante ou "aldeão") ou de um alto funcionário (havia poucos e eram desprovidos de séquito numeroso fora dos "palácios" reais) do que à do bispo. Religião antes de tudo urbana, o cristianismo sustentou, no Ocidente, a continuidade urbana. E, se a cidade episcopal conserva alguma função econômica, é aquela, bem simplificada, desempenhada pelos celeiros do bispo ou dos mosteiros (estabelecidos na cidade) que armazenam os víveres provindos do campo dos arredores e que, mais por serviços do que por dinheiro, e gratuitamente em tempos de penúria, são distribuídos à maior parte do grupo de habitantes. O que muitas vezes leva a acreditar erroneamente na continuidade urbana do primeiro milênio da Idade Média é o fato de a cidade medieval instalar-se ao lado do núcleo antigo. É uma cidade de subúrbio, *podgrozie* eslava, *portus* ocidental. Além disso, mesmo nos casos em que houve continuidade, as grandes cidades medievais foram, em geral, sucessoras de pequenas cidades da Antiguidade ou da alta Idade Média. Veneza, Florença, Gênova, Pisa, até Milão (medíocre até o século IV, eclipsada por Pávia entre os séculos VII e IX), Paris, Bruges, Gand, Londres, para não falar em Hamburgo ou Lübeck, são criações medievais. Com exceção das cidades renanas (Colônia e Mainz) e sobretudo de Roma (que na Idade Média, porém, nada mais é do que um grande centro religioso, uma Santiago de Compostela cuja população é mais numerosa), na Idade Média as cidades romanas mais importantes desapareceram ou passaram para segundo plano.

Henri Pirenne mostrou magnificamente que a cidade medieval nasce e se desenvolve a partir de sua função econômica. Decerto ele exagerou o papel dos comerciantes, minimizou o dos artesãos, privilegiou excessivamente o despertar comercial com relação ao impulso agrícola que o nutre, alimentando os centros urbanos com víveres e homens.

É preciso conformar-se com atribuir o nascimento e o desenvolvimento das cidades medievais a um conjunto complexo de estímulos e, sobretudo, a grupos sociais diversos. "Novos ricos ou filhos de ricos?", essa foi a questão colocada, após Pirenne, num célebre debate orquestrado por Lucien Febvre. Certamente as cidades atraíram *homines novi*, arrivistas que se evadiram da terra, das *familiae* monásticas, desprovidos de preconceitos, dispostos a empreender e a ganhar, mas com eles, misturados a eles ou ao lado deles – emprestando-lhes principalmente o dinheiro que de início eram os únicos a possuir – membros das classes dominantes: aristocracia fundiária e clero desempenharam papel preponderante. Uma categoria como a dos *ministeriales*, agentes senhoriais, na maioria das vezes provenientes do meio dos escravos ou servos que, no entanto, ascenderam mais ou menos rapidamente às camadas superiores da hierarquia feudal, certamente teve participação importante no desenvolvimento urbano. As regiões intensamente urbanizadas do Ocidente medieval – excetuando aquelas em que a tradição greco-romana, bizantina e muçulmana deixara bases mais sólidas (Itália, Provence, Languedoc, Espanha) – são regiões às quais decerto chegam grandes rotas comerciais (norte da Itália, ponto final das vias alpestres e das rotas marítimas mediterrâneas; norte da Alemanha e Flandres aonde chega o comércio do leste; nordeste da França onde se encontram, nas feiras da Champagne, sobretudo nos séculos XII e XIII, comerciantes e produtos do norte e do sul). Mas essas regiões são também as das planícies mais ricas, dos progressos mais garantidos das rotações trienais de cultivos, do emprego mais difundido da charrua e do cavalo de lavoura. Decerto ainda é difícil determinar, aqui, o que é causa e o que é consequência na íntima relação cidade-campo na Idade Média. As cidades, para nascer, precisaram de um meio rural favorável, mas, à medida que se desenvolviam, exerciam uma atração cada vez maior sobre um entorno agrário dilatado na medida de suas exigências. Grupo de consumidores, que participa apenas marginalmente da produção agrícola (não há realmente plantações no interior da cidade medieval, mas há hortas, cercados de vinhas, que desempenharam um papel nada desprezível na alimentação dos citadinos), a população urbana precisa se nutrir. Em torno das cidades, os desmatamentos se estendem, a produtividade aumenta, tanto mais porque, de seu subúrbio rural, a cidade não extrai apenas víveres, mas também homens. A emigração do campo para a cidade entre os séculos X e XIV é um dos fenômenos principais da Cristandade. Dos diversos elementos humanos que recebe, a cidade faz uma nova sociedade. Sem dúvida, essa sociedade também pertence à sociedade "feudal" que imaginamos por demais exclusivamente rural. O subúrbio rural de que ela se apossa impondo-lhe seu poder – *ban* – de tipo feudal é acompanhado pela evolução da senhoria no sentido do que foi chamado a *senhoria banal*, também baseada no exercício intenso do *ban*. É impregnada pela influência dos "feudais", que às vezes lá mantêm uma residência – como na Itália. Seus notáveis imitam o gênero de vida nobre, mandam construir para si casas de pedra, erigem torres que, se por um lado servem para defesa e estocagem de víveres, são também e antes de tudo sinal de prestígio. Sem dúvida a sociedade urbana é minoritária em um mundo que continua sendo primordialmente rural. Aos poucos, no entanto, essa sociedade urbana consegue substituir as palavras de ordem vindas do campo por suas próprias instigações. A Igreja não se deixa levar. No século XII ainda é a voz dos monges, como Pedro o Venerável, de Cluny, sobretudo de São Bernardo de Cîteaux, que mostra o caminho para a Cristandade.

São Bernardo deverá, além disso, ir pregar a cruzada em Vézelay, cidade híbrida e cidade nova em torno de seu mosteiro, e tentar em vão afastar de Paris, das seduções urbanas, os noviços que deseja levar ao deserto, à escola do claustro. No século XIII os líderes espirituais – dominicanos e franciscanos – instalam-se nas cidades e, das cátedras de suas igrejas ou das universidades, governam as almas.

Esse papel de guia, de fermento, de motor, que passa a ser assumido pela cidade, afirma-se primeiro na ordem econômica. No entanto, mesmo que, no início, a cidade tenha sido sobretudo um lugar de trocas, um núcleo comercial, um mercado, sua função essencial nesse domínio é sua atividade de produção. Ela é um canteiro. E o mais importante é que nesse canteiro instaura-se a divisão do trabalho. No campo, na alta Idade Média, o domínio, embora abrigasse alguma especialização técnica artesanal, havia concentrado todas as funções de produção. Uma etapa intermediária talvez se encontre nos países eslavos – especialmente na Polônia e na Boêmia – onde se veem, entre os séculos X e XIII, os grandes proprietários voltarem para aldeias particulares (cuja lembrança a toponímia conserva até hoje: p. ex., na Polônia *Szewce*, de *sutores**) dos especialistas: cavalariços, ferreiros, oleiros, carpinteiro de carroças. Conforme as definiu Aleksander Gieysztor, "trata-se de aldeias submetidas à autoridade do castelão ducal e habitadas por artesãos que, ao mesmo tempo em que deviam à prática da agricultura o essencial de sua subsistência, eram adstritos a serviços artesanais especializados". Mas com as cidades essa especialização é levada ao extremo. O artesão deixou de ser também e primordialmente camponês, o "burguês" deixou de ser também e primordialmente proprietário fundiário.

Contudo, não se deve exagerar o dinamismo nem a autonomia dos novos ofícios. Por muitos entraves econômicos (as matérias-primas vêm em grande parte dos domínios) e institucionais (os senhores pelos direitos feudais e pelas taxas, especialmente, limitam e puncionam produções e trocas, apesar das isenções obtidas pelas cidades), os "feudais" controlam a atividade econômica. As corporações que enquadram os novos ofícios são antes de tudo, como bem as definiu Gunnar Mickwitz, "cartéis" que eliminam a concorrência e freiam a produção. A especialização

---

* Em latim, "sapateiros" [N.T.].

exagerada (basta abrir o *Livro dos ofícios*, de Étienne Boileau, que no fim do reinado de São Luís, entre 1260 e 1270, regulamenta as corporações parisienses, para ser surpreendido, p. ex., pelo número de ofícios que trabalham o ferro: vinte e dois, de um total de cento e trinta) é, se não causa, pelo menos sinal da debilidade da nova economia. Essa economia limita-se principalmente à satisfação das necessidades locais. Raras são as cidades que abrem para a exportação. Só a tecelagem, no nordeste da Europa, sobretudo em Flandres, alcança pela produção de tecidos de luxo e de meio luxo – tecidos finos, sedas – dimensões quase de uma indústria e estimulam produções anexas, particularmente a das plantas tintoriais, entre as quais o pastel-dos-tintureiros, a partir do século XIII, ocupa um lugar privilegiado. Resta a construção, que é um caso especial.

*

Mas as cidades também desempenham o papel de núcleos de trocas comerciais. Apenas os produtos de luxo (tecido, pastel-dos-tintureiros, especiarias) ou de primeira necessidade (sal) alimentam o comércio durante muito tempo. As mercadorias pesadas (grãos, madeira) só entram lentamente. Algumas praças são suficientes para garantir a venda desses produtos e as práticas rudimentares – particularmente troca de moedas – que as acompanham. As feiras de Champagne, nos séculos XII e XIII, são seu foco principal. Portos e cidades da Itália e da Alemanha emergem. Os italianos – venezianos, genoveses, pisanos, amalfitanos, astianos, milaneses, sienensese, logo, florentinos – agem mais ou menos isoladamente, no âmbito de suas cidades, assim como comerciantes de Amiens e do Arrageois. Ao norte, no entanto, uma ampla confederação comercial, que rapidamente adquire também força política, domina as trocas num amplo raio de ação: a Hansa ou Liga Hanseática. No final do século XIII ela estende sua influência desde Flandres e Inglaterra até o norte da Rússia.

Na mesma época, as relações entre os dois grupos que dominavam o grande comércio, os hanseáticos ao norte e os italianos ao sul, passavam por uma virada. Em vez de se encontrar ao longo das vias terrestres, longas, caras, sempre ameaçadas, que levavam principalmente à feira de

Champagne, estabeleceram uma ligação direta e regular por mar. Frotas mercantis ligaram Gênova e Veneza a Londres e a Bruges e, para além, ao espaço báltico e a seu interior. O modesto comércio medieval, na alta Idade Média limitado às vias fluviais, desenvolvendo-se lentamente ao longo das rotas terrestres entre os séculos X e XIV, aventurando-se nos mares de Alexandria a Riga pelas rotas do mediterrâneo, do Atlântico, da Mancha, do Mar do Norte e do Báltico, preparava a expansão comercial da Europa moderna.

Apoiando-se nas cidades, esse grande comércio nascente favorecia dois outros fenômenos de importância primordial.

Ele completava, pelo estabelecimento de pontos comerciais distantes, a expansão da Cristandade medieval. No Mediterrâneo, a expansão genovesa e veneziana até ultrapassava o contexto de uma colonização comercial. Os venezianos, que haviam obtido uma série de privilégios cada vez mais exorbitantes dos imperadores de Constantinopla (em 992 e em 1082), fundam um verdadeiro império colonial às margens do Adriático, em Creta, nas ilhas jônicas e egeias (especialmente em Negroponte, ou seja, Eubeia) depois da Quarta Cruzada (1204). Englobará ainda , nos séculos XIV e XV, Corfu e Chipre. Os genoveses fazem de seus estabelecimentos na costa da Ásia Menor (Foceia, grande produtora de alume, essencial como mordente para a indústria têxtil) e do norte do Mar Negro (Caffa) pontos sólidos para o escoamento de mercadorias e homens (escravos domésticos dos dois sexos).

Ao norte, a Liga Hanseática estabelece seus comerciantes em território cristão, em Bruges, em Londres, em Bergen, em Estocolmo (fundada em 1251) e também mais a leste, em território pagão (Riga, 1201) ou ortodoxo (Novgorod). A colonização comercial reforça a colonização urbana e rural alemã e, ora pacífica, ora belicosa, garante privilégios que, além do lucro econômico, estabelecem uma verdadeira superioridade étnica. A forma comercial da colonização também habituou os ocidentais a um colonialismo que lhes valerá os sucessos e, depois, os dissabores que conhecemos.

O grande comércio também desempenhou um papel fundamental na expansão da economia monetária. Centros de consumo e de trocas, as cidades tiveram que recorrer cada vez mais à moeda para realizar suas transações. O século XIII é o da etapa decisiva. Florença, Gênova, Veneza, os soberanos espanhóis, franceses, alemães, ingleses precisam cunhar, para responder a essas necessidades, primeiro moedas de prata de valor elevado, os *gros*; depois moedas de ouro (o florim florentino é de 1252, o escudo de São Luís de 1263-1265, o ducado veneziano de 1284).

Introduzindo-se no campo, modificando a renda feudal, o progresso da economia monetária será um elemento decisivo da transformação do Ocidente medieval.

★

A marca urbana não é menor no âmbito intelectual e artístico. Decerto o contexto monástico permanece no século XI e, em menor medida, no século XII, o mais favorável ao desenvolvimento da cultura e da arte. A espiritualidade mística e a arte românica se expandem nos conventos. Cluny e a grande igreja do Abade Hugo (1049-1109) simbolizam essa primazia monástica na aurora dos novos tempos. Cîteaux, suas filhas e suas netas, continuam por outros meios.

Mas em dois domínios identifica-se bem a *translatio* cultural que faz a primazia dos mosteiros passar para as cidades: o ensino e a arquitetura.

Ao longo do século XII as escolas urbanas ultrapassam as escolas monásticas de maneira decisiva. Provenientes das escolas episcopais, os novos centros escolares se emancipam delas pelo recrutamento de seus professores e alunos, por seus programas e métodos. A escolástica é filha das cidades. Reinam instituições novas: as universidades, *corporações* intelectuais. O estudo e o ensino tornam-se um ofício, uma das muitas atividades que se especializam no canteiro de obras urbano. O nome, aliás, é significativo: *universitas* é corporação. As universidades não são mais que as corporações dos professores e dos estudantes – *universitates magistrorum et scolarium* – com suas diversidades e matizes, de Bolonha, onde reinam os estudantes, a Paris, onde dominam os professores. O livro torna-se instrumento, já não é ídolo. Como toda ferramenta, tende a ser fabricado em série, torna-se objeto de uma produção, de um comércio.

A arte românica, produto e expressão do impulso da Cristandade depois do ano 1000, transforma-se ao longo do século XII. Sua nova fisionomia, o gótico, é uma arte urbana. Arte de catedrais que brotam do corpo urbano, elas o sublimam e o dominam. A iconografia das catedrais é a expressão da cultura urbana: a vida ativa e a vida contemplativa procuram nelas um equilíbrio instável, as corporações ornam as igrejas com vitrais, o saber escolástico se desfralda. Em torno da cidade, as igrejas rurais reproduzem com menos êxito artístico e recursos materiais muito mais limitados o projeto da catedral da cidade modelo, ou um de seus elementos mais significativos: campanário, torre, tímpano. Feita para abrigar um povo novo, mais numeroso, mais humano e mais realista, a catedral não esquece de evocar a vida rural próxima e benéfica. O tema dos meses, contexto dos trabalhos rústicos, continua sendo um dos ornamentos tradicionais da vida urbana.

★

A Igreja tem uma participação de primeiro plano nessa expansão da Cristandade. Não que tenha desempenhado diretamente, no desenvolvimento econômico, o papel essencial que muitas vezes se atribuiu a ela, com muito exagero, especialmente depois de Montalembert.

Georges Duby sublinhou que os monges tiveram um papel muito eficaz nos desmatamentos porque "os clunisianos, os beneditinos de longa observância levavam uma vida de tipo senhorial, portanto ociosa", e as novas ordens, no século XIII, "estabeleceram-se em clareiras já exploradas, pelo menos parcialmente", interessaram-se sobretudo pela criação de animais "e, portanto, preocuparam-se relativamente pouco em ampliar os campos de cultivo"; e finalmente, "pelo cuidado que tinham em proteger seu 'deserto', em manter os camponeses à distância, as abadias de novo estilo contribuíram mais para proteger algumas ilhas florestais contra as empreitadas de desmatamento que, caso contrário, os teriam reduzido".

No entanto, no próprio nível da economia, a Igreja foi eficaz. Na fase inicial, empenha os recursos que só ela tem. Na fase de entesouramento da economia, havia acumulado mais do que ninguém. A partir do ano 1000, quando a expansão econômica, particularmente o desenvolvimento da construção, exige um financiamento que o funcionamento normal da produção não é capaz de fornecer, ela "desentesoura", ou seja, põe em circulação os tesouros acumulados. Claro, isso se faz numa atmosfera de milagres, cuja roupagem taumatúrgica não deve nos ocultar as realidades econômicas. Se um bispo ou um abade quiser aumentar ou reconstruir sua catedral ou seu mosteiro, imediatamente um milagre o fará descobrir o tesouro escondido que lhe permitirá, se não levar a cabo, pelo menos iniciar sua empreitada.

Durante o período – séculos XI-XII – em que os judeus já não bastam para desempenhar o papel de credores que até então assumiram e os comerciantes cristãos ainda não os substituíram, os mosteiros fazem o papel de "estabelecimentos de crédito".

A Igreja, ao longo de todo o período, protege o comerciante e ajuda-o a vencer o preconceito que o faz ser desprezado pela classe senhorial ociosa. A Igreja se empenha em reabilitar a atividade que realiza o desenvolvimento econômico e, ao trabalho-castigo definido pelo Gênesis – o homem caído deve, como penitência, ganhar o pão com o suor de sua fronte –, confere um valor de salvação.

Principalmente, a Igreja se adapta à evolução da sociedade e lhe fornece as palavras de ordem espirituais de que ela precisa. Oferece os sonhos que são o contrapeso necessário às realidades difíceis. Ao longo de todo esse período em que a prosperidade se constrói lentamente, em que o dinheiro se difunde, em que a riqueza se torna um chamariz cada vez mais sedutor, ela garante aos que têm êxito e se preocupam com seu êxito – o Evangelho expressa uma dúvida séria sobre a possibilidade, para o rico, de entrar no reino dos céus – assim como aos que continuam esmagados uma válvula ideológica: a apologia da pobreza.

O movimento se esboça no século XI, delineia reformas, múltiplas abordagens de uma volta à simplicidade evangélica (vita *vere apostolica**), inspira uma reforma do clero no sentido comunitário – o movimento canonical que renova a instituição dos cônegos impondo-lhes a regra dita de Santo Agostinho –, expande-se no final do século XI e no início do século XII. Ele deu origem a novas ordens que afirmam a necessidade de

---

* Vida verdadeiramente apostólica [N.T.].

ir ao "deserto" encontrar na solidão os verdadeiros valores de que o mundo ocidental parece distanciar-se constantemente, mas que, preconizando o trabalho manual, organizando novas formas de atividade econômica em que se combinam os novos métodos de cultivo (rotação trienal de culturas), o recurso mais intenso à pecuária para produção de lã destinada à indústria têxtil e a adoção das inovações técnicas (moinhos, forjas) perpetuam, transformando-a, a tradição beneditina e seu exemplo econômico.

O modelo vem da Itália e provavelmente, através dos monges gregos basilianos do Lácio, da Calábria e da Sicília, haure na grande fonte do monaquismo bizantino e oriental. São Nilo de Grottaferrata já no século X, depois São Romualdo, fundador da ordem dos camaldulenses, perto de Ravena (1012), São João Gualberto, enfim, fundador de Vallombrosa, na Toscana, são os inspiradores dos grandes fundadores de novas ordens por volta de 1100, os criadores dos "monges brancos" que confrontam os "monges negros" tradicionais, os beneditinos. Estêvão de Muret funda a Ordem de Grandmont em 1074; São Bruno, a Grande Chartreuse em 1094; Roberto de Molesme, Cîteaux em 1098; Roberto d'Arbrissel, Fontevrault em 1101; São Norberto, Prémontré em 1120. A oposição entre o velho e o novo monaquismo é simbolizada pela polêmica entre o cluniasiano Pedro o Venerável, abade de Cluny (1122-1156), e o cisterciense São Bernardo, abade de Clairvaux (1115-1154). Aos adeptos de uma espiritualidade em que o essencial é o serviço divino, o *opus Dei*, no qual o rebanho dos servos permite aos monges folgar, opõem-se os devotos de uma mística que une a prece e o trabalho manual praticado pelos monges ao lado dos conversos ou irmãos laicos; aos religiosos animados por uma sensibilidade alimentada pelo esplendor das igrejas, pelo brilho da liturgia, pela pompa dos ofícios, opõem-se monges apaixonados pela simplicidade, pelas linhas puras sem ornamento. Diante do barroco românico que se compraz nos revestimentos suntuosos e nas extravagâncias de uma ornamentação tortuosa – a simplicidade românica é criação encantadora, mas anacrônica do século XX –, Cîteaux acolhe o gótico nascente mais rigoroso, mais ordenado, que ignora o detalhe pelo essencial.

Sobretudo, personagens marginais, anarquistas da vida religiosa, nutrem durante todo o período as aspirações das massas pela pureza. São os eremitas, ainda malconhecidos, abundantes em toda a Cristandade, desbravadores, enfurnados nas florestas em que são acossados por visitantes, situados nos lugares certos para ajudar os viajantes a encontrar seu caminho, a atravessar um vau ou uma ponte, modelos não corrompidos pela política do clero organizado, mentores espirituais dos ricos e dos pobres, das almas penadas e dos amantes. Com seu cajado, símbolo de força mágica e de errância, de pés descalços e roupas de peles de animais, eles invadem a arte e a literatura. Encarnam as inquietações de uma sociedade que, no crescimento econômico e suas contradições, busca o refúgio de uma solidão no entanto presente no mundo e em seus problemas.

Mas o desenvolvimento e o êxito das cidades repelem para segundo plano velho e novo anacronismo, comunidades monásticas e solitárias ligadas a uma sociedade rural e feudal. Ainda se adaptando, a Igreja segrega ordens novas: as mendicantes. Não sem dificuldade, não sem crises. Por volta de 1170, Pedro Valdo, comerciante de Lyon, e seus discípulos, os Pobres de Lyon, chamados valdenses, levam a tal extremo sua crítica à Igreja que acabam por ser expulsos dela. Em 1206, o filho de um rico comerciante de Assis, Francisco, parece tomar o mesmo caminho. Um grupo em torno dele, no início doze "irmãozinhos", "frades menores", tem como única preocupação, pela prática da humildade e da pobreza absoluta à qual provê a mendicidade, ser um fermento de pureza num mundo corrompido. Tanta intransigência preocupa a Igreja. Os papas e a cúria romana, os bispos, querem impor uma regra a Francisco e seus companheiros, fazer deles uma ordem inserida na grande ordem da Igreja. O conflito de Francisco de Assis, encurralado entre seu ideal desnaturado e seu apego apaixonado à Igreja e à ortodoxia, é dramático. Ele aceita, mas se retira. Na solidão de La Verna, os estigmas, pouco antes de sua morte (1226), são a consumação, são o preço e a recompensa de sua angústia. Depois dele, por muito tempo sua ordem é dilacerada pela luta entre os adeptos da pobreza absoluta e os partidários de um acordo com o mundo. Na mesma época em que a iniciativa de São Francisco, a seu malgrado, dava origem à ordem dos frades menores, que serão chamados franciscanos, um cônego nobre espanhol, Domingo de Guzmán, aceitava mais facilmente a Regra de Santo Agostinho para o pequeno grupo de pregadores que ele havia reunido para levar os hereges aos caminhos da ortodoxia, pela palavra e também pela prática da pobreza. Contemporâneos, menores e pregadores – que serão denominados dominicanos – são a substância das ordens mendicantes que formam, no século XIII, a nova milícia da Igreja. Sua originalidade, sua virtude, é dirigir-se deliberadamente ao meio urbano. A essa nova sociedade, pela pregação, pela confissão, pelo exemplo, eles procuram trazer as respostas a seus novos problemas. Trazem os conventos do deserto para a multidão. O mapa das casas franciscanas e dominicanas no final do século XIII é o mapa urbano da Cristandade. E, não sem dificuldades, fizeram suas cátedras conventuais serem acompanhadas por cátedras universitárias nas quais se instalam e brilham de modo incomparável. Tomás de Aquino e Boaventura, professores da Universidade de Paris, são respectivamente dominicano e franciscano.

No entanto, apesar dessas adaptações e desses sucessos, a Igreja mais segue a evolução da Cristandade do que a conduz, como fizera na alta Idade Média. Já no fim do século XII as ordens "novas" – Cister e Premonstratense – se renegaram e foram ultrapassadas. Os próprios mendicantes não congregam um consenso unânime: numa época em que o trabalho tornou-se o valor básico da nova sociedade, não é fácil fazer com que se admita viver de mendicância. Dominicanos e franciscanos, aos olhos de uma parte do povo, tornam-se símbolo de hipocrisia, e os primeiros incitam ódios suplementares pelo modo como tomaram a frente da repressão à heresia, pelo papel que desempenham na Inquisição. Uma rebelião popular, em Verona, assassina o primeiro "mártir" dominicano, São Pedro Mártir, cuja imagem coroada pela faca enfiada em seu crânio (1252) é divulgada pela propaganda da ordem.

Os sínodos da alta Idade Média davam o tom da sociedade cristã. Os concílios dos séculos XII e XIII seguem sua evolução. O mais famoso e mais importante, o Quarto Concílio de Latrão (1215), que organiza o ensino e institui a comunhão pascal obrigatória, já é um *aggiornamento*, a recuperação de um atraso. O século XIII é o século da "laicização", mais ainda do que das catedrais e das súmulas escolásticas. Em 1277, o bispo de Paris, Étienne Tempier, em um sílabo em que condena duzentas e dezessete proposições, e o arcebispo de Canterbury, o dominicano Robert Kilwardby, em um documento similar, tentam frear a evolução intelectual. Confusamente, condenam o amor cortês e o relaxamento dos costumes, o uso imoderado da razão na teologia, o engodo de uma ciência experimental e racional. Essa estocada será eficaz na medida em que visava tendências de vanguarda que não se apoiavam em infraestruturas intelectuais suficientemente garantidas. Mas certamente manifesta que a Igreja, embora nem todos os clérigos aprovem essas condenações, tornou-se, até mais do que atrasada, "reacionária".

É verdade que seu monopólio ideológico fora gravemente ameaçado. Já por ocasião das primeiras manifestações do impulso do Ocidente, em torno do ano 1000, aparecem contestações da liderança eclesiástica. Heresias limitadas. O camponês de Champagne, Leutard, que prega um evangelho pouco ortodoxo aos habitantes de Vertus e arredores, os hereges italianos de Monforte, os de Milão, intimamente ligados ao movimento urbano, agrupados na Pataria, e muitos outros agitam apenas por um tempo uma cidade ou uma região. Igualmente as heresias eruditas de um Roscelin, de um Abelardo (se é que foi herege), de seu discípulo Arnaldo de Bréscia, que faz a heresia sair das escolas para lançá-las nas ruas de Roma, onde amotina o povo contra o papa, perturbam apenas círculos restritos. A Igreja – com frequência apoiada pelos príncipes que lhe oferecem de boa vontade o socorro de seu "braço secular" –, aliás, reagirá rápida e intensamente. Em 1022 as primeiras fogueiras para hereges se acendem em Orléans.

Mas logo um movimento mais amplo e mais perigoso se forma e se difunde. Inspirado pelas heresias orientais, vinculado aos bogomiles dos Bálcãs, ao longo das estradas ele caminha da Itália para a França, para a Europa Central. Reúne coalisões heterogêneas de grupos sociais em que uma parte da nobreza, novos burgueses, artesãos – sobretudo das classes urbanas – formam movimentos mais ou menos ligados uns aos outros, sob nomes diversos. O que conheceu a melhor fortuna foi o dos cátaros. Os cátaros são maniqueístas. Para eles, há dois princípios igualmente poderosos: o bem e o mal. E o Deus bom é impotente diante do príncipe do mal, seja ele para alguns um Deus igual a ele, ou um diabo inferior, mas revoltado com êxito. O mundo terrestre e a matéria que o compõe são criações do Deus mau. A Igreja Católica é uma igreja do mal. Diante do mundo, diante de sua organização, a sociedade feudal, diante de seu guia, a Igreja de Roma, só pode haver uma atitude de recusa total. O catarismo logo se constitui como igreja, com seus bispos, seu clero, os *perfeitos*, e impõe ritos especiais a seus adeptos. É uma anti-igreja, um anticatolicismo. Não deixa de ter semelhanças, até mesmo laços, com os outros movimentos hereges do século XIII – valdenses, espirituais – e sobretudo com o movimento mais difuso nas fronteiras da ortodoxia e da heresia que, a partir do nome de seu inspirador, o monge calabrês Joaquim de Flora, foi denominado joaquimismo. Os joaquimitas acreditam em três épocas: a da Lei ou do Antigo Testamento, que foi substituída pela da Justiça e do Novo Testamento, ainda corrompida e dirigida pela igreja atual, que deve desaparecer para dar lugar ao reinado do Amor e ao Evangelho eterno. Esse milenarismo se exprime até na espera de uma data que deve marcar o fim da sociedade e da igreja corrupta e o advento da nova ordem: 1260. Passada a data, muitos acreditarão que a era joaquimita chegou com a elevação ao pontificado de um papa que compartilha suas ideias: Pietro da Morrone, Celestino V (1294). Pontificado efêmero. Celestino V é obrigado a abdicar depois de alguns meses, é encerrado num convento, onde morre logo, sendo seu sucessor, Bonifácio VIII, suspeito de estar envolvido em seu desaparecimento. O fim daquele que, segundo Dante, fez "a grande renúncia", é, depois de 1277, o símbolo de uma virada na história da Cristandade.

A Igreja, no final do século XIII, triunfara. Fracassados os meios tradicionais e pacíficos contra o catarismo e as heresias próximas, ela recorrera à força. Primeiro à guerra. Foi a cruzada dos albigenses, que terminou com a vitória da Igreja ajudada pela nobreza da França do Norte e, finalmente, depois de muitas reticências, pelo rei da França com o Tratado de Paris (1229). Depois a repressão organizada por uma nova instituição: a Inquisição. No plano institucional, através de grandes dificuldades, a Igreja praticamente ganhara o jogo no início do século XIV. No plano moral, perdera-o diante do julgamento da história.

★

As grandes heresias dos séculos XII e XIII foram definidas, por vezes, como heresias "antifeudais". Embora diante de uma análise do detalhe histórico o termo seja contestável, ele é válido no contexto de uma explicação global.

Ao contestar a própria estrutura da sociedade, essas heresias atacavam o que no fundo a constituía: o feudalismo.

Feudalização e movimento urbano são dois aspectos de uma mesma evolução que organiza ao mesmo tempo o espaço e a sociedade. Para retomar a terminologia de Daniel Thorner, a sociedade do Ocidente medieval é uma sociedade camponesa que, como toda sociedade camponesa, comporta uma certa porcentagem – minoritária – de cidades e que, no caso particular da Cristandade ocidental, foi dominada por um sistema definido pelo termo feudalismo.

Nesse esboço que pretende apenas situar o feudalismo na evolução do Ocidente entre os séculos X e XIV, limitemo-nos a resumir sua ocorrência segundo François Ganshof, sua evolução em uma região: o Mâconnais, segundo Georges Duby, sua periodização de acordo com Marc Bloch.

O feudalismo é antes de tudo o conjunto dos vínculos pessoais que unem, numa hierarquia, os membros das camadas dominantes da sociedade. Esses vínculos apoiam-se numa base "real": o benefício que o senhor outorga a seu vassalo em troca de um certo número de serviços e de um juramento de fidelidade. O feudalismo, no sentido estrito, é a homenagem e o feudo.

O senhor e seu vassalo unem-se pelo contrato de vassalagem. O vassalo presta a homenagem a seu senhor. Os textos mais antigos em que aparece a palavra referem-se ao condado de Barcelona (1020), ao condado de Cerdagne (1035), ao Languedoc Oriental (1033), ao Anjou (1037). Ela se difunde pela França na segunda metade do século XI e aparece na Alemanha pela primeira vez em 1077. O vassalo coloca suas mãos juntas entre as do senhor, que as cerra, e expressa sua vontade de se dar ao senhor conforme uma frase do tipo: "Sire, torno-me vosso homem" (França, século XIII). Em seguida ele pronuncia um juramento de fidelidade, dá-lhe sua palavra, e pode acrescentar, como na França, o beijo que faz dele um "homem de boca e de mãos". Como consequência do contrato de vassalagem, o vassalo deve ao senhor o *consilium*, o conselho, que em geral consiste na obrigação de participar das assembleias reunidas pelo senhor, particularmente de fazer justiça em seu nome – e o *auxilium*, a ajuda, essencialmente militar e eventualmente financeira. O vassalo deve, portanto, colaborar com a administração, a justiça e o exército senhoriais. Em contrapartida, o senhor deve proteção ao vassalo. Contra o vassalo infiel, "traidor", o senhor, em geral com o parecer de seu conselho, pode pronunciar sanções, sendo a principal o confisco do feudo. Inversamente, o vassalo pode "desafiar", ou seja, retirar a palavra ao senhor que falta a seus compromissos. Teoricamente o "desafio", que se instaura primeiro na Lotaríngia, no final do século XI, deve ser acompanhado por uma proclamação solene e da renúncia ao feudo.

Vê-se que o essencial gira em torno do "feudo". A palavra aparece no oeste da Alemanha no início do século XI e se difunde sob sua aceitação técnica no final desse século, não sendo empregada por toda parte nem sempre nesse sentido exato. É mais um termo dos juristas e historiadores modernos do que um vocábulo da época. O mais importante é que o feudo é mais frequentemente uma terra. Isso assenta o feudalismo sobre sua base rural e manifesta que ele é antes de tudo um sistema de posse e de exploração da terra.

A concessão do feudo pelo senhor ao vassalo faz-se no decorrer de uma cerimônia, a investidura, que consistia num ato simbólico, na entrega de um objeto (estandarte, cetro, bastão, anel, punhal, luva, pedaço de palha etc.). Em geral ela seguia o apalavramento e a homenagem. Só excepcionalmente foi consignada em ata escrita antes do século XIII. Feudalismo, mundo do gesto, não do escrito.

O que garante a ascendência crescente do vassalo sobre seu feudo é, evidentemente, a hereditariedade do feudo, peça essencial do sistema feudal. Essa evolução se produz cedo na França, no século X e início do século XI. É mais tardia na Alemanha e na Itália do Norte, onde é precipitada por Conrado II, em 1037. Na Inglaterra, só se generaliza no século XII.

Com exceção de casos de ruptura do contrato de vassalagem, o que permite o jogo político no sistema feudal é a pluralidade dos comprometimentos de um mesmo vassalo. Como quase todo vassalo é homem de vários senhores, essa situação, que às vezes lhe causa embaraços, também lhe permite, com frequência, conceder uma vassalagem preferencial ao senhor que mais lhe oferece. Para se prevenir contra a anarquia que poderia resultar disso, os senhores mais poderosos tentaram, nem sempre com sucesso, fazer com que seus vassalos lhes prestassem uma homenagem predominante, superior à prestada aos outros senhores, a homenagem "lígia". É isso que especialmente os soberanos pretenderão obter de todos os vassalos de seu reino. Mas nesse caso trata-se de outro sistema, diferente do feudal: o sistema monárquico, do qual falaremos adiante.

A evolução de um feudalismo regional, como o que Georges Duby estudou no Mâconnais nos séculos XI e XII, mostra que, concretamente, o sistema feudal tal como acabamos de descrevê-lo abstrata e esquematicamente baseia-se numa exploração da terra por intermédio da dominação da hierarquia feudal – senhores e vassalos – sobre os camponeses e ultrapassa o âmbito do contrato de vassalagem para garantir a cada senhor, grande ou pequeno, sobre sua senhoria e seu feudo, um conjunto de direitos extremamente amplo. A exploração rural, o domínio, é a base de uma organização social e política: a senhoria.

Georges Duby insiste num fato fundamental e que não é específico da região do Mâconnais. O centro da organização feudal é o castelo. Um dos grandes fenômenos da história ocidental do século X ao XIII é o surgimento dos castelos fortificados, cujo aspecto militar não deve dissimular o significado muito mais amplo.

No final do século X, a estrutura social do Mâconnais é ainda, na superfície, a da época carolíngia. A principal fronteira é a que separa os livres dos servos, e muitos camponeses ainda são livres. O poder condal, expressão do poder público, parece ainda respeitado. Rapidamente, porém, as coisas mudam e o feudalismo se instala. Não que o feudo se difunda muito na região. Mas o castelo torna-se o centro de uma senhoria que aos poucos absorve todos os poderes: econômico, judiciário, político. Em 971 aparece o título cavaleiresco e em 986 o primeiro tribunal privado, o da Abadia de Cluny; em 988, pela primeira vez um senhor, o Conde de Chalon, cobra exações aos camponeses tanto livres quanto servos. Data de 1004 a última menção a uma corte vicarial independente de um senhor, e, de 1019, a última sentença pronunciada por uma corte condal contra um castelão. A partir de 1030 o contrato de vassalagem se instaura e, em 1032, a palavra *nobilis* desaparece para dar lugar a *miles**. Enquanto o conjunto dos camponeses vê, com algumas exceções – alodiais, ministeriais – suas condições se uniformizarem no seio de uma ampla classe de

---

* *Nobilis* = nobre; *miles* = soldado [N.T.].

"manentes", instaura-se uma hierarquia no grupo senhorial. Por volta de 1075, a cavalaria, "antes classe de fortuna e de gênero de vida", tornou-se "uma casta hereditária, uma verdadeira nobreza". Ela comporta, contudo, dois escalões, conforme "a distribuição de poder sobre os humildes": o mais elevado é o dos "sires" do castelo (*domini, castellani**), que exercem sobre um território de certa importância o conjunto dos poderes públicos (o antigo *ban* real), o mais baixo é o dos simples cavaleiros "que nada têm atrás de si além de um pequeno número de dependentes pessoais". De seu castelo o senhor é o chefe de um território em que exerce seu *ban*, conjunto de poderes, privados e públicos misturados: é a senhoria denominada "banal" (embora na época o termo *bannus* seja bastante raro).

Por volta de 1160 novas mudanças tomam forma e, entre 1230 e 1250, outra sociedade feudal se constitui. "A castelania deixa de ser a peça-chave na organização dos poderes banais." Ela se dissolve primeiro mais ou menos num nivelamento da nobreza, que permite às "casas fortificadas" dos pequenos cavaleiros de aldeia que se ergam sobre montículos e, no início do século XIII, que reproduzam a série de castelos fortificados dos séculos XI e XII. Ela é atacada por baixo e por cima. Por baixo por causa de um afrouxamento progressivo da ascendência dos senhores sobre os manentes, por cima por causa da destituição de uma parte dos poderes dos castelães em proveito de uma pequena minoria de novos poderosos: os grandes senhores, os príncipes e, sobretudo, os reis. Em 1239 o Mâconnais é anexado ao domínio real. Termina o feudalismo clássico.

Marc Bloch distinguiu duas "eras feudais". A primeira, até por volta de meados do século XI, corresponde à organização de um espaço rural mais ou menos estável em que as trocas são fracas e irregulares, a moeda é rara, o salário quase inexistente. A segunda é produto dos grandes desmatamentos, da renovação do comércio, da difusão da economia monetária, da superioridade crescente do comerciante sobre o produtor.

Georges Duby encontrou também no Mâconnais essa periodização, mas ele situa um século depois, por volta de 1160, a transição entre os

---

* *Domini* = senhores; *castellani* = castelães [N.T.].

dois períodos, "o momento em que o tempo dos feudos, das *censives** e dos principados feudais segue-se ao das castelanias independentes".

É por referência à evolução econômica que os historiadores descreveram a evolução e as fases do feudalismo medieval. Georges Duby, para quem "a partir de meados do século XI o movimento social e o movimento econômico seguem direções opostas: um, que se desacelera, caminha no sentido do encerramento dentro das classes, dos grupos fechados; outro, que se acelera, prepara uma libertação, uma flexibilização de todos os contextos", no fundo concorda com Marc Bloch. Não tenho certeza de que os dois movimentos não caminhem por mais tempo no mesmo sentido. A senhoria feudal organiza a produção e, queira ou não, a transmite a esse grupo de citadinos, de comerciantes, de burgueses que depende dela por muito tempo. Certamente, a longo prazo, a expansão da burguesia urbana mina o feudalismo, mas, no fim do século XIII, ela está longe de dominá-lo, mesmo no plano econômico. Será preciso esperar séculos para que a distância crescente entre a força econômica e a fraqueza social e política das camadas superiores urbanas produza as revoluções burguesas dos séculos XVII e XVIII.

A evolução econômica ajuda uma grande parte da classe camponesa a melhorar sua sorte: em terras recém-desmatadas, os "hóspedes" camponeses obtêm franquias, sobretudo liberdades sensíveis sob o aspecto urbano ou semiurbano das *"villeneuves"*, *"villefranches"*, *"bastides"***, para nos atermos à terminologia francesa. No conjunto das terras ocidentais generaliza-se no século XIII um movimento de emancipação que melhora a condição jurídica dos camponeses, senão sua situação material. A limitação das exações senhoriais com a substituição das corveias ou das prestações de serviço por uma taxa, com frequência fixa, pelo "censo", pela determinação, pelas cartas – o escrito que faz recuar o gesto ajuda, pelo menos de início, a libertação social – de um montante fixo das principais taxas – "talha abonada" – são sinal e instrumento de uma certa promoção das camadas camponesas, sobretudo a mais rica, a dos "lavradores" proprietários de sua atrelagem e de suas ferramentas em contraposição à massa dos "trabalhadores manuais" ou "braçais".

---

* Territórios feudais sujeitos ao censo, tributo anual pelo uso da terra [N.T.].

** Respectivamente, cidades novas, cidades francas, cidades fortificadas [N.T.].

Mas essa evolução, sobretudo a partir do século XIII, não favorece a pequena e média cavalaria, que se endivida mais depressa do que enriquece e precisa vender uma parte de suas terras. No Mâconnais, o último empréstimo concedido por um cavaleiro data de 1206, e, a partir de 1230, os pequenos cavaleiros alodiais cobram por sua homenagem, transformam seus alódios em feudos e, geralmente com exceção da reserva, vendem sua herança parcela por parcela. Os beneficiários são os senhores mais poderosos, que, mesmo não sendo ricos em numerário, podem emprestar facilmente; as igrejas, sobretudo as igrejas urbanas, que, pelas esmolas, são as primeiras a colher uma parte do dinheiro; e finalmente não nobres enriquecidos, alguns camponeses e, principalmente, burgueses. A crise que começa a afetar as rendas dos senhores, a "renda feudal", resultará no século XIV numa crise geral que será de fato, essencialmente, uma crise do feudalismo.

*

Nesse nível da evolução histórica, que chamamos político, os fenômenos muitas vezes parecem complexos, perdidos nos detalhes dos homens, dos acontecimento e dos textos dos historiadores, facilmente seduzidos pelas aparências e manifestações superficiais. A história política do Ocidente medieval é especialmente complicada, porque reflete o extremo fracionamento devido à fragmentação da economia e da sociedade e ao açambarcamento dos poderes públicos pelos chefes desses grupos mais ou menos isolados, uma das características do feudalismo, como já vimos. No entanto, a realidade medieval do Ocidente não é apenas essa atomização da sociedade e de seu governo, ela é acavalamento horizontal e vertical dos poderes. Entre os múltiplos senhores, entre a Igreja e as igrejas, as cidades, os príncipes e os reis, os homens da Idade Média nem sempre sabem de quem eles dependem politicamente. No próprio nível da administração e da justiça, os conflitos de jurisdição que abundam na história medieval expressam essa complexidade.

Uma vez que sabemos o fim da história, podemos tomar como fio condutor nessa esfera a evolução dos estados.

Logo após o ano 1000, dois personagens parecem guiar a Cristandade: o papa e o imperador. Ao longo de todo o período, seu conflito ocupará a frente do palco. Teatro de ilusões, atrás do qual acontecerão as coisas sérias.

Depois da morte de Silvestre II (1103), o papado no entanto não tem uma figuração brilhante. Ele cai nas mãos dos senhores do Lácio, depois, após 1046, nas dos imperadores alemães. Mas logo se desvencilha. Mais ainda, junto com ele desvencilha toda a Igreja da influência dos senhores laicos. É, do nome de Gregório VII (1073-1085), a reforma gregoriana, simplesmente o aspecto mais aparente do grande movimento que arrasta então a Igreja para uma volta às origens. Trata-se de recuperar, diante da classe dos guerreiros, a autonomia e o poder da classe dos sacerdotes. Esta deve se renovar e delimitar a si mesma: daí a luta contra a simonia e a lenta instauração do celibato clerical. Daí a tentativa de instituir a independência do papado reservando aos cardeais a eleição do pontífice (decreto de Nicolau II, de 1059). Daí principalmente o empenho em subtrair o clero à dependência da aristocracia laica, em retirar do imperador e, portanto, dos senhores a nomeação e a investidura dos bispos e, ao mesmo tempo, submeter o poder temporal ao poder espiritual, baixando o gládio temporal diante do gládio espiritual ou até entregando os dois gládios ao papa.

Gregório VII parece ter tido êxito por ocasião da humilhação do Imperador Henrique IV em Canossa (1077). Mas logo o penitente imperial se desforra. Urbano II, mais prudente, prossegue a obra intensamente e recorre ao atalho da cruzada para reunir a Cristandade sob sua autoridade. Um acordo intervém em Worms, em 1122: o imperador deixa ao papa a investidura "pelo báculo e pelo anel", promete respeitar a liberdade das eleições e das consagrações, mas mantém a investidura pelo "cetro" do temporal dos episcopados.

A luta, sob uma forma ou outra, se reacende com Frederico I Barba-Ruiva (1152-1190), atinge o ápice com Frederico II, na primeira metade do século XIII. Finalmente o papado parece definitivamente vitorioso. Frederico II morre em 1250, deixando o Império à mercê da anarquia do Grande Interregno (1250-1273). Mas obstinando-se contra um ídolo de pés de barro, um poder anacrônico, o imperador, o papa negligenciou – e às vezes até favoreceu – a ascensão de um novo poder, o dos reis.

O conflito entre o mais forte deles, o rei da França Filipe o Belo, e o Papa Bonifácio VIII termina com a humilhação do pontífice, esbofeteado em Anagni (1303), e o exílio, o "cativeiro" do papado em Avignon (1305-1376). O confronto, na primeira metade do século XIV, entre o Papa João XXII e o Imperador Luís da Baviera não será mais que uma sobrevivência que permitirá aos partidários de Luís e, sobretudo, a Marsílio de Pádua, em seu *Defensor pacis** (1324), definir uma nova Cristandade em que poder temporal e poder espiritual são nitidamente separados. A laicização chega com ele à ideologia política. O último grande partidário da mistura dos poderes, o último grande homem da Idade Média, a qual ele resumiu em sua obra genial, Dante, morreu, com o olhar voltado para o passado, em 1321.

★

Entre as monarquias e os estados herdeiros do poder político que se constroem entre os séculos XI e XIV, até mesmo os mais fortes não estão garantidos dinasticamente nem definidos territorialmente. Para tomar apenas um exemplo, todo o oeste da França atual oscila entre a França e a Inglaterra – e assim será até o século XV. Mas o futuro se esboça na formação de conjuntos territoriais que, com avanços e recuos, com metamorfoses, caminham no sentido de um agrupamento das pequenas células medievais. Os soberanos foram os rapsodos da Cristandade medieval.

Três sucessos ocupam o primeiro plano.

A Inglaterra, depois da conquista normanda (1066), é a primeira a oferecer, sob Henrique I (1110-1135) e principalmente sob o plantageneta Henrique II (1154-1189) a imagem de uma monarquia centralizada. Já em 1085, o livro do juízo final, o *Domesday Book*, inventaria as possessões e os direitos reais e fornece uma base incomparável à autoridade real. Sólidas instituições financeiras (a *Court of Exchequer***), funcionários intimamente dependentes do trono (os *sheriffs*) completam essa obra. Uma grave crise eclode no início do século XIII e prossegue

---

* *Defensor pacis* = Defensor da paz [N.T.].

** Em francês, *Cour de l'Échiquier* = Tribunal do Tesouro [N.T.].

por décadas. João Sem Terra é obrigado a aceitar que o poder real seja limitado pela *Carta magna* (1215), e após a revolta da pequena nobreza chefiada por Simon de Montfort, as *Provisões de Oxford* controlam ainda mais a monarquia. Mas Eduardo I (1272-1307) e mesmo Eduardo II (1307-1327) conseguem recuperar o poder real aceitando um controle parlamentar que faz nobres, eclesiásticos e burgueses das cidades colaborarem no governo. Guerras, bem-sucedidas contra os gauleses, malsucedidas contra os escoceses, informaram os ingleses sobre armamentos e novas táticas e fizeram uma parte do povo participar tanto da ação militar quanto do governo local e central. No início do século XIV, a Inglaterra é o mais moderno e mais estável dos estados cristãos. Isso permitirá ao pequeno Estado de cerca de quatro milhões de habitantes obter, no início da Guerra dos Cem Anos, sucessos retumbantes sobre o colosso francês, com seus catorze milhões de habitantes.

No entanto, à França do início do século XIV não falta categoria. Sob a monarquia capetíngia, seus avanços foram mais lentos, porém mais seguros, talvez. Entre a eleição de Hugo Capeto (987) e o advento de Luís VII (1137) os débeis monarcas capetíngios veem suas forças absorvidas pelas lutas obscuras e sempre renascentes contra os pequenos senhores saqueadores entrincheirados em suas torres da Île-de-France. Fazem papel lastimável diante de seus grandes vassalos, dos quais o mais poderoso, o duque da Normandia, acrescenta a seu ducado o reinado inglês em 1066, depois os amplos domínios dos Plantageneta, em meados do século XII. No entanto, já em 1124, a França mostrou sua coesão na retaguarda de seu rei diante da ameaça do imperador alemão, que foi obrigado a recuar. É no crescimento do domínio real purgado de seus tumultuadores feudais que os Capeto alicerçam seu poder cada vez maior. Os avanços, nítidos sob Luís VII (1137-1180), são fulminantes sob Filipe Augusto (1180), estendem-se e consolidam-se sob Luís VIII (1223-1226), Luís IX (São Luís) (1126-1270), Filipe o Bravo (1270-1285), Filipe IV o Belo (1285-1314). A base financeira do poder real francês continua fraca, o rei continua a extrair o essencial de seus recursos de seu domínio, a "viver do seu", mas tem em mãos a administração desde a instituição, sob Filipe Augusto, dos "bailios" ou "senescais" e dos "prebostes", desde a ampliação e a especialização do conselho como tribunal do rei, no âmbito das finanças e sobretudo da justiça, com o parlamento organizado por Filipe o Belo, em 1303, que atrai para ele um número cada vez maior de causas, à altura do sucesso contínuo do "apelo" ao rei. Como na Inglaterra, os estados gerais compostos pelos prelados, barões e burgueses ricos das boas cidades, reunidos por Filipe o Belo, representam mais uma ajuda do que uma limitação de poder para o rei e seus conselheiros, formados nas universidades e imbuídos do direito romano colocado a serviço do soberano "imperador em seu reino", os "legistas".

Uma reação feudal acontece em 1315, depois da morte de Filipe o Belo, mas em 1328 a mudança de dinastia, a substituição dos Capeto pelos Valois, ocorre sem dificuldade. Quando muito a nova dinastia parece mais aberta às influências feudais, ainda muito fortes na corte de Paris.

O terceiro êxito da monarquia centralizadora é realizado pelo papado. Esse sucesso pouco deve ao poder temporal do papa, à base territorial que lhe oferece o pobre Patrimônio de São Pedro. É assegurando seu poder sobre os bispos, e sobretudo drenando – não sem provocar vigorosos protestos, por exemplo na França e na Inglaterra – os recursos financeiros da Igreja, tomando a frente da codificação do direito canônico, que o papado, no século XII e principalmente no XIII, transforma-se em monarquia supranacional eficaz. Além de resistir ao exílio de Avignon, lá ele afirmará seu poder sobre a Igreja.

Os sucessos da unificação monárquica são menores na Península Ibérica, onde, apesar das uniões passageiras, os reinos permanecem separados. Portugal (reino a partir de 1114), Navarra, Castela que absorve Leão depois de 1230, Aragão – sem contar, sob a união política depois de 1137, a persistência do dualismo Aragão-Catalunha – parecem formações duradouras. No entanto, cada reino realiza dentro de suas fronteiras, mutáveis conforme os avanços da Reconquista e as combinações dinásticas, progressos notáveis no sentido da centralização. Em Castela o reinado de Afonso X o Sábio (1252-1284) é o período da redação do grande código das *Siete Partidas* e, graças ao favorecimento real, do desenvolvimento da Universidade de Salamanca. Aragão, que sob impulso dos catalães apaixona-se por seu horizonte mediterrâneo, é uma grande potência sob Jaime o Conquistador (1213-1276), e, após a divisão do reino (1262), floresce o reino de Maiorca, com sua capital Perpignan e suas cidades de Maiorca e de Montpellier, onde os reis residem de bom grado. Principalmente as condições especiais da Reconquista e do repovoamento da Península Ibérica permitiram ao povo, nas assembleias locais muito vivazes, nas Cortes que funcionam desde meados do século XIII em todos os reinos, participar amplamente do governo.

O fracasso da centralização monárquica é mais manifesto na Itália e na Alemanha. Na Itália, o poder temporal dos papas no centro da península e a autoridade imperial no norte impede que se opere a cristalização territorial. O jogo das facções e dos partidos, de uma cidade para outra e no interior de cada cidade, ordena-se mais ou menos em torno da luta de mil episódios entre guelfos e gibelinos. No sul, no reino de Nápoles ou das Duas Sicílias, apesar dos esforços dos reis normandos, alemães (Frederico II funda em Nápoles a primeira universidade de Estado em 1224 e puxa as rédeas do feudalismo pelas constituições de Melfi em 1231) e angevinos, demasiadas dominações estrangeiras se sucedem para que seja possível chegar a uma administração sólida.

Na Alemanha, a miragem italiana distancia os imperadores das realidades germânicas. Frederico Barba-Ruiva, sobretudo quando vence em 1181 o mais poderoso senhor alemão, Henrique o Leão, duque da Saxônia e da Baviera, parece ter imposto aos feudais a autoridade real. No entanto as querelas dinásticas, as guerras entre os pretendentes à coroa, o interesse crescente por uma Itália, contudo cada vez mais rebelde, levam, com o Grande Interregno (1250-1273) ao fracasso da centralização monárquica. As forças políticas vivas da Alemanha no final do século XIII são – nas fronteiras da colonização ao norte e a leste – as cidades da Liga Hanseática e as casas principescas antigas ou novas. Em 1273, um pequeno príncipe alsaciano, Rodolfo de Habsburgo, cinge a coroa imperial e aproveita principalmente sua passagem pelo trono para fundar no sudeste, na Áustria, na Estíria, na Caríntia, a futura fortuna de sua dinastia. No leste e no norte, as querelas dinásticas, a fragmentação feudal e a imprecisão das fronteiras atuam contra a autoridade do poder central, além do mais minada pela colonização germânica.

Na Dinamarca, depois de altos e baixos, a realeza parece sobrepujar os feudais no início do século XIV, mas o rei é tão pobre que em 1319 vê-se obrigado a penhorar seu país junto a seu credor, o conde de Holstein. Na Suécia, a realeza tornou-se eletiva no século XIII, mas a família dos Folkungar consegue impor-se por um tempo, sob Magnus Laduslas (1274-1290) e depois, principalmente, sob Magnus Eriksen (1319-1332). A Noruega parece a mais favorecida, Haakon V o Velho (1217-1263), arrasa a aristocracia laica e eclesiástica e torna a monarquia hereditária.

Na Polônia, já não há rei depois de Boleslav o Valente, coroado em Gniezno no dia de Natal de 1076. A dinastia dos Piast continua, no entanto, com duques dos quais muitos não esqueceram a preocupação com a unificação, como Boleslav Boca-Torta (1102-1138) e Mesco o Velho, depois de 1173. Mas as revoltas dos feudais laicos e eclesiásticos, também neste caso, direta ou indiretamente auxiliados não só pelos alemães como também pelos tchecos e pelos húngaros, transformam a Polônia em um grupo de ducados independentes cujo número aumenta no decorrer do século XIII. Em 1295, Przemysl da Grande Polônia restaura em seu proveito a realeza polonesa, mas dois reis da Boêmia assumem depois dele o título de rei da Polônia, e será preciso esperar a coroação, desta vez na Cracóvia, de um pequeno senhor da Cujávia, Vladislav o Breve, em 1320, para que se afirme a *Corona regni Poloniae*. Seu filho será Casimir o Grande (1333-1370). Porém, nesse ínterim, Conrado de Mazóvia convocou os Cavaleiros Teutônicos contra os prussianos. Os teutônicos, apoiados nos novos episcopados de Thorn (Torun), Kulm (Chelmno) e Marienwerder, fundam um estado alemão e, depois da conquista da Prússia, invadem em 1309 a Pomerânia de Gdansk e fazem de seu castelo de Marienburg (Malbork) uma verdadeira capital.

O caso da Boêmia é mais complexo. No final do século XII, Otakar I (1192-1230) faz-se coroar rei e funda a hereditariedade na dinastia dos Przemyslide. Mas os reis da Boêmia agem também como príncipes do Império e, na Alemanha, fazem um jogo perigoso. Otakar II (1253-1278), apelidado, pelo fausto de sua corte, o "rei de ouro", não se contenta em ser eleitor no Império, ambiciona a coroa imperial para si mesmo. À Boêmia e à Morávia ele acrescenta, por conquista, a Áustria, a Estíria, a Caríntia, a Carníola. No entanto, depara com Rodolfo de Habsburgo, que, eleito em seu lugar, o arrasa na Batalha de Dürnkrut, em 1278. Termina o sonho da Grande Boêmia, mas não o sonho alemão realizado no século XIV por um rei de uma nova dinastia estrangeira, Carlos de Luxemburgo, o Imperador Carlos IV. Entretanto, a realidade é a colonização crescente da Boêmia pelos imigrantes germânicos.

Na Hungria, inúmeras querelas de sucessão enfraqueceram, nos séculos XI e XII, os Arpad, descendentes de Santo Estêvão, que no entanto, entre os alemães e sobretudo os bizantinos num certo momento tentados pela anexação da Hungria, souberam aumentar seu reino na Transilvânia, na Eslovênia e na Croácia. Bela III (1173-1196), casado com uma irmã de Filipe Augusto, parece consolidar a monarquia, mas a classe ascendente dos feudais impõe a seu filho, André II, em 1222, uma Bula de Ouro, impropriamente chamada *Carta magna* da Hungria. Ora, mais do que estabelecer as liberdades nacionais, ela garantiu a supremacia dos nobres que rapidamente levou o país à anarquia. Além do mais, a morte do último dos Arpad, em 1301, deu início a uma crise que levaria soberanos estrangeiros à Hungria.

Em 1º de agosto de 1291, os homens do Vale do Uri, a comunidade livre do Vale de Schwyz e a associação dos homens do baixo Vale de Nidwalden juravam, contra a ameaça habsburguesa, uma liga perpétua, como havia muitas entre comunidades urbanas ou montanhesas. Era difícil prever que esta constituía o núcleo de uma organização política original: a Confederação Helvética. Em 15 de novembro de 1315 a liga obtinha uma vitória estrondosa sobre Leopoldo de Habsburgo, em Morgarten. A fortuna militar dos suíços anunciava-se ao mesmo tempo que seu futuro político.

*

No momento em que a Cristandade medieval atinge seu apogeu, mas está prestes a enfrentar uma crise e se transformar profundamente, pode-se indagar a que formas e a que forças caberá substituir o feudalismo que, ainda forte econômica e socialmente, está em declínio político. É de pensar nas cidades cuja prosperidade aumenta incessantemente, cujo brilho cultural é incomparável e que, ao lado dos sucessos econômicos, artísticos, intelectuais e políticos, conhecem até mesmo triunfos militares. Já em 1176, as mais precoces, as cidades da Itália do Norte, haviam infligido a Frederico Barba-Ruiva, em Legnano, um desastre que deixou estupefato o mundo feudal. E em 1302, em Courtrai, a infantaria das cidades flamengas despedaça a nata da cavalaria francesa, que lhe deixa as quinhentas esporas de ouro que darão nome à batalha. O futuro parece pertencer a Gênova, Florença, Milão, Siena, Veneza, Barcelona, Bruges, Gand, Ypres, Bremen, Hamburgo e Lübeck. No entanto, a Europa moderna não se constituirá em torno das cidades, mas dos estados. A base econômica das cidades não será suficiente para alicerçar uma potência política de primeira ordem, nem mesmo para apoiar uma força econômica de envergadura. À medida que o grande comércio deixa de se basear sobretudo em mercadorias de luxo e também em mercadorias pesadas (cereais em primeiro lugar), o centro urbano já não tem as dimensões necessárias. No final do século XIII as cidades só se impõem no contexto de confederações urbanas – é a solução hanseática – ou reunindo em torno delas uma periferia rural, um território cada vez mais extenso – é a solução flamenga (Bruges e Gand extraem força tanto de seu "franco" quanto do comércio distante), e sobretudo italiana: as cidades da Ligúria, da Lombardia, da Toscana, do Vêneto, da Úmbria se enriquecem de um *contado** essencial. Talvez a mais urbanizada de todas, Siena, em que o banco já deixou para trás seus mais gloriosos momentos – no século XIII – bem expressa na arte a necessidade que a cidade tem do campo. Os afrescos do palácio municipal em que Ambroggio Lorenzetti, entre 1337 e 1339, representa para a glória dos citadinos *o bom e o mau governo*, não separam a cidade, apesar de fechada por muros, eriçada de torres e de monumentos, de seu campo, de seu indispensável *contado*.Veneza só continuará por sua *terra ferma***. Talvez seja difícil identificá-lo por volta de 1300. Mas a época das ilhotas, dos pontos, das pequenas células está passando ao mesmo tempo que o feudalismo clássico. Outro tipo de organização do espaço começa a se impor: o dos estados territoriais. As pessoas perspicazes da época percebem essa realidade sob sua forma demográfica. Pierre Dubois julga que o rei da França é o soberano mais poderoso da Cristandade porque tem o maior número de súditos, e Marsílio de Pádua considera a população uma das principais forças do Estado moderno. No entanto, esse número só pode existir sobre uma grande área, e o progresso começa a demandar a unificação de extensões que não sejam medíocres.

---

* Em italiano no original (*contado* = campo, interior) [N.T.].

** Em italiano no original (*terra ferma* = terra firme, continente) [N.T.].

4
A crise da Cristandade (séculos XIV-XV)

Embora a maioria dos estados cristãos, no início do século XIV, flutue dentro de fronteiras móveis, a Cristandade como um todo se estabilizou. Como disse A. Lewis, é o "fim da fronteira". A expansão medieval terminou. Quando for retomada, no final do século XV, será outro fenômeno. Por outro lado, o tempo das grandes invasões parece ter acabado. As incursões mongóis de 1241-1243 deixaram marcas terríveis na Polônia e na Hungria, sobretudo neste último país, onde a invasão dos cumanos impelidos pelos mongóis aumentou a anarquia, deu aos húngaros um rei, Ladislau IV (1272-1290), meio cumano e meio pagão, contra quem o Papa Nicolau IV pregou uma cruzada. Mas são apenas incursões cujas feridas, depois, cicatrizam depressa. A Pequena Polônia e a Silésia, após a passagem dos tártaros, conhecem uma nova onda de desmatamentos e de desenvolvimento agrícola e urbano. No entanto, na virada do século XIII para o XIV, a Cristandade não apenas se detém como recua. Já não há desmatamentos, conquista do solo, e mesmo as terras marginais, cultivadas sob a pressão da demografia e o arroubo da expansão, são abandonadas porque seu rendimento, de fato, é muito fraco. O desflorestamento se anuncia em vários lugares. Começam as deserções dos campos e mesmo de aldeias – as *Wüstungen* estudadas por Wilhelm Abel e seus discípulos. A construção das grandes catedrais inacabadas é interrompida. A curva demográfica faz uma flexão e começa a descer. O aumento dos preços se detém e inicia uma depressão.

★

Ao lado desses grandes fenômenos de conjunto, acontecimentos, dos quais alguns chamaram a atenção dos contemporâneos e outros só assumiram seu significado aos olhos dos historiadores modernos, anunciam que a Cristandade está entrando em crise.

Greves, rebeliões urbanas, revoltas, sobretudo em Flandres, eclodem no último terço do século XIII (em Bruges, Douai, Tournai, Provins, Rouen, Caen, Orléans, Béziers em 1280, em Toulouse em 1288, em Reims em 1292, em Paris em 1306) e chegam, em 1302, nas regiões da atual Bélgica, a um levante quase geral, segundo o cronista de Liège, Hocsem: "Neste ano, quase em toda parte o partido popular sublevou-se contra os grandes. Em Brabant, esse levante foi abafado, mas em Flandres e em Liège o popular triunfou durante muito tempo".

Em 1284, as abóbadas da Catedral de Beauvais desmoronam de seus quarenta e oito metros de altura. O sonho gótico não chegará a altura maior. As construções das catedrais param: Narbonne em 1286, Colônia em 1322, Siena chegará ao limite de suas possibilidades em 1366.

A desvalorização da moeda – as mudanças monetárias – começa. A França de Filipe o Belo (1285-1314), assiste a muitas, as primeiras da Idade Média. Os bancos italianos, sobretudo os florentinos, sofrem falências catastróficas em 1343.

Sem dúvida, esses sintomas de crise manifestam-se nos setores mais frágeis da economia: nas cidades em que a economia têxtil havia tomado um impulso que a deixava à mercê de um enfraquecimento da clientela rica para quem produzia e exportava; na construção, em que os enormes meios a serem mobilizados custavam cada vez mais caro à medida que a mão de obra, as matérias-primas e os capitais encontravam outros setores mais lucrativos para serem empregados; no domínio da economia monetária, em que as inépcias no manejo do bimetalismo que se seguiu à retomada da cunhagem do ouro, as imprudências dos banqueiros solicitados pelos príncipes cada vez mais ávidos por subsídios, cada vez mais endividados, aumentavam as dificuldades inerentes a uma forma de economia com a qual até mesmo os especialistas tinham pouca familiaridade.

A crise se manifesta em toda a sua amplitude quando atinge o nível essencial da economia rural. Em 1315-1317 uma série de intempéries traz colheitas ruins, alta de preços, volta da fome geral que quase desaparecera do Ocidente, pelo menos do extremo Ocidente, no século XIII. Em Bruges, duas mil pessoas, de trinta e cinco mil, morrem de fome.

A partir de 1348 a Grande Peste faz cair brutalmente a curva demográfica já descendente e transforma a crise em catástrofe.

No entanto a crise é anterior ao flagelo, que apenas a acentuou, e suas causas devem ser buscadas no próprio âmbito das estruturas econômicas e sociais da Cristandade.

A redução da renda feudal, os transtornos devidos à parte crescente da moeda nas prestações de contas dos camponeses põem em questão os fundamentos da força dos feudais.

★

Por mais fundamental que ela seja, a crise não acarreta uma depressão de toda a economia ocidental e não afeta igualmente nem todas as categorias nem todos os indivíduos.

Enquanto determinado setor geográfico ou econômico é afetado, ao lado um novo impulso se delineia, substitui e compensa suas perdas. A produção de tecidos de luxo tradicional, os "tecidos antigos", é duramente afetada pela crise e os centros em que dominava entram em declínio, mas, ao lado, novos centros se erguem, dedicados à fabricação de tecidos menos preciosos destinados a uma clientela menos rica e menos exigente: é o triunfo dos "tecidos novos", da saieta, dos fustões à base de algodão. Uma família vai à falência, mas outra, ao lado, a substitui.

Depois de um momento de aflição, a classe feudal se adapta, substitui amplamente o plantio pela pecuária, mais bem remunerada, e, a partir de então, transforma a paisagem rural multiplicando as áreas cercadas. Modifica os contratos de exploração camponesa, a natureza das taxas e de seu pagamento, inicia-se no manejo das moedas reais e das moedas de conta, cujo uso hábil lhe permite lidar com as transferências monetárias. No entanto, é claro, só os mais poderosos, os mais hábeis ou os mais afortunados tiram proveito, enquanto os outros são derrubados.

Decerto, também a queda demográfica agravada pela peste reduz a mão de obra e a clientela, mas os salários sobem e os sobreviventes são, em geral, mais ricos.

Sem dúvida, finalmente, o feudalismo atacado pela crise recorre à solução de facilidade das classes dominantes ameaçadas: a guerra. O exemplo mais notável disso é a Guerra dos Cem Anos, confusamente buscada pelas nobrezas inglesa e francesa como solução para suas dificuldades. Mas, como sempre, a guerra acelera o processo e dá origem à economia e à sociedade novas, para além dos mortos e das ruínas – que, aliás, no caso não devem ser superestimados.

A crise do século XIV, portanto, logo se consuma, com um remanejamento do mapa econômico e social da Cristandade.

Ela favorece e acentua a evolução anterior no sentido da centralização do Estado. Prepara a monarquia francesa de Carlos VII e Luís XI, a realeza inglesa dos Tudor, a unidade espanhola sob os Reis Católicos e o advento, mais ou menos por toda parte, sobretudo na Itália, do "príncipe". Suscita novas clientelas, principalmente burguesas, para produtos e uma arte que talvez tendam para a fabricação em série – o que a imprensa possibilitará no âmbito intelectual –, mas que correspondem, num nível de qualidade em média ainda muito honroso, a um aumento do nível de vida de novas camadas, a uma ampliação do bem-estar e do gosto, ao progresso das preocupações científicas, à descoberta e ao esforço de dominação de toda a terra.

No entanto, esse segundo segmento do feudalismo ocidental, que vai do Renascimento à Revolução Industrial e que, a partir do final do século XV, desprezará a época que denomina Idade Média, continuará sendo com frequência, em suas luzes e sombras, a Idade Média propriamente dita e nem sempre conhecerá êxitos.

Parte II
A civilização medieval

Gênese

Na história das civilizações, tal como na dos indivíduos, a infância é decisiva. E muito, se não tudo, se estabelece nessa fase. Entre os séculos V e X, nascem hábitos de pensar e sentir, temas, obras que formam e informam as futuras estruturas das mentalidades e das sensibilidades medievais.

E antes de tudo a própria disposição dessas novas estruturas. É de conhecimento geral que em cada civilização há camadas diferentes de cultura, segundo as categorias sociais, por um lado, e os aportes históricos, por outro. Ao mesmo tempo em que essa estratificação, combinações, montagens, misturas também constituem novas sínteses.

Isso é particularmente perceptível na alta Idade Média ocidental. E a novidade mais evidente da cultura são as relações que se estabelecem entre a herança pagã e a contribuição cristã, supondo, o que está longe da verdade, como se sabe, que uma e outra formassem um todo coerente. Mas ambas, pelo menos no nível das camadas instruídas, tinham chegado a um grau de homogeneidade suficiente para que seja possível considerá-las duas parceiras.

Deveremos dizer duas adversárias?

O debate, o conflito entre cultura pagã e espírito cristão ocupou a literatura paleocristã, depois a da Idade Média e, desde então, muitos trabalhos modernos dedicados à história da civilização medieval. E é verdade que os dois pensamentos e as duas sensibilidades se opunham como, recentemente, ideologia marxista e ideologia burguesa. A literatura pagã como um todo apresenta dificuldades para a Idade Média cristã, mas no século V a questão já está resolvida de fato. Até o século XIV haverá extremistas das duas tendências opostas: os que proscrevem o uso e até a leitura dos autores antigos, os que os usam amplamente de maneira ora mais, ora menos inocente. E a conjuntura favorecerá alternadamente uns ou outros. Mas a atitude fundamental foi reprimida pelos Padres da Igreja e perfeitamente definida por Santo Agostinho ao declarar que os cristãos deveriam utilizar a cultura antiga assim como os judeus haviam usado os despojos dos egípcios. "Se os filósofos (pagãos) por acaso emitiram verdades úteis à nossa fé, sobretudo os platônicos, além de não devermos temer essas verdades devemos tirá-las para nosso uso desses ilegítimos detentores." Assim os israelitas levaram do Egito vasos de ouro e de prata e objetos preciosos com os quais mais tarde construiriam o Tabernáculo. Esse programa do *De doctrina christiana*, que será lugar comum na Idade Média, na verdade abre as portas para toda uma gama de utilizações da cultura greco-romana. Com frequência os homens da Idade Média se aterão literalmente ao texto de Agostinho, ou seja, utilizarão apenas materiais isolados, como as pedras de templos destruídos, mas às vezes esses materiais serão peças inteiras, colunas de templos transformadas em pilares de catedrais, eventualmente até o templo, como o Panteão de Roma transformado em igreja no início do século VII, se tornará um edifício cristão à custa de pequenas transformações e de uma leve camuflagem. É muito difícil avaliar em que medida o equipamento mental – vocabulário, noções, métodos – da Antiguidade passou para a Idade Média. O grau de assimilação, de metamorfose, de desnaturação varia de um autor para outro e muitas vezes um mesmo autor oscila entre os dois polos que marcam os limites da cultura medieval: a fuga horrorizada diante da literatura pagã e a admiração apaixonada que leva a grandes empréstimos. São Jerônimo define a mesma conciliação que Santo Agostinho: que o autor cristão aja com seus modelos pagãos como os judeus do Deuterônomio com as prisioneiras de guerra, a quem raspam a cabeça, cortam as unhas e dão novas roupas antes de desposá-las.

Na prática, os clérigos medievais encontrarão meios de utilizar os livros "pagãos" satisfazendo sua consciência sem grande dificuldade. Assim, em Cluny, o monge que consultava na biblioteca um manuscrito de autor da Antiguidade deveria coçar a orelha com um dedo, à maneira de um cão que se coça com a pata, "pois com justa razão o infiel é comparado a esse animal".

O fato é que, embora essa conciliação tenha salvaguardado uma certa continuidade da tradição antiga, ela traiu essa tradição suficientemente para que a elite intelectual, em diversas ocasiões, tenha sentido necessidade de uma verdadeira volta às fontes antigas. São os renascimentos que escandem a Idade Média: no período carolíngio, no século XII, enfim na aurora do grande Renascimento.

O fato é, principalmente, que a dupla necessidade que os autores da alta Idade Média ocidental têm de utilizar o insubstituível equipamento intelectual do mundo greco-romano e de ajustá-lo aos moldes cristãos favoreceu, se é que não criou, hábitos intelectuais deploráveis: a deformação sistemática do pensamento dos autores, o anacronismo perpétuo, o pensamento por citações isoladas de seu contexto. O pensamento da Antiguidade sobreviveu na Idade Média apenas atomizado, deformado, humilhado pelo pensamento cristão. Obrigado a recorrer aos serviços de seu inimigo vencido, o cristianismo viu-se coagido a eliminar a memória de seu escravo prisioneiro e fazê-lo trabalhar para ele, esquecendo suas tradições. Mas, ao mesmo tempo, foi levado a essa atemporalidade do pensamento. Todas as verdades só podiam ser eternas. Santo Tomás de Aquino, ainda no século XIII, dirá que pouco importa o que os autores quiseram dizer, sendo o essencial aquilo que eles disseram que possa ser utilizado à nossa vontade. Roma já não era em Roma. A *translatio*, a transferência, inaugurava a grande confusão medieval. Mas essa confusão era a condição de uma nova ordem.

★

Também nesse caso a Antiguidade em declínio facilitara o trabalho dos clérigos cristãos dos primeiros séculos medievais. O que a Idade Média conheceu da cultura antiga lhe foi legado pelo baixo Império, que havia ruminado, empobrecido, dissecado a literatura, o pensamento e a arte greco-romanos de tal modo que a alta Idade Média barbarizada foi capaz de assimilá-los mais facilmente.

Não é de Cícero ou de Quintiliano que os clérigos da alta Idade Média extraem seu programa científico e educativo, mas de um retórico de Cartago, Martianus Capella, que, no início do século V, definiu as sete artes liberais em seu poema *As núpcias de Mercúrio com a Filologia*. É menos a Plínio e a Estrabão, no entanto inferiores a Ptolomeu, que eles solicitarão seu saber geográfico do que a um compilador medíocre do século III – início da decadência –, Julianus Solinus, que legará à Idade Média um mundo de prodígios e monstros: *As maravilhas do Oriente*. A imaginação e a arte, é verdade, ganharão com isso o que a ciência perderá. A zoologia da Idade Média será a do *Physiologus*, obra alexandrina do século II, traduzida para o latim precisamente no século V, que dissolve a ciência na poesia fabulosa e na lição moralizadora. Os animais transformam-se em símbolos. Mas dela a Idade Média extrairá seus bestiários, e também neste caso a sensibilidade zoológica medieval se nutrirá da ignorância científica. Sobretudo tais retóricos e compiladores fornecerão aos homens da Idade Média um saber fragmentado. Vocabulários, versos mnemotécnicos, etimologias (falsas), florilégios, o baixo Império transmite à Idade Média um equipamento mental e intelectual elementar. É a cultura das citações, das antologias, das "condensações".

Não acontecerá o mesmo com a parte cristã da cultura? *A doctrina christiana* é antes de tudo e essencialmente a Sagrada Escritura. E a *sacra pagina* será a base de toda a cultura medieval. Mas entre o texto e o leitor vai interpor-se uma dupla tela.

O texto é considerado difícil e, sobretudo, é tão rico e tão misterioso que é preciso explicá-lo em diversos níveis, conforme os sentidos que encerra. Daí toda uma série de chaves, de comentários, de glosas por trás das quais o original começa a desaparecer. O livro sucumbe sob a exegese. A Reforma no século XVI terá a justa sensação de redescobri-lo.

Além disso, ele é bem longo e deve ser colocado ao alcance de todos em extratos, seja por citações, seja por paráfrases. A Bíblia transforma-se numa coletânea de máximas e anedotas.

Os próprios Padres tornam-se uma matéria-prima cuja substância bem ou mal se extrai. As verdadeiras fontes do pensamento cristão medieval são tratados e poemas de terceira ou quarta ordem, como as *Histórias contra os pagãos*, de Orósio, discípulo e amigo de Santo Agostinho, que transforma a história em apologética vulgar; a *Psicomaquia*, de Prudêncio, que reduz a vida moral a um combate entre vícios e virtudes; o *Tratado da Vida Contemplativa*, de Juliano Pomério, que ensina o desprezo pelo mundo e pelas atividades seculares.

★

Constatar essa regressão intelectual não basta. O mais importante é ver que ela era uma adaptação necessária às condições da época. Alguns aristocratas pagãos ou cristãos – como Sidônio Apolinário – podiam se comprazer com os entretenimentos de uma cultura refinada, talvez, mas confinada a uma classe social moribunda. Os escritores barbarizados escrevem para um novo público. Como diz com razão R.R. Bolgar a propósito dos sistemas de ensino de Santo Agostinho, Martianus Capella e Cassiodoro, "a maior virtude das novas teorias talvez fosse a de fornecer uma alternativa racional ao sistema de Quintiliano. Pois o mundo em que a arte oratória havia florescido estava morrendo; e a nova civilização destinada a substituí-lo devia ignorar as assembleias populares e os triunfos do fórum. Os homens dos séculos futuros, cujas vidas deviam ter como centros a casa senhorial e o mosteiro, estariam em grande desvantagem se a educação tradicional da qual dependiam tivesse lhes apresentado um ideal que não pudessem apreender, se Capella e Agostinho não tivessem substituído Quintiliano".

É impressionante ver os mais cultos e os mais eminentes representantes da nova elite cristã, conscientes de sua indignidade cultural diante dos últimos puristas, renunciar ao que ainda têm ou poderiam adquirir de refinamento intelectual para se colocarem ao alcance de suas ovelhas. Embrutecer-se para conquistar, foi essa sua escolha. Esse adeus às letras antigas, muitas vezes pronunciado com conhecimento de causa, não é o aspecto menos emocionante da abnegação dos grandes chefes cristãos da alta Idade Média. Assim, Cesário de Arles: "Peço humildemente que os ouvidos dos letrados se limitem a suportar sem se queixar expressões rústicas, a fim de que todo o rebanho do Senhor possa receber o alimento celeste numa linguagem simples e prosaica. Já que os ignorantes e os simples não conseguem elevar-se à altura dos letrados, que os letrados se dignem a descer à sua ignorância. Os homens instruídos conseguem compreender o que foi dito aos simples, ao passo que os simples não são capazes de tirar proveito do que tiver sido dito aos eruditos".

Mudança intelectual que, para além da barbarização, atinge ou tenta atingir valores não menos importantes que os do mundo greco-romano.

Quando Santo Agostinho declara que mais vale "ser repreendido pelos gramáticos do que ser incompreendido pelo povo" e que devem-se preferir as coisas, as realidades às palavras, as *res* às *verba*, ele define um utilitarismo, até mesmo um materialismo, que distanciava com sucesso os homens de uma certa logomaquia da Antiguidade. Os homens da Idade Média anunciavam-se pouco exigentes quanto às condições dos caminhos, contanto que chegassem à sua meta. Assim o caminho medieval, através de suas errâncias, em meio à poeira e à lama, levava ao porto.

O trabalho a ser realizado era imenso. Quando se leem os textos jurídicos, os cânones dos sínodos e dos concílios, os artigos dos penitenciais da alta Idade Média, impressiona o tamanho da tarefa que se oferecia aos líderes da sociedade cristã. Precariedade da vida material, barbárie dos costumes, penúria de todos os bens, econômicos e espirituais, esse grande desenredo exigia almas fortes, que desdenhassem as sutilezas e refinamentos, desejosas de ter sucesso.

Aquela época foi também, com frequência tende-se a esquecer, a das grandes heresias, ou melhor, das grandes hesitações doutrinais, pois a ortodoxia, que só nos parece fixada por ilusão retrospectiva, estava longe de se definir. Aqui não pode ser questão de adivinhar as consequências que teria tido o triunfo das grandes correntes do arianismo, do maniqueísmo, do pelagianismo, do priscilianismo, para citar apenas os mais conhecidos entre os movimentos religiosos que animaram o Ocidente dos séculos V e VI. É possível dizer, *grosso modo*, que o êxito da ortodoxia foi o sucesso de uma via intermediária entre o simplismo arianista ou maniqueísta e a sutileza pelagiana ou prisciliana. Tudo parece resumir-se na atitude em face do livre-arbítrio e da graça. Tivesse o cristianismo se inclinado no sentido da estrita doutrina da predestinação, como pretendiam os maniqueístas, o determinismo divino teria pesado intensamente sobre um Ocidente entregue sem contrapeso às classes dominantes, que não teriam deixado de se proclamar intérpretes dessa onipotência divina. Tivesse o pelagianismo triunfante instaurado a supremacia da escolha humana e individual, a anarquia teria sem dúvida submergido um mundo tão ameaçado. Percebe-se que o Ocidente não tinha escolha. A escravidão se esgotava, no entanto era preciso pôr a massa para trabalhar, o equipamento técnico era frágil, mas passível de ser aperfeiçoado, o homem devia sentir que, por mais modesto que fosse, poderia ter um certo poder sobre a natureza. A instituição monástica, que tão bem expressa essa época, alia a fuga diante do mundo à organização da vida econômica e espiritual. O equilíbrio da natureza e da graça que se instaura traduz os limites do poder e da impotência dos homens da alta Idade Média. Sobretudo, deixa a porta aberta para futuros desenvolvimentos.

Construída para esperar o fim do mundo, a sociedade da alta Idade Média deu a si mesma, sem perceber, as estruturas próprias para acolher, chegada a hora, a expansão da humanidade ocidental.

*

O cenário da civilização não mudou brutalmente com as grandes invasões. Os focos tradicionais de cultura, apesar das pilhagens e destruições, raramente deixam de existir e de brilhar de um dia para o outro. Mesmo a grande vítima dos novos tempos, a cidade, sobrevive por um tempo relativamente longo, com relativo sucesso.

Assim, Roma, Marseille, Arles, Narbonne, Orléans continuam sendo portas do Oriente. Mas os centros urbanos mais importantes são os que servem de residência aos novos reis bárbaros ou, principalmente, que são sede de episcopados e de peregrinações renomadas.

As cortes bárbaras atraem as oficinas de luxo: construções em pedra, tecidos, ourivesaria sobretudo, embora a maioria dos tesouros reais e episcopais se enriqueçam principalmente com objetos importados, bizantinos em primeiro lugar. Mas o retrocesso das técnicas, dos meios econômicos, do gosto é perceptível por toda parte. Tudo se apequena. Os edifícios são na maioria das vezes construídos em madeira; os que o são em pedra, com frequência extraída de monumentos antigos em ruínas, são de pequenas dimensões. O essencial do esforço estético refere-se à decoração que dissimula a indigência das técnicas de construção. A arte de talhar as pedras, os altos-relevos e a representação da figura humana desaparecem quase totalmente. Mas os mosaicos, os marfins, os tecidos, as peças de ourivesaria, sobretudo, brilham e satisfazem ao gosto bárbaro pelo espalhafatoso. Arte frequentemente guardada no tesouro dos palácios, das igrejas, até escondida nas sepulturas. Triunfo das artes menores, que aliás produz obras-primas em que se manifesta a habilidade metalúrgica dos artesãos e artistas bárbaros, a sedução da arte estilizada das estepes. Obras-primas frágeis, que em sua maioria não sobreviveram até nós, mas das quais temos testemunhos preciosos e assombrosos: fíbulas, fivelas de cinturões, punhos de espadas. As coroas dos reis visigóticos, o frontal de cobre de Agilulfo, os sarcófagos merovíngios de Jouarre, estas são algumas das raras joias desses séculos ainda conservadas.

Mas os soberanos, especialmente os merovíngios, se comprazem cada vez mais em suas *villas* de campo, de onde data a maioria de seus atos; muitas cidades, a crer nas listas episcopais, permanecem, como vimos, viúvas de bispos durante um tempo mais ou menos longo. A Gália do século VI, pela leitura de Grégoire de Tours, parece-nos ainda intensamente urbanizada, dominada pelas ricas cidades episcopais: Soissons, Paris, Sens, Tours, Orléans, Clermont, Poitiers, Bordeaux, Toulouse, Lyon, Vienne, Arles. Na Espanha visigótica, Sevilha, sob o episcopado dos Irmãos Leandro (579-600) e Isidoro (600-636) é um centro brilhante. Mas o grande centro de civilização da alta Idade Média é o mosteiro, e cada vez mais o mosteiro isolado, o mosteiro rural. Com suas oficinas, um conservatório das técnicas artesanais e artísticas; com seu escritório-biblioteca, um mantenedor de cultura intelectual; graças a seus domínios, seus equipamentos, sua mão de obra de monges e de dependentes de todo tipo, um centro de produção e um modelo econômico; e, claro, um foco de vida espiritual, muitas vezes assentado sobre relíquias de um santo.

Enquanto se organiza a nova sociedade cristã urbana em torno do bispo e, mais ainda, das paróquias que se formam lentamente no interior das dioceses (as duas palavras provavelmente foram sinônimas durante um tempo), enquanto a vida religiosa instala-se também nas *villas* da aristocracia fundiária e militar, que funda suas capelas privadas das quais nascerá a *Eigenkirche** feudal, os mosteiros fazem penetrar lentamente o cristianismo e os valores que ele veicula no mundo rural, até então pouco atingido pela nova religião, mundo das longas tradições e permanências,

---

* Em alemão no original, "igreja própria" [N.T.].

mas que se torna o mundo essencial da sociedade medieval. A primazia do mosteiro manifesta a precariedade da civilização do Ocidente medieval: civilização de pontos isolados, de oásis de cultura no meio dos "desertos", de florestas e campos novamente incultos ou quase intocados pelos cultivos monásticos. A desorganização das redes de comunicações e de relações do mundo antigo devolveu a maior parte do Ocidente ao mundo primitivo das civilizações rurais tradicionais, ancoradas na pré-história, quase intocadas pelo verniz cristão. Ressurgem os velhos costumes, as velhas técnicas dos ibéricos, dos celtas, dos lígures. Quando os monges acreditam ter vencido o paganismo greco-romano, na verdade favoreceram o reaparecimento de um cerne muito mais antigo, de demônios mais sub-reptícios, apenas aparentemente submetidos à lei cristã. O Ocidente foi entregue à selvageria, e essa selvageria virá à tona, irromperá às vezes ao longo de toda a Idade Média. Era necessário marcar os limites da ação monástica. É essencial evocar sua força e eficácia.

De tantos nomes que a hagiografia e a história tornaram ilustres, vamos mencionar alguns marcos. No tempo da cristianização urbana, Lérins. Quando se inicia a ação em profundidade no campo, o Monte Cassino é a grande aventura beneditina. Para ilustrar os caminhos da Cristandade da alta Idade Média, a epopeia monástica irlandesa. Finalmente, na época da retomada do movimento de cristianização nas fronteiras, o papel dos mosteiros na evangelização nos séculos VIII e IX, prosseguindo, aliás, a corrente irlandesa.

Lérins está intimamente ligada ao desenvolvimento do grande foco de cristianização que foi a Provence dos séculos V e VI. Lérins foi antes de tudo uma escola de ascese e não de formação intelectual. Os clérigos eminentes que lá realizavam temporadas mais ou menos longas buscavam talvez uma cultura bíblica, mas antes de tudo uma "meditação espiritual da Bíblia mais que uma exegese erudita". O primeiro abade, Honorato, que chegou a Lérins por um atalho oriental, forma o meio leriniano em íntima ligação com Cassiano, também vindo do Oriente, fundador de São Vítor de Marseille. Entre 430 e 500, passarão por Lérins quase todos os grandes nomes da Igreja provençal: Salviano, Eucher de Lyon, Cesário de Arles, Fausto de Riez, inspiradores dos grandes sínodos provençais cujos cânones marcaram profundamente o cristianismo ocidental.

A ação de São Bento de Núrsia que, do Monte Cassino, se irradia a partir de cerca de 529, é mais profunda ainda. Em primeiro lugar a própria pessoa de Bento, graças principalmente a Gregório Magno, que dedica todo um livro de seus *Diálogos* aos milagres do santo que gozarão durante toda a Idade Média de um prestígio extraordinário, será familiar às pessoas da Idade Média. Os milagres humildes da vida cotidiana e da vida espiritual que formam a *Legenda áurea* beneditina colocarão o sobrenatural quase que ao alcance de todos. É também e sobretudo porque São Bento, graças à regra que ele provavelmente escreveu, que quase com certeza inspirou e que, já no século VII, é conhecida por seu nome, foi o verdadeiro fundador do monaquismo ocidental. Sem ignorar e muito menos desprezar a tradição monástica oriental, ele não adota seus exageros ascéticos. Sua regra, os comportamentos, a espiritualidade, a sensibilidade que ela contribuiu para formar são milagres de moderação e de equilíbrio. São Bento reparte harmoniosamente o trabalho manual, o trabalho intelectual e a atividade mais propriamente espiritual no emprego do tempo monástico. Mostrará assim ao monaquismo beneditino, que conhece um imenso sucesso no Ocidente do século VI ao XI e, mais tarde, coexiste com outras famílias monásticas, a via tríplice da exploração econômica, da atividade intelectual e artística, da ascese espiritual. Depois dele, os mosteiros serão centros de produção, lugares de redação e iluminura dos manuscritos, focos de irradiação religiosa. Ele concilia a autoridade necessária do abade com a doçura e a fraternidade que facilitam a obediência. Ordena a simplicidade, mas sem exagero nem no ascetismo nem no despojamento. "Se acontecer", diz a regra, "que se imponha a um irmão coisas difíceis ou impossíveis, ele receberá com toda a mansidão e obediência o comando que lhe é feito. No entanto, se ele julgar que o peso do fardo ultrapassa inteiramente a medida de suas forças, representará ao superior as razões de sua impotência, porém o fará com paciência e conveniência e sem demonstrar orgulho, resistência ou contradição". A moderação, a *temperantia* antiga, adquiria com São Bento aspecto cristão. Quando pensamos em toda a violência que ainda se desencadeará durante essa Idade Média selvagem, somos levados a conjecturar que a lição de São Bento não foi entendida, no entanto é preciso indagar a que extremos a gente da Idade Média se deixaria levar se sua grande voz doce não tivesse repercutido no limiar desses séculos.

Bem diferente é o espírito do monaquismo irlandês. Desde que São Patrício, nos primeiros anos do século V, levado muito jovem da Grã--Bretanha para a Irlanda por piratas e vendido como escravo, converte-se ao cristianismo pastoreando ovelhas e evangeliza o país, a Irlanda torna-se a ilha dos santos. Os mosteiros se multiplicam. À imitação do cenobitismo oriental, são cidades monásticas que agrupam as cabanas dos eremitas em torno da do abade. Esses mosteiros são viveiros de missionários. Entre os séculos V e IX disseminam-se pela Inglaterra e Escócia vizinhas, depois pelo continente, levando seus usos, seus ritos pessoais, uma tonsura especial, um calendário pascal original que o papado terá muita dificuldade para substituir pelo cômputo romano, sua paixão incansável pelas fundações monásticas de onde se lançam ao ataque aos ídolos, às comunas pagãs e evangelizam os campos. Alguns, como São Brandão, vão buscar um deserto no oceano, e os eremitas irlandeses povoam as ilhotas desertas, os recifes, espalham santos "ao sabor dos perigos do mar". A odisseia lendária de Brandão assombrará as imaginações de todo o Ocidente medieval.

Nos séculos VI e VII, a Irlanda teria exportado cento e quinze "santos" para a Alemanha, quarenta e cinco para a França, quarenta e quatro para a Inglaterra, trinta e seis para a Bélgica, vinte e cinco para a Escócia, treze para a Itália. O fato de serem em sua maioria legendários e de sua lembrança estar intimamente mesclada ao folclore só confirma a marca deixada no mais profundo das mentalidades e das sensibilidades por esse monaquismo próximo do primitivo.

Desses santos, o mais famoso é Columbano, que, entre 590 e 615, funda Luxeuil e Bobbio, ao passo que seu discípulo Gall dá seu nome a outro mosteiro destinado a grande irradiação. A essas fundações e outras, Columbano confere uma regra original que, por um tempo, parece contrabalançar a Regra de São Bento.

O espírito irlandês nada tem da moderação beneditina. Favorecido em seus exageros pelos rigores nórdicos, rivaliza sem dificuldade com as extravagâncias do ascetismo oriental. Decerto, a Regra de Columbano continua baseada na prece, no trabalho manual e no estudo. Mas o jejum e as práticas ascéticas se acrescentam a ela sem concessões. As que mais impressionaram as pessoas da época foram: o *crosfigill*, a prece prolongada com os braços em cruz (São Kevin de Glendalough teria permanecido sete anos apoiado numa tábua, em posição de *crosfigill*, sem fechar os olhos de dia nem de noite, e tão imóvel que os pássaros fizeram ninhos em suas mãos); o banho acompanhado da recitação dos salmos num rio ou lago quase congelado; a privação de alimento (nos mosteiros columbanianos havia uma única refeição jamais composta de carne).

A mesma bizarrice, o mesmo rigor torturado encontra-se nos penitenciais que, segundo Gabriel Le Bras, "atestam a condição social e moral de um povo ainda semipagão e para o qual monges apóstolos sonhavam um ideal ascético". Eles fazem reviver em todo o seu rigor tabus bíblicos próximos das velhas interdições célticas. Também, antes de se adulterar, a arte irlandesa – cruzes de pedra e miniaturas – manifesta, conforme a definição de Françoise Henry, "um gosto pré-histórico por cobrir a superfície, uma recusa de todo realismo, um rigoroso tratamento abstrato da forma humana ou animal". Ela será uma das fontes da arte românica – e de suas bizarrices. Seus entrelaçados inspirarão uma das tendências mais persistentes da estética e do gosto medievais.

Monges irlandeses participarão, enfim, do grande movimento de cristianização da Germânia e de seus confins nos séculos VII e VIII, que muitas vezes se apoiará nas fundações monásticas. Assim St. Gallen (fundação de Gall por volta de 610) abre caminho para Saint-Bavon de Gand (fundação de Santo Amando por volta de 630), para St. Emmeram de Regensburg (fundação de Santo Emmeram por volta de 650), para Echternach (fundação de Willibrord por volta de 700), para Reichenau (fundação de Pirmin em 724), para Fulda (fundada por Sturm, instigado por São Bonifácio, em 744), para Corvey – a nova Corbeia – fundada em 822. Em todas as frentes de evangelização, do século V ao XI, nas cidades, nos campos, fora das fronteiras da Cristandade, os mosteiros tiveram um papel fundamental.

*

Há homens que, por seu saber, também foram, do século V ao VIII, faróis que por muito tempo iluminarão a noite da Idade Média. K. Rand chamou-os "fundadores da Idade Média". O papel de todos, ou quase todos, foi o de salvar o essencial da cultura da Antiguidade, de reuni-la sob uma forma assimilável pelos espíritos medievais e de dar-lhe a roupagem cristã necessária. Há quatro que dominam os outros: Boécio (c. 480-524), Cassiodoro (c. 480-573), Isidoro de Sevilha (c. 560-636), e Beda (c. 673-735).

A Boécio a Idade Média deve tudo o que saberá de Aristóteles antes de meados do século XII, a *Logica vetus*, a velha lógica, e, "em doses assimiláveis, as categorias conceituais e verbais que serão o primeiro fundamento da escolástica". Assim a definição da natureza: *naturam est unam quamque rem informans specifica differentia*, "a natureza é o que informa cada coisa por uma diferença específica"; e a da pessoa: *reperta personae est definitio: naturae rationabilis individua substantia*, "a substância individual da natureza racional". A respeito dele, Abelardo dirá: "Ele construiu de maneira inexpugnável nossa fé e a sua". A Idade Média também lhe deve o lugar excepcional que ele atribui em sua cultura à música, ligando-a ao ideal grego do μουσιχοζανηρ (o homem músico).

A Cassiodoro os homens da Idade Média devem, com as *Institutiones divinarum et saecularium litterarum**, os esquemas dos retóricos latinos introduzidos na literatura e na pedagogia cristãs. E para os monges do Convento de Vivarium ele estabelece uma tarefa que a Idade Média não mais esquecerá: copiar os manuscritos antigos. Obra essencial de conservação e de tradição na qual se inspirarão os *scriptoria*** monásticos.

O legado de Isidoro de Sevilha, "o mais ilustre pedagogo da Idade Média", é, principalmente por suas *Etimologias*, o programa das sete artes liberais, o vocabulário da ciência, a crença de que os nomes são a chave da natureza das coisas, a afirmação reiterada de que a cultura profana é necessária à compreensão correta das Escrituras. É a paixão enciclopédica que obcecará os clérigos medievais.

---

* *Institutiones divinarum et saecularium littterarum* = Instituições das literaturas divinas e seculares [N.T.].

** *scriptoria*, plural de *scriptorium* = nos mosteiros, recinto anexo à biblioteca, destinado ao trabalho dos monges copistas [N.T.].

Beda, finalmente, é a expressão mais completa da multiplicidade dos sentidos das Escrituras, a teoria dos quatro sentidos que fundamenta toda a exegese bíblica medieval, tal como explicou magnificamente Henri de Lubac, e a orientação, através das necessidades da exegese bíblica e do cômputo eclesiástico, para a astronomia e a cosmografia. Mas Beda, como a maioria dos letrados anglo-saxões da alta Idade Média, dá as costas, mais resolutamente, à cultura clássica. Ele introduz a Idade Média num caminho independente.

*

O Renascimento Carolíngio é o desfecho de uma série de pequenos renascimentos que, depois de 680, se manifestaram em Corbeia, em Saint-Martin de Tours, em St. Gallen, em Fulda, em Bobbio, em York, em Pávia, em Roma.

É um fenômeno brilhante e superficial destinado a satisfazer um pequeno grupo aristocrático conforme a vontade de Carlos Magno e seus sucessores e da hierarquia eclesiástica: melhorar a formação dos quadros laicos e eclesiásticos do grandioso mas frágil edifício carolíngio.

O Renascimento Carolíngio foi, no entanto, uma etapa da constituição do equipamento intelectual e artístico do Ocidente medieval.

Os manuscritos corrigidos e emendados dos autores antigos puderam servir, mais tarde, a uma nova difusão de textos da Antiguidade. Obras originais vieram constituir uma nova categoria de saber, depois daquela da alta Idade Média, colocada à disposição dos clérigos dos séculos futuros.

Alcuíno oferece um reforço no estabelecimento do programa das artes liberais. Rabanus Maurus, filho espiritual de Alcuíno, abade de Fulda depois arcebispo de Mainz, "preceptor da Germânia", dá à Idade Média uma enciclopédia, *De universo*, e um tratado de pedagogia, *De institutione clericorum** (plágio do *De doctrina christiana* de Santo Agostinho, que ele substituirá para muitos leitores medievais), que figurarão na bi-

---

* *De institutione clericorum* = Sobre a educação dos clérigos [N.T.].

blioteca básica dos clérigos da Idade Média, ao lado de Cassiodoro e de Isidoro. E há ainda o genial e obscuro João Escoto Erígena, descoberto pelo século XII e, mais ainda, pelo século XX.

Aureolados pelo prestígio de Carlos Magno, o mais popular dos grandes homens da Idade Média, os autores carolíngios fornecerão uma das categorias de "autoridades" intelectuais, assim como certos monumentos da época, sendo o mais famoso a capela do palácio de Aix, modelo imitado com frequência.

Embora suas realizações estivessem muito distantes de suas aspirações e pretensões, o Renascimento Carolíngio transmitirá aos homens da Idade Média paixões salutares: o gosto pela qualidade, pela correção textual, pela cultura humanista mesmo que tosca, a ideia de que a instrução é um dos deveres essenciais e uma das forças principais dos estados e dos príncipes.

Também produziu autênticas obras-primas: as miniaturas em que reaparecem o realismo, o gosto pelo concreto, a liberdade de traço e o brilho da cor.

Ao vê-las, compreende-se que, depois de ter sido por demais indulgente, não se deve ter severidade excessiva para com o Renascimento Carolíngio. Assim como a expansão econômica dos séculos VIII-IX, ele foi decerto uma investida abortada ou prematuramente interrompida. Mas na verdade é a primeira manifestação de um Renascimento mais longo e mais profundo, o que se afirmará do século X ao XIV.

1
Estruturas espaciais e temporais (séculos X-XIII)

Quando o jovem Tristão, depois de escapar dos mercadores piratas noruegueses, chegou às praias da Cornualha, "com grande esforço subiu a falésia e viu que, para além de uma charneca ondulada e deserta, estendia-se uma floresta sem fim". Mas dessa floresta desemboca uma caçada e há um menino no grupo. "Então tomaram o caminho, conversando, até que avistaram, finalmente, um rico castelo. Pradarias o cercavam, pomares, riachos límpidos e terras de lavoura."

O país do Rei Marc não é uma terra lendária imaginada pelo trovador. É a realidade material e simbólica do Ocidente medieval. Um grande manto de florestas e charnecas rompido por clareiras cultivadas, mais ou menos férteis, essa é a fisionomia da Cristandade – semelhante a um negativo do Oriente muçulmano, mundo de oásis em meio aos desertos. Aqui a madeira é rara, lá é abundante; aqui as árvores são a civilização, lá é a barbárie. A religião nascida no Oriente ao abrigo das palmeiras surge no Ocidente em detrimento das árvores, refúgio dos gênios pagãos, que monges, santos, missionários abatem impiedosamente. Todo progresso aqui é desmatamento, luta e vitória sobre as matas, os arbustos ou, quando necessário e quando o equipamento técnico e a coragem permitem, nos bosques, na floresta virgem, a *gaste forêt** de Perceval, a *selva oscura* de Dante. Mas a realidade palpitante é um conjunto de clareiras mais ou menos vastas, células econômicas, sociais, culturais. Por muito tempo o Ocidente medieval foi um aglomerado, uma justaposição de domínios, de castelos e de cidades surgidos no meio de extensões

---

* *gaste forêt*, em francês medieval floresta selvagem, deserta [N.T.].

incultas e desertas. O deserto, aliás, era então a floresta. Lá refugiam-se os adeptos voluntários ou involuntários da *fuga mundi**: eremitas, namorados, cavaleiros errantes, bandidos, foras da lei. Assim São Bruno e seus companheiros no "deserto" da Grande Chartreuse ou São Roberto de Molesme e seus discípulos no "deserto" de Cîteaux, assim Tristão e Isolda na Floresta de Morois ("Voltamos à floresta, que nos protege e nos guarda. Vem Isolda, minh'amiga!... Entraram pelas altas ervas e pelas urzes, as árvores fecharam sobre eles suas ramagens, desapareceram por trás das folhagens."), assim, precursor e talvez modelo de Robin Hood, o aventureiro Eustáquio o Monge, no início do século XIII, refugia-se no bosque de Boulonnais. Mundo de refúgio, a floresta tem seus atrativos. Para o cavaleiro é o mundo da caça e da aventura. Perceval descobre nela "as mais belas coisas que existem", e um senhor aconselha a Aucassin, doente de amor por Nicolette: "Monta a cavalo e vai distrair-te ao longo desta floresta, verás ervas e flores, ouvirás os pássaros cantarem. Porventura ouvirás belas palavras com as quais te sentirás melhor". Para os camponeses e toda uma gente humilde trabalhadora, ela é fonte de ganho. Lá vão pastar os rebanhos, lá sobretudo no outono engordam os porcos, riqueza do pobre camponês que, depois da ceva de bolotas, mata seu porco, promessa de subsistência, senão de comilança, no inverno. Lá abate-se a madeira, indispensável a uma economia há muito tempo com escassez de pedra, ferro e carvão mineral. Casas, ferramentas, fornalhas, fornos, forjas só funcionam por meio de madeira ou carvão de madeira. Lá colhem-se os frutos silvestres que são, para a alimentação primitiva do rústico, um suplemento essencial e, em tempos de escassez, a principal oportunidade de sobrevivência. Lá recolhem-se a casca de carvalho para curtume, as cinzas das sarças para lavandaria ou tinturaria e principalmente os produtos resinosos para as tochas e velas, e o mel das abelhas selvagens tão procurado pelo mundo há tanto tempo privado de açúcar. No início do século XII o cronista francês anônimo – Gallus Anonymus – estabelecido na Polônia, enunciando as vantagens desse país, cita logo em seguida à salubridade do ar e à fertilidade do solo, *silva melliflua*, a abundância de florestas ricas em mel. Assim todo um povo de pastores, de lenhadores, de carvoeiros (Eustáquio o Monge, o "ban-

---

* *fuga mundi* = afastamento do mundo [N.T.].

dido da floresta", realizou disfarçado de carvoeiro um de seus assaltos mais bem-sucedidos), de "malditos" caçadores de mel vive da floresta e faz outros viverem dela. Essa população pobre também costuma caçar clandestinamente, mas a carne é antes produto da caça reservada aos senhores. Estes, desde os menores até os mais importantes, defendem ciosamente seus direitos sobre as riquezas florestais. Os "guardas florestais" vigiam por toda parte os ladrões abjetos. Os soberanos são os maiores senhores florestais de seu reino e aferram-se drasticamente a continuar sendo. Também os barões ingleses revoltados impõem a João Sem Terra, em 1215, ao lado da *Carta magna* política, uma carta magna especial da floresta. Quando em 1332 Filipe VI da França manda fazer um inventário dos direitos e recursos dos quais deseja constituir no Gâtinais um dote de viúva para a Rainha Joana de Borgonha, manda redigir à parte uma "avaliação das florestas" cujos ganhos constituem um terço do conjunto das rendas desse domínio.

Mas a floresta também é cheia de ameaças, de perigos imaginários ou reais. É o horizonte inquietante do mundo medieval. Ela o circunscreve, o isola, o estreita. Está entre as senhorias, entre os países, uma fronteira, o *no man's land** por excelência. De sua "opacidade" amedrontadora surgem os lobos famintos, os salteadores, os cavaleiros saqueadores.

Na Silésia, no início do século XIII, dois irmãos tomam durante anos a Floresta de Sadlno, de onde saem periodicamente para espoliar os pobres camponeses das redondezas, e impedem o Duque Henrique o Barbudo, de lá instalar qualquer aldeia. O sínodo de Santiago de Compostela deverá, em 1114, editar um cânone para organizar a caça aos lobos. Todos os sábados, exceto véspera de Páscoa e de Pentecostes, padres, cavaleiros, camponeses que não trabalham são requisitados para a destruição dos lobos errantes e a colocação das armadilhas. Os que se recusam são multados.

Esses lobos devoradores, a imaginação medieval, inspirando-se num folclore imemorial, transforma facilmente em monstros. Em quantas hagiografias encontramos o milagre do lobo domesticado pelo santo, tal como Francisco de Assis que subjuga a cruel fera de Gubbio! De todos

---

* *no man's land* = terra de ninguém [N.T.].

os bosques saem os homens-lobos, os lobisomens, nos quais a selvageria medieval associa a fera ao homem meio bárbaro. Às vezes a floresta oculta monstros mais sanguinários ainda, legados à Idade Média pelo paganismo: é o caso da tarasca provençal domada por Santa Marta. Assim, as florestas tornam-se, para além dos terrores reais, um universo de lendas fantásticas e assustadoras. Floresta de Ardenne, com o javali monstruoso, refúgio dos quatro filhos de Aymon e onde Santo Huberto transforma-se de caçador em eremita, São Teobaldo de Provins de cavaleiro se transforma em eremita e carvoeiro; Floresta de Broceliande, teatro das feitiçarias de Merlin e de Viviane; Floresta de Oberon, onde Huon de Bordeaux sucumbe aos encantos do anão; Floresta de Odenwald, onde Siegfried termina sua caçada trágica golpeado por Hagen; Floresta de Mans, por onde Berta do Pé Grande vagueia miseravelmente e onde o infeliz Carlos VI, rei da França, ficará louco.

*

No entanto, embora a maioria dos homens do Ocidente medieval tenha como horizonte, às vezes pela vida toda, a orla de uma floresta, não se deve imaginar a sociedade medieval como um mundo de sedentários: a mobilidade dos homens da Idade Média foi extrema, desconcertante.

Explica-se. A propriedade, como realidade material ou psicológica, é quase desconhecida na Idade Média. Do camponês ao senhor, cada indivíduo, cada família só tem direitos, mais extensos ou menos, de posse provisória, de usufruto. Cada um tem acima de si um patrão ou algum detentor de direitos mais forte que pode, pela violência, privá-lo de sua terra – tenência camponesa ou feudo senhorial –, mas o próprio direito reconhece ao senhor a possibilidade legítima de tirar do servo ou do vassalo seu bem fundiário, sob condição de lhe conceder um outro equivalente, às vezes muito distante do primeiro. Senhores normandos que vão para a Inglaterra, cavaleiros alemães que se instalam a leste, feudais da Île-de-France que conquistam um feudo no sul graças à cruzada contra os albigenses, ou na Espanha ao ritmo da Reconquista, cruzados de todo tipo que conseguem um domínio na Morée ou na Terra Santa, todos se expatriam facilmente, pois mal têm uma pátria. O camponês cujos campos são apenas uma concessão revogável do senhor e muitas vezes são redistribuídos pela comunidade aldeã conforme a rotação das culturas e das plantações, está ligado à sua terra só pela vontade senhorial, da qual escapa de bom grado primeiro pela fuga, mais tarde pela emancipação jurídica. Individual ou coletiva, a emigração camponesa é um dos grandes fenômenos da demografia e da sociedade medievais. Nas estradas, cavaleiros, camponeses encontram os clérigos em viagem regular ou rompidos com o convento – todos aqueles monges giróvagos contra os quais concílios e sínodos legiferam em vão –, os estudantes em marcha para as escolas ou as universidades famosas – um poema do século XIII não diz que o exílio (*terra aliena*) é o quinhão obrigatório do estudante? –, os peregrinos, os vagabundos de todo tipo.

Em sua maioria, além de nenhum interesse material os reter em suas casas, são impelidos para as estradas pelo próprio espírito da religião cristã. Nesta terra de exílio, o homem não é mais que um perpétuo peregrino, esse é o ensinamento da Igreja a quem é quase desnecessário repetir a palavra de Cristo: "Deixa tudo e me segue". São tão numerosos os que nada ou pouco têm que eles partem facilmente. Sua escassa bagagem cabe no alforje do peregrino, os menos pobres têm algumas moedas no bolso, naquele tempo de dinheiro raro; os mais ricos levam um pequeno cofre em que encerram a maior parte de sua fortuna, um pequeno número de objetos preciosos. Quando os viajantes e os peregrinos se sobrecarregarem de bagagens – o *sire* de Joinville e seu companheiro, o conde de Sarrenbruck, partem para a cruzada, em 1248 carregados de baús que carroças levam até Auxonne e barcos levam pelo Saône e pelo Ródano até Arles –, não só o espírito de cruzada, mas também o gosto pela viagem definharão, a sociedade medieval se tornará uma multidão de sedentários e a Idade Média, época de andanças e cavalgadas, estará bem perto de chegar ao fim: não que a baixa Idade Média ignore a errância, mas a partir do século XIV os errantes são vagabundos, malditos – antes eram seres normais, ao passo que depois os normais serão os sedentários. No entanto, enquanto não chega essa lassidão, toda uma Idade Média itinerante pulula e está sempre presente na iconografia. O instrumento desses errantes, logo tornado simbólico, é o cajado, o bastão em forma de Tau em que, ao caminhar, apoiam-se encurvados o eremita, o peregrino, o mendicante, o enfermo. Gente inquieta também simbolizada pelos cegos, tal como a história da pequena trova: "Um dia, aconteceu que num caminho, perto de Compiègne, iam três cegos, sem ninguém para os levar e lhes mostrar a estrada. Os três levavam uma gamela de madeira; os três iam vestidos pobremente. Seguiam assim o caminho de Senlis". Gente inquietante de quem a Igreja e os moralistas desconfiam. A própria peregrinação, que frequentemente encobre a simples vagabundagem, a mera curiosidade – forma medieval de turismo –, é suspeita. Honorius Augustodunensis, já no século XII, tende a condená-la, a desaconselhá-la. "Haverá mérito", pergunta o discípulo do *Elucidarium*, "em ir a Jerusalém ou em visitar outros lugares sagrados?" E o mestre responde: "Mais vale dar aos pobres o dinheiro que serviria para a viagem". A única peregrinação que ele admite é a que tem a penitência como causa e objeto. Muito cedo, de fato, e isso é significativo, a peregrinação não é um ato de desejo, mas um ato de penitência. Ela sanciona todo pecado grave, é uma punição, não uma recompensa. Quanto aos que a empreendem "por curiosidade ou gloríola", como diz ainda o mestre do *Elucidarium*, "o único proveito que eles tiram é ver lugares agradáveis ou belos monumentos, ou colher a gloríola que desejavam". Os errantes são infelizes e o turismo, uma vanidade.

A deplorável realidade da peregrinação – sem mencionar o caso trágico dos cruzados mortos de fome no caminho ou massacrados pelos Infiéis – é com frequência a história do pobre homem contada pela *Legenda áurea*: "Por volta do ano do Senhor 1100, um francês ia para Santiago de Compostela com a mulher e os filhos, em parte para fugir do contágio que assolava seu país, em parte para ver o túmulo do santo. Na cidade de Pamplona, sua mulher morreu, e seu hospedeiro tirou-lhe todo o dinheiro e até a égua em cujo lombo ele levava os filhos. Então o pobre pai pôs dois dos filhos no ombro e arrastou os outros dois pela mão. Um homem que passava teve pena e lhe deu seu burro para que ele pudesse levar os filhos no lombo do animal. Chegando a Santiago de Compostela, o francês viu o santo, que lhe perguntou se o reconhecia e disse: 'Sou o Apóstolo São Tiago. Fui eu que te dei o burro para vir até aqui e que te darei o animal de novo para voltares...'"

Mas quantos peregrinos ficaram sem a ajuda nem mesmo de um burro miraculoso...

Na verdade, não faltam provações nem obstáculos nos deslocamentos. Decerto, onde é possível a via fluvial é utilizada. No entanto restam muitas terras a percorrer. A bela rede de estradas romanas quase desapareceu, arruinada pelas invasões, sem manutenção e, além do mais, mal-adaptada às necessidades da sociedade medieval. Para aquela multidão de pedestres e cavaleiros, cujo transporte se faz sobretudo em lombo de animais de carga ou carroças arcaicas, e que não tem pressa – que muitas vezes se desvia para evitar o castelo de algum cavalheiro saqueador ou para, ao contrário, visitar um santuário –, a estrada romana, reta, pavimentada, rota de soldados e funcionários, não tem grande interesse. Ela caminha ao longo dos atalhos, dos caminhos, de uma rede de itinerários diversos que divagam entre alguns pontos fixos: cidades de feira, locais de peregrinação, ponte, vau ou desfiladeiro. Quantos obstáculos a serem transpostos: a floresta com seus perigos e terrores – no entanto sulcada de pistas: Nicolette "seguindo o velho atalho no bosque denso chega a uma estrada em que se cruzam os sete caminhos que se vão pelo país" –, os bandidos, cavaleiros ou vilões, emboscados no canto de um bosque ou no alto de um rochedo – Joinville descendo o Ródano observa "a Rocha de Glun, castelo que o rei mandara abater porque o senhor chamado Roger era acusado de despojar os peregrinos e comerciantes" –, as taxas inumeráveis cobradas sobre as mercadorias, mas às vezes dos simples viajantes, nas pontes, nos desfiladeiros, nos rios, o mau estado das estradas nas quais é tão fácil se atolar que dirigir um carro de bois requer a competência de um profissional.

A viagem medieval por terra é desesperadamente longa, lenta. Ao seguir os viajantes entre os mais apressados, os comerciantes, percebe-se que as etapas variam de 25 a 60 quilômetros por dia, conforme a natureza do terreno. São necessárias duas semanas para ir de Bolonha a Avignon, vinte e dois dias das feiras de Champagne a Nîmes, onze a doze dias de Florença a Nápoles. No entanto a sociedade medieval se deslocava continuamente, com uma "espécie de movimento browniano, ao mesmo tempo perpétuo e inconstante", como disse Marc Bloch. Os homens da Idade Média evoluem quase todos contraditoriamente entre estas dimensões: os horizontes limitados da clareira em que vivem, os horizontes longínquos da Cristandade inteira em que cada um, subitamente, pode ir da Inglaterra a Santiago de Compostela ou a Toledo, como aqueles clérigos ingleses do século XII ávidos de cultura árabe; de Aurillac a Reims, a Vic na Catalunha, a Ravenna e a Roma, como Gerbert no final do século X; de Flandres a Saint-Jean-d'Acre, como tantos cruzados; das margens do

Reno às do Oder ou do Vístula, como tantos colonos alemães. Os únicos verdadeiros aventureiros, aos olhos dos cristãos medievais, são os que transpõem as fronteiras da Cristandade: missionários ou comerciantes que aportam na África, na Crimeia, se embrenham na Ásia.

Mais rápida é a viagem por mar. Quando os ventos são favoráveis, um navio pode fazer até 300 quilômetros em vinte e quatro horas. Mas os perigos são ainda maiores do que por terra. A rapidez ocasional pode ser compensada por calmarias desesperadoras ou por ventos e correntes contrárias.

Vamos embarcar com Joinville para o Egito. "No mar aconteceu-nos uma coisa assombrosa: encontramo-nos diante de uma montanha redonda nas costas da Barbária. Era hora das vésperas. Navegamos toda a noite e imaginamos ter percorrido bem umas cinquenta léguas quando, no dia seguinte, vimo-nos novamente diante da mesma montanha. E assim aconteceu duas ou três vezes."

Esses atrasos ainda são pouca coisa quando pensamos nos piratas e nas tempestades. Joinville logo descobre a louca temeridade dos "comerciantes aventureiros": "Refleti que é muito insensato aquele que ousa se colocar em tal perigo com o bem de outro ou em estado de pecado mortal; pois adormecemos à noite sem saber se não nos encontraremos no fundo do mar na manhã seguinte".

Poucos clichês, mas carregados de uma realidade intensamente sentida, tiveram mais sucesso na Idade Média do que o do barco no meio da tempestade. Nenhum episódio volta mais regularmente à vida dos muitos santos do que o de uma travessia, real ou simbólica, representado em tantas miniaturas e vitrais. Nenhum milagre foi mais difundido do que o da interferência de um santo que acalma uma tempestade ou ressuscita um náufrago.

Mas já agora é preciso entender por que motivos a floresta, a estrada e o mar comovem a sensibilidade dos homens da Idade Média. Eles são tocados menos por seus aspectos reais, por seus perigos verdadeiros, do que pelos símbolos que exprimem. A floresta são as trevas ou, como na "canção da infância" do *Minnesänger** Alexandre errante – *der wilde*

---

* *Minnesänger* = autores e intérpretes do *Minnesang*, primeira forma de expressão poética amorosa em alemão, surgida na alta Idade Média, provavelmente por inspiração dos trovadores provençais e do norte da França [N.T.].

Alexander –, o século com suas ilusões, o mar é o mundo e suas tentações, a estrada é a busca e a peregrinação.

★

Os homens da Idade Média entram em contato com a realidade física por intermédio das abstrações místicas e pseudocientíficas.

A natureza para eles são os quatro elementos que compõem o universo e o homem, universo em miniatura, microcosmo. Conforme explica o *Elucidarium*, o homem corpóreo é feito de quatro elementos, "por isso é chamado microcosmo, ou seja, mundo reduzido. De fato, ele se compõe de terra: a carne, de água: o sangue, de ar: a respiração, de fogo: o calor".

Dos mais instruídos aos mais ignorantes degrada-se uma mesma visão do universo. Cristianização mais ou menos exagerada de velhos símbolos e mitos pagãos, ela personifica as forças da natureza numa estranha cosmografia: os quatro rios do paraíso, os quatro ventos das inúmeras rosas dos ventos dos manuscritos, à semelhança dos quatro elementos, interpõem sua imagem entre as realidades naturais e a sensibilidade humana. Como veremos, será preciso um longo caminho para que os homens da Idade Média encontrem, para além do filtro do simbolismo, a realidade física do mundo em que vivem.

A amplitude desses movimentos, dessas migrações, dessas agitações, dessas viagens é na verdade singularmente restrita. O horizonte geográfico é um horizonte espiritual, o da Cristandade. Mais do que a imprecisão dos conhecimentos dos doutos em matéria de cosmografia – admite-se em geral que a Terra é redonda, imóvel e está no centro do universo e imagina-se, seguindo Aristóteles, um sistema de esferas concêntricas ou, cada vez mais a partir do início do século XIII, um sistema mais complexo e mais próximo da realidade do movimento dos planetas segundo Ptolomeu – o que chama a atenção é a fantasia da geografia medieval para além da Europa e da bacia mediterrânea. Ainda mais notável é a concepção teleológica que até o século XIII inspira a geografia e a cartografia cristãs. Como regra geral, a ordenação da Terra é determinada pela crença de que seu centro, seu umbigo, é Jerusalém e de que o Oriente, que os mapas situam quase sempre no alto, no lugar do nosso norte, culmina numa montanha onde se encontra o paraíso terrestre e de onde escorrem os quatro rios paradisíacos: o Tigre, o Eufrates, o Pison, geralmente identificado como o Ganges, e o Geon, que é o Nilo. Os vagos conhecimentos que os cristãos têm desses rios criam algumas dificuldades. Mas são facilmente contornadas. Explica-se que as nascentes conhecidas do Tigre e do Eufrates não são as nascentes originais situadas no flanco da montanha do Éden e cujas águas se perdem longamente nas areias dos desertos antes de ressurgirem. Quanto ao Nilo, no relato da Sétima Cruzada do Egito, Joinville atesta que os muçulmanos detidos pelas cataratas não puderam remontar à sua nascente, fantástica, mas real.

O Oceano Índico, que se acredita ser fechado, é o receptáculo dos sonhos em que se despejam os desejos insaciados da Cristandade pobre e reprimida: sonho de riqueza ligada às ilhas, ilhas de metais preciosos, madeiras raras, especiarias. Marco Polo vê nelas um rei nu coberto de pedras preciosas; sonho fantástico, povoado de homens, de animais fabulosos e de monstros, sonho de abundância e extravagância forjado por um mundo pobre e limitado, sonho da vida diferente, da destruição dos tabus, da liberdade, diante da moral severa imposta pela Igreja, sedução de um mundo da aberração alimentar, da coprofagia, do canibalismo, do nudismo, da poligamia, da liberdade e da devassidão sexuais. O mais curioso é que, quando excepcionalmente um cristão se arrisca e consegue chegar lá, ele encontra maravilhas: Marco Polo encontra homens providos de cauda "grande como a de um cão" e os unicórnios, que talvez sejam rinocerontes, mas que o decepcionam: "É um animal muito feio de ver, e asqueroso. Não é de modo nenhum como nós, daqui, dizemos e descrevemos, quando afirmamos que ele se deixa pegar, pelo peitoral, por uma virgem".

Sem dúvida, para os homens da Idade Média que recolheram a tradição dos geógrafos da Antiguidade, a Terra divide-se em três partes: Europa, Ásia e África, mas cada uma delas tende a se identificar com uma zona religiosa. O peregrino inglês que escreveu um *Itinerário da Terceira Cruzada* constata: "Assim, duas partes do mundo assaltam a terceira, e a Europa, que no entanto não reconhece ela toda o nome de Cristo, deve lutar contra duas outras". Essa Europa, que a presença muçulmana na Espanha impede que seja identificada com a Cristandade, continua sendo para os ocidentais uma noção incômoda, pedante, abstrata.

★

A realidade é a Cristandade. É em função dela que o cristão da Idade Média define o resto da humanidade, situa-se com relação aos outros. E antes de tudo com relação ao bizantino.

O bizantino, a partir de 1054, é o cismático. Mas, embora essa pecha de separação, de secessão, seja essencial, os ocidentais não conseguem defini-la muito bem, pelo menos nomeá-la corretamente. Apesar das divergências teológicas – e particularmente quanto à questão da cláusula "filioque", sendo que os bizantinos rejeitavam a dupla procedência do Espírito Santo, que consideravam proceder apenas do Pai e não do Filho –, apesar principalmente do conflito institucional, sendo que o patriarca de Constantinopla se recusava a reconhecer a supremacia do papa, os bizantinos também eram cristãos. Em meados do século XIII, por ocasião da Segunda Cruzada, um fanático ocidental, o bispo de Langres, que já sonha com a tomada de Constantinopla e instiga a isso o rei da França Luís VII, declara que "os bizantinos não são cristãos de fato, mas apenas de nome", que são condenáveis por heresias, e uma forte facção do exército dos cruzados considerava que "os gregos não eram cristãos e que matá-los era menos que nada". Esse antagonismo era resultado de um distanciamento que, desde o século IV, transformara-se em abismo. Uns e outros já não se entendiam, especialmente os ocidentais, que, mesmo os mais eruditos, ignoravam o grego: *graecum est, non legitur**.

Essa incompreensão aos poucos transformou-se em ódio, filho da ignorância. Com relação aos gregos, os latinos sentem um misto de inveja e desprezo, que vem do sentimento mais ou menos reprimido de sua própria inferioridade. Aos gregos, os latinos reprovam o fato de serem afetados, covardes, enganadores. Reprovam-nos sobretudo por serem ricos. É o reflexo do guerreiro bárbaro e pobre diante do rico civilizado.

Quando o exército ocidental da Quarta Cruzada se prepara, em 1203, para tomar Constantinopla, o pretexto oficial é que o Imperador Alei-

---

* Axioma medieval, que significa "é grego, não se lê" [N.T.].

xo III é um usurpador, mas os eclesiásticos rompem os escrúpulos religiosos de alguns laicos destacando o caráter cismático dos bizantinos: "Os bispos e os clérigos do exército conversaram", escreve o cronista Robert de Clari, "e julgaram que a batalha era legítima e que podiam ser atacados, pois antigamente obedeciam à lei de Roma e agora já não lhe obedecem. Assim, disseram os bispos, atacá-los não seria pecado, mas, ao contrário, uma grande obra piedosa".

Decerto, a união das igrejas, ou seja, a reconciliação de Bizâncio com Roma, permanece quase constantemente na ordem do dia, e negociações acontecem sob Aleixo I em 1089, João II em 1141, Aleixo III em 1197 e sob quase todos os imperadores desde meados do século XIII até 1453. A união parece até se realizar no Concílio de Lyon, em 1274, e pela última vez no Concílio de Florença em 1439.

No entanto, os ataques dirigidos contra o Império Bizantino pelos normandos de Robert Guiscard em 1081, de Bohemondo em 1185, a tomada de Constantinopla pelos ocidentais em 13 de abril de 1204 e o fracasso da união das igrejas provinham de uma hostilidade fundamental entre os chamados, injuriosamente, latinos (e não cristãos) e gregos (e não romanos). Incompreensão dos bárbaros rústicos, que opunham sua simplicidade à sofisticação daquela civilização do cerimonial, de uma polidez secular cristalizada como etiqueta. Em 1097, por ocasião da recepção de cruzados lotaríngios por Aleixo I, um deles, irritado com tal etiqueta, senta-se ao trono do basileu, "alegando que não era conveniente que um só homem pudesse sentar-se quando tantos guerreiros valentes permaneciam em pé".

Mesmas reações por parte dos franceses da Segunda Cruzada. Impaciência de Luís VII e de seus conselheiros diante das maneiras dos enviados bizantinos e a linguagem empolada de suas arengas. O bispo de Langres, "tomado de compaixão pelo rei" e não podendo suportar as longas frases do orador e do intérprete, disse-lhes: "Meus irmãos, queiram por favor não falar com tanta frequência na glória, na majestade, na sabedoria e na religião do rei; ele se conhece, e nós o conhecemos também; digam-lhe portanto mais prontamente, e sem tantos atalhos, o que desejam".

Oposição também nas tradições políticas. Os ocidentais, para quem a principal virtude política é a fé – a boa-fé – do feudal, taxam de hipocrisia os métodos bizantinos, inteiramente impregnados pela razão do Estado. "Pois é entre eles", escreve ainda Eudes de Deuil, cronista francês da Segunda Cruzada, "opinião geralmente aceita que não se pode censurar a ninguém o perjúrio que se permite pela causa do império sagrado".

A esse ódio latino corresponde a aversão grega. Ana Comnena, filha do Imperador Aleixo, que viu os ocidentais da Primeira Cruzada, descreve-os como bárbaros grosseiros, tagarelas, insolentes, inconstantes. Ainda por cima, a ganância dos ocidentais, "dispostos a vender mulher e filhos por um óbolo", horroriza os bizantinos.

A riqueza de Bizâncio é, enfim, a última crítica e a primeira cobiça dos latinos. Entre todos os cronistas das primeiras cruzadas que passam por Constantinopla, a admiração inspira uma descrição deslumbrada. Para aqueles bárbaros que vivem miseravelmente em fortalezas primitivas ou aldeias miseráveis – as "cidades" ocidentais contam com apenas alguns milhares de habitantes e nelas o urbanismo é desconhecido –, Constantinopla, com seu provável milhão de habitantes e suas riquezas monumentais, suas lojas, é a revelação da cidade. Foulcher de Chartres, entre muitos outros, arregala os olhos em 1097: "Que cidade nobre e bela é Constantinopla! Quantos mosteiros e palácios se veem, construídos com arte admirável! Quantas obras espantosas de contemplar se espalham pelas praças e pelas ruas! Seria muito longo e fastidioso dizer detalhadamente a abundância de riquezas de todo tipo, de ouro, de prata, de tecidos de mil espécies e de relíquias sagradas que se encontram nessa cidade, à qual todo tempo inúmeros navios trazem todas as coisas necessárias aos homens..."

Atração, entre outras, pelas relíquias. Eis o inventário, feito por Robert de Clari, das que os cruzados de 1204 encontraram só na Igreja da Virgem do Farol: "Lá foram encontrados dois pedaços da cruz verdadeira da grossura da perna de um homem e de meia toesa de comprimento. Foram encontrados também a ponta da lança com que Nosso Senhor teve o flanco perfurado e os dois pregos que lhe cravaram nas mãos e nos pés. Foi encontrada também, num frasco de cristal, grande parte de seu sangue; e também a túnica que Ele vestia e que lhe tiraram quando o levaram ao monte do Calvário; e também a coroa abençoada com que foi coroado, feita de juncos marinhos pontiagudos como sovelas. Foram encontradas também a roupa de Nossa Senhora, a cabeça do Monsenhor João Batista e muitas outras ricas relíquias que eu não seria capaz de descrever". Butim seleto para os ladrões piedosos que guardarão sua presa e para os saqueadores ávidos que a venderão caro.

Bizâncio, mesmo para os ocidentais que não contemplaram suas maravilhas, é na Idade Média a fonte de quase toda riqueza, pois as mais preciosas importações latinas vêm dessa cidade, seja ela sua produtora ou distribuidora. São de lá os tecidos preciosos – a seda permanece por muito tempo um segredo arrancado da China no século VI –, é de lá a moeda de ouro inalterada até o fim do século XI, que os ocidentais chamarão simplesmente de o bizantino, o "besante", o "dólar da Idade Média".

Diante dessas riquezas, quantas tentações!

No âmbito espiritual é possível ainda contentar-se em emprestar, às vezes com deslumbramento e gratidão. Os teólogos ocidentais do século XII descobrem, ou redescobrem, a teologia grega, e alguns saúdam essa luz que vem do Oriente: *orientale lumen*. Alain de Lille até acrescenta, com humildade: *Quia latinitas penuriosa est...* "Pois a latinidade é pobre..."

É possível ainda tentar rivalizar com Bizâncio, e uma das atitudes mais curiosas do Ocidente medieval tentando libertar-se da realidade e do mito de Bizâncio é a humilhação imaginária expressa pela surpreendente canção de gesta da *Peregrinação de Carlos Magno*, na segunda metade do século XI. Carlos Magno, regressando de Jerusalém com os doze pares, passa por Constantinopla, onde é magnificamente recebido pelo Rei Hugo. Depois de um farto banquete, o imperador e seus companheiros, um pouco embriagados, divertem-se em seu quarto, a caçoar*, ou seja, a competir em narrativas imaginárias em que cada um tenta se gabar de uma proeza extraordinária, sendo *gab* a forma grosseira de humor cavaleiresco. Os *gabs* dos francos ridicularizam, como é de esperar, o Rei Hugo e seus gregos; Rolando se vangloria principalmente de tocar trompa com força suficiente para fazer arder os bigodes de Hugo. Seria apenas uma brincadeira inconsequente se um espião bizantino, escondido atrás de uma coluna, não tivesse ouvido tudo e saído às pressas para contar ao Rei Hugo. Furioso, o rei desafia seus hóspedes a realizarem

---

* Em francês, *gaber*, derivado de *gab* – explicação logo adiante no texto [N.T.].

tudo aquilo que alardearam. A intervenção divina possibilita que os francos cumpram de fato todas as suas gabolices, e o Rei Hugo, vencido, declara-se o homem, o vassalo, de Carlos Magno e ordena uma grande festa em que cada um dos dois imperadores portam uma coroa de ouro.

Mas esse desafogo poético não bastava para satisfazer tanta cobiça e rancores acumulados. O desenlace da inveja latina com relação aos bizantinos é o ataque de 13 de abril de 1204, um massacre atroz de homens, mulheres e crianças, e a pilhagem, em que finalmente se saciam a inveja e o ódio. "Desde a criação do mundo nunca um saque semelhante fora realizado numa cidade", diz o historiador dos cruzados Villehardouin. E o cronista bizantino Nicetas Choniates: "Os próprios sarracenos são bons e compassivos em comparação com essa gente que carrega nas costas a cruz de Cristo".

★

A hostilidade contra os bizantinos, para os cristãos medievais que tinham contato com eles, não era isenta de crise de consciência. Com os muçulmanos, ao que parece, não havia problema. O muçulmano é o infiel, o inimigo eleito com quem está fora de questão pactuar. Entre cristãos e muçulmanos, antítese é total, tal como a definiu o Papa Urbano II, pregando em Clermont a Primeira Cruzada, em 1095: "Que vergonha não seria para nós se essa raça infiel tão justamente desprezada, degenerada da dignidade de homem e vil escrava do demônio, vencesse o povo eleito de Deus todo poderoso... De um lado estarão miseráveis privados dos verdadeiros bens, do outro homens cumulados das verdadeiras riquezas; de um lado combaterão os inimigos do Senhor, do outro seus amigos". Maomé é um dos piores espantalhos da Cristandade medieval. Ele assombra as imaginações cristãs numa visão apocalíptica. Só aparece em referência ao anticristo. Para o abade de Cluny, Pedro o Venerável, em meados do século XII, ele se situa na hierarquia dos inimigos de Cristo entre Ário e o anticristo. Para Joaquim de Flora, no final do século, ele "prepara o anticristo como Moisés preparou Jesus". Na margem de um manuscrito de 1162 – uma tradução latina do Corão – uma caricatura de Maomé o representa como um monstro.

No entanto, a história das atitudes dos cristãos medievais para com os muçulmanos é uma história de variações e matizes. No século IX decerto Álvaro de Córdoba vê em Maomé a besta do Apocalipse. Mas Paschase Radbert, ao mesmo tempo em que marca o antagonismo fundamental, e que ele entende em seu confronto geográfico, entre a Cristandade que deveria estender-se ao mundo todo e o Islã que lhe tomou uma ampla região da terra, distingue ciosamente os muçulmanos, que receberam o conhecimento de Deus, dos gentios, que nada conhecem dele. Até o século XI as peregrinações à Palestina conquistada pelos muçulmanos se fazem pacificamente, e é apenas em alguns teólogos que se desenha uma imagem apocalíptica do Islã. Tudo muda ao longo do século XI, em que as cruzadas são preparadas e, em seguida, orquestradas por toda uma propaganda que leva ao primeiro plano dos ódios cristãos os adeptos de Maomé. As canções de gesta são o testemunho desse momento em que se mesclam as lembranças de uma simbiose islâmico-cristã nas fronteiras dos dois domínios e a afirmação, a partir de então, de um confronto inclemente. Passa a reinar toda uma mitologia que se resume no duelo entre o cavaleiro cristão e o muçulmano. A luta contra o infiel torna-se o fim último do ideal cavaleiresco. Infiel, aliás, é considerado agora pagão, um pagão empedernido, que recusou definitivamente a verdade, a conversão. Na bula de convocação do Quarto Concílio de Latrão, em 1213, Inocêncio III convocava os cristãos à cruzada contra os sarracenos, tratados de pagãos, e Joinville constantemente chama o mundo muçulmano de "a pagania".

No entanto, através dessa cortina baixada entre cristãos e muçulmanos, que parecem levantá-la apenas para se combater, através dessa frente de guerra, correntes pacíficas e trocas continuam e até se ampliam.

Trocas comerciais, antes de tudo. Por mais que o papado oponha embargos às mercadorias cristãs com destino ao mundo muçulmano, o contrabando põe em xeque essas proibições. Os papas acabam por admitir revogações, brechas nesse bloqueio com o qual os cristãos sofrem mais do que os muçulmanos, até por conceder licenças. Nesse jogo os venezianos se tornam mestres. Em 1198, por exemplo, fazendo o papa reconhecer que, desprovidos de recursos agrícolas, só podem viver do comércio, eles obtêm autorização de Inocêncio III para comerciar "com o sultão de Alexandria", com exceção, é verdade, dos produtos estratégicos colocados pelo papado numa lista negra imposta à Cristandade: ferro e armas, piche, alcatrão, madeira de construção, navios.

Em seguida, trocas intelectuais. No auge das cruzadas, a ciência árabe irrompe sobre a Cristandade e, se não o suscita, pelo menos alimenta o que chamamos de Renascimento do século XII. O que os árabes trazem aos eruditos cristãos é principalmente, na verdade, a ciência grega entesourada nas bibliotecas orientais e recolocada em circulação pelos eruditos muçulmanos, que a levam até os confins do Islã ocidental, na Espanha, onde os clérigos cristãos vão aspirá-la avidamente no decorrer da Reconquista. Toledo, retomada pelos cristãos em 1085, torna-se o polo de atração desses sedentos que são, num primeiro momento, sobretudo tradutores. A moda da ciência muçulmana até se tornou tamanha na Cristandade que um deles, Adelardo de Bath, declara que, para impor suas ideias pessoais, com frequência ele as atribuiu aos árabes.

Mais ainda. Na Terra Santa, lugar principal de confronto guerreiro ente cristãos e muçulmanos, relações de coexistência pacífica se estabelecem rapidamente. Isso é constatado por um cronista muçulmano, o espanhol Ibn Jobair, aliás com espanto escandalizado, por ocasião de uma viagem à Palestina em 1184: "Os cristãos, em seu território, fazem os muçulmanos pagarem uma taxa que é aplicada com toda a boa-fé. Os comerciantes cristãos, por sua vez, pagam sobre suas mercadorias em território muçulmano; o entendimento entre eles é perfeito e a equidade é observada em todas as circunstâncias; o povo convive em paz... A situação desse país, nesse sentido, é tão extraordinária que o discurso não consegue dar conta do assunto. Que Deus exalte a palavra do Islã por seu favor!"

*

Ao lado daqueles "pagãos" particulares que são os muçulmanos, diante de quem a única atitude oficial cristã era a guerra santa, outros pagãos se apresentam de modo completamente diferente: aqueles que, ainda adorando os ídolos, se oferecem como possíveis cristãos. Até o final do século XIII, quando na Europa a Cristandade está quase definitivamente constituída no oeste da Rússia, da Ucrânia e dos Bálcãs, um trabalho missionário mais ou menos incessante dilata o mundo cristão.

Uma vez convertidos à ortodoxia católica os invasores arianos – principalmente visigodos e lombardos – e depois, no início do século VII, os anglo-saxões pagãos, essa frente de evangelização, como vimos, situa-se no leste e no norte da Europa e tende a se confundir com a expansão germânica. A Germânia ocidental cristianizada mais ou menos pacificamente pelos missionários anglo-saxões, dos quais o mais ilustre foi São Bonifácio (Winfrid), os carolíngios, a começar por Carlos Magno, cujo comportamento para com os saxões é típico, inauguram uma tradição de cristianização belicosa e à força. Todavia, entre esses soberanos, subsiste uma atitude defensiva com relação aos pagãos até 955, ano da dupla vitória de Oto I sobre os magiares e sobre os eslavos do leste, a partir da qual começa uma longa política agressiva dos germanos, que procedem à conversão dos pagãos pela força. No início do século XI, Bruno de Querfurt repreende Henrique II, rei da Germânia ainda não coroado imperador, por guerrear contra cristãos, os poloneses, e esquecer os lutícios, pagãos que, segundo a palavra de ordem do Evangelho, convém forçar pelas armas a entrar para a Cristandade. A partir de então, o *compelle intrare** torna-se a palavra de ordem em face dos pagãos. A esses pagãos, aliás, aplica-se geralmente o epíteto de bárbaros. O cronista Gallus Anonymus, no século XII, situando a Polônia, escreve: "Pelo lado do mar setentrional, ela tem por vizinhos três nações muito ferozes de bárbaros, a Selêucia (terra dos lutícios), a Pomerânia e a Prússia, contra as quais o duque de Polônia luta incessantemente para convertê-las à fé. Mas ele não conseguiu arrancar seu coração da perfídia pelo gládio da prédica nem extirpar sua raça de víboras pelo gládio do massacre".

De fato, diante do efeito desse proselitismo conquistador, as resistências são fortes e as reativações do paganismo são numerosas e violentas. Em 973, uma grande insurreição eslava aniquila a organização eclesiástica entre o Elba e o Oder, região dos veletos e dos obodritas; em 1038, ocorre o levante popular na Polônia em favor do paganismo; em 1040 é a vez de a Hungria apostatar. A prédica cristã foi quase sempre um fracasso quando tentou dirigir-se aos povos pagãos e persuadir as massas. Em geral só teve êxito quando chegou aos chefes e grupos sociais dominantes. Para os bizantinos e os muçulmanos, a integração à Cristandade romana

---

* *compelle intrare* = "Obrigue-os a entrar" (Lc 14,23) [N.T.].

seria uma degradação, a decadência para uma civilização inferior. Para os pagãos, a entrada na Cristandade era, ao contrário, uma promoção. Foi isso que compreenderam o franco Clóvis no início do século VI, o normando Rollon em 911, o polonês Mesco em 966, o húngaro Vâik (Santo Estêvão) em 985, o dinamarquês Harald do Dente Azul (950-986), o norueguês Olaf Tryggveson (969-1000). Muitas vezes as revoltas pagãs são simultaneamente insurreições sociais, as massas voltando ao paganismo por hostilidade a seus dirigentes cristianizados, que em geral dispõem de forças suficientes para reprimir rapidamente esses sobressaltos. Assim, a "nova Cristandade" medieval, ao contrário da Cristandade primitiva, por muito tempo constituída principalmente por gente humilde que acabou por impor sua fé ao imperador e a uma parte das classes dirigentes, era uma Cristandade convertida a partir de cima e pela coerção. Não se deve nunca perder de vista essa mudança do cristianismo na Idade Média. Naquele mundo de violência, a primeira violência foi a conversão. Para os chefes sensatos que reconheceram o poder de promoção do cristianismo, a única hesitação, às vezes, foi entre Roma e Constantinopla. Poloneses e húngaros, direta ou indiretamente, decidiam-se por Roma, ao passo que russos, búlgaros e sérvios inclinaram-se para Bizâncio. Uma curiosa luta de influências aconteceu na Grande Morávia do século IX: foi o episódio de Cirilo e Método e a tentativa original de um cristianismo romano com liturgia eslava, tentativa tão efêmera quanto o império da Grande Morávia. O catolicismo romano triunfaria na Morávia e na Boêmia com o Estado feudal dos Przemyslides.

Estabilizada no norte da bacia ocidental do Mediterrâneo, onde, embora tenha conseguido reprimir Bizâncio e o Islã na Espanha, na Sicília e na Itália do Sul, fracassou no século XIII na Grécia e na Palestina, a Cristandade ocidental se fixava, portanto, nesse mesmo século XIII, da Lituânia à Croácia.

*

Foi então que ela entreviu, entre os muçulmanos e os bárbaros, uma terceira espécie de pagãos: os mongóis. O mito mongol é um dos mais curiosos da Cristandade medieval. Os cristãos da Europa Central, na Pequena Polônia, na Silésia e na Hungria, não podiam hesitar em reconhecer, nos que chamavam de tártaros e que os massacraram três vezes em incursões destruidoras, pagãos puros e simples, entre os mais cruéis que as invasões orientais empurraram para o oeste, para o resto da Cristandade, junto de príncipes, clérigos e comerciantes; os mongóis, no entanto, deram origem a sonhos estranhos. Acreditava-se que estivessem não só prontos a se converter ao cristianismo, mas já convertidos em segredo, apenas esperando uma oportunidade para se declarar. O Mito do Padre João, misterioso soberano cristão situado no século XIII na Ásia (depois, no século XV, na Etiópia), nascido nas imaginações ocidentais a partir das vagas notícias recolhidas nos pequenos núcleos de cristãos nestorianos sobreviventes na Ásia, incidiu sobre os mongóis, que se acreditava, por meio dele, já conquistados para o cristianismo. Um grande sonho se desenvolveu a partir dessa ilusão: o de uma aliança entre cristãos e mongóis que, cercando o Islã, o destruiria ou converteria e, finalmente, faria a verdadeira fé reinar sobre toda a terra. Daí as missões enviadas em meados do século ao encontro dos mongóis. Embaixadas da grande esperança que terminaram em grandes decepções. A decepção de São Luís nos é contada por Joinville: "O rei se arrependeu muito de ter enviado mensageiros e presentes".

O mito mongol suscitou, por volta de 1300, algumas expedições. Uma série de missões, das quais as mais importantes foram as de João de Monte Corvino e do franciscano Odorico da Pordenone, chegou até mesmo à formação de pequenas cristandades asiáticas efêmeras. A Cristandade medieval continuava sendo europeia. Mas aventurara-se até o extremo do mundo.

*

A Cristandade do século XIII parecia querer sair de suas fronteiras, começara a substituir a ideia de cruzada pela de missão, parecia abrir-se para o mundo.

No entanto, ela própria continuava sendo o mundo fechado de uma sociedade capaz de agregar novos membros pela força (*compelle intrare*), mas que exclui os outros, que se define pelo racismo religioso. O pertencimento ao cristianismo é o critério de seus valores e de seus comportamentos. A guerra, que é um mal entre cristãos, é um dever contra os não cristãos. A usura, que é proibida entre cristãos, é permitida aos infiéis, ou seja, aos judeus. Pois os outros, todos aqueles numerosos pagãos misturados, que a Cristandade rejeita ou contém fora de suas fronteiras, existem em seu interior e são objeto de exclusões que examinaremos adiante.

Queremos aqui apenas definir em seus horizontes espaciais essa Cristandade medieval que, entre as duas direções do cristianismo – a da religião fechada, propriedade do povo eleito e proveniente do Antigo Testamento, e a da religião aberta de vocação universal traçada pelo Evangelho –, fechou-se no particularismo. Retomemos o breviário do cristão médio do século XII, o *Elucidarium*. Nele o discípulo coloca, de fato, a partir de dois textos paulinos, o problema do cristianismo, religião aberta ou fechada: "Como está escrito: 'Cristo morreu pelos ímpios' (Rm, 5,6) e 'pela graça de Deus Ele experimentou a morte por todos' (Hb 2,9), sua morte foi benéfica aos ímpios?" E o mestre responde: "Cristo morreu apenas pelos eleitos", e acumula as citações que excluem que Cristo tenha morrido "por todos".

A tendência da Cristandade ao fechamento aparece bem em seu comportamento com os pagãos. Já antes de Gregório Magno os monges irlandeses tinham se recusado a evangelizar seus detestados vizinhos anglo-saxões, que eles queriam condenar ao inferno e não desejavam correr o risco de encontrar no paraíso. O mundo pagão foi por muito tempo um grande reservatório de escravos para o comércio cristão, fosse ele constituído por comerciantes cristãos ou por comerciantes judeus em território cristão. A conversão que esgotava esse mercado frutífero não se fez sem hesitações. Anglo-saxões, saxões eslavos – estes últimos deram seu nome ao gado humano da Cristandade medieval – abasteceram o tráfico medieval antes de serem integrados à Cristandade e, assim, protegidos da escravidão. No final do século X, uma das grandes censuras do bispo de Praga, Adalberto, a suas ovelhas, que ele acusa de terem voltado ao paganismo, é a de venderem cristãos aos mercadores de escravos judeus. Um não cristão não é verdadeiramente um homem, só um cristão pode usufruir dos direitos do homem, entre eles o da proteção contra a escravidão. Os concílios dos séculos XII e XIII relembram a proibição, para os cristãos, de servir aos judeus e aos sarracenos como escravos ou criados domésticos. A atitude cristã em matéria de escravidão manifesta o particularismo cristão, a solidariedade do grupo e a correspondente política de *apartheid* com relação aos grupos externos.

Um catecismo do século XIII, fiel à concepção judaica do Deus da tribo (Ex 20), indica como primeiro preceito: "Teu Deus é único, não invocarás em vão o nome do teu Deus". A Cristandade medieval, ciosa de seu Deus, está longe do ecumenismo.

No entanto, essa sociedade fechada, opaca e hostil aos outros, foi sem querer uma esponja, um campo fertilizado pelas infiltrações estrangeiras. No nível técnico, foi transformada por empréstimos como, por exemplo, o moinho, de água ou de vento, vindo do Oriente; no plano econômico, por muito tempo foi passiva com respeito a Bizâncio e ao Islã, recebendo de Constantinopla ou de Alexandria, para sua alimentação e seu vestuário, tudo o que ia além do necessário: tecidos preciosos, especiarias; ela despertou para a economia monetária por instigação do ouro bizantino, do besante, e da moeda muçulmana, dinar de ouro, dirém de prata; sua arte, desde os motivos das estepes que inspiram toda a ourivesaria bárbara até as cúpulas e os arcos ogivais vindos da Armênia, de Bizâncio ou de Córdoba, e sua ciência, obtida por intermédio dos árabes nas fontes gregas, foram nutridas por empréstimos. Embora ela tenha sabido encontrar em si os recursos que lhe permitiram tornar-se uma força criadora, depois modelo e guia, foi de início uma aluna, uma tributária de todo aquele mundo que ela desprezava e condenava, paganismo da Antiguidade, paganismo dos outros mundos que a nutriram e instruíram durante o longo tempo em que era pobre e bárbara e acreditava poder se fechar em suas orgulhosas certezas.

*

Aquele mundo fechado na terra, aquela Cristandade fechada aqui embaixo abria-se amplamente para o alto, para o céu. Material e espiritualmente não há barreiras estanques entre o mundo terrestre e o além. Sem dúvida há degraus que são fossos a serem transpostos, saltos que deverão ser dados. Mas a cosmografia ou a ascese mística manifestam igualmente que, por etapas, ao longo de uma estrada, de grande estrada da peregrinação da alma, um itinerário, para retomar o que diz São Boaventura, leva a Deus.

O universo é um sistema de esferas concêntricas: essa é a concepção geral; as opiniões se dividem quanto ao número e à natureza dessas esferas. Beda, no século VIII, considerava que sete céus cercam a Terra – nossa linguagem comum fala ainda dos transportes ao sétimo céu –, o ar, o éter, o olimpo, o espaço inflamado, o firmamento dos astros, o céu dos anjos e o céu da Trindade. A herança grega até na terminologia de Beda é evidente. A cristianização dessa concepção se consuma numa simplificação de que dá testemunho, no século XII, o *Elucidarium* de Honorius Augustodunensis, que distingue três céus: o céu corporal que vemos, o céu espiritual habitado pelas substâncias espirituais, ou seja, os anjos, e o céu intelectual, em que os bem-aventurados contemplam frente a frente à Santíssima Trindade. Sistemas mais científicos retomam o esquema de Aristóteles, que considerava o universo uma organização complexa de cinquenta e cinco esferas, a que os escolásticos acrescentam uma esfera suplementar exterior, a do "primeiro motor", onde Deus põe em movimento o conjunto do sistema. Alguns, como o bispo de Paris, Guilherme de Auvergne, na primeira metade do século XIII, imaginam para além do primeiro motor uma nova esfera, um empíreo imóvel, morada dos santos.

O essencial é que, apesar do cuidado dos teólogos e da Igreja em afirmar o caráter espiritual de Deus, o vocabulário permite aos cristãos representar Deus concretamente. Há a dupla preocupação de salvaguardar essa imaterialidade divina e de não chocar as crenças ingênuas numa realidade – diz-se substancial, o que é bastante equívoco para satisfazer ao mesmo tempo a ortodoxia doutrinal e os hábitos mentais da massa – de Deus. Honorius é bom testemunho dessa vontade de conciliação um pouco delicada.

– Onde Deus habita? – pergunta o discípulo.

– Em todo lugar em potência, no céu intelectual em substância – responde o mestre.

Mas o discípulo volta à carga:

– Como se pode dizer que Deus está inteiro em todo lugar, ao mesmo tempo e sempre, e que também não está em lugar nenhum?

– É que Deus – responde o mestre – é incorpóreo e por conseguinte "não localizado", *illocalis*.

Com isso contenta-se o discípulo, que por outro lado sabe que Deus está em substância no céu intelectual.

Mas, para a massa, Deus existe corporalmente tal como logo a iconografia cristã o representa.

O cristianismo, sobretudo depois do concílio de Niceia (325), oferecia à adoração dos fiéis um Deus uno em três pessoas, a Santíssima Trindade, que, além das dificuldades teológicas que suscitou (muitos teólogos, no Ocidente medieval, caíram em heresias antitrinitárias, e o trinitarismo foi uma das causas da hostilidade ao cristianismo romano por parte de outras religiões, apesar de próximas, como a ortodoxia bizantina), colocou para a massa um enigma correspondente ao mistério teológico. O tema trinitário parece ter exercido atração principalmente sobre os meios teológicos eruditos e ter tido repercussão apenas limitada entre as massas.

Do mesmo modo, a devoção ao Espírito Santo parece sobretudo coisa dos doutos, pelo menos antes da baixa Idade Média, quando se multiplicavam as confrarias e os hospitais colocados sob invocação do Espírito Santo. Foi Abelardo que fundou em 1122 um mosteiro consagrado ao Espírito Santo, ao Paracleto "consolador", o que atrai, aliás, intensos ataques contra ele. "Essa denominação foi recebida por muitos com espanto ou até atacada com violência, sob pretexto de que não era permitido consagrar uma igreja especialmente ao Espírito Santo, nem ao Deus Pai, mas que, segundo o uso antigo, devia-se dedicá-la seja só ao Filho, seja à Trindade."

As universidades celebravam, por ocasião da volta solene às aulas, uma missa ao Espírito Santo, inspirador das artes liberais, mas também neste caso essa devoção inscreve-se numa piedade trinitária muito ortodoxa, muito equilibrada, apanágio de um meio erudito.

Para alguns grandes místicos, como Guilherme de Saint Thierry, a Trindade é o centro da vida espiritual. A ascese é um itinerário pelo qual o homem consegue reencontrar a imagem de Deus obliterada pelo pecado. As três pessoas da Trindade correspondem a três caminhos, a três meios dessa progressão espiritual cujo processo, no entanto, é um. O Pai preside ao caminho da memória, o Filho ao da razão, o Espírito ao do amor. Assim, o mistério trinitário se interioriza informando as faculdades da alma ao mesmo tempo em que sobrenaturaliza a dinâmica espiritual.

Em compensação, em certos meios populares, a devoção ao Espírito Santo degradou-se em culto ao Santo Espírito ou a Santa Colomba, metamorfoses da terceira pessoa da Trindade.

A devoção popular, pouco familiarizada com a Trindade ou o Espírito Santo, que teólogos ou místicos percebiam melhor, oscilava entre uma visão puramente monoteísta de Deus e um dualismo imaginativo que ia do Pai ao Filho.

A sensibilidade e a arte medievais não venceram facilmente o velho tabu judeu que proibia a representação realista – isto é, antropomórfica – de Deus. Deus foi inicialmente representado por símbolos que se prolongaram na iconografia e provavelmente no psiquismo depois que triunfaram as imagens humanas de Deus.

Essas representações simbólicas de Deus longo tenderam a designar seja o Pai seja o Filho, mais do que a pessoa divina em sua unidade.

Assim, a mão que surge do céu, saindo de uma nuvem, é antes a do Pai. É originalmente sinal de comando, sendo que a mesma palavra hebraica, *iad*, significa mão e força. Essa mão que poderá tornar-se falante em determinada cena, suavizar-se em um gesto de bênção, é antes de tudo uma materialização de ameaça sempre suspensa sobre o homem. A quirofania é sempre cercada por uma atmosfera de respeito sagrado, se não de pavor. Os reis medievais que herdaram sua mão de justiça beneficiam-se do poder intimidante dessa mão divina.

Quanto ao Cristo, no cristianismo primitivo ele é representado mais especialmente sob a forma do cordeiro segurando a cruz ou o estandarte da ressurreição. Mas essa representação abstrata ocultava a humanidade, caráter essencial de Cristo. O liturgista Guillaume Durand, bispo de Mende, mostra no século XIII essa atitude muito significativa: "Porque João Batista apontou para Cristo e disse: Eis o Cordeiro de Deus, alguns retratavam Cristo sob aparência de um cordeiro. Mas, porque Cristo é um homem real, o Papa Adriano declara que devemos retratá-lo sob a forma humana. De fato não é o Cordeiro que deve ser retratado na cruz;

mas, depois de ter figurado o Homem, nada se opõe a que se represente o Cordeiro ou embaixo ou atrás da cruz".

Voltaremos à humanidade de Cristo, fundamento de um humanismo libertador. Ela foi essencial para a evolução do Ocidente.

Entretanto, o antropomorfismo divino atuou por muito tempo em favor de Deus Pai. Na luta contra o arianismo do século V ao VII, o desejo de insistir na divindade de Cristo levou quase a confundir o Filho e o Pai. A época carolíngia, mais inclinada às manifestações de força do que às expressões de humildade, deixou na sombra tudo o que poderia aparecer como fraqueza em Cristo: os episódios amáveis da vida de Cristo, sua intimidade com os pobres e os trabalhadores, os aspectos realistas e de sofrimento de sua paixão foram silenciados.

Deus, Pai ou Filho, Pai e Filho ao mesmo tempo, *junger Mensch und alter Gott*, "homem jovem e deus velho", como diz Walther von der Vogelweide, tornou-se Deus de majestade. Deus no trono como soberano (Pantocrator), aureolado com a mandorla, levava ao ponto mais alto a herança do cerimonial imperial que o cristianismo triunfante do baixo Império lhe havia atribuído. Deus, cuja força se manifestava na criação (o *Genesis* eclipsava na teologia, nos comentários religiosos, na arte, todos os outros livros da Bíblia), no triunfo (o Cordeiro e a cruz tornavam-se símbolos de glória e não de humildade), no juízo final (do Cristo do Apocalipse com o gládio entre os dentes até o Juiz dos tímpanos românicos e góticos).

Deus tornara-se um senhor feudal: *Dominus*. Os *Libri carolini** retomavam, para conferir integral valor de referência ao estado social existente, uma frase de Santo Agostinho: "O Criador é chamado criador por referência a suas criaturas, assim como o amo é chamado amo por referência a seus serviçais".

Os poetas do século IX consideravam Deus o senhor da fortaleza celeste, que se parecia estranhamente com o palácio de Aix-la Chapelle.

Esse Deus de majestade é o Deus das canções de gesta, expressão da sociedade feudal: "Damedieu" (*Dominus Deus*), o Senhor Deus.

---

* *Libri carolini* = Livros carolinos (de Carlos Magno) [N.T.].

Todo o vocabulário do *Cur Deus homo** de Santo Anselmo, no final do século XI, é feudal. Deus aparece como um senhor feudal que comanda três categorias de vassalos: os anjos, que detêm feudos em troca de um serviço fixo e perpétuo; os monges, que servem na esperança de recuperar a herança perdida por seus pais desleais; os laicos, mergulhados em servidão desesperançada. O que todos devem a Deus é o *servitium debitum*, o serviço do vassalo. O que Deus busca em seu comportamento para com seus súditos é a conformidade com sua honra senhorial. Cristo oferece sua vida *ad honorem Dei***, o castigo do pecador é desejado por Deus *ad honorem suum****.

Na verdade, mais do que um senhor feudal, Deus é um rei – *Rex* mais do que *Dominus*. Essa soberania régia de Deus inspira a igreja pré-românica e românica concebida como um palácio real resultante da rotunda real iraniana convergindo para a cúpula, ou a abside em que o Pantocrator ocupa o trono. Ela modela a iconografia do Deus de majestade com seus atributos reais: o trono, o sol e a lua, o Alfa e o Ômega insígnias do poder universal, a corte dos anciãos do Apocalipse ou dos anjos, às vezes a coroa.

Essa visão régia e triunfante de Deus não dispensa o Cristo. Cristo do juízo final que mantém em seu flanco nu, em sinal de vitória sobre a morte, a chaga da crucificação, Cristo na cruz, mas portando a coroa, Cristo das moedas reais com a legenda significativa do escudo de São Luís de França ainda no século XIII: *Christus vincit, Christus regnat, Christus imperat,* Cristo vencedor, rei, imperador. Concepção monárquica de Deus cujo impacto, para além de um tipo de devoção – a de súditos mais do que de vassalos – foi fundamental sobre a sociedade política do Ocidente medieval. Com a ajuda da Igreja, os reis e os imperadores terrestres, imagens de Deus aqui na terra, encontrarão um auxílio poderoso para triunfar justamente sobre uma concepção feudal que se esforçava por paralisá-los. Deveremos finalmente, com Norman Cohn, buscar, por trás desse Deus autoritário, uma imagem psicanalítica do Pai cujo peso,

---

* *Cur Deus homo* = Por que Deus homem? [N.T.].

** *ad honorem Dei* = para a honra de Deus [N.T.].

*** *ad honorem suum* = para sua honra [N.T.].

seja da sua tirania ou da sua bondade, explicaria tantos complexos coletivos dos homens da Idade Média, filhos obedientes ou filhos rebeldes seguidores do anticristo, protótipo do filho revoltado?

Contudo, ao lado desse Deus monarca, lentamente abria caminho nas almas um Deus Homem, de humanidade humilde e cotidiana. Esse Deus próximo do homem não podia ser o Pai que, mesmo sob a forma paternalista de bom Deus, permanecia muito distante – no máximo condescendente. Era o Filho. A evolução da imagem de Cristo na devoção medieval não é simples. A própria iconografia primitiva de Cristo era complexa. Ao lado do Cristo Cordeiro, logo aparecia um Cristo antropomorfo: Cristo pastor, Cristo Doutor, chefe de uma seita que era preciso guiar e ensinar em meio às perseguições. A Cristandade medieval, que tende, como vimos, a reduzir o Cordeiro a um atributo do Cristo Homem, que deixou cair em desuso a imagem do Bom Pastor e conservou o tipo do Cristo Professor, multiplicou os símbolos e as alegorias cristológicas: Moinho e Lagar místicos que significam o sacrifício fecundante de Jesus; Cristo cosmológico herdeiro do simbolismo solar, que aparece, como em um vitral de Chartres do século XII, no centro de uma roda; símbolos da vinha e do cacho de uva, símbolos animais do leão ou da águia, signos de força; do unicórnio, signo de pureza; do pelicano, signo de sacrifício; da fênix, signo de ressurreição e de imortalidade.

A emergência de Cristo na piedade e na sensibilidade medievais seguiu outros caminhos essenciais. O primeiro é sem dúvida o caminho da salvação. Nos séculos VIII e IX, no próprio momento em que a humanidade de Cristo passa por um eclipse, desenvolve-se um culto ao Salvador que invade a liturgia e a arquitetura religiosa. O que se chamou igreja-pórtico da época carolíngia e onde se viu justamente o ponto de partida do desenvolvimento da fachada, da face ocidental (a *Westwerk*) das igrejas românicas e góticas, corresponde ao desenvolvimento do culto ao Salvador; foi o âmbito da liturgia da ressurreição e de uma outra liturgia ligada a ela, a do Apocalipse. Ela foi a representação monumental da Jerusalém celeste confundida com a Jerusalém terrestre, numa das osmoses bem típicas da mentalidade e da sensibilidade medievais, em que se fundem realidades celestes e terrestres. Mas o Cristo Salvador da época carolíngia ainda está ligado a uma piedade encerrada em si mesma, e o tipo dominante de igreja é então uma igreja fechada, rotunda, octogonal, basílica de abside dupla, que para além da arte carolíngia se prolonga na arte otoniana e até nas grandes igrejas imperiais renanas da época românica.

A partir do século XII, o Cristo Salvador abre mais os braços para a humanidade. O Cristo torna-se a porta pela qual se tem acesso à revelação e à salvação. Suger, construtor de Saint-Denis, diz que o Cristo é a verdadeira porta: *Christus janua vera*. "Ó vós que dissestes: 'Eu sou a porta e aquele que entrar por mim será salvo'", disse a Cristo Guilherme de Saint Thierry, "mostrai-nos com que evidência de que morada sois a porta, em que momento e quem são aqueles para quem a abris. A casa de que sois a porta é... o céu que vosso Pai habita".

Assim a igreja símbolo da casa celeste, acesso ao céu, abre-se amplamente. A porta consome a fachada: tímpanos românicos, pórtico da Glória de São Tiago de Compostela, grandes portais góticos...

Esse Cristo mais próximo do homem pode aproximar-se ainda mais tomando a forma de uma criança. O sucesso do Cristo menino que se afirma no século XII acompanha o da Virgem Mãe. Encontraremos a conjuntura que apoia esse sucesso e o torna irresistível. Homem que restaura o homem, o Cristo torna-se o novo Adão, ao lado da Virgem, a nova Eva.

Mas, principalmente, Cristo torna-se cada vez mais o Cristo sofredor, o Cristo da paixão. A crucificação, cada vez mais representada, cada vez mais realista, decerto conserva elementos simbólicos, no entanto eles concorrem frequentemente para o novo significado da devoção ao Crucificado, tal como o vínculo entre Adão e a crucificação testemunhado pela iconografia: crânio de Adão representado ao pé da cruz, Lenda da Santa Cruz feita da madeira da árvore plantada na tumba de Adão. Seria possível também, seguindo a evolução da devoção à própria cruz, reconhecer como, de símbolo triunfal – ela ainda tem esse sentido para os cruzados no final do século XI – ela se torna símbolo de humildade e de sofrimento. Simbolismo que, aliás, encontra resistências, muitas vezes nos meios populares, especialmente em grupos hereges que, sob influência direta dos orientais, como por exemplo dos bogomiles, ou por encontro fortuito com uma tradição herege, recusam-se a venerar um pedaço de madeira, símbolo de um suplício infamante reservado aos escravos, insuportável e inconcebível humilhação para um Deus. Por um atalho curioso, Marco Polo encontrará essa hostilidade por parte do Grão Khan mongol, que, influenciado pelo cristianismo nestoriano asiático, recusa antes de tudo esse sacrilégio no catolicismo ocidental. "Não admite por nada neste mundo que se leve a cruz diante dele, porque sobre ela sofreu e morreu o grande homem que foi Cristo." Crime de lesa-majestade, literalmente, que o povo com frequência sente como tal – apegado a formas tradicionais de piedade, mais lento na adoção de novas mentalidades e sensibilidades.

Sem dúvida a devoção ao Cristo Sofredor cria novos símbolos, novos objetos de piedade. No século XIII aparece – ao lado da veneração pelas relíquias da paixão – o culto aos instrumentos da paixão. Além de terem um aspecto concreto, realista, esses instrumentos principalmente manifestam a substituição de insígnias monárquicas tradicionais por novas insígnias. A partir de então a realeza de Cristo é antes de tudo a do Cristo coroado de espinhos, prenúncio do tema do *Ecce Homo* que invade a espiritualidade e a arte do século XIV.

Enfim, essa preeminência do Cristo Sofredor integra-se a uma evolução que leva a primeiro plano toda a vida humana de Cristo. Ciclos realistas que reproduzem da Anunciação à Ascensão a existência terrestre do Deus feito homem aparecem na arte do século XIII e devem muito ao gosto crescente pelas "histórias" e à evolução das representações teatrais dos mistérios. O século XIV ainda dará destaque a essa tendência, e sabe-se a importância iconográfica do ciclo da vida de Cristo pintada por Giotto na Capela da Arena, em Pádua, em 1304-1306.

Veremos adiante o testemunho decisivo de uma nova sensibilidade, expressão de uma nova sociedade, que leva no século XIII, e mais ainda no século XIV, ao surgimento do retrato individual. O primeiro retrato da Idade Média foi o de Cristo. Seu arquétipo parece ser o *Santo Volto* (Vulto Santo) *di Lucca*. São Lucas, retratista de Cristo antes de o ser da Virgem, torna-se no século XV o patrono dos pintores.

★

Em confronto com Deus, um forte personagem disputa com ele o poder nos céus e na terra: o diabo.

Na alta Idade Média, satã não tem papel de primeiro plano, menos ainda de personalidade de destaque. Ele surge com nossa Idade Média, afirma-se no século XI. É uma criação da sociedade feudal. Com seus sequazes, os anjos rebeldes, é o próprio tipo do vassalo desleal, do traidor. O diabo e Deus, esse é o par que domina a vida da Cristandade medieval e cuja luta explica, aos olhos dos homens da Idade Média, todos os detalhes factuais.

Sem dúvida, segundo a ortodoxia cristã, satã não é igual a Deus, ele é uma criatura, um anjo decaído. A grande heresia da Idade Média é, sob diversos nomes e formas, o maniqueísmo. Ora, a crença fundamental do maniqueísmo é a crença em dois deuses, um deus do bem, um deus do mal criador e senhor desta terra. O grande erro do maniqueísmo, para a ortodoxia cristã, é colocar no mesmo plano Deus e satã, o diabo e Deus. No entanto, todo o pensamento e todo o comportamento dos homens da Idade Média são dominados por um maniqueísmo mais ou menos consciente, mais ou menos sumário. Para eles, de um lado há Deus, do outro o diabo. Essa grande divisão domina a vida moral, a vida social, a vida política. A humanidade fica dividida entre esses dois poderes entre os quais não há acordos nem pontos de encontro. Se um ato é bom, ele provém de Deus; e um outro é mau, provém do diabo. No dia do juízo final haverá bons, que irão para o paraíso, e maus, que serão lançados no inferno. Só tardiamente, no final do século XII, a Idade Média conheceu o purgatório, que permite a dosagem do julgamento, e por muito tempo foi impelida por seu maniqueísmo à intolerância. A iconografia resiste à brecha do purgatório no século XIII, ignora o julgamento individual depois da morte e ainda por muito tempo representa apenas a bipartição da humanidade em eleitos e condenados no juízo final. A bipartição da humanidade no tímpano das catedrais é a imagem implacável dessa intolerância.

Os homens da Idade Média estão, portanto, constantemente divididos entre Deus e satã. Este não é menos real do que aquele, é até menos parco em encarnações e aparições. Decerto a iconografia pode figurá--lo de forma simbólica: é a serpente do pecado original, mostra-se entre Adão e Eva, é o pecado, pecado da carne ou do espírito separados ou unidos, símbolo do apetite intelectual ou do apetite sexual. Mas, principalmente, ele aparece sob diversos aspectos mais ou menos antropomórficos. A cada instante há o risco de ele se manifestar para todos os homens da Idade Média. Ele é o conteúdo da angústia que os oprime quase a todo instante: vê-lo aparecer! Cada um sabe que é constantemente espreitado pelo "inimigo antigo do gênero humano".

Ele aparece sob duas espécies, provável resíduo de uma dupla origem. Como sedutor, reveste enganadoras aparências aliciadoras. Como perseguidor, mostra-se sob seu aspecto aterrador.

O disfarce mais corrente do diabo é a aparência de uma jovem de grande beleza, mas na *Legenda áurea* há uma abundância de relatos de peregrinos ingênuos ou fracos que sucumbem ao diabo que aparece como falso São Tiago.

O diabo perseguidor em geral não se dá ao trabalho de se disfarçar. Aparece para suas vítimas sob seu aspecto repugnante. O Monge Raoul Glaber o viu "uma noite antes do ofício das matinas" no Mosteiro de São Léger de Champeaux, no início do século XI. "Vi surgir ao pé da minha cama uma espécie de homenzinho horrível de ver. Tanto quanto consegui avaliar, ele era de estatura medíocre, tinha pescoço fino, rosto macilento, olhos muito pretos, testa enrugada e crispada, narinas afiladas, boca proeminente, lábios grossos, queixo recuado e muito estreito, barba de bode, orelhas peludas e pontudas, cabelos eriçados e emaranhados, dentes de cão, crânio em ponta, peito inchado, uma corcova nas costas, nádegas frementes, roupas sórdidas."

As infelizes vítimas femininas e masculinas de satã são com frequência presas do desvario sexual dos demônios: demônios íncubos e súcubos.

As vítimas de elite sofrem os ataques repetidos de satã, que usa de todas as suas artimanhas, de todos os disfarces, de todas as tentações, de todas as torturas. A mais célebre dessas heroicas vítimas do diabo é Santo Antônio.

Disputado aqui na terra entre Deus e o diabo, o homem é, finalmente, por ocasião de sua morte, o trunfo de uma última e decisiva disputa: a arte medieval representou fartamente a cena final da existência terrestre em que a alma do morto é disputada entre satã e São Miguel até ser levada pelo vencedor para o paraíso ou para o inferno. Observe-se que para evitar mais uma vez cair no maniqueísmo, o adversário do diabo não é o próprio Deus, mas seu lugar-tenente. Observemos sobretudo que essa imagem com a qual se encerra a vida do homem medieval sublinha a passividade de sua existência. É a mais alta expressão, e mais impressionante, de sua alienação.

Os poderes sobrenaturais de Deus e de satã não são reservados exclusivamente a eles. Alguns homens também os têm, em certa medida. Uma camada superior da humanidade medieval é constituída por indivíduos munidos de dons sobrenaturais. O trágico da existência da massa comum é dificilmente conseguir distinguir entre os bons e os maus, é ser constantemente enganada, participar do espetáculo de ilusões e equívocos que é o palco medieval. Jacopo de Varazze lembra, na *Legenda áurea*, as palavras de Gregório Magno: "Os milagres não fazem o santo, mas são apenas seu sinal", e esclarece: "Podem-se fazer milagres sem ter o Espírito Santo, pois os próprios maus puderam vangloriar-se de fazer milagres".

Os homens da Idade Média não têm dúvida de que não só o diabo pode realizar milagres como Deus, decerto com sua permissão, o que no entanto não altera o efeito produzido sobre o homem; essa faculdade também é associada a alguns mortais, para o bem ou para o mal. É a dualidade equívoca da magia negra e da magia branca cujos resultados, em geral, não são detectáveis pelo vulgo. É o par antitético de Simão, o Mago, e Salomão, o Sábio. De um lado a raça maléfica dos bruxos, do outro o grupo abençoado dos santos. A desgraça é que os primeiros em geral se apresentam como santos disfarçados, pertencem à grande família enganadora dos pseudoprofetas. Decerto, uma vez desmascarados eles podem ser afugentados por um sinal da cruz, uma invocação oportuna ou uma oração idônea. Mas como desmascará-los? Uma das tarefas essenciais dos verdadeiros santos é justamente a de reconhecer e afastar os fazedores de falsos, ou melhor, de maus milagres, os demônios e seus sequazes terrestres, os bruxos. São Martinho era considerado mestre a esse respeito. "Ele brilhava pela habilidade em reconhecer os demônios", diz a *Legenda áurea*, "descobria-os sob todos os seus disfarces". A humanidade medieval é cheia de possuídos, vítimas infelizes de satã emboscado em seu corpo ou dos feitiços dos magos. Só os santos podem salvá-los, obrigar seus perseguidores a deixá-los. O exorcismo é a função essencial dos santos. A humanidade medieval inclui uma massa de possuídos de fato ou potenciais, dividida entre uma minoria de maus e uma elite de bons feiticeiros. Observemos ainda que, se os bons feiticeiros são recrutados essencialmente no grupo clerical, alguns laicos eminentes podem incluir-se entre eles. É o caso, do qual voltaremos a falar, dos reis fazedores de milagres, dos reis taumaturgos.

*

Nessa sociedade, os homens têm, na verdade, protetores mais vigilantes e mais assíduos do que os santos ou os reis curadores, que eles nem sempre têm a sorte de poder encontrar a todo instante. Esses auxiliares incansáveis são os anjos. Entre o céu e a terra, há um vaivém incessante. À coorte dos demônios que se lançam sobre os homens cujos pecados os atraem, opõe-se o coro vigilante dos anjos. Entre o céu e a terra erige-se a escada de Jacó que as criaturas celestes sobem e descem sem cessar, em duas colunas, a que sobe simbolizando a vida contemplativa e a que desce, a vida ativa. Com ajuda dos anjos os homens sobem pela escada, e sua vida é essa escalada escandida por quedas e mais quedas, e o *Hortus deliciarum**, de Herrade de Landsberg, mostra que nem os melhores conseguem, nesta vida, transpor o último degrau – Mito de Sísifo cristão concretizado pela experiência decepcionante, embora inebriante, dos místicos.

Cada um tem seu anjo, e a terra na Idade Média é povoada por uma dupla população: os homens e seus companheiros celestes, ou melhor, por uma tripla população, pois ao par homem e anjo acrescenta-se o mundo dos demônios de tocaia.

É essa companhia alucinante que nos apresenta o *Elucidarium* de Honorius Augustodunensis:

– "Os homens têm anjos da guarda?

– Cada alma, no momento de ser enviada para um corpo, é confiada a um anjo que deve sempre incitá-la ao bem e relatar todas as suas ações a Deus e aos anjos dos céus.

---

* *Hortus deliciarum* = Jardim das delícias [N.T.].

– Os anjos estão continuamente na terra com aqueles que eles guardam?

– Se necessário, eles vêm em socorro, sobretudo se chamados por orações. Sua vinda é imediata, pois são capazes de, num instante, deslizar do céu para a terra e voltar ao céu.

– Sob que forma eles aparecem aos homens?

– Sob a forma de um homem. O homem, de fato, que é corporal, não consegue ver os espíritos. Portanto eles assumem um corpo aéreo, que o homem consegue ouvir nem ver.

– Há demônios que espreitam os homens?

– Cada vício é comandado por demônios, que têm outros, inúmeros, sob suas ordens e que incessantemente incitam as almas ao vício e relatam os malfeitos dos homens a seu príncipe..."

Assim os homens da Idade Média vivem sob essa dupla espionagem constante. Nunca estão sós. Nenhum deles é independente. Todos estão presos a uma rede de dependências celestes e terrestres.

Aliás, a sociedade celeste dos anjos é simplesmente a imagem da sociedade terrestre, ou melhor, como creem os homens da Idade Média, esta é simplesmente a imagem daquela.

Como afirma, em 1025, o Bispo Geraldo de Cambrai e Arras: "O rei dos reis organiza em ordens distintas tanto a sociedade celeste e espiritual quanto a sociedade terrestre e temporal. Ele distribui segundo uma ordem maravilhosa as funções dos anjos e dos homens. Foi Deus que estabeleceu ordens sagradas no céu e na terra".

Essa hierarquia angelical, cuja origem pode-se encontrar em São Paulo, foi estabelecida pelo Pseudo-Dionísio Areopagita, cujo tratado *Da hierarquia celeste* foi traduzido para o latim no século IX por Escoto Erígena, mas só se introduziu na teologia e na espiritualidade ocidentais na segunda metade do século XII. Seu sucesso será imenso, impõe-se aos universitários do século XIII, tendo à frente Alberto o Grande, e Tomás de Aquino. Impregna-se também em Dante. Sua teologia mística reduz-se facilmente a um conjunto de imagens popular, que lhe garante uma repercussão enorme.

Esse pensamento paralisante que impede os homens de mexer no edifício da sociedade terrestre sem abalar ao mesmo tempo a sociedade celeste, que aprisiona os mortais nas malhas da rede angelical, sobrepõe ao peso dos grandes senhores terrestres, nos ombros dos homens, a carga da pesada hierarquia angelical dos Serafins, dos Querubins e dos Tronos, das Dominações, das Virtudes e das Potências, dos Principados, dos Arcanjos e dos Anjos. Os homens da Idade Média se debatem entre as garras dos demônios e o enredamento dos milhões de asas que batem na terra e no céu e fazem da vida um pesadelo de palpitações aladas. Pois a realidade não é o fato de o mundo celeste ser tão real quanto o mundo terrestre, é o fato de serem um só, numa inextricável mistura que apanha os homens nas redes de um sobrenatural vivo.

*

A essa confusão – ou, por assim dizer, a essa continuidade espacial, que confunde, que costura o céu à terra – corresponde uma continuidade temporal análoga: o tempo não é mais do que um momento da eternidade. Ele só pertence a Deus, só pode ser vivido. Captá-lo, medi-lo, tirar partido ou vantagem dele é pecado. Desviar uma parte dele é roubo.

Esse tempo divino é contínuo e linear. É diferente do tempo dos filósofos e eruditos da Antiguidade Greco-romana, que, embora nem todos professassem o mesmo tempo, eram todos mais ou menos tentados por um tempo circular, que sempre recomeça, tempo do Eterno Retorno. Decerto, esse tempo, perpetuamente novo, incompatível com qualquer repetição, portanto com qualquer ciência – nunca ninguém se banha duas vezes no mesmo rio –, e perpetuamente semelhante, deixou sua marca na mentalidade medieval. A sobrevivência mais evidente e mais eficaz de todos os mitos circulares é a roda da Fortuna. Alguém é grande hoje e amanhã será rebaixado, alguém é humilde agora e será logo levado ao pináculo pela rotação da Fortuna. Suas variantes são múltiplas. Todas dizem, de uma forma ou de outra, como uma miniatura italiana do século XIV: *Sum sine regno, regnabo, regno, regnavi*, "Estou sem reino, reinarei, reino, reinei". A imagem, decerto, vem de Boécio, goza de grande prestígio na iconografia medieval. A roda da Fortuna é o arcabouço ideológico das rosáceas góticas.

O mito desalentador e reacionário da roda da Fortuna ocupa lugar de destaque no mundo mental do Ocidente medieval. No entanto, ele não conseguiu impedir que o pensamento medieval se recusasse a ficar girando e desse um sentido ao tempo, um sentido não giratório. A história tem um começo e um fim, esta é a afirmação essencial. Esse começo e esse fim são ao mesmo tempo positivos e normativos, históricos e teleológicos. Por isso toda crônica, na Idade Média ocidental, começa com a Criação, com Adão, e se, por humildade, se detém na época em que o cronista escreve, ela subtende, como verdadeira conclusão, o juízo final. Como já se disse, toda crônica medieval é "um discurso sobre a história universal". Conforme o espírito dos cronistas, ela pode fazer dessa demarcação uma causalidade profunda ou um tique formal de exposição. Mesmo no primeiro caso, ela pode ser – inconscientemente ou não – um instrumento passional. Otto von Freising, em meados do século XII, serve-se dessa orientação do tempo para provar o caráter providencial, segundo ele, do Sacro Império Romano Germânico. Seja como for, em geral chama a atenção dos leitores modernos o contraste entre a ambição dessa referência global e a mesquinharia do horizonte concreto dos cronistas e historiadores medievais. O exemplo de Raoul Glaber, no início do século XI, é notável. Seria possível citar dezenas de outros. No início de sua crônica ele repreende Beda e Paulo o Diácono, por terem escrito "apenas a história de seu próprio povo, de sua pátria", e afirma que seu intuito "é relatar os acontecimentos ocorridos nas quatro partes do mundo". Mas, na mesma página, ele declara que estabelecerá "a sucessão dos tempos" a partir das datas dos reinados do saxão Henrique II e do capetíngio Roberto o Piedoso. Logo revela-se que o horizonte de suas histórias foi o que ele pôde ter da Borgonha, onde passou a maior parte da vida, de Cluny, onde escreveu o essencial delas. Todas as imagens que a Idade Média ocidental nos deixou de si mesma são construídas a partir desse modelo. Grandes planos dentro de limites estreitos – as clareiras de que falamos anteriormente – que de repente se ampliam, em *travellings* fulgurantes, até o infinito, até as dimensões do universo e da eternidade. Essa referência global é o mais belo aspecto do totalitarismo medieval.

O tempo, portanto, para os clérigos da Idade Média e para aqueles que eles atingem, é história, e essa história tem um sentido. Mas o sentido da história segue a linha descendente de um declínio. Na continuidade da história cristã interferem diversos fatores de periodização. Um dos mais atuantes é o esquema que calca a divisão de tempo na da semana. De Santo Agostinho, Isidoro de Sevilha e Beda, essa velha teoria judaica passa para a Idade Média, que a aceita em todos os níveis do pensamento, tanto na popularização doutrinal de Honorius Augustodunensis como na alta teologia de Tomás de Aquino. As miniaturas do *Liber Floridus** de Lambert de Saint-Omer, por volta de 1120, manifestam o sucesso dessa concepção. O macrocosmo – o universo – passa, tal como o microcosmo que é o homem, por seisidades, a exemplo dos seis dias da semana. A enumeração habitual distingue: a criação de Adão, a lei de Noé, a vocação de Abraão, a realeza de Davi, o exílio da Babilônia, o advento de Cristo. Assim, as seis idades do homem: a infância, a juventude, a adolescência, a idade madura, a velhice, a decrepitude (cujos termos, segundo Honorius, são os seguintes: 7 anos, 14 anos, 21 anos, 50 anos, 70 anos, 100 anos ou a morte).

A sexta idade a que o mundo chegou é, portanto, a da decrepitude. Pessimismo fundamental que impregna todo o pensamento e a sensibilidade medievais. Mundo limitado, mundo moribundo. *Mundus senescit***, o tempo presente é a velhice do mundo. Essa crença, legada pela reflexão do cristianismo primitivo em meio às tribulações do baixo Império e das grandes invasões, continua viva em pleno século XII. Otto von Freising escreve em sua Crônica: "Vemos o mundo desfalecer e exalar, por assim dizer, o último suspiro da extrema velhice".

Mesmo matiz no meio goliardo. O célebre poema dos *Carmina Burana: Florebat olim studium****... é uma lamentação sobre o presente. E.R. Curtius a parafraseia assim: "A juventude nada mais quer aprender, a ciência está em decadência, o mundo todo anda de cabeça para baixo, cegos conduzem outros cegos[3] e os lançam na escória, pássaros levantam

---

* *Liber floridus* = O livro florido [N.T.].

** *Mundus senescit* = O mundo envelhece [N.T.].

*** Geralmente traduzido como "Estudar outrora moda" [N.T.].

3. É o tema do famoso quadro de Breughel. Digamos que, indubitavelmente, o essencial das obsessões dos homens da Idade Média está em dois grandes artistas cronologicamente posteriores: Bosh (*c*. 1450-1516) e Breughel (*c*. 1525-1569). Sem menosprezar tudo o que sua pintura deve às camadas inferiores das

voo antes de saber voar, o burro toca lira, os bois dançam, os camponeses se empregam no exército. Quanto aos Padres da Igreja, São Gregório, São Jerônimo, Santo Agostinho e São Bento, o pai dos monges, é possível encontrá-los na estalagem, diante do tribunal ou no mercado de peixes. Maria já não gosta da vida contemplativa e Marta já não gosta da vida ativa, Lea é estéril, Raquel tem o olho remelento, Catão frequenta as tabernas, Lucrécia se torna prostituta. O que outrora se maldizia hoje se preconiza. Tudo se desviou de seu caminho".

Também no âmbito de uma história urbanizada e aburguesada, Dante, o grande reacionário que resume a Idade Média, põe na boca de seu ancestral Cacciaguida a lamentação sobre a decadência das cidades e das famílias.

Ao envelhecer, o mundo se encarquilha, se apequena, como "um manto que logo encolhe" em torno do qual "o Tempo gira com sua tesoura", para retomar as palavras de Dante. Assim fazem também os homens. Ao discípulo do *Elucidarium* que lhe pede detalhes sobre o fim dos tempos, o mestre diz: "Os corpos dos homens serão menores que os nossos, assim como os nossos são menores que os dos antigos". "Os homens de antigamente eram belos e altos", diz Guiot de Provins no início do século XIII. "Agora são crianças e anões." Como em uma peça de Ionesco ou de Beckett, os atores do palco medieval têm a sensação de se atrofiar até o termo iminente desse "fim de jogo".

No entanto, nesse processo irreversível de decadência, nessa mão única da história, há, senão rupturas, pelo menos momentos privilegiados.

O tempo linear é dividido em dois por um ponto central: a Encarnação. Dionísio o Exíguo, no século IV, funda a cronologia cristã, que avança negativamente e positivamente em torno do nascimento de Cristo: antes e depois de Cristo. Cronologia que carrega toda uma história da salvação. O destino dos homens é totalmente diferente conforme eles tenham vivido de um lado ou de outro desse acontecimento central. Antes de Cristo, não há esperança para os pagãos. Só os justos que esperaram no seio de Abraão e que Cristo foi libertar descendo aos infernos (o limbo dos patriarcas) serão salvos.

---

mentalidades e das sensibilidades de sua época, é preciso destacar sobretudo que sua obra é um resumo da mitologia e do folclore medievais.

Da Antiguidade, além da multidão dos justos do Antigo Testamento, apenas são salvos alguns personagens isolados, cuja popularidade arrancou do inferno por intermédio de uma lenda sagrada.

O mais popular herói da Antiguidade é Alexandre o Grande, inspirador de todo um ciclo romanesco, explorador – em batiscafo – do fundo dos mares e dos céus aonde o levam dois grifos. Ao lado dele, Trajano deve sua salvação a um gesto misericordioso relatado pela *Legenda áurea*.

Beneficiário de uma salvação semelhante, Virgílio, graças à quarta écloga, torna-se profeta e, em uma miniatura alemã do século XII, encontra-se na árvore de Jessé.

Mas os personagens da Antiguidade soçobraram na *damnatio memoriae**, no massacre dos ídolos, na supressão dessa aberração histórica – a antiguidade pagã – que a Cristandade medieval realizou da maneira mais completa possível, assim como destruiu os monumentos pagãos tendo como única limitação sua ignorância e sua precariedade técnica, que a obrigavam a transformar para seu uso uma parte dos templos normalmente destinados ao massacre. O "vandalismo" da Cristandade medieval, que se exerceu à custa tanto do paganismo antigo quanto das heresias medievais – de que ela destruiu impiedosamente livros e monumentos –, é simplesmente uma forma do totalitarismo histórico que a fez eliminar todas as ervas daninhas que cresciam no campo da história.

Decerto, uma plêiade de sábios da Antiguidade – cujos nomes tornaram-se simbólicos: Donato (ou Prisciano), Cícero, Aristóteles, Pitágoras, Ptolomeu, Euclides, a quem se deve acrescentar Boécio – às vezes personificam nos portais das igrejas, por exemplo em Chartres, as sete artes liberais. Mas, quando Aristóteles ou Virgílio – a não ser na exceção indicada acima – escapam a esse ostracismo e se introduzem na iconografia das igrejas medievais, é sob o aspecto ridículo que lhes atribuem as anedotas contadas a seu respeito: Aristóteles serve de montaria à jovem índia Campapse a quem faz uma corte de velho caquético, Virgílio aparece pendurado no cesto em que fica exposto aos gracejos pela dama romana que marcara com ele um encontro falacioso.

---

* *damnatio memoriae* = danação da memória [N.T.].

Dessa história antiga mutilada permanece definitivamente uma única figura simbólica: a Sibila, anunciadora de Cristo, que devolve o sentido histórico à Antiguidade desencaminhada.

História cristã à qual, na segunda metade do século XII, Petrus Comestor – Pierre le Mangeur – dá sua forma clássica em *Historia scolastica*, que deliberadamente trata a Bíblia como uma história.

História sagrada que começa por um evento primordial: a Criação. Nenhum livro da Bíblia teve maior sucesso nem suscitou mais comentários que o *Genesis*, ou melhor, o começo do *Genesis*, tratado como uma história hebdomadária, o *Hexameron*. História natural, em que aparecem o céu e a terra, os animais e as plantas, história humana sobretudo com seus protagonistas que serão os suportes e os símbolos do humanismo medieval: Adão e Eva. História, enfim, determinada pelo acidente dramático do qual decorrerá todo o resto: a tentação e o pecado original.

História que, no entanto, depois se divide em duas grandes vertentes: história sagrada e história profana, cada uma dominada por um tema principal. Na história sagrada, a nota dominante é a de um eco. O Antigo Testamento anuncia o Novo, num paralelismo levado ao absurdo. Cada episódio, cada personagem prefigura correspondentes. Essa história desemboca na iconografia gótica, expande-se nos pórticos das catedrais, no portal dos precursores, nas grandes figuras correspondentes dos profetas e dos apóstolos. É a encarnação temporal da estrutura essencial da mentalidade medieval: estrutura por analogia, por eco. Só existe de fato o que lembra alguma coisa ou alguém, o que já existiu.

Na história profana, o tema é o da transferência de poder. O mundo, em cada época, tem um só coração, e em sintonia com ele e sob seu impulso vive o resto do universo. Baseado na exegese orosiana do sonho de Daniel, a sucessão dos impérios, dos babilônios até os medas e os persas, depois os macedônios e, depois deles, os gregos e os romanos, é o fio condutor da filosofia medieval da história. Ela se realiza num nível duplo: o do poder e o da civilização. A transferência do poder, *translatio imperii*, é antes de tudo uma transferência de saber e de cultura, *translatio studii*.

Sem dúvida, essa tese simplista não se limita a deformar a história. Ela acentua o isolamento da civilização cristã, rejeitando as civilizações contemporâneas, a bizantina, a muçulmana, as asiáticas. Dobra-se a todas as paixões, a todas as propagandas.

Otto von Freising lhe atribui como conclusão o Sacro Império Romano Germânico. Chrétien de Troyes a transporta para a França em célebres versos do seu *Cligès*.

Detentora de paixão nacional, a concepção da *translatio* inspira principalmente aos historiadores e aos teólogos medievais a crença no progresso do Ocidente. Esse movimento da história desloca o centro de gravidade do mundo do Oriente cada vez mais para oeste, o que permite, no século XII, que o normando Orderic Vital faça seus compatriotas normandos gozarem da primazia. Otto von Freising escreve: "Todo a força e a sabedoria humanas nascidas no Oriente começaram a se completar no Ocidente", e Hugo de São Vítor: "A Divina Providência ordenou que o governo universal, que no início do mundo era no Oriente, à medida que o tempo se aproxima do fim se desloque para o Ocidente, para nos avisar que o fim do mundo está chegando, pois o curso dos acontecimentos já atingiu o extremo do universo".

Concepção simplista e simplificadora, que no entanto tem o mérito de relacionar a história à geografia – *loca simul et tempora, ubi et quando gestae sunt, considerare oportet*, "devem-se considerar simultaneamente os lugares e os tempos, onde e quando os acontecimentos se produziram", diz ainda Hugo de São Vítor – e de destacar a unidade da civilização.

À escala menor de uma história nacional, os clérigos da Idade Média e seu público fixarão os acontecimentos que fazem seu país avançar no sentido geral da história, que o fazem participar mais intimamente da história geral da civilização. Assim, para a França emergem três momentos: o batismo de Clóvis, o reinado de Carlos Magno e as primeiras cruzadas – vistas como uma gesta francesa, *Gesta Dei per Francos**. No século XIII, São Luís prosseguirá essa história providencial francesa, mas num contexto mental diferente, em que o santo rei, embora seja um novo momento de uma história descontínua que esquece os episódios irrelevantes para alinhar os momentos significativos, insere-se também numa nova trama histórica contínua, a das *Crônicas reais de Saint Denis*.

---

* *Gesta Dei per Francos* = Proezas de Deus por meio dos francos [N.T.].

No entanto, nem mesmo essa história cristianizada e ocidentalizada gera na Cristandade ocidental medieval uma alegria otimista. A frase de Hugo de São Vítor citada anteriormente bem o diz: essa fase é uma conclusão, o sinal da aproximação iminente do fim da história.

De fato, o essencial do esforço histórico dos pensadores cristãos medievais consiste em tentar parar a história, finalizá-la. A sociedade feudal – com suas duas classes dominantes, *cavalaria e clerezia**, como diz Chrétien de Troyes – é considerada o fim da história, tal como Guizot, no século XIX, considera o triunfo da burguesia o coroamento da evolução histórica.

Fecho da história que os escolásticos tentarão consolidar e justificar afirmando que a história é falaciosa, perigosa, e que só importa a eternidade temporal. O debate entre os partidários de uma verdade gradualmente revelada (*Veritas filia temporis*, "a verdade é filha do tempo", teria dito Bernardo de Chartres) e os defensores de uma verdade imutável ocupa o século XII. Santo Tomás de Aquino dirá ainda um século depois que a história das doutrinas é inútil; só importa a verdade que elas possam conter. Argumento em parte polêmico, decerto, que permite ao Doutor Angélico emprestar de Aristóteles descartando qualquer discussão sobre sua inserção em um entorno pagão. Mas também tendência profunda de uma busca da verdade na imutabilidade, de um esforço para se evadir de um tempo histórico, em movimento.

Diante dessas duas tendências, um historicismo de decadência que leva ao pessimismo histórico e um otimismo intemporal que se interessa apenas pelas verdades eternas, tímidos esforços se manifestam para valorizar o presente e o futuro.

A principal dessas tendências é a que, aceitando o esquema das idades do mundo e o diagnóstico de velhice com referência ao presente, sublinha as vantagens dessa velhice. Assim, Bernardo de Chartres diz: "Somos anões montados nas costas de gigantes, mas enxergamos mais longe do que eles", em que a imagem do apequenamento histórico é habilmente voltada para o favorecimento do presente. Assim, São Boaventura, num pensamento que Pascal retomará mais tarde, também aceitará

---

* No original, *chevalerie et clergie* [N.T.].

a imagem das idades e da velhice do mundo para destacar o aumento dos conhecimentos humanos daí resultantes.

Seria esse o único sentimento de progresso de que a Idade Média foi capaz?

Percebe-se, ao examinar o emprego dos termos *modernus, moderni, modernitas**, que alguma coisa está prestes a mudar no século XII na concepção do tempo, na consciência histórica. Sem dúvida essas palavras têm sobretudo um sentido neutro. Elas designam os contemporâneos, numa amplitude de presente que Walter Map avalia em cem anos em relação aos *antiqui* que os precederam. Mais ainda, a palavra e a coisa no mais das vezes são suspeitas, como observa também Walter Map: "Em toda época, sua própria modernidade desagradou, e cada idade preferiu as que a precederam". Voltaremos a encontrar essa aversão da Idade Média pela novidade.

E, no entanto, a *modernitas* e os *moderni* no século XII afirmam-se cada vez mais com uma altivez que sentimos carregada de censura ao passado, de promessas para o futuro. Aproxima-se o tempo em que o termo será um programa, uma afirmação, uma bandeira. O Quarto Concílio de Latrão, em 1251, sancionará um *aggiornamento* do comportamento e da sensibilidade cristãos que abrirá as portas para uma modernidade, senão para um modernismo, conscientes de si mesmos. As ordens mendicantes serão os paladinos dessa mudança de valores. Como dirão os *Annales de Normandie* em 1215: "Essas duas ordens – Menores e Pregadores – foram acolhidas pela Igreja e pelo povo com grande alegria por causa da novidade de sua regra". Mas essa retomada da marcha da história, essa nova arrancada só tinha sido possível pelo afloramento de novas atitudes diante do tempo, surgidas da evolução, não mais do tempo abstrato dos clérigos, mas dos tempos concretos cuja rede cingia os homens da Cristandade medieval.

*

---

* *modernus, moderni, modernitas* = moderno, modernos, modernidade [N.T.].

Marc Bloch encontrou uma fórmula notável para resumir a atitude que os homens da Idade Média teriam tido diante do tempo: "uma enorme indiferença ao tempo".

Essa indiferença manifestava-se nos cronistas parcos em datas – dotados de uma insensibilidade aos números precisos, da qual voltaremos a falar – por expressões vagas: "naquele tempo", "enquanto", "pouco depois"...

Sobretudo, no nível da mentalidade coletiva, uma confusão temporal fundamental mistura passado, devir e futuro. Essa confusão revela-se particularmente na persistência das responsabilidades coletivas, expressão manifesta de primitivismo. Todos os homens vivos são corresponsáveis pelo erro de Adão e de Eva, todos os judeus contemporâneos são corresponsáveis pela paixão de Cristo, todos os muçulmanos são corresponsáveis pela heresia de Maomé. Como já foi dito, os cruzados do final do século XI não achavam que iam castigar os descendentes dos carrascos de Cristo, mas os próprios carrascos. Também na arte, no teatro, o anacronismo dos trajes – que se manterá por muito tempo, como se sabe – mostra, não apenas a mistura das épocas, mas principalmente o sentimento, a crença dos homens da Idade Média de que tudo o que é fundamental para a humanidade é contemporâneo. A liturgia faz reviver a cada ano um extraordinário resumo, através dos milênios, de história sagrada. Mentalidade mágica que faz do passado o presente porque a trama da história é a eternidade.

No entanto a Encarnação implica uma datação necessária. A vida de Cristo corta a história em dois e a religião cristã se baseia nesse acontecimento, então disso resulta uma inclinação, uma sensibilidade essencial para a cronologia. Mas essa cronologia não é ordenada ao longo de um tempo divisível em momentos iguais, exatamente mensurável, o que chamamos de tempo objetivo ou científico. É uma cronologia significante. A Idade Média, tão ávida por datar quanto nós, não datava de acordo com as mesmas normas nem com as mesmas necessidades. O que lhe importava para datar era diferente do que importa para nós. Admitindo-se essa diferença, decerto essencial, parece-me que, longe de serem indiferentes ao tempo, os homens da Idade Média eram singularmente sensíveis a ele. Simplesmente, se não são precisos, é porque não sentem necessidade de sê-lo, porque o quadro de referência do acontecimento evocado não é o da cifra. Mas raramente falta uma referência temporal. Assim é nas canções de gesta. Em *Mainet*, o jovem Carlos Magno, herói do poema, ataca seu inimigo Bradamante num dia de São João:

> *Barons, ce fut un jour de fête de Saint-Jean*
> *Que Mainet descendit près la tente Braimant*..

Alusão à espada Alegre do jovem, cujo punho encerra uma relíquia: um dente de São João? Evocação, mais ou menos consciente, dos ritos de São João e do papel que neles desempenham os jovens? O poeta, seja como for, preocupou-se em datar.

A verdade é que não há tempo nem cronologia unificados. Uma multiplicidade de tempos, essa é a realidade temporal para o espírito medieval.

Mas vamos nos deter, primeiro, na necessidade cronológica, jamais tão intensa quanto na história sagrada.

Tudo o que se refere a Cristo é marcado por uma exigência de medida temporal. Assim, no *Elucidarium* a cronologia da vida terrestre de Jesus é exposta detalhadamente: a gestação de Maria – *Cur novem menses fuit clausus in utero?* "Por que ele ficou nove meses encerrado no útero?" –; o momento de seu nascimento – *Qua hora natus est?* "A que horas ele nasceu?" –; o tempo de sua existência oculta – *Quare in tiginta annis nec docuit nec signum fecit?* "Por que durante trinta anos ficou sem ensinar nem se manifestar? –; a duração de sua morte física – *Quot horas fuit mortus? Quadraginta*, "Quantas horas permaneceu morto? Quarenta".

Do mesmo modo, o tempo da criação demanda uma cronologia refinada. Cronologia hebdomadária da criação, mas também computação precisa da Queda.

"Quanto tempo (Adão e Eva) ficaram no paraíso? – Sete horas. – Por que não mais tempo? – Porque, uma vez que a mulher foi criada, logo ela traiu; na hora terça, o homem, que acabava de ser criado, deu nome aos

---

* Tradução livre: "Barões, foi num dia de festa de São João / Que Mainet se aproximou da tenda de Bradamante" [N.T.].

animais; na hora sexta, a mulher, assim que formada, imediatamente saboreou o fruto proibido e ofereceu a morte ao homem que, por amor a ela, comeu do fruto; e logo, na hora nona, o Senhor os expulsou do paraíso."

Uso bastante adverso da data, que leva a determinar o tempo da criação e calcular as durações mais ou menos simbólicas da Bíblia. Ao mesmo tempo em que levam ao limite a exegese alegórica, os homens da Idade Média exageram ao tomar ao pé da letra os dados das Escrituras. Especialmente tudo o que figura nos "livros históricos" é entendido como fato real e datado. As crônicas universais começam pelas datas que manifestam uma verdadeira obsessão cronológica. Aliás, por essa cronologia não há unanimidade. Jacopo de Varazze o admite ingenuamente, ao escrever: "Não há um acordo quanto à data de nascimento de Nosso Senhor Jesus Cristo em carne. Uns dizem que foi 5.228 anos depois do nascimento de Adão, outros que foi 5.900 anos depois desse nascimento". E, prudente, ele acrescenta: "Foi Método o primeiro a estabelecer a data de 6.000 anos; mas chegou a ela mais por inspiração mística do que por cálculo cronológico".

Certamente a cronologia medieval propriamente dita – os meios de medir o tempo, de saber data e hora, o instrumental da cronologia – é rudimentar. Neste caso a continuidade com relação ao mundo greco-latino é completa. Os instrumentos de medir o tempo continuam ligados aos caprichos da natureza – o relógio de sol, cujas indicações, por definição, só existem com tempo ensolarado – ou medem segmentos temporais captados sem referência a uma continuidade – ampulheta, clepsidra e todos os substitutos de relógios, incapazes de medir um tempo que defina uma data, um número, mas adaptados à necessidade de definir marcos temporais concretos: velas que dividiam a noite em três velas, e, para tempos curtos, preces de acordo com as quais definia-se o tempo de um *Miserere* ou de um *Pater*.

Eram instrumentos sem precisão, à mercê de qualquer incidente técnico imprevisível: uma nuvem, um grão de areia muito grande, gelo, ardil dos homens que alongam ou encurtam a vela, aceleram ou desaceleram a recitação de uma prece. E também sistemas variáveis de contagem do tempo.

O ano começa, segundo os países, em datas diferentes, conforme uma tradição religiosa considere que a redenção da humanidade – e a renovação do tempo – se faça a partir do Natal, da Paixão, da Ressurreição de Cristo, até mesmo da Anunciação. Assim, diversos "estilos" cronológicos coexistem no Ocidente medieval, sendo o mais difundido o que considera que o ano começa na Páscoa. O futuro, como se sabe, pertencia a um estilo pouco difundido, o de 1º de janeiro, da Circuncisão. O dia também começa em momentos variáveis: ao pôr do sol, à meia-noite ou ao meio-dia. As horas são desiguais; são as antigas horas romanas mais ou menos cristianizadas – matinas (por volta da meia-noite), em seguida de 3 em 3, aproximadamente, de nossas horas atuais: *laudes* (3 horas), prima (6 horas), terça (9 horas), sexta (meio-dia), nona (15 horas), véspera (18 horas), completas (21 horas).

★

Na vida cotidiana, os homens da Idade Média servem-se de referências cronológicas extraídas de diferentes universos sociotemporais, que lhes são impostas por diversas estruturas econômicas e sociais. Na verdade, nada traduz melhor a estrutura da sociedade medieval do que os fenômenos meteorológicos e os conflitos que se cristalizam em torno deles. As medidas – no tempo e no espaço – são um instrumento de dominação social de importância excepcional. Quem as domina reforça singularmente um poder sobre a sociedade. E essa multiplicidade dos tempos medievais é reflexo das lutas sociais da época. Assim como haverá lutas nos campos e nas cidades em torno das medidas de capacidade – que determinam rações e níveis de vida – a favor ou contra as medidas do senhor ou da cidade, a medida do tempo será objeto de lutas que a tomarão em maior ou menor grau das classes dominantes: clero e aristocracia. Tal como a escrita, durante grande parte da Idade Média a medida do tempo é apanágio dos poderosos, um elemento do seu poder. A massa não possui seu tempo, é até incapaz de determiná-lo. Ela obedece ao tempo imposto pelos sinos, pelos clarins e pelos olifantes.

Mas o tempo medieval é antes de tudo um tempo agrícola. No mundo em que a terra é o essencial, em que a quase totalidade da sociedade vive dela, rica ou pobremente, a primeira referência cronológica é uma referência rural.

Esse tempo rural é antes de tudo o do longo prazo. O tempo agrícola, o tempo camponês, é um tempo de esperas e paciências, de permanências, de repetições, de lentidões, senão de imobilismo, pelo menos de resistência à mudança. Não factual, ele escapa à necessidade da data, ou melhor, suas datas oscilam lentamente ao ritmo da natureza.

Ora, o tempo rural é um tempo natural. As grandes divisões são o dia e a noite e as estações. Tempo contrastado que alimenta a tendência medieval ao maniqueísmo: oposição entre sombra e luz, frio e calor, atividade e ócio, vida e morte.

A noite é cheia de ameaças e perigos num mundo em que a luz artificial é rara (as técnicas de iluminação, mesmo durante o dia, só avançarão com o vidro comum, no século XIII), perigosa, provocadora de incêndios num mundo de florestas, açambarcado pelos poderosos: círios do clero e tochas dos senhores que eclipsam as pobres velas do povo.

Contra as ameaças humanas, as portas se fecham, as sentinelas vigiam nas igrejas, nos castelos e nas cidades. A legislação medieval pune com força extraordinária os delitos e crimes cometidos à noite. A noite é a grande circunstância agravante da justiça na Idade Média.

Principalmente, a noite é o momento dos perigos sobrenaturais. Momento da tentação, dos fantasmas, do diabo.

O cronista alemão Thietmar, no início do século XI, multiplica as histórias de espectros e afirma sua autenticidade: "Assim como Deus deu o dia aos vivos, deu a noite aos mortos". A noite é dos feiticeiros e dos demônios. Por outro lado, para os monges e os místicos é o momento privilegiado de sua luta espiritual. A vigília, a oração noturna são exercícios eminentes. São Bernardo lembra a palavra do salmista: "No meio da noite, levantei-me para vos glorificar, Senhor".

Momento da luta e da vitória, toda noite lembra a noite simbólica de Natal. Vamos abrir o *Elucidarium* no capítulo de Cristo: "A que horas Ele nasceu? – No meio da noite... – Por que durante a noite? – Para trazer à luz da verdade os que vagueiam na noite do erro".

Na poesia épica e lírica a noite é o momento da aflição e da aventura. Com frequência está ligada a um outro espaço de escuridão: a floresta.

A floresta e a noite enredadas são o lugar da angústia medieval. Assim, Berta, perdida.

> La dame était au bois, qui durement pleura...
> Quand la nuit fut venue, se prit à larmoyer
> "Ah! Nuit, que serez longue! Moult vous dois redouter" *.

A que faz eco, num momento em que o tema tornou-se lugar-comum um tanto edulcorado, Chrétien de Troyes, em *Yvain*:

> Et la nuit et le bois lui font
> Grand ennui... **

Em contrapartida, tudo o que é "claro" – palavra-chave da literatura e da estética medievais – é belo e bom: sol que resplandece no metal dos guerreiros e de suas espadas, claridade dos olhos azuis e dos cabelos loiros dos jovens cavaleiros... "Belo como o dia": a expressão nunca foi mais plenamente sentida do que na Idade Média. E o desejo é tanto que Laudine formula, ansiosa por rever Yvain: "Que ele faça da noite o dia!"

Outro contraste: o das estações. O Ocidente medieval, na verdade, só conhece duas estações: o inverno e o verão. A palavra primavera surge na poesia latina erudita, tal como a dos goliardos. O poema *Omnia sol temperat* – O sol aquece tudo – glorifica "o poder da primavera", *veris auctoritas*, ao passo que outro opõe primavera e inverno:

> Ver etatis labitur,
> Hiemps nostra properat.

> A primavera da vida se escoa
> Nosso inverno se aproxima.

Mas também neste caso o confronto é apenas entre duas estações, que são geralmente o verão e o inverno.

---

* Tradução livre: "A dama estava na floresta e muito chorou... / Quando a noite veio, pôs-se a lamentar / 'Ah! Noite, como sereis longa! Muito vos hei de temer'" [N.T.].

** Tradução livre: "E a noite e a floresta lhe causam / Grande preocupação [N.T.].

A oposição inverno-verão é um dos grandes temas do *Minnesang**. Aqui a personificação do verão é maio, mês da renovação, o que confirma a ausência da primavera, ou melhor, sua absorção pelo verão:

> Sr. Maio, é vosso o prêmio,
> Maldito seja o inverno.

diz um dos primeiros poemas do *Minnesang*.

O "sentimento de maio" é tão intenso na sensibilidade medieval que o *Minnesang* forja o verbo *es maiet*, "está fazendo maio", verbo da libertação e da alegria.

Nada expressa melhor esse tempo rural da Idade Média do que o tema dos meses, repetido por toda parte – na escultura no tímpano das igrejas, na pintura em afrescos e miniaturas, na literatura em um gênero poético especial. Os doze meses são figurados por ocupações rurais: da poda das árvores à ceva do porco, a seu abate na entrada do inverno e às comilanças que ele permite ao pé do fogo. No tratamento do tema, podem aparecer variantes, ligadas a tradições iconográficas ou a diferenças geográficas da economia rural.

Mas em toda parte o ciclo continua sendo o dos trabalhos rústicos, ou melhor, deve-se distinguir no interior desse ciclo camponês, quase sempre – em abril-maio –, um hiato, uma incursão cortesã, senhorial, nessa série rural. É a cavalgada do senhor, do jovem senhor em geral, jovem como a renovação, é a caça feudal. Assim um tema de classe se introduz no tema econômico.

*

Acontece que ao lado do tempo rural, com ele, outros tempos sociais se impõem: tempo senhorial e tempo clerical.

O tempo senhorial é antes de tudo um tempo militar. Ele privilegia no ano o período em que se reiniciam os combates, em que é exigido o

---

* *Minnesang*: primeira forma de expressão poética amorosa em alemão, surgida na alta Idade Média, provavelmente por inspiração dos trovadores provençais e do norte da França [N.T.].

serviço do vassalo. É o tempo da hoste. Também é o tempo de Pentecostes, das grandes reuniões cavaleirescas, das investiduras dos cavaleiros, cristianizadas pela presença do Espírito Santo.

O tempo senhorial é também o dos pagamentos das taxas dos camponeses. Os marcos do ano são as grandes festas. Entre elas, há as que catalisam a sensibilidade temporal da massa camponesa: os prazos feudais em que se pagam as taxas em gêneros ou em dinheiro. Essas datas variam conforme as regiões e os domínios, mas nessa cronologia dos prazos destaca-se uma época: o fim do verão, quando se faz o essencial da dedução senhorial sobre as colheitas. A grande data do "vencimento" é o dia de São Miguel (29 de setembro), às vezes substituído pelo de São Martinho (11 de novembro).

*

O tempo medieval é principalmente um tempo religioso e clerical.

Tempo religioso porque o ano é antes de tudo o Ano Litúrgico. Mas, característica essencial da mentalidade medieval, o Ano Litúrgico segue o drama da Encarnação, e a história de Cristo, do Advento ao Pentecostes, foi aos poucos sendo marcada por momentos, por dias significativos, extraídos de outro ciclo, o dos santos. As festas dos grandes santos vieram permear o calendário cristológico, e a Festa de Todos os Santos (1º de novembro) tornou-se, ao lado do Natal, da Páscoa, da Ascensão e do Pentecostes, uma das grandes datas do calendário religioso. O que reforça a atenção das pessoas da Idade Média para essas festas, o que lhes confere definitivamente o caráter de data, é o fato de que, além das cerimônias religiosas especiais e frequentemente espetaculares que as marcavam, elas eram os pontos de referência da vida econômica: datas de prestação de contas agrícolas, dias de folga para artesãos e trabalhadores.

Tempo clerical porque o clero é, por sua cultura, o senhor da medida do tempo. Só ele tem necessidade, para a liturgia, de medir o tempo; só ele é capaz de fazê-lo, pelo menos aproximadamente. No cômputo eclesiástico e, em primeiro lugar, no cálculo da data da Páscoa – sobre o qual, na alta Idade Média, por muito tempo defrontaram-se um estilo irlandês e um estilo romano – está a origem dos primeiros avanços da medida de tempo. O clero é o principal dono dos indicadores de tempo. O tempo medieval é escandido pelos sinos. Os repiques feitos para os clérigos, para os monges, para os ofícios, são os únicos pontos de referência do dia. O bater dos sinos comunica o único tempo cotidiano medido aproximadamente, o das horas canônicas pelo qual todos os homens se regulam. A massa camponesa é tão subordinada a esse tempo clerical que o universitário Johannes de Garlandia, no início do século XIII, fornece de *campana*, "sino", a etimologia que se segue, fantasista, mas reveladora: "*Campane dicuntur a rusticis qui habitant in campo, qui nesciant judicare horas nisi per campanas*" ("As *campanas* (sinos) recebem seu nome dos camponeses que habitam no campo que só sabem julgar as horas por *campanas* (sinos)".

Tempo agrícola, tempo senhorial, tempo clerical: o que caracteriza decisivamente todos esses tempos é sua estrita dependência do tempo natural.

O que é evidente para o tempo agrícola também o é, pensando bem, para os outros dois tempos. O tempo militar é intimamente ligado ao tempo natural. As operações de guerra só começam com o verão e também terminam com ele. Sabe-se da debandada dos exércitos feudais assim que terminam os três meses do serviço de hoste. O que acentuou essa dependência foi a constituição do exército aristocrático medieval em cavalaria. Um capitular de Pepino o Breve, em 751, sanciona essa evolução. A hoste será, desde então, reunida em maio, e não em abril, para permitir que os cavalos se alimentem nos campos verdejantes.

A poesia cortesã, que extrai seu vocabulário da cavalaria, chama o tempo em que o amante corteja sua dama de "serviço de verão".

O tempo clerical é igualmente submetido a esse ritmo. Além de a maioria das festas religiosas substituir festas pagãs, por sua vez diretamente relacionadas ao tempo natural – o Natal, exemplo mais conhecido, foi marcado em lugar de uma festa do sol no momento do solstício –, o ano litúrgico, principalmente, ajusta-se ao ritmo natural dos trabalhos agrícolas. O ano litúrgico ocupa, do Advento ao Pentecostes, o período do descanso dos trabalhadores rurais. O verão e uma parte do outono, momento da atividade agrária, permanecem livres de grandes festas, com exceção da pausa da Assunção da Virgem Maria, em 15 de agosto, que aliás só se afirma lentamente – entra na iconografia apenas no século XII e, ao que parece, só se impõe no século XIII. Jacopo de Varazze dá testemunho de um fato significativo: o deslocamento da data primitiva da festa de Todos os Santos para não atrapalhar o calendário agrícola. Essa festa, proclamada no Ocidente pelo Papa Bonifácio IV no início do século VII, tinha sido estabelecida, então, em 13 de maio, a exemplo da Síria, em que a festa surgira no século IV no âmbito de uma Cristandade essencialmente urbana. No final do século VIII foi transferida para 1º de novembro, pois, como diz a *Legenda áurea*, "o papa julgou melhor que a festa fosse celebrada num momento do ano em que, feitas as vindimas e as colheitas, os peregrinos pudessem encontrar alimento mais facilmente". Essa virada do século VIII para o século IX, que também é o período em que Carlos Magno dá aos meses novos nomes, que em geral evocam os trabalhos rurais, parece o momento decisivo em que, como vimos, se conclui a ruralização do Ocidente medieval.

É nos cronistas que melhor se manifesta a característica fundamental dessa dependência entre as estruturas temporais da mentalidade medieval – mentalidade de uma sociedade rural primitiva – e o tempo natural. Entre os principais acontecimentos, eles anotam o que é extraordinário com relação à ordem natural: as intempéries, as epidemias, as fomes. Essas anotações tão preciosas para o historiador da economia e da sociedade decorrem diretamente da concepção medieval do tempo – duração natural.

A subordinação dos tempos medievais ao tempo natural encontra-se até no mundo do artesanato ou do comércio, aparentemente mais desligado dessa dependência. No mundo dos ofícios, os contrastes entre dia e noite, inverno e verão, refletem-se na regulamentação corporativa. A proibição habitual de trabalhar à noite em parte advém daí. Muitas profissões têm um ritmo de atividade diferente no inverno e no verão – os pedreiros, por exemplo, no final do século XIII, recebem salários diferentes na "estação morta" e na "bela estação". No universo da atividade comercial, a navegação mercantil, que muitos consideram um dos motores da economia medieval, imobiliza-se durante o inverno, até o final do século XIII, até se difundir o uso da bússola e do leme de cadaste. Os navios param e permanecem fundeados, mesmo no Mediterrâneo, do início de dezembro a meados de março, e muitas vezes, nos mares setentrionais, até por mais tempo.

Sem dúvida o tempo medieval muda – lentamente – ao longo do século XIV. Os sucessos do movimento urbano, os avanços da burguesia dos comerciantes e dos empreiteiros, que sentem necessidade de medir mais exatamente o tempo de trabalho e das operações comerciais – sobretudo bancárias, com o desenvolvimento da letra de câmbio –, rompem e unificam os tempos tradicionais. Já no século XIII, o brado ou a buzina do vigia marcava o início da jornada, logo o sino do trabalho aparece nas cidades mercantis, particularmente nas cidades têxteis em Flandres, na Itália, na Alemanha. Sobretudo o progresso técnico sustentado pela evolução da ciência que criticava a física aristotélica e tomista quebra o tempo e o torna descontínuo, permite o surgimento dos relógios que medem a hora no sentido moderno, uma vigésima quarta parte do dia. O relógio de Gerbert, por volta do ano 1000, com certeza não era mais que um relógio de água, igual àquele, decerto mais aperfeiçoado, descrito também pelo rei de Castela, Afonso o Sábio, no século XIII. Mas é no final do século que ocorre o progresso decisivo com a descoberta do mecanismo de escapo, dando origem aos primeiros relógios mecânicos, que se difundem na Itália, na Alemanha, na França, na Inglaterra e depois em toda a Cristandade, nos séculos XIV e XV. O tempo se laiciza. Um tempo laico, o dos relógios das torres de vigia, afirma-se diante do tempo clerical dos sinos de igreja. Mecanismos ainda frágeis, com avarias frequentes, que continuam tributários do tempo natural, uma vez que o ponto de partida do dia difere de uma cidade para outra e com frequência se baseia no momento sempre variável que é o nascer ou o pôr do sol.

Seja como for, a oscilação é suficiente para que Dante – *laudator temporis acti** – sinta que uma maneira de medir o tempo está em vias de desaparecer e, com ela, toda uma sociedade, a da nossa Idade Média.

Também Cacciaguida lamenta o tempo que morreu:

> *Fiorenza, dentro della cerchia antica,*
> *Ond'ella toglie ancora e terza e nona,*
> *Si stava in pace, sobria e pudica.*

---

* *laudator temporis acti* = louvador do tempo passado [N.T.].

Florença, no interior do círculo de suas antigas muralhas, onde ainda se encontra o relógio que lhe dá terça e nona, era pacífica, sóbria e virtuosa.

★

Mas, antes desse grande abalo, o que importa aos homens da Idade Média não é o que muda, é o que permanece. Como já se disse, "para o cristão da Idade Média, sentir-se existir era para ele sentir-se ser, e sentir-se ser era não mudar... mas sentir-se subsistir". Era principalmente sentir-se caminhar rumo à eternidade. Para ele, o tempo essencial era o tempo da salvação.

Entre o céu e a terra, tão intimamente ligados um ao outro, até mesmo tão indissociavelmente misturados, existe, no entanto, uma extraordinária tensão no Ocidente medieval. Ganhar o céu a partir deste mundo: esse ideal rivaliza nos espíritos, nos corações, nos comportamentos, com um desejo contraditório também violento – o de fazer o céu descer à terra.

O primeiro movimento é o da fuga do mundo: *fuga mundi*. Sabe-se de quando ele data na sociedade cristã: na doutrina, do começo; na encarnação sociológica, do momento em que, ganha a partida no mundo, os seres exigentes manifestam, para si mesmos e para seus irmãos, o protesto do eremitismo, retomado incessantemente desde o século IV. O grande exemplo é o do Oriente, do Egito. Os *Vitae Patrum*, as vidas dos Padres do Deserto, conhecem uma extraordinária fortuna ao longo de toda a Idade Média ocidental. O desprezo pelo mundo, o *contemptus mundi*, é um dos grandes temas da mentalidade medieval. Ele não é apanágio dos místicos, dos teólogos – Inocêncio III, antes de se tornar papa, escreve um tratado no final do século XII, *De contemptu mundi*, que é a quintessência ideológica desse sentimento –, dos poetas: são conhecidos, entre muitos outros, os poemas de Walther von der Vogelweide, de Conrad von Würzburg e de outros *Minnesänger* sobre *Frau Welt**, o mundo personificado por uma mulher de atrativos falaciosos, sedutora quando

---

* *Frau Welt* = Senhora Mundo [N.T.].

vista de costas, repulsiva quando vista de frente. Ele está profundamente enraizado na sensibilidade comum.

Essa tendência profunda, que nem todos conseguem realizar na vida, incorpora-se em alguns que se apresentam como exemplos, como guias: os eremitas. Desde o seu início, e já no Egito, o eremitismo dera origem a duas correntes: a da solidão individual, expressa por um Santo Antônio, e o da solidão em comum, nos mosteiros, corrente cenobítica representada por um São Pacômio. O Ocidente medieval conhece essas duas correntes, mas só a primeira é popular de fato. Decerto as ordens eremíticas, como os cartuxos ou os cistercienses, desfrutam por um tempo de um prestígio espiritual superior ao dos monges tradicionais, mais ligados ao mundo: beneditinos, mesmo reformados em torno de Cluny. Os monges brancos – sua túnica branca é uma verdadeira bandeira, símbolo de humildade e pureza, pois trata-se de tecido cru, não tingido – opõem-se aos monges pretos e exercem, originalmente, maior sedução sobre o povo. Mas logo eles se juntam, na suspeição popular, ao conjunto dos monges e mesmo dos clérigos seculares. O modelo é o eremita isolado, verdadeiro realizador, aos olhos da massa laica, do ideal solitário, a mais elevada manifestação do ideal cristão.

Certamente há uma conjuntura do eremitismo, determinadas épocas são mais férteis em eremitas. No momento em que o mundo ocidental sai da estagnação da alta Idade Média e se empenha num avanço rico em êxitos demográficos, econômicos e sociais – do final do século X ao final do século XII –, em contraponto, como equilíbrio ou protesto a esse êxito mundano, amplia-se uma grande corrente eremítica, decerto a partir da Itália, em contato, através de Bizâncio, com a grande tradição cenobítica oriental, com São Nilo de Grottaferrata, São Romualdo – fundador da ordem dos camaldulenses, perto de Florença, no início do século XI –, São João Gualberto e sua comunidade de Vallombrosa.

Esse movimento chega às ordens Premonstratense, de Grandmont, e da Cartuxa, de Císter, mas, ao lado desses grandes êxitos, inclui realizações mais modestas, como a de Roberto d'Arbrissel, em Fontevrault, e principalmente os inúmeros solitários – eremitas, reclusos e reclusas – que, menos ligados a uma regra, ao sistema eclesiástico, mais próximos de um certo ideal anárquico da vida religiosa, mais facilmente confundidos pelo povo com feiticeiros e, pelo menos, facilmente transformados por ele em santos, povoam os desertos, ou seja, as florestas da Cristandade. O eremita é o modelo, o confidente, o mestre por excelência. É para ele que se voltam as almas penadas, os cavaleiros, os amantes atormentados por alguma culpa.

São eremitas que às vezes acabam sendo agitadores espirituais e, com frequência, líderes populares, transformados em pregadores itinerantes, que se colocam nos lugares de passagem das rotas, encruzilhadas das florestas, pontes, e, finalmente, abandonam o deserto pelas praças públicas das cidades – para grande escândalo, por exemplo, no início do século XII, do clérigo de Chartres, Payen Bolotin, que escreveu um poema vingador contra os "falsos eremitas", enquanto o célebre canonista Yves de Chartres preconiza a vida cenobítica contra o eremita Rainaud, partidário da vida solitária.

Mas ao longo de toda a Idade Média, além desses momentos de moda e expansão do eremitismo, há uma contínua presença dos solitários e uma atração por eles. A iconografia representa-os tal como são na realidade, protesto vivo de uma ostentação selvagem diante de um mundo que tem sucesso, se instala, se civiliza. Descalços, vestidos com peles de animais – em geral de cabras –, na mão um bastão em forma de Tau, bastão do peregrino, do errante e instrumento de magia e salvação – o signo de Tau feito com esse bastão protege imitando o sinal salvador anunciado por Ez 9,6 ("poupa quem portar o signo do Tau") e por Ap 7,3 –, eles exercem sua sedução a exemplo de seu patrono, Santo Antônio, o grande vencedor de todas as tentações, e, além disso, do iniciador da espiritualidade do deserto, São João Batista.

Nem todos, porém, podem fazer-se eremitas. No entanto, muitos tentam realizar, pelo menos simbolicamente, esse ideal que aparece como garantia de salvação. O uso de vestir o hábito monástico *in articulo mortis**, frequente entre os grandes, manifesta esse desejo de se identificar com o exemplo da perfeição monástica e, mais precisamente, eremítica. O retiro do cavaleiro que se faz eremita também é tema das canções de gesta, que frequentemente contêm o episódio do *moniage*, ou seja,

---

* *in articulo mortis* = na hora da morte [N.T.].

da tomada do hábito monástico pelo cavaleiro prestes a morrer, sendo a mais famosa a *Moniage Guillaume*, a tomada de hábito de Guilherme de Orange, exemplo seguido pela classe dos grandes comerciantes. O doge de Veneza Sebastiano Ziani, que por meio do comércio tornou-se proverbialmente rico – dizia-se "rico como Ziani" –, retira-se em 1178 ao Mosteiro de San Giorgio Maggiore. Seu filho, Piero Ziani, que também foi doge, fará o mesmo em 1229. O grande banqueiro de Siena, Giovanni Tolomei, funda em 1313 o Mosteiro de Monte Oliveto Maggiore, onde se encerra para morrer. No início do século XI, Santo Anselmo escreve à Condessa Matilde de Toscana: "Quando sentirdes a morte iminente, dai-vos inteiramente a Deus antes de deixardes esta vida, e, para isso, tende sempre um véu preparado, secretamente, a vosso alcance".

Às vezes o apelo do deserto, ao qual pode mesclar-se um certo gosto pela aventura, ou mesmo pelo exotismo, pode atingir um homem do povo. Assim aconteceu com o marinheiro de São Luís, cuja súbita vocação na volta da Terra Santa nos é narrada por Joinville: "Deixamos a Ilha de Chipre, depois de nos termos abastecido de água e de outras coisas de que necessitávamos. Chegamos a uma ilha chamada Lampedusa, onde apanhamos uma quantidade de coelhos; encontramos um eremitério antigo no meio das rochas, com um jardim formado pelos eremitas que lá haviam habitado: outrora viam-se ali oliveiras, figueiras, cepas de vinhas e outras árvores ainda; no meio corria um riacho alimentado por uma fonte. O rei e eu fomos até o fim do jardim e vimos sob a primeira abóbada um oratório caiado e uma cruz de barro vermelho.

Entramos sob a segunda abóbada e encontramos dois corpos humanos cuja carne estava completamente putrefata; as costelas ainda estavam unidas e os ossos das mãos, juntos sobre o peito. Estavam deitados do lado do Oriente, da maneira como se colocam os corpos em terra.

Ao embarcarmos, um de nossos marinheiros faltou ao chamado; o mestre da nau achou que ele tivesse ficado na ilha para ser eremita, e por isso Nicolas de Soisy, que era guarda-mestre do rei, deixou três sacos de biscoitos na praia para que ele os encontrasse e deles se alimentasse".

Para aqueles, enfim, que não são capazes dessa penitência final, a Igreja prevê outros meios de garantir a salvação. É a prática da caridade, das obras de misericórdia, das doações e, para os usurários e todos aqueles cuja riqueza foi adquirida de modo escuso, a restituição *post mortem*. Assim, o testamento torna-se o passaporte para o céu.

Quem não tiver em mente a obsessão pela salvação e o medo do inferno que povoava os homens da Idade Média jamais compreenderá sua mentalidade e ficará perplexo diante desse despojamento de todo o esforço de uma vida de ambição, despojamento do poder, despojamento da riqueza que provoca uma extraordinária mobilidade das fortunas e manifesta, mesmo que *in extremis*, até que ponto os mais ávidos de bens terrestres entre os homens da Idade Média sempre acabam por desprezar o mundo, e essa característica de mentalidade que contaria a acumulação das fortunas contribui para afastar os homens da Idade Média das condições materiais e psicológicas do capitalismo.

★

Essa fuga desvairada do mundo não foi, no entanto, a única aspiração dos homens da Idade Média à felicidade da salvação, da vida eterna.

Outra corrente igualmente forte impeliu muitos deles para uma outra esperança, para um outro desejo: a realização na terra da felicidade eterna, o retorno à idade áurea, ao paraíso perdido. Essa corrente é a do milenarismo, o sonho do *millenium* – de um período de mil anos, na verdade da eternidade – instaurado, ou melhor, restaurado na terra.

O detalhe histórico dessa crença é complexo. O milenarismo é um aspecto da escatologia cristã, insere-se na tradição apocalíptica e está intimamente ligado ao mito do anticristo.

Ele se forma e se enriquece lentamente sobre um fundo apocalíptico. Sem dúvida o Apocalipse evoca tribulações terríveis, mas esse clima dramático desemboca numa mensagem de esperança. O Apocalipse alimenta uma crença otimista. Ela é afirmação de uma renovação decisiva: *Ecce nova facio omnia.* "Eis que", disse Deus num dia do Juízo, "faço novas todas as coisas"; e principalmente será realizada a visão do autor do Apocalipse: a Jerusalém celeste descerá à terra. *Et ostendit mihi civitatem sanctam Jerusalem, descendentem de caelo a Deo* – "E ele me mostrou a cidade santa, Jerusalém, descendo do céu, enviada por Deus" –, e essa visão é acompanhada por todo o esplendor das claridades cuja sedução superior sobre os homens da Idade Média já vimos.

A Jerusalém celeste aparece *habentem claritatem Deis, et tamen ejus simile lapide pretioso tanquam lapidi jaspidis, sicut cristallum* – "tendo a claridade de Deus e sua luz semelhante a uma pedra preciosa, como o jaspe, semelhante ao cristal". *Et civitas non eget sole, neque luna, ut luceant in ea: nam claritas dei illuminavit eam et lucerna ejus est Agnus* – "E a cidade não carece nem de sol nem de lua, e eles brilham nela; pois a claridade de Deus a iluminou e sua lanterna é o Cordeiro".

No entanto, nesse processo que leva à vitória de Deus e à salvação do homem, as tribulações que se desencadeiam sobre a terra durante a fase preliminar logo monopolizam a atenção dos homens da Idade Média. Outros textos intervêm aqui, extraídos do Evangelho: Mt 24; Mc 13; Lc 21. É a descrição dos acontecimentos que devem preceder a vinda do Filho do Homem. Vamos extrair de Mateus o anúncio terrível: *Consurget enim gens in gentem, et regnum in regnum, et erunt pestilentiae, et fames, et terraemotus per loca: haec autem omnia initia sunt dolorum* – "as nações se levantarão umas contra as outras, os estados uns contra os outros, haverá epidemias e fomes, e terremotos aqui e ali: e será apenas o início do tempo dos sofrimentos", da "abominação da desolação".

Esse anúncio do fim dos tempos pelas guerras, epidemias, fomes, parece próximo para os homens da Idade Média: os massacres das invasões bárbaras, a grande peste do século VI, as fomes terríveis repetindo-se de tempos em tempos mantêm a espera angustiada: medo e esperança mesclados, mas primeiro e cada vez mais medo, medo pânico, medo coletivo. O Ocidente medieval é, no aguardo de uma salvação esperada, o mundo do medo certo. Nessa longa história de um medo doutrinalmente elaborado pouco a pouco e visceralmente vivido de geração em geração vamos estabelecer alguns marcos.

Ao final da grande peste do século XI, quando o recrudescimento do flagelo engendra a crença na iminência do juízo final, Gregório Magno, que em 590, em plena epidemia, tornou-se sucessor de pontífices inoperantes (a populaça de Roma perseguiu um deles, segundo o *Liber pontificalis**, clamando *Pestilentia tua tecum! Fames tua tecum!* – "Tua peste esteja contigo! Tua fome esteja contigo!"), lega à Idade Média uma espiritualidade de fim do mundo, consistindo num apelo à grande penitência coletiva.

Mas nessa trama de acontecimentos terríveis, aos poucos um episódio passa a ocupar o primeiro plano: o do anticristo. O personagem está em germe na profecia de Daniel, no Apocalipse, nas duas epístolas de São Paulo aos tessalonicenses. Santo Irineu no final do século II, Hipólito de Roma no início do século III e, finalmente, Lactâncio no início do século IV lhe conferiram fisionomia e história. Nas vésperas do fim dos tempos, um personagem diabólico virá fazer o papel de regente das catástrofes e tentará arrastar a humanidade para a danação eterna. Antítese de Cristo, ele é o anticristo, a quem se oporá outro personagem que tentará reunir o gênero humano sob seu domínio para levá-lo à salvação – será o Imperador do Fim do Mundo – e finalmente será arrasado por Cristo em sua segunda descida à terra.

A figura do anticristo é estabelecida no século VIII por um monge, chamado Pedro, que a extrai de um opúsculo grego do século VII, atribuído por ele a um certo Método, depois no século X por Adson para a Rainha Gerberge, esposa de Luís IV de Ultramar, e depois do ano 1000 por Albuíno, que adapta ao Ocidente as profecias da Sibila de Tibur, formuladas nos séculos IV e V em meio bizantino.

O anticristo torna-se, a partir de então, herói privilegiado dos teólogos e dos místicos. Ele ronda Cluny com o Abade Santo Odon no início do século X, encontra terreno particularmente acolhedor na Alemanha do século XII. Santa Hildegarda de Bingen o vê em sonho, simulacro de satã: "Um animal de cabeça monstruosa, preto como carvão, de olhos flamejantes, orelhas de burro, cujas mandíbulas escancaradas eram ornadas de ganchos de ferro".

O mais importante é que o anticristo e seu adversário, o imperador do fim do mundo, prestam-se a todas as utilizações religiosas e políticas e seduzem tanto as massas populares quanto os clérigos. A ideia – num mundo em que o duelo, como veremos, é uma imagem preponderante da

---

* *Liber pontificalis* = Livro dos pontífices [N.T.].

vida espiritual – de um adversário singular de Cristo e a fácil aplicação a situações reais dos episódios da história do anticristo favorecem a adoção da crença pelo povo. Enfim, muito cedo, pelo menos já no século XII, o grande gênero publicitário da Idade Média, o teatro religioso, apodera-se do personagem e torna-o familiar a todos. O *ludus de antichristo* (jogo do anticristo), do qual há versões particularmente interessantes para a Inglaterra e a Alemanha (em um manuscrito da Abadia de Tegernsee, na Baviera, na segunda metade do século XII), foi representado em toda a Cristandade. Mas o par essencial é o do anticristo e seu inimigo *rex justus*, "rei justo". Interesses, paixões, propaganda se apossam dos personagens ilustres da cena medieval e, para atender às necessidades desta ou daquela causa, são identificados por seus partidários com o rei justo ou com o anticristo. Propagandas nacionais, na Alemanha, fazem de Frederico Barba-Ruiva e de Frederico II o Bom, Imperador do Fim do Mundo, ao passo que, baseando-se num trecho de Adson, os propagandistas dos reis da França profetizam a reunião da Cristandade sob um rei francês, propaganda que favorece especialmente Luís VII no momento da Segunda Cruzada. Em contrapartida, os guelfos, partidários do papa, fizeram de Frederico II o anticristo, ao passo que Bonifácio VII será, para seus adversários laicos, um anticristo no trono de São Pedro. É conhecida a sorte do instrumento publicitário que foi o epíteto do anticristo nos séculos XV e XVI. Savonarola, para seus inimigos, e o papa romano, para os reformados, serão anticristos.

Propagandas sociais também considerarão o salvador do fim do mundo vários chefes políticos. Assim, no início do século XIII, Balduíno de Flandres, imperador latino de Constantinopla, torna-se no Ocidente "um personagem sobre-humano, criatura fabulosa, meio anjo e meio demônio".

A maioria das lendas forjadas em torno de um personagem provém do mito do "imperador adormecido", eco ocidental do "emir escondido". Barba-Ruiva, Balduíno, Frederico II, para a massa ávida por sonhos milenaristas, não morreram. Estão dormindo em uma caverna ou vivem disfarçados de mendigos, esperando o momento de despertar ou de se revelar e de conduzir a humanidade para a felicidade. Chefes revolucionários atribuem-se essa auréola, como Tanchelm na Zelândia e no Brabante, por volta de 1110. Vestido de monge, começou a pregar em campo aberto. Conta-se que multidões vinham ouvir, como anjo do senhor, aquele homem de extraordinária eloquência. Tinha tudo de santo, e não é por acaso que os inimigos mortais do capítulo de Utrecht lamentavam que "o diabo tivesse assumido a aparência de um anjo de luz". O mesmo ocorre na França, em 1251, com o chefe do movimento dos Pastorinhos, o monge apóstata chamado de Mestre da Hungria. Às vezes puros usurpadores se fazem passar por tais messias terrestres do esperado despertar. Surgem falsos imperadores. O mais famoso foi, no início do século XIII, em Flandres e Hainaut, o falso Balduíno, que não é diferente do personagem típico que conhecemos: um eremita mendicante que se torna "príncipe e santo tão reverenciado que o povo beijava-lhe as cicatrizes, provas de seu longo martírio, batia-se por um fio de seus cabelos ou um farrapo de suas roupas e bebia a água de seu banho, como a de Tanchelm, algumas gerações antes". Em 1225, quando grassava uma fome terrível, ele recebeu de seus fiéis o título de imperador.

A Igreja, frequentemente com pouco sucesso, apontava nesses agitadores seja o próprio anticristo, seja um dos pseudoprofetas que, no dizer do próprio Evangelho e dos textos milenares, o acompanhariam e seduziriam o povo com falsos milagres.

Essa corrente milenarista é complexa. Primeiro ela polariza a sensibilidade da época em torno de certos fenômenos que se tornam essenciais para a mentalidade medieval.

No início da *Legenda áurea*, Jacopo de Varazze enumera os sinais que anunciam a vinda do anticristo e a aproximação do fim do mundo.

"As circunstâncias que precederão o juízo final são de três tipos: sinais terríveis, a impostura do anticristo e um imenso incêndio.

Os sinais que devem preceder o juízo final são em número de cinco; pois São Lucas diz: 'Haverá sinais no sol, na lua e nas estrelas; na terra as nações ficarão consternadas e o mar fará um barulho assustador com a agitação de suas ondas'. São todas coisas que se encontram comentadas no livro do Apocalipse. São Jerônimo, por sua vez, encontrou nos anais dos hebreus quinze sinais que precederão o juízo final: 1°) no primeiro dia, o mar se levantará quarenta côvados acima das montanhas e se erguerá imóvel como uma muralha; 2°) no segundo dia ele baixará tanto que mal se conseguirá vê-lo; 3º) no terceiro dia, monstros marinhos surgirão sobre as ondas, soltarão rugidos que se elevarão até o céu; 4º) no quarto dia a água do mar se incendiará; 5º) no quinto dia as árvores e todos os vegetais emitirão um orvalho sangrento; 6º) no sexto dia os edifícios desmoronarão; 7º) no sétimo dia as pedras se quebrarão em quatro partes que se entrechocarão; 8º) no oitavo dia ocorrerá um terremoto universal, que derrubará no chão homens e animais; 9º) no nono dia a terra se nivelará, reduzindo montanhas e colinas a poeira; 10º) no décimo dia os homens sairão das cavernas e vaguearão como insanos, sem poder falar-se; 11º) no décimo primeiro dia as ossadas dos mortos sairão das tumbas; 12º) no décimo segundo dia as estrelas cairão; 13º) no décimo terceiro dia os seres vivos morrerão para em seguida ressuscitar com os mortos; 14º) no décimo quarto dia o céu e a terra se incendiarão; 15º) no décimo quinto dia haverá um novo céu e uma nova terra, e todos ressuscitarão.

Em segundo lugar, o juízo final será precedido pela impostura do anticristo, que tentará enganar os homens de quatro maneiras: 1º) por uma falsa exposição das escrituras, tentando provar que ele é o Messias prometido pela lei; 2º) pela realização de milagres; 3º) pela distribuição de presentes; 4º) pela aplicação de suplícios.

Em terceiro lugar, o juízo final será precedido por um violento incêndio, ateado por Deus para renovar o mundo, para fazer os danados sofrerem e para iluminar o grupo dos eleitos."

Deixemos de lado por enquanto os acontecimentos sociais e políticos ligados ao anticristo. Vamos nos deter na extraordinária sucessão de prodígios geográficos e meteorológicos que acompanha neste relato exemplar a chegada do Último Dia. Assim se encontram todos os prodígios da tradição greco-romana ligados tanto ao mundo uraniano quanto ao ctoniano – assim se nutre uma excepcional sensibilidade dos homens da Idade Média a esses "sinais" naturais, para eles portadores de tanto pavor e de tantas promessas. Cometas, chuvas de lama, estrelas cadentes, terremotos, maremotos provocam um medo coletivo, muito mais do que do cataclismo natural, do fim do mundo que ele anuncia. Mas esses sinais também são, para além do tempo da provação e do pavor, uma mensagem de esperança, na expectativa da ressurreição final.

Tempos da esperança, pois o mito milenarista se define e se carrega de sonhos revolucionários. Como vimos, ele anima movimentos populares mais ou menos efêmeros. No início do século XIII, um monge calabrês, Joaquim de Fiore, dá-lhe um conteúdo explosivo que vai agitar uma parte do clero regular e das massas laicas durante todo o século. A doutrina de Joaquim está vinculada a uma divisão religiosa da história que concorre com a divisão mais ortodoxa das seis idades. Trata-se de uma divisão em três épocas: *ante legem, sub lege, post legem**, idades do Pai, do Filho, do Espírito Santo, do Antigo Testamento que se cumpriu, do Novo que está se cumprindo, e do "Evangelho eterno" anunciado pelo Apocalipse e que está prestes a se cumprir. Joaquim de Fiore até indicou a data de seu advento – Idade Média ávida de datas! –, 1260. O ponto fundamental é que o conteúdo da doutrina joaquimita é profundamente subversivo. Para Joaquim e seus discípulos, de fato, a Igreja está corrompida, condenada junto com o mundo existente. Ela deve ceder lugar a uma nova Igreja, Igreja dos Santos, que repudiará a riqueza e fará reinar a igualdade e a pureza. O essencial é que, negligenciando infinitas sutilezas teológicas e um misticismo no fundo muito retrógrado, uma multidão de discípulos, clérigos e laicos, só retém da doutrina joaquimita essa profecia anticlerical, antifeudal e igualitária. Sua repercussão é tal que São Luís, sempre à escuta dos movimentos religiosos, na volta de sua cruzada malograda, em 1254, vai ter com um franciscano joaquimita, Hugo de Digne, que atrai grandes multidões para Hyères, aonde ele se retirou. O joaquimismo, que em meados do século agita a Universidade de Paris, sobrevive, como se sabe, a 1260 e anima um grupo franciscano logo declarado herege: os Espirituais, depois Fraticelli. Um deles, Pierre-Jean Olivi, escreve no final do século XIII um comentário sobre o Apocalipse. Outro, Jacopone da Todi, compõe os *Laudi*, apogeu da poesia religiosa medieval.

Assim o milenarismo, forma cristã da crença antiga em um retorno da Idade Áurea, é a forma medieval da crença no advento de uma sociedade sem classes em que, o Estado tendo-se degradado completamente, já não haverá reis, nem príncipes, nem senhores.

Fazer o céu descer à terra, trazer para este mundo a Jerusalém celeste, esse foi o sonho de muitos no Ocidente medieval. Se me de-

---

* *ante legem, sub lege, post legem* = antes da lei, sob a lei, depois da lei [N.T.].

morei – embora simplificando-o demais – na evocação desse mito, foi porque, embora encoberto e combatido pela Igreja oficial, ele agitou os espíritos e os corações e nos revela em profundidade as massas populares da Idade Média, suas angústias econômicas e fisiológicas diante desses dados permanentes de sua existência: a sujeição aos caprichos da natureza, às fomes, às epidemias; suas revoltas contra uma ordem social que esmaga os fracos e uma Igreja beneficiária e garante dessa ordem; seus sonhos, sonho religioso, mas que atrai o céu para a terra e só vislumbra a esperança ao cabo de terrores indescritíveis.

O desejo lancinante que ele revela de ir "ao fundo do desconhecido para encontrar o novo", *ece fecit omnia nova*, não consegue imaginar um mundo verdadeiramente novo. A Idade Áurea dos homens da Idade Média é simplesmente um retorno das origens, senão do Paraíso terrestre, pelo menos de uma "Igreja primitiva", idealizada. Seu futuro estava atrás deles. Caminhavam com a cabeça voltada para trás.

2

A vida material (séculos X-XIII)

O Ocidente medieval é um mundo mediocremente equipado. Mas não se pode admitir, a seu respeito, falar em subdesenvolvimento. Pois, embora o mundo bizantino, o mundo muçulmano, a China triunfem então pelo fulgor da economia monetária, da civilização urbana, da produção de luxo, o nível de suas técnicas também é medíocre. Decerto, nesse domínio a alta Idade Média até conhece um certo retrocesso em relação ao Império Romano. Em contrapartida, progressos tecnológicos importantes aparecem e se desenvolvem a partir do século XI. O progresso, que, quanto ao essencial, é mais quantitativo do que qualitativo, não é desprezível. Difusão de ferramentas, de máquinas, de técnicas conhecidas da Antiguidade que no entanto, mais do que inovações, permanecem como raridades ou curiosidades, esse é o aspeto positivo da evolução técnica no Ocidente medieval.

Das "invenções medievais", as duas mais impressionantes e revolucionárias datavam da Antiguidade, mas para o historiador sua data de nascimento, que é a da difusão e não a da descoberta, é mesmo a Idade Média. O moinho de água é conhecido na Ilíria já no século II a.C., na Ásia Menor no século I a.C., e ele existe no mundo romano: Vitrúvio o descreve, e sua descrição mostra que os romanos trouxeram aos primeiros moinhos de água um notável aperfeiçoamento, substituindo as rodas horizontais primitivas por rodas verticais, com uma engrenagem que ligava o eixo horizontal das rodas ao eixo vertical das mós. Mas a mó manual girada pelos escravos ou pelos animais continua sendo a regra. No século IX o moinho já se difundiu pelo Ocidente: cinquenta e nove são mencionados no políptico da rica Abadia de Saint-Germain-des-Prés, e no século X os *Annales de Saint Bertin* descrevem a construção de um moinho de água perto de Saint-Omer, pelo abade, como "um espetáculo admirável para nosso tempo". O desenvolvimento do moinho hidráulico situa-se entre os séculos XI e XIV. Em um bairro de Rouen, há dois moinhos no século X, cinco novos aparecem no século XII, dez outros no século XIII, mais catorze no século XIV.

Também a charrua medieval deriva quase certamente da charrua de rodas descrita por Plínio o Velho, no século I. Ela se difunde e se aperfeiçoa lentamente durante a alta Idade Média. Estudos filológicos permitem considerar muito provável uma certa difusão da charrua nos países eslavos – na Morávia, antes da invasão húngara do início do século X, e talvez até pelo conjunto dos países eslavos antes da invasão dos avaros de 568, pois o vocabulário que lá se constata é comum aos diferentes ramos eslavos e, portanto, anterior à sua separação resultante do avanço dos avaros. Mas, ainda no século IX, é difícil dizer a que tipo de instrumento correspondem as *carrucae* citadas pelos capitulares e polípticos carolíngios. Também na categoria das pequenas ferramentas, a plaina, por exemplo, cuja invenção com frequência foi atribuída à Idade Média, era conhecida já no século I.

Por outro lado, é provável que um bom número de "invenções medievais" que não são herança greco-romana sejam de origem oriental. É possível que seja o caso, embora não haja provas, do moinho de vento, conhecido na China e depois na Pérsia no século VII, assinalado na Espanha no século X, e que só aparece na Cristandade no final do século XII. Entretanto, a localização dos primeiros moinhos de vento atualmente identificados numa região limitada em torno da Mancha (Normandia, Ponthieu, Inglaterra) e as diferenças de tipos entre moinho oriental desprovido de pás, mas munido de altas seteiras que concentram a ação dos ventos em grandes rodas verticais, moinho ocidental com quatro longas pás e moinho mediterrâneo com numerosas telas triangulares esticadas por um conjunto de cordames, como ainda se veem em Mikonos ou em Portugal, não tornam improvável que nessas três regiões geográficas o moinho de vento tenha surgido independentemente.

As estruturas sociais e as mentalidades são amplamente responsáveis pelos gargalos de estrangulamento técnico do Ocidente medieval.

Só uma minoria dominante de senhores laicos e eclesiásticos sente e pode satisfazer às necessidades de luxo às quais ela provê pela importação de produtos estrangeiros, vindos de Bizâncio ou do mundo muçulmano (tecidos preciosos, especiarias), ou obtém sem preparação artesanal ou industrial (produtos da caça para alimentação – carne – ou vestuário – peles), ou ainda encomenda em pequenas quantidades a alguns especialistas (ourives, ferreiros). A massa, sem fornecer aos senhores uma mão de obra tão barata e tão explorável quanto os escravos antigos, ainda é bastante numerosa e submetida a exigências econômicas para fazer viver as classes superiores e viver ela mesma mais ou menos miseravelmente utilizando instrumentos rudimentares. Não é que a dominação da aristocracia laica e clerical só tenha tido aspectos negativos, inibidores, no âmbito técnico. Em alguns setores suas necessidades ou seus gostos favoreceram certo progresso. A obrigação para o clero, e sobretudo para os monges, de ter o menos possível de relações com o exterior, inclusive relações econômicas, e principalmente o desejo de se liberar de tarefas materiais para se dedicar ao *opus Dei**, às ocupações propriamente espirituais (ofícios, orações), sua vocação de caridade, que os obrigava a prover às necessidades econômicas, não só de sua numerosa *familia*, mas também dos pobres e dos mendigos de fora, distribuindo víveres, os estimularam a desenvolver um certo equipamento técnico. Quer se trate dos primeiros moinhos, de água ou de vento, ou do progresso das técnicas rurais, com frequência as ordens religiosas estão na vanguarda. Não é por acaso que aqui ou ali, durante a alta Idade Média, a invenção do moinho de água é atribuída a um santo que o introduziu na região, por exemplo a Orêncio de Auch que manda construir um moinho no Lago de Isaby, no século IV, ou a Cesário de Arles que instala um moinho em Saint Gabriel, na Durançole, no século VI.

A evolução dos armamentos e da arte militar, essenciais para uma aristocracia de guerreiros, acarreta o progresso da metalurgia e da balística.

A Igreja, como vimos, faz avançar a medida do tempo para as necessidades do cômputo eclesiástico e da construção das igrejas – as primeiras grandes edificações da Idade Média – estimula o progresso técnico, não apenas quanto às técnicas de construção, mas também quanto às ferramentas, aos transportes, às artes menores, como a dos vitrais.

---

* *opus Dei* = obra de Deus [N.T.].

No entanto a mentalidade das classes dominantes é antitecnicista. Durante a maior parte da Idade Média, até o século XIII, e até depois, em menor medida, a ferramenta, o instrumento, o trabalho em seus aspectos técnicos aparecem na literatura ou na arte apenas como símbolos. Devemos às alegorias cristológicas do moinho ou do lagar místico, ao carro de Elias, as representações de moinho, de lagar, de carroça que nos são oferecidas especialmente pelo *Hortus deliciarum** do século XII. Os instrumentos aparecem apenas como atributo simbólico de um santo. As sovelas de sapateiro devem ser representadas com frequência na iconografia medieval por fazerem parte dos suplícios tradicionais infligidos a alguns mártires, como São Benigno de Dijon ou os próprios santos padroeiros dos sapateiros, São Crispim e São Crispiniano. Fato significativo, entre outros: São Tiago Menor é representado, até o século XIV, com o macete de pisoeiro com o qual um de seus carrascos lhe teria arrebentado o crânio em Jerusalém. No final da Idade Média, o macete de pisoeiro, instrumento de martírio, é substituído – uma vez que a sociedade e a mentalidade mudaram – por uma peça de tear, o arco triangular, espécie de pente para cardagem.

Decerto não há outro setor da vida medieval em que o horror às "novidades", característico da mentalidade da época, tenha agido com maior força antiprogressista do que no da técnica. Nesse setor, inovar era, mais do que em nenhum outro, uma monstruosidade, um pecado. Colocava em perigo o equilíbrio econômico, social e mental. E, como veremos, as inovações que beneficiassem o senhor esbarravam na resistência, violenta ou passiva, das massas.

Durante muito tempo a Idade Média ocidental não produziu nenhum tratado técnico, pois essas coisas eram indignas de ser escritas ou provinham de um segredo que não deveria ser transmitido.

Quando, no início do século XII, o monge alemão Teophile escreve *De diversis artibus***, considerado acertadamente o primeiro tratado tecnológico da Idade Média, ele está menos preocupado em instruir artesãos e artistas do que em mostrar que a habilidade do técnico é um dom de

---

* *Hortus deliciarum* = Jardim das delícias [N.T.].

** *De diversis artibus* = Sobre as diversas artes [N.T.].

Deus... Os tratados ingleses do século XIII sobre agricultura, os manuais de *Housebondrie**, dos quais o mais famoso foi o de Walter de Henley, ou a *Fleta*, são ainda obras de conselhos práticos. É preciso esperar *Ruralium commodorum opus***, do bolonhês Pietro de' Crescenzi, no início do século XIV, para que se retome a tradição dos agrônomos romanos. As pretensas obras técnicas são simplesmente compilações eruditas, muitas vezes pseudocientíficas e sem grande valor documental para a história das técnicas, como por exemplo o dicionário de Jean de Garlande, o *De nominibus utensilium**** de Alexandre Neckham, o *De vegetalibus*****, de Alberto o Grande, e até *Regule ad custodiendum terras******, que Robert Grosseteste compôs por volta de 1240 para a Condessa de Lincoln.

★

A precariedade do equipamento técnico medieval manifesta-se principalmente nos aspectos básicos, que são a predominância da ferramenta sobre a máquina, a baixa eficácia dos instrumentos, a insuficiência das ferramentas e das técnicas rurais que produzem apenas rendimentos muito baixos, a mediocridade do equipamento energético, dos transportes, das técnicas financeiras e comerciais.

A mecanização não fez praticamente nenhum progresso qualitativo durante a Idade Média. Quase todas as máquinas então em uso tinham sido descritas pelos eruditos da época helenística, principalmente os alexandrinos, que com tanta frequência também esboçaram sua teoria científica. Especialmente o Ocidente medieval nada inovou nos sistemas de transmissão e de transformação dos movimentos. As cinco "cadeias cinemáticas" – parafuso, roda, came, cunha e polia – eram conhecidas na Antiguidade. A última dessas cadeias, a manivela, ao que parece é uma invenção medieval. Ela aparece na alta Idade Média em mecanismos sim-

---

* *Housebondrie* = Economia doméstica [N.T.].

** *Ruralium commodorum opus* = Livro dos benefícios do campo [N.T.].

*** *De nominibus utensilium* = Sobre os nomes dos utensílios [N.T.].

**** *De vegetalibus* = Sobre os vegetais [N.T.].

***** *Regule ad custodiendum terras* = Regras para manter as terras [N.T.].

ples, como a mó giratória descrita no saltério de Utrecht em meados do século IX, mas parece não se difundir antes do final da Idade Média. Seja como for, sua forma mais eficaz, a biela manivela, só aparece no final do século XIV. Na verdade, vários desses mecanismos ou dessas máquinas que a Antiguidade muitas vezes só conhecera como curiosidades, brinquedos – como os autômatos alexandrinos –, difundem-se e atingem real eficácia no decurso da Idade Média. Uma comprovada habilidade empírica dos trabalhadores medievais permitia-lhes suprir mais ou menos sua ignorância. Assim a combinação de uma árvore de cames e uma mola que permitia acionar ferramentas de percussão, como martelos e malhos, substituía em certa medida o sistema biela manivela desconhecido.

Será possível, se não explicar pela mentalidade essa estagnação das técnicas de transformação do movimento, pelo menos relacioná-la a certas concepções científicas e teológicas? A mecânica aristotélica, apesar dos trabalhos de Jordanus Nemorarius e de sua escola, no século XIII, não foi a contribuição científica mais profunda do filósofo, tanto mais que não se deve atribuir a Aristóteles, como o fez a Idade Média, o tratado *De mechanica*, cujo autor continua desconhecido. Mesmo no século XIV, os cientistas que criticam com maior ou menor vigor a física, e mais especialmente a mecânica aristotélica, como Bradwardine, Ockham, Buridan, Oresme, os teóricos do *impetus** continuam, como Aristóteles, presos a uma concepção metafísica que vicia sua dinâmica na base. O *impetus*, como a *virtus impressa***, continua sendo uma "virtude", no sentido de "força motriz", noção metafísica da qual se faz derivar o processo do movimento. Aliás, são sempre questões teológicas que estão na origem dessas teorias do movimento.

Um exemplo significativo desse aspecto é oferecido em 1320, por François de la Marche, que indaga "se há nos sacramentos alguma virtude sobrenatural que lhes seja formalmente inerente". Isso lhe sugere o problema de saber "se em um instrumento artificial é possível encontrar-se (ou ser recebida de um agente exterior) uma virtude inerente a esse instrumento". Ele estuda, assim, o caso de uma pedra arremessada violentamente ao ar e lança então, como se disse apropriadamente, "as

---

* *ímpetus* = impulso [N.T.].

** *virtus impressa* = força impressa [N.T.].

bases de uma física do *impetus*". Essa deficiência teológica e metafísica vem ao encontro de uma certa indiferença ao movimento que me parece mais do que a indiferença ao tempo – ainda que os dois estejam ligados, uma vez que para Santo Tomás de Aquino, assim como para Aristóteles, "o tempo é o número do movimento" – característica da mentalidade medieval. O que interessa aos homens da Idade Média não é o que se move, mas o que é estável. O que eles buscam é o repouso: *quies*. Tudo o que, ao contrário, é inquietude, procura, parece-lhes vão – é o epíteto comumente associado a essas palavras – e um tanto diabólico.

Não exageremos a influência dessas doutrinas e tendências existenciais sobre a estagnação das técnicas.

A precariedade das máquinas medievais provém sobretudo de um estado tecnológico geral ligado a uma estrutura econômica e social. Quando surgem alguns aperfeiçoamentos, como nos tornos, ou eles são tardios – como por exemplo o sistema do torno a manivela empregado nas rodas de fiar que aparecem por volta de 1280, no contexto da crise da indústria têxtil de luxo (ainda se trata, na ausência do pedal, que surgirá apenas com o sistema biela manivela, de uma roda acionada à mão pela fiandeira, que quase sempre trabalha em pé) – ou seu emprego se limita ao trabalho com materiais de baixa durabilidade, o que explica que tenhamos poucos objetos feitos com torno na Idade Média. O torno de ceramista vinha da pré-história, o torno de vara existia na Antiguidade clássica, no máximo o torno de polia e de pedal duplo que se vê num vitral de Chartres do século XIII talvez seja um aperfeiçoamento, de alcance restrito, da época medieval.

O emprego dos aparelhos de levantamento e de força foi estimulado pelo avanço da construção, principalmente das igrejas e dos castelos fortificados. No entanto, o plano inclinado foi, sem nenhuma dúvida, o método de levantamento de materiais mais corrente. As máquinas elevatórias que pouco diferem, pelo menos quanto a seu princípio, das máquinas antigas – guinchos simples com polia de inversão, gruas com gaiola de esquilo –, continuam sendo curiosidades ou raridades que só príncipes, cidades, fábricas eclesiásticas podiam utilizar, assim como a "vasa", máquina pouco conhecida que se usava em Marseille para lançar os navios. O Monge Gervais admira-se, no final do século XII, diante do talento do arquiteto Guilherme de Sens, que manda vir a famosa pedra de Caen para reconstruir a Catedral de Canterbury, destruída pelo fogo em 1174. "Ele construiu máquinas engenhosas para carregar e descarregar os navios e para levantar as pedras e o almofariz." Mas que máquinas eram essas? Curiosidade também era a grua com gaiola de esquilo, única em cada local, que no século XIV equipava alguns portos e que parecia considerada maravilhosa, a ponto de figurar em vários quadros, tal como a que Bruges foi uma das primeiras a se oferecer e da qual podemos ver ainda hoje alguns exemplares restaurados em Luneburgo e Gdansk. Curiosidade, também, o primeiro macaco conhecido por meio de um desenho de Villard de Honnecourt, na primeira metade do século XIII.

Quanto à artilharia, antes das armas de fogo, ela apenas dá continuidade à artilharia helenística, já aperfeiçoada pelos romanos. Mais do que a balesta ou a catapulta, o escorpião ou onagro, descrito por Amiano Marcelino no século IV, é o ancestral dos trabucos e manganelas medievais. O trabuco lançava projéteis por cima de altas muralhas, ao passo que a manganela, que além do mais podia-se regular melhor, arremessava suas balas a menor altura, porém a maior distância. Mas o princípio continuava sendo o da funda.

A palavra máquina, aliás (no baixo Império os *mechanici* eram os engenheiros militares), quase só se aplica no Ocidente medieval a máquinas de cerco, em geral desprovidas de engenhosidade técnica, como a que é descrita por Suger em sua *Vida de Luís VI o Gordo*, por ocasião do ataque pelo príncipe do Castelo de Gournay, em 1107.

"Sem interrupção, os aparelhos de guerra para arruinar o castelo são preparados; uma máquina alta, com seus três andares dominando os combatentes, se ergue, sobrepujando o castelo, destinada a impedir os arqueiros e os balesteiros da primeira linha de circularem ou aparecerem no interior. Por conseguinte, os sitiados, dia e noite constantemente pressionados por esses aparelhos, já não podiam manter-se em cima de suas muralhas, tentavam prudentemente pôr-se ao abrigo em buracos feitos no chão e, fazendo seus arqueiros atirarem insidiosamente, antecipavam o perigo de morte que corriam aqueles que os dominavam nas primeiras ameias do aparelho. À maquina, que se elevava no ar, acoplava-se uma ponte de madeira que, alongando-se em altura, ao baixar um pouco sobre o muro criaria uma entrada fácil para os combatentes, que desceriam por ela..."

Ainda há a utilização para fins artesanais, até mesmo industriais, do moinho de água. Esse – com o moderno sistema de atrelagem – constitui o grande progresso técnico da Idade Média.

*

A Idade Média é o mundo da madeira. A madeira é então o material universal. É com frequência de qualidade medíocre, pelo menos uma madeira cujas peças são de dimensões restritas e maltrabalhadas. As grandes peças inteiriças, que servem para a construção de edifícios, mastros de navios, vigamentos – as "aduelas" –, difíceis de cortar e moldar, são materiais caros, até mesmo de luxo. Suger, buscando em meados do século XII árvores de diâmetro e altura suficientes para o madeiramento de Saint Denis, considera um milagre encontrar a madeira que deseja no Vale da Chevreuse.

Embora logo se tornasse difícil encontrar troncos de grande porte, a madeira continuava sendo o produto mais comum do Ocidente medieval. O *Roman de Renart* mostra que o raposo e seus companheiros, sempre à procura de bens materiais que lhes faltam, têm apenas um recurso em profusão: a madeira. "Eles acendem uma grande fogueira, pois lenha não lhes falta." A madeira até fornece muito cedo ao Ocidente medieval um de seus principais produtos de exportação, reivindicado pelo mundo muçulmano, onde ao contrário, como se sabe, a árvore (salvo nas florestas do Líbano e no Magreb) era rara. A madeira foi o maior viajante da Idade Média ocidental – empregando também, tanto quanto possível, por flutuação ou navio, a via aquática.

Outro produto de exportação para o Oriente, já na época carolíngia, é o ferro, ou melhor, as espadas – as espadas francas são abundantes nas fontes muçulmanas da alta Idade Média. Mas neste caso tratava-se de um produto de luxo, produto trabalhado, fruto da habilidade dos ferreiros bárbaros, peritos, como vimos, em técnicas metalúrgicas, vindas da Ásia

Central, mundo dos metais, pelo caminho das estepes. O ferro, ao contrário da madeira, era raro no Ocidente medieval.

Em pleno século XIII, o franciscano Bartolomeu o Inglês, ainda considera o ferro, em sua enciclopédia *De proprietatibus rerum**, um material precioso: "De numerosos pontos de vista, o ferro é mais útil ao homem do que o ouro, embora os seres cúpidos cobicem mais o ouro do que o ferro. Sem o ferro, o povo não poderia defender-se contra seus inimigos nem fazer prevalecer o direito comum; os inocentes garantem sua defesa graças ao ferro, e a impudência dos maus é castigada graças ao ferro. Do mesmo modo, todo trabalho manual exige o emprego do ferro, sem o qual ninguém poderia cultivar a terra nem construir uma casa".

Nada melhor para provar o apreço pelo ferro na Idade Média do que a atenção que lhe dá São Bento, mestre da vida material e da vida espiritual medievais. Em sua *regra* ele dedica todo um artigo, o vigésimo sétimo, ao cuidado que os monges devem ter com as *ferramenta* – com as ferramentas de ferro que o mosteiro possui. O abade deve confiá-las apenas aos monges, "cuja vida e cujas mãos lhe dão toda a segurança". Estragar ou perder esses instrumentos é uma falta grave para com a regra e exige castigo severo.

Em sua crônica dos primeiros duques da Normandia, escrita no início do século IX, Dudo de Saint Quentin conta o apreço que aqueles príncipes tinham pelas charruas e as penalidades exemplares que haviam decretado pelo roubo desses instrumentos. Em seu *fabliau***, *Le Vilain de Farbu****, o poeta de Arras, Jehan Bodel, no final do século XII, conta que um ferreiro colocara diante de sua porta um ferro em brasa, para pregar uma peça nos ingênuos. Um vilão**** que passa pede ao filho que o pegue, pois um pedaço de ferro é uma boa dádiva. Ainda, com a fraca produção de ferro na Idade Média, a maior parte é destinada à fabricação de armamentos, para uso militar. O que resta para as relhas de charrua, as lâminas

---

* *De proprietatibus rerum* = Sobre as propriedades das coisas [N.T.].

** *fabliau* = pequeno conto cômico ou edificante, em versos octossilábicos, característicos dos séculos XII e XIII [N.T.].

*** *Le Vilain de Farbu* = O vilão de Farbu [N.T.].

**** Nesse contexto, vilão é o camponês livre [N.T.].

de foice, de alfanje, de enxada e outros utensílios é apenas uma pequena parte de uma produção deficiente – embora aumente progressivamente a partir do século IX. Mas, de maneira geral, na Idade Média continuam verdadeiras as indicações dos inventários carolíngios que, depois de enumerar algumas ferramentas de ferro, mencionam em bloco o grosso dos instrumentos agrícolas sob a rubrica *Ustensilia lignea ad min istrandum sufficienter*, "Utensílios de madeira em número suficiente para o trabalho exigido". Deve-se notar ainda que uma grande parte das ferramentas de ferro, ou com partes de ferro, serve para trabalhar a madeira: sachos, machados, brocas, tesouras de poda. Não se deve esquecer, finalmente, que entre essas ferramentas de ferro, o que domina são instrumentos de tamanho e eficácia restritos. A ferramenta essencial, não só do marceneiro e do carpinteiro, mas até do lenhador medieval, é um utensílio muito antigo e modesto, a enxó, ferramenta dos grandes desmatamentos medievais que tiveram como alvo mais o mato e os arbustos do que as grandes árvores, diante das quais o utensílio era, no mais das vezes, ineficaz.

Não é de surpreender, portanto, que o ferro, como vimos, seja alvo de atenções que chegam até a lhe atribuir milagres. Não é de surpreender que o ferreiro seja, já na alta Idade Média, um personagem extraordinário, próximo do feiticeiro. Decerto, ele deve essa auréola sobretudo à sua atividade de forjador de armas, de fabricante de espadas, e a uma tradição que o considera, tal como o ourives, um ser sagrado legado pela cultura bárbara escandinava e germânica ao Ocidente medieval.

As sagas glorificam ferreiros de poder superior: Alberich e Mime, o próprio Siegfried que forja Nothung, a espada sem igual, e Wieland, que a saga de Thidrek nos mostra em ação: "O rei disse: 'a espada é boa' e a quis para si. Wieland respondeu: 'Ela não é especialmente boa, precisa ser melhor, não terminarei antes do tempo'... Wieland voltou para sua forja, pegou uma lima, cortou a espada em lascas bem pequenas e a elas misturou farinha. Depois deixou as aves domesticadas em jejum por três dias e lhes deu de comer essa mistura. Colocou na fornalha da forja os excrementos das aves, fundiu e fez sair do ferro tudo o que nele ainda havia de escórias, e em seguida voltou a forjar com ele uma espada; era menor do que a primeira. [...] Dava para segurá-la bem na mão. As primeiras espadas que Wieland havia produzido eram maiores do que de costume. O rei voltou a ter com Wieland, contemplou a espada e afirmou que era a mais afiada que já vira. Voltaram ao rio; Wieland pegou na mão um floco de lã de três pés de espessura e de igual comprimento e o jogou no rio; segurava tranquilamente a espada dentro da água; o floco de lã foi levado a encostar no gume e a espada o cortou de maneira tão fluida quanto o próprio correr da água..."

Será que se deve identificar esse mesmo senso medieval do material na evolução do personagem de São José, em quem a alta Idade Média tendia a ver um *faber ferraris*, um ferreiro, e depois se tornou a encarnação da condição humana numa Idade Média de madeira, um carpinteiro? Enfim, talvez neste caso também se deva pensar na possível influência, sobre a evolução das técnicas, de uma mentalidade ligada a um simbolismo religioso. Na tradição judaica, a madeira é o bem, o ferro é o mal, a madeira é o verbo vivificante, o ferro é a carne que pesa. O ferro não deve ser empregado sozinho, deve juntar-se à madeira, que lhe tira a nocividade e o faz servir ao bem. Assim, a charrua é um símbolo do Cristo lavrador.

Aliás, na Idade Média, o material que rivaliza com a madeira não é o ferro, que em geral fornece apenas uma pequena quantidade de suplementos – gume das ferramentas, pregos, ferraduras, tirantes e escoras para reforço dos muros –, mas é a pedra.

Madeira e pedra, é esse o par de materiais básicos da técnica medieval. Os arquitetos, aliás, são ao mesmo tempo *carpentarii et lapidarii*, "carpinteiros e canteiros", os trabalhadores da construção muitas vezes são denominados *operarii lignorum et lapidum*, "trabalhadores da madeira e da pedra". A pedra, no entanto, por muito tempo é um luxo com relação à madeira. A partir do século XI o grande avanço da construção, fenômeno essencial do desenvolvimento econômico medieval, consiste muitas vezes em substituir uma construção de madeira por uma construção de pedra. Isso é fato para igrejas, pontes e casas. A pedra, por referência à madeira, é um material nobre. Ter uma casa de pedra é sinal de riqueza e poder – Deus e a Igreja, os senhores em seus castelos são os primeiros a ter moradas de pedra –, mas logo possuir uma casa de pedra será sinal da ascensão dos burgueses mais ricos. As crônicas urbanas mencionam ciosamente essa manifestação do progresso urbano e da classe que domina as cidades. A afirmação de Suetônio de que Augusto se vangloriava de ter encontrado Roma de tijolo e de a ter deixado de mármore é retomada por muitos cronistas da Idade Média, aplicada aos grandes abades construtores dos séculos XI e XII. Mas o tijolo e o mármore, neste caso, são substituídos pela madeira e pela pedra. Na Idade Média, o progresso, a honra, o grande feito é encontrar uma igreja de madeira e deixá-la de pedra. E sabe-se que um dos grandes avanços técnicos na Idade Média é recuperar a abóbada de pedra e inventar novos sistemas de abóbada. Para alguns grandes monumentos em ruínas do século XI, aliás, o problema que ainda se coloca é o de saber se já se havia passado da abóbada de madeira para a abóbada de pedra. Assim, a Abadia de Jumièges continua, nesse sentido, um enigma para os historiadores das técnicas e da arte. Até para os edifícios com construção e abóbadas de pedra, os elementos de madeira, sobretudo o vigamento, continuam sendo consideráveis. Daí sua vulnerabilidade ao fogo. Foi um incêndio com origem no madeiramento que destruiu a Catedral de Canterbury, em 1174. O Monge Gervase conta que o fogo, após ficar latente debaixo do telhado, manifestou-se subitamente: *Vae, vae, ecclesia ardet*, "Ai, ai, a igreja está em fogo", as placas de chumbo do teto se fundem, as vigas calcinadas caem no coro e as estalas pegam fogo. "As chamas, alimentadas por toda aquela quantidade de madeira, elevaram-se a 15 côvados de altura e consumiram as paredes e principalmente as colunas da igreja."

O tempo, que idealiza tudo, idealiza o passado material deixando subsistir apenas as partes duráveis e apagando o perecível, que era quase tudo.

A Idade Média é para nós um glorioso acúmulo de pedras: catedrais e castelos. Mas essas pedras representam apenas uma parte ínfima do que ela foi. Restaram alguns ossos de um corpo de madeira e de materiais ainda mais humildes e perecíveis: palha, barro, adobe. Não há nada melhor para ilustrar a crença fundamental da Idade Média na separação da alma e do corpo e na sobrevivência unicamente da alma. O que ela nos deixou foi – seu corpo desfeito em poeira – sua alma encarnada na pedra durável. Mas essa ilusão do tempo não nos deve enganar.

*

O aspecto mais grave desse equipamento técnico medíocre encontra-se no setor rural. A terra e a economia agrária são, de fato, a base e a essência da vida material na Idade Média e de tudo o que ela condiciona: riqueza, poder social e político. Ora, a terra na Idade Média é parcimoniosa, porque os homens são incapazes de extrair muito dela.

Em primeiro lugar porque os instrumentos são rudimentares. A terra é maltrabalhada. As lavras são pouco profundas. O arado antigo, adaptado aos solos superficiais e aos terrenos acidentados da região mediterrânea, subsiste por muito tempo e em vários lugares. Sua relha simétrica, por vezes revestida de ferro, mas com frequência de madeira simplesmente enrijecida ao fogo, mais arranha a terra do que a sulca. A charrua de relha dissimétrica e aiveca, com jogo dianteiro móvel, munida de rodas, puxada por uma parelha mais vigorosa, que se difunde no decorrer da Idade Média, representa um progresso inegável, considerável. Acontece que os pesados solos argilosos, os mais férteis quando bem trabalhados, opõe uma resistência tenaz ao equipamento medieval. A intensificação da lavoura resulta, na Idade Média, mais de uma repetição do trabalho do que de um aperfeiçoamento dos instrumentos. Difunde-se a prática de três lavras e, na virada do século XIII para o século XIV, de quatro. Mas os trabalhos suplementares continuavam necessários e, também eles, de alcance limitado. Depois da primeira lavra, com frequência desfaziam-se os torrões à mão, conforme mostra uma miniatura do saltério inglês de Luttrell, no início do século XIV. A monda, que não era feita em todos os lugares, empregava ferramentas rudimentares para cortar cardos e ervas daninhas: forquilha e foice tendo uma vara como cabo. A grade, da qual uma das primeiras representações aparece num bordado do final do século XII denominado "tapeçaria" de Bayeux, difundiu-se nos séculos XII e XIII. De vez em quando ainda era preciso revolver o campo profundamente com enxada. Acontece que a terra, malcavoucada, malrevolvida, mal-aerada, não reconstituía rapidamente suas substâncias fertilizantes.

Essa carência de instrumentos poderia, em certa medida, ter sido remediada pelo enriquecimento dos solos por meio da estrumação. Ora, a precariedade da agricultura medieval nesse setor é mais flagrante ainda.

É claro que os adubos químicos artificiais não existem. Restam os adubos naturais. Eles são muito insuficientes. A grande razão disso é a escassez de gado – escassez devida a causas secundárias, como as devastações causadas pelas epizootias, mas sobretudo ao fato de os prados passarem para segundo plano, depois dos campos de plantio, das culturas, das necessidades de alimentação vegetal, a carne sendo fornecida, em geral, pela caça. Entre os animais, aliás, os que vivem na floresta e da floresta são os que se criam de preferência – porcos e cabras cujo estrume se perde em grande parte. Dos outros, ele é cuidadosamente recolhido, na medida do possível, dada a errância dos rebanhos, que quase todo tempo pastam soltos e raramente são encerrados em estábulos. Os excrementos dos pombais são utilizados preciosamente. Um "pote de excrementos" é uma taxa pesada que por vezes o rendeiro paga ao senhor. Ao contrário, agentes senhoriais privilegiados, tal como os prebendeiros que gerem certos domínios, como em Münchweier na Alemanha, no século XII, recebem como salário "o esterco de uma vaca e de seu bezerro e as varreduras de sua casa".

Os adubos vegetais fornecem um suplemento notável: terra argilosa empregada na margagem, capins e folhas putrefatas, restolho que os animais não comeram depois da colheita. Ora, como se pode ver em várias miniaturas ou esculturas, a ceifa do trigo à foice fazia-se bem perto da espiga, e m geral a menos de meia altura da haste, para deixar a maior quantidade possível de palha para a alimentação dos animais, em primeiro lugar, e em seguida para o adubo. Enfim, com frequência os adubos eram reservados às culturas delicadas ou especulativas: nas plantações, vinhedos e jardins fechados. No Ocidente medieval é flagrante o contraste entre as pequenas parcelas destinadas à jardinagem que adotam o essencial do refinamento rural e as grandes superfícies abandonadas às técnicas rudimentares.

O resultado dessa precariedade de instrumentos e dessa insuficiência de adubos é, antes de tudo, que o cultivo, em lugar de ser intensivo, era em ampla medida extensivo. Com exceção do período – séculos XI--XIII – em que o crescimento demográfico acarretou um crescimento da superfície cultivada por desmatamento, a agricultura medieval foi notavelmente itinerante. Em 1116 os habitantes de uma pequena cidade de Île-de-France, por exemplo, recebem autorização para desmatar algumas partes da floresta real, mas sob condição de que "as cultivem e colham os frutos de duas safras apenas, e depois se desloquem para outras partes da floresta". A cultura por queimadas, que implica um certo nomadismo agrícola, é amplamente difundida nos solos pobres. Os próprios desmatamentos são com frequência para culturas temporárias – os terrenos desmatados que invadem a toponímia medieval e se encontram tantas vezes na literatura quando se trata do campo: *Renart s'en vint dans un essart...* *

A consequência é que a terra, maltrabalhada, pouco enriquecida, esgota-se rapidamente. Assim, frequentemente é preciso deixá-la repousar e se reconstituir. É a prática extensa do *pousio*. Sem dúvida um progresso entre os séculos IX e XIV consiste na substituição, aqui e ali, da rotação bienal de culturas pela rotação trienal, que resulta em deixar a terra infértil um ano a cada três, e não a cada dois, ou melhor, utilizar dois terços e não a metade da superfície cultivada. Mas a rotação trienal parece ter-se difundido mais lentamente e menos geralmente do que já foi dito. Em clima mediterrâneo, em solos pobres a rotação bienal persiste. O autor inglês do tratado de agronomia *Fleta*, no século XIII, leva seus leitores, prudentemente, a preferir uma única boa colheita a cada dois anos a duas colheitas medíocres a cada três. Numa região como Lincolnshire não se tem nenhum exemplo comprovado de rotação trienal de cultivo antes do século XIV. Nas terras da região de Forez, no final do século XIII, houve apenas três colheitas em trinta anos.

Outros fatores se acrescentam à baixa produtividade da terra medieval. Um exemplo é a tendência dos domínios medievais à autarquia, consequência de realidades econômicas e, ao mesmo tempo, característica de mentalidade. Recorrer ao exterior, não produzir tudo de que se tem necessidade não é apenas fraqueza, é desonra. No caso das propriedades monásticas, evitar todo contato com o exterior decorre diretamente do ideal espiritual de solidão, sendo o isolamento econômico condição da pureza espiritual.

Quando os cistercienses se munem de moinhos, São Bernardo ameaça ordenar sua destruição, por constituírem centros de relações, de contatos, de reuniões e, pior ainda, de prostituição. Mas esses preconceitos morais têm bases materiais. Em um mundo em que os transportes são caros e aleatórios, em que a economia monetária, condição das trocas, é pouco desenvolvida, produzir tudo o que é necessário é um cálculo eco-

---

* *Renart s'en vint dans un essart...* = Renart (Raposo) chegou a um terreno desmatado [N.T.].

nômico correto. A consequência é que a policultura reina na economia rural medieval, o que significa que as condições geográficas, pedológicas e climáticas são violentadas ao máximo. A vinha, por exemplo, é explorada sob os climas mais desfavoráveis, muito ao norte do limite de sua cultura atual. É encontrada na Inglaterra, a região parisiense tem um grande vinhedo, Laon chegou a ser qualificada como "capital do vinho" na Idade Média. Terras ruins são cultivadas, há víveres que são produzidos em solos inadequados.

O resultado de tudo isso são os baixos rendimentos agrícolas. Na época carolíngia, ao que parece os rendimentos eram próximos de 2-2,7 no domínio real de Annapes (departamento do norte da França) no início do século IX, elevando-se às vezes pouco acima de 1, ou seja, da recuperação pura e simples da semente. Observa-se um progresso notável entre os séculos XI e XIV, mas os rendimentos continuam baixos. Segundo os agrônomos ingleses do século XIII, as taxas normais eram de 8 para a cevada, 7 para o centeio, 6 para as leguminosas, 5 para o frumento, 4 para a aveia. A realidade parece ter sido menos brilhante. Nas boas terras do episcopado de Winchester, as taxas são de 3,8 para o frumento e a cevada, 2,4 para a aveia. A proporção de 3 ou 4 para 1 parece ter sido a regra para o frumento.

Ainda assim a variação dos rendimentos é considerável. Isso é verdadeiro de um solo para outro. Na montanha o nível pouco difere da época carolíngia, 2 para 1; na Provence, eleva-se para 3 ou 4; em algumas planícies, no Artois, por exemplo, pode subir acima de 10, chegar a 18, ou seja, aproximar-se dos rendimentos atuais das terras medíocres. Isso também ocorre, e é ainda mais grave porque essas variações podem ser consideráveis, de um ano para outro. Em Roquetoire, no Artois, o frumento, que rende 7,5 para 1 em 1319, produz 11,6 para 1 em 1321. Finalmente, em um mesmo domínio o rendimento difere muito de um produto para outro. Em uma quinta na Abadia de Ramsey, o rendimento do centeio oscilava entre 6 e 11, ao passo que o da aveia mal excedia a semente.

★

Embora no âmbito das fontes de energia haja um progresso notável com a difusão dos moinhos – principalmente do moinho de água e das diversas aplicações da energia hidráulica: moinhos de pisoar, de cânhamo, de casca de carvalho, de cerveja, de amolar –, é preciso observar que a cronologia do surgimento e da difusão desses engenhos deve inspirar prudência. No que diz respeito ao moinho de pisoar, por exemplo, o século XIII assiste a seu retrocesso na França; na Inglaterra ele só conhece um impulso no final do século XIII: foi visto como instrumento de uma verdadeira "revolução industrial"; na Itália não é em todo lugar que ele se difunde rapidamente. Florença, nos séculos XIII e XIV, envia seus tecidos para serem pisoados em Prato; na Alemanha, a primeira menção a moinho de pisoar data apenas de 1223, em Speyer, e parece ter sido excepcional no século XIII. Os moinhos mais importantes para o desenvolvimento industrial só aparecem no final do período: o moinho de ferro é uma raridade antes do século XIII – a datação de 1104 do que foi identificado na Catalunha, em Cardadeu, não é segura, tanto mais que o desenvolvimento das forjas chamadas de catalãs na segunda metade do século XII talvez esteja ligado à difusão do moinho de ferro cuja primeira menção segura data de 1197, para o Mosteiro de Soroë, na Suécia. Os moinhos de papel, atestados já em 1238, em Jativa, na Espanha, não se difundem antes do final do século XIII na Itália (Fabriano, 1268), o primeiro moinho de papel da França é de 1338, da Alemanha de 1390 (Nüremberg). A serra hidráulica ainda é uma curiosidade quando Villard de Honnencourt a desenha em seu álbum, por volta de 1240. O moinho de água continua sendo utilizado sobretudo para moer grãos. No final do século XI, em 1086, o *Domesday Book* permite contar 5.624 na Inglaterra.

Apesar dos avanços, nos séculos XII e XIII, da energia hidráulica e da energia eólica, o essencial da energia no Ocidente medieval ainda provém do homem e dos animais.

Sem dúvida ainda aparecem progressos importantes. O mais espetacular e rico em consequências é, provavelmente, o que foi chamado, seguindo Lefebvre des Noëttes e Haudricourt, a "atrelagem moderna". Trata-se de um conjunto de avanços técnicos que possibilitaram, por volta do ano 1000, utilizar melhor a tração animal e aumentar o rendimento do trabalho dos animais. São inovações que permitem principalmente empregar como animal de tiro e de lavoura preferencialmente o cavalo, mais rápido que o boi e que possibilita acelerar e multiplicar os trabalhos, lavragens e gradaduras.

A atrelagem antiga, que fazia a tração incidir sobre a garganta, comprimia o peito e dificultava a respiração do animal, cansava-o rapidamente. A atrelagem moderna consistiu essencialmente em transferir o peso da tração para o ombro por meio da coleira de ombro e, para completar, na ferradura de cravos, que facilitava a andadura do animal e protegia seus pés, e na atrelagem em fila, que permitia puxar cargas pesadas, o que foi fundamental para a construção de grandes edifícios religiosos e civis.

A primeira representação segura que temos da coleira de ombro – elemento decisivo da atrelagem moderna – encontra-se num manuscrito da Biblioteca Municipal de Trier datado de cerca de 800, mas a nova técnica só se difundiu nos séculos XI e XII.

É preciso ter em mente, em primeiro lugar, que o tamanho e o vigor dos animais de lavoura medievais eram nitidamente inferiores aos dos animais atuais. O cavalo de lavoura era, em geral, de raça menor do que o cavalo de batalha, o pesado corcel que precisa carregar, quando não uma gualdrapa, pelo menos um cavaleiro pesadamente armado, cujo peso representará parte importante da carga. Defrontamos aqui, mais uma vez, a primazia do militar e guerreiro sobre o econômico e produtor. O recuo do boi para dar lugar ao cavalo não foi geral. Embora as vantagens do cavalo fossem tais que, já em 1095, Urbano II, ao proclamar em Clermont a paz de Deus em vista da Primeira Cruzada, colocava sob proteção divina os cavalos de lavoura e de gradadura: *equi arantes, equi de quibus hercant*; embora a superioridade do cavalo fosse reconhecida no século XII entre os eslavos a tal ponto que, segundo a crônica de Helmold, a unidade de medida de terra lavrável era o que podia trabalhar num dia uma parelha de bois ou um cavalo e, na Polônia, na mesma época, um cavalo de lavoura valia o preço de dois bois; embora os agrônomos modernos tenham calculado que um boi medieval, levando em conta a inferioridade de seu rendimento, saía, por um dia de trabalho, 30% mais caro do que um cavalo, muitos camponeses ou senhores recuavam diante de duas desvantagens do cavalo: seu alto preço nominal e as dificuldades para alimentá-lo com aveia. Walter de Henley, em seu *Tratado de Housbondrie*, no século XIII, recomenda que ao cavalo se prefira o boi, cuja alimentação é menos cara e que, além do trabalho, fornece a carne. Embora na Inglaterra, depois de um claro progresso do cavalo no final do século XII, sobretudo no leste e no centro-leste, seu avanço pareça ter-se estancado no século XIII, provavelmente devido a um retorno da exploração direta e das prestações de serviços dos camponeses; embora na Normandia a lavra com cavalos pareça habitual no século XIII, conforme testemunha, em seu registro de visitas, o arcebispo de Rouen, Eudes Rigaud, que notifica os cavalos que vê na lavoura num dia de festa de São Matias; embora decerto fosse assim nas terras dos senhores de Audenarde, uma vez que só o cavalo aparece nas ilustrações do *Viel Rentier** por volta de 1275, o boi continua sendo o senhor do terreno no sul e nas regiões mediterrâneas, onde era difícil cultivar aveia, além de se encontrarem bois de lavoura na Borgonha em meados do século XIII, em Brie em 1274. Sobre o valor do cavalo para um camponês – mesmo numa região privilegiada, o Artois, em 1200 – leia-se o *fabliau* de Jehan Bodel, *Les deux chevaux* **, em que se contrapõem o cavalo "bom de charrua e de grade" e o "minguado rocim".

Ao lado do cavalo e do boi, não se deve esquecer que o Ocidente medieval, mesmo fora da zona mediterrânea, demanda uma participação nada desprezível do burro nos trabalhos rurais. Um documento de Orléans que enumera os animais de lavoura cita "seja boi, seja cavalo, seja burro". O texto de Brie de 1274 exige que camponeses sujeitos aos trabalhos de lavoura "atrelem bois, cavalos e burros". De fato, a realidade medieval humilde e normal do trabalho animal é, como no presépio, a presença do boi e do burro.

Além do mais, a energia humana continua sendo fundamental. No campo, no artesanato, até na navegação, em que a vela é apenas um pequeno suplemento ao trabalho do remo, ou seja, do homem, o trabalho braçal humano é a fonte principal de energia.

Ora, a produtividade dessas fontes humanas de energia, que Carlo Cipolla chamou de "conversores biológicos", era reduzida, pois a classe dos produtores, como veremos, quase coincidia com a categoria social

---

* *Vieil Rentier d'Audenarde*, livro de anotações de dívidas e rendimentos dos senhores de Audenarde [N.T.].

** *Les deux chevaux* = Os dois cavalos [N.T.].

mal-alimentada, quando não subalimentada. Como os conversores biológicos forneciam, segundo K.M. Mather e C. Cipolla, pelo menos 80% da energia na sociedade medieval pré-industrial, a disponibilidade de energia proveniente dela era pouca: por volta de 10.000 calorias por dia e por pessoa (100.000 numa sociedade industrial atual). Não é de espantar que o capital humano seja precioso para os senhores medievais, a ponto de alguns, por exemplo na Inglaterra, submeterem os camponeses solteiros a uma taxa especial. A Igreja, apesar de sua tradição de exaltação da virgindade, enfatiza cada vez mais o "crescei e multiplicai-vos", palavra de ordem que atende antes de tudo às estruturas técnicas do mundo medieval.

A mesma deficiência existe no âmbito dos transportes. Ainda nesse caso não se deve subestimar a importância da energia humana. Sem dúvida os trabalhos de transporte de carga, resquício da antiga escravidão, tornam-se cada vez menos numerosos e parecem desaparecer depois do século XII. Mas ainda no século IX, por exemplo, os monges de Saint Vanne exigiam de seus servos domiciliados em Laumesfeld, na Lorena, "a obrigação de transportar trigo por uma distância de seis milhas sobre os ombros" – ou melhor, no pescoço, na nuca, como diz o texto latino: *cum collo*.

Os trabalhos de transporte de carga exigidos das diferentes classes da sociedade como penitência ou como obra pia para a construção das catedrais não têm apenas um aspecto psicológico e espiritual, têm um significado técnico e econômico.

A Normandia, em 1145, assiste a uma explosão dessa forma particular de devoção. Entre inúmeros testemunhos, o de Robert de Torigny, falando da construção da Catedral de Chartres, é famoso: "Aquele ano, homens se puseram – e antes de tudo em Chartres – a puxar pelos ombros carriolas carregadas de pedras, de madeira, de alimentos e outros produtos para a obra da igreja, da qual então eram construídas as torres... Esse fenômeno, porém, não se produzia apenas lá, mas também em quase toda a Île-de-France, a Normandia em muitos outros lugares..." Acontece que esse continuava sendo um meio essencial de transporte de carga. O mau estado das estradas, o número limitado de carriolas e carros, a ausência de veículos cômodos – o carrinho de mão, que decerto surgiu nos canteiros de construção do século XIII, só se difundiu no final do século XIV e parece ter sido de manejo restrito –, a carestia dos carretos o mantém em primeiro lugar. É o transporte de cargas feito pelos homens, que as miniaturas nos mostram curvados sob o peso dos sacos, cestos e caçambas. Quanto ao transporte de carga por animais: ao lado dos animais de tiro que às vezes vemos recebendo honras depois de terem penado, como os bois de pedra das torres da Catedral de Laon, os animais de carga desempenharam um papel fundamental nos transportes medievais. Não apenas por transporem montanhas – na região mediterrânea, a mula ou o burro são sempre insubstituíveis –, mas o transporte de carga ultrapassa amplamente as regiões em que as condições de relevo parecem se impor. Em contratos firmados em 1296 nas feiras da Champagne entre comerciantes italianos compradores de tecidos e transportadores veem-se estes últimos se comprometerem a "conduzir (as mercadorias) com seus animais até Nîmes num prazo de 22 dias, sem carroça".

O vocabulário da metrologia nos informa sobre a importância do transporte: a *sommée**, para o sal, por exemplo, é uma medida básica.

★

O transporte marítimo, apesar, também neste caso, dos aperfeiçoamentos técnicos não desprezíveis, continua sendo insuficiente, seja porque essas melhorias ainda não produziram todo o seu resultado antes do século XIV – ou mais tarde –, seja porque seu alcance continua limitado.

Em primeiro lugar, a tonelagem das frotas da Cristandade ocidental é medíocre. Medíocre por embarcação. Mesmo com o aumento das tonelagens nos séculos XII e XIII, sobretudo no norte, onde os navios precisam transportar produtos volumosos, como grãos e madeira, e onde aparece a *kogge* ou "coca" hanseática, ao passo que, no Mediterrâneo, Veneza constrói galeras, ou melhor, galés – *galee da mercato* – de maiores dimensões. Será possível estabelecer números? Uma capacidade superior a 200 toneladas parece excepcional. Medíocre também no total. O número de navios "grandes" é bem limitado. Os comboios que Veneza – primeira potência marítima da época – forma a partir do início o século XIV, em número de um ou dois por ano para a Inglaterra e Flandres,

---

* *Sommée*: carregamento de um animal de carga [N.T.].

compõem-se de duas ou três galés. O número total de *galee da mercato* em serviços nas três principais rotas de comércio nos anos 20 do século XIV é de cerca de 25. Em 1328, por exemplo, 8 têm como destino o ultramar, ou seja, Chipre e Armênia; 4, Flandres; 10, a Romênia, ou seja, o Império Bizantino e o Mar Negro. Em agosto de 1315, quando o Grande Conselho, ao receber notícias alarmantes, ordena a seus navios no Mediterrâneo que formem comboio, ele excetua os grandes navios cuja lentidão torna pouco aptos a navegar em comboio: estes são em número de 9. Aliás, o tamanho desses navios é limitado deliberadamente, pois precisam ser aptos a se transformar para fins militares sem serem prejudicados pelas grandes dimensões e pela lentidão. Frederic C. Lane calculou que em 1335 os 26 navios de tonelagem média de 150 toneladas que constituem os comboios venezianos representam 3.900 toneladas; aplicando-se a esse número o coeficiente 10, mais ou menos válido para o século XIV, o conjunto da frota veneziana se elevaria a cerca de 40.000 toneladas.

A introdução do leme de cadaste, que avança ao longo do século XIII e torna os navios mais fáceis de manejar, provavelmente não foi tão importante quanto se acreditou. Quanto ao uso da bússola, que acarreta a construção de mapas mais exatos e que permite a navegação durante o inverno, ele só se difunde depois de 1280. Finalmente, a Idade Média desconhece o quadrante e o astrolábio náutico, instrumentos do Renascimento.

*

Enfim, a insuficiência no setor da extração de minérios. A precariedade das máquinas de escavação, de levantamento, a incapacidade técnica de evacuar a água limitam a extração às jazidas superficiais ou pouco profundas: ferro (apesar dos avanços a partir do século XII), cobre e chumbo (para os quais estamos bem-informados por um código de mineração do início do século XIII, relativo à região de Massa Marittima, na Itália), carvão mineral (talvez conhecido na Inglaterra já no século IX, certamente mencionado no Forez em 1095, mas só começa a ser de fato explorado no século XIII), sal (poços salgados, minas como as de Halle ou de Wielicka e Bochnia na Polônia, cuja exploração não parece remontar a antes do século XIII), estanho (sobretudo produzido na Cornualha) sobre cuja extração nada se sabe, minas de ouro e de prata que logo se revelam inaptas para atender à demanda de uma economia cada vez mais monetária e cuja insuficiência (apesar da intensificação da exploração, especialmente na Europa Central, p. ex., em Kutna Hora, na Boêmia) acarreta a escassez monetária do final da Idade Média, que só terminará com o afluxo dos metais americanos no século XVI, todos esses minerais são produzidos em quantidades insuficientes e, na maioria dos casos, tratados com equipamentos e técnicas rudimentares. Os fornos de fole – sendo os foles acionados por energia hidráulica – aparecem no final do século XIII na Estíria, depois, por volta de 1340, na região de Liège. Os altos fornos do final da Idade Média, no entanto, não revolucionam de imediato a metalurgia. Sabe-se que é preciso esperar o século XVII e, para a difusão, o século XVIII para que surjam avanços decisivos: a aplicação da hulha ao trabalho do ferro, o emprego do vapor para o bombeamento do subsolo.

Os progressos técnicos mais significativos no setor "industrial" dizem respeito decisivamente a setores particulares, ou não fundamentais, e sua difusão data do final da Idade Média. O mais espetacular é, sem dúvida, a invenção da pólvora e das armas de fogo. Durante o século XIV e até depois, os primeiros canhões semeiam o terror por parte do adversário, mais por seu barulho do que por seu caráter mortal. Sua importância será devida, principalmente, ao fato de o desenvolvimento da artilharia provocar, a partir do século XV, um impulso da metalurgia.

A pintura a óleo, conhecida já no século XII, mas que só progrediu decisivamente no final do século XIV e início do século XV e cujo emprego só se afirma, segundo a tradição, com os irmãos Van Eyck e Antonello da Messina, revoluciona a pintura menos definitivamente do que o faz a descoberta da perspectiva.

O vidro, conhecido na Antiguidade, só ressurge como indústria no século XIII, sobretudo em Veneza, e toma forma de produção industrial na Itália apenas no século XVI, assim como o papel só triunfa com a imprensa. O vidro, na Idade Média, é essencialmente o vitral, e o tratado de Teófilo, no início do século XII, revela o impulso que ele está tomando na Cristandade.

Aliás, o tratado de Teófilo, *De diversis artibus**, "o primeiro tratado técnico da Idade Média", revela os limites da arte medieval.

Em primeiro lugar, é essencialmente uma técnica a serviço de Deus. Os procedimentos descritos por Teófilo são os empregados nos ateliês monásticos, destinados sobretudo a construir e ornar a igreja. O primeiro livro é dedicado à preparação das cores, ou seja, à iluminura e, acessoriamente, ao afresco; o segundo livro, ao vitral; o terceiro, à metalurgia e, principalmente, à ourivesaria.

Em seguida, é uma técnica de produtos de luxo, assim como, na indústria têxtil, em que o essencial das roupas é produzido em casa, os ateliês são fábricas de tecidos de luxo.

Enfim, é uma técnica de artistas artesãos que aplicam receitas a uma produção de peças individuais, com ajuda de instrumentos rudimentares. Os técnicos e os inventores da Idade Média são, de fato, artesãos. Não escapam disso aqueles em quem se pretendeu ver uma elite intelectual dona de técnicas sutis: os comerciantes italianos ou hanseáticos a cujo respeito, por exemplo, falou-se de "supremacia intelectual". Ora, durante muito tempo o principal trabalho do comerciante é se deslocar, o que não requer qualificação especial. O comerciante é simplesmente um daqueles errantes das estradas medievais. Na Inglaterra é chamado *piepowder*, "pé poeirento", coberto pela poeira dos caminhos. Ele aparece na literatura, por exemplo no *fabliau*, de Jehan Bodel, *Le Souhait fou***, do final do século XII, como um homem que fica meses fora, "para sua mercadoria buscar", e volta "alegre e feliz" depois de permanecer por muito tempo longe de casa. Às vezes esse itinerante, se é bastante rico, arranja-se para tratar de grande parte de seus negócios na feira de Champagne, mas, se nesses negócios intervém um "intelectual" – e apenas na Cristandade meridional –, é o notário, que elabora para ele contratos, geralmente muito simples, cujo principal mérito é servir como documento, a exemplo das cartas feudais. Mesmo a Igreja, que obriga o comerciante a uma certa complicação e uma certa sutileza ao condenar, sob o nome de usura, todas as operações de crédito, não consegue que sua técnica progrida de

---

* *De diversis artibus* = Sobre as diversas artes [N.T.].

** *Le Souhait fou* = O desejo louco [N.T.].

modo decisivo. Aliás, os dois instrumentos que marcam um progresso seguro, embora de tecnicidade limitada, na prática comercial – a letra de câmbio e a contabilidade de dupla entrada –, difundem-se apenas a partir do século XIV. As técnicas comerciais e financeiras talvez até estejam, na Idade Média, entre as mais rudimentares. A mais importante, o câmbio, limita-se à troca de moedas: o câmbio "manual".

Há apenas um técnico que talvez se eleve a um grau superior: o arquiteto. É fato que seu setor foi, sem dúvida, o único que teve na Idade Média um inegável aspecto industrial. Na verdade, não é em toda a Cristandade e é apenas na idade gótica que a arte de construir torna-se ciência e o arquiteto, cientista. Esse arquiteto, que aliás se faz chamar "mestre", que até tenta se fazer chamar "mestre em pedra" (*magister lapidum*), como outros são mestre em artes ou mestre em decretos (doutores em direito), que calcula seguindo regras, opõe-se ao arquiteto artesão, que aplica receitas, ao pedreiro. A justaposição e, às vezes, o confronto dos dois tipos de construtores perdurará, como se sabe, até o final da Idade Média, e foi no canteiro de obras da Catedral de Milão, na virada do século XIV para o XV, que ocorreu o debate revelador que opôs o arquiteto francês, para quem não havia técnica sem ciência – *Ars sine scientia nihil est** –, aos pedreiros lombardos, para quem a ciência era simplesmente técnica – *Scientia sine arte nihil est***.

Finalmente, será preciso lembrar que, embora os artesãos medievais tenham mostrado habilidade, audácia (as catedrais, e não só elas, estão aí para provar – Joinville fica maravilhado diante das galerias do mercado de Saumur, "construídas à maneira dos claustros de monges brancos") e genialidade artística, as produções da Idade Média eram em geral, ao contrário do que muitas vezes se acredita, de má qualidade técnica? A Idade Média foi constantemente obrigada a reparar, substituir, refazer. Os sinos das igrejas tinham que ser constantemente reforjados. Eram frequentes os desmoronamentos das construções, e das igrejas em primeiro lugar. O desabamento do coro de Beauvais, em 1284, é duplamente simbólico. Ele manifesta, mais ainda do que o fim do desenvolvimento gótico, o destino comum a muitas construções medievais. As perícias de reparos

---

* *Ars sine scientia nihil est* = A arte sem a ciência nada é [N.T.].

** *Scientia sine arte nihil est* = A arte sem a ciência nada é [N.T.].

a serem feitos nas igrejas, especialmente nas catedrais, tornaram-se até mesmo uma das principais fontes de recursos dos arquitetos no final do século XIII, e a maioria das obras-primas da arquitetura medieval ainda está de pé graças aos reparos e restaurações feitos nos séculos posteriores.

No entanto a Idade Média, que pouco inventou, que pouco enriqueceu até mesmo a flora alimentar – o centeio, principal aquisição da Idade Média, que quase desapareceu da Europa, foi um enriquecimento apenas transitório da agricultura –, marca uma etapa da conquista da natureza pelas técnicas humanas. Decerto até mesmo sua aquisição mais importante, o moinho – ou, antes, o essencial, sua difusão –, está ligada aos caprichos da natureza: interrupção dos ventos, seca dos cursos de água, gelos no norte. Mas como disse Marc Bloch: "Moinhos movidos pela água ou pelo vento, moinhos de cereais, de casca de carvalho, de pisoar, serras hidráulicas, martinete de forja, coleira de ombros, ferraduras de animais de carga, atrelagem em fila, até mesmo roda de fiar, progressos que levavam igualmente a uma utilização mais eficaz das forças naturais, inanimadas ou não; por conseguinte a poupar o trabalho humano, ou, o que dá mais ou menos na mesma, a lhe assegurar melhor rendimento. Por quê? Porque havia menos homens, talvez. Mas sobretudo porque o senhor tinha menos escravos".

Na Idade Média, que no entanto não tinha o progresso técnico entre seus valores, alguns tomaram consciência desse vínculo entre progresso humano e progresso técnico. Uns para deplorá-lo, como, no início do século XIII, Guiot de Provins, que lamenta que em seu tempo, mesmo no âmbito militar, os "artistas" devam ceder lugar aos "técnicos" – "os cavaleiros" aos "balesteiros, mineiros, trabalhadores de pedreiras e engenheiros". Outros, ao contrário, para se regozijar. Assim como, principalmente, aquele monge de Clairvaux que, no século XIII, canta um verdadeiro hino ao mecanicismo libertador.

"Um braço do Rio Aube, atravessando as inúmeras oficinas da abadia, é abençoado por toda parte pelos serviços que presta. O Aube chega para um grande trabalho; e, se não chega inteiro, pelo menos lá não fica ocioso. Um leito cujas curvas cortam em dois o meio do vale foi escavado, não pela natureza, mas pela indústria dos monges. Por esse caminho, o Aube transmite uma metade de si mesmo à abadia, como que para saudar seus religiosos e desculpar-se por não ter vindo inteiro, uma vez que não conseguiu encontrar um canal bastante largo para o conter. Quando às vezes o rio transborda e precipita para fora de seus limites usuais uma água por demais abundante, é repelido por um muro que lhe é oposto e sob o qual é obrigado a correr; então ele dá uma volta sobre si mesmo, e a onda que seguia seu antigo curso acolhe com seus abraços a onda que reflui. Contudo, entrando na abadia tanto quanto o muro lhe permite, fazendo as vezes de porteiro, o rio se lança primeiro com ímpeto no moinho, onde se vê muito atarefado e faz muito movimento, tanto para moer o frumento sob o peso das mós como para agitar o crivo fino que separa a farinha do farelo.

Eis que, já no edifício vizinho, ele enche a caldeira e se abandona ao fogo que o coze para preparar uma bebida para os monges, se por acaso a vinha deu à indústria do vinhateiro a má resposta da esterilidade e se, faltando o sangue do cacho, tiver sido preciso supri-lo com a filha da espiga. Mas o rio não se dá por desobrigado. Os pisões, instalados perto do moinho, o chamam. Ele ocupou-se no moinho a preparar o alimento dos irmãos; há razão para exigir que agora ele pense em suas roupas. O rio não contradiz e não recusa nada do que lhe é solicitado. Levanta ou abaixa alternadamente os pilões, os malhos se preferirem, ou melhor, os pés de madeira (pois esse nome exprime mais exatamente o trabalho saltitante dos pisões), ele poupa os pisoeiros de grande fadiga. Bom Deus! Quantos consolos conferis a vossos pobres serviçais para impedir que uma tristeza grande demais os abata! Como aliviais as penas de vossos filhos que se penitenciam e como lhes evitais a sobrecarga do trabalho! Quantos cavalos se esgotariam, quantos homens cansariam os braços em trabalhos que faz para nós, sem nenhum trabalho de nossa parte, esse rio tão cheio de graça ao qual devemos nossas roupas e nosso alimento! Ele une seus esforços aos nossos e, depois de suportar o calor penoso do dia, só espera de seu trabalho uma única recompensa: a permissão para ir-se livre depois de ter cumprido zelosamente tudo o que lhe foi solicitado. Quando faz girar em rodopio acelerado tantas rodas velozes, sai espumando; é como se ele mesmo estivesse moído e se tornasse mais mole.

Ao sair dali, entra no curtume onde, para preparar os materiais necessários para os calçados dos monges, mostra tanta atividade quanto cuidado; depois divide-se em uma multidão de pequenos braços e vai em seu curso oficioso visitar os diferentes serviços, buscando diligentemente por toda parte os que precisam de seu ministério para qualquer objeto que seja, quer se trate de cozer, peneirar, girar, triturar, regar, lavar ou moer; oferecendo sua ajuda, não a recusando nunca..."

*

A economia do Ocidente medieval tem por objetivo a subsistência dos homens. Não vai além disso. Ou, se parece ultrapassar a satisfação dessa estrita necessidade, é porque a subsistência certamente é uma definição socioeconômica e não puramente material. A subsistência varia conforme as camadas sociais. À massa, basta a subsistência no sentido estrito da palavra, ou seja, o suficiente para a sobrevivência física: alimento antes de tudo, em seguida vestuário e moradia. A economia medieval, portanto, é essencialmente agrária, baseada na terra, que fornece o necessário. Tanto essa exigência da subsistência é a base da economia medieval que, na alta Idade Média, quando ela se instala, há o empenho em estabelecer cada família camponesa – unidade socioeconômica – em uma parcela padrão de terra, capaz de possibilitar a vida de uma família normal: o domicílio, *terra unius familiae**, como diz Beda.

Para as camadas superiores, a subsistência inclui a satisfação de necessidades maiores, deve permitir que mantenham sua categoria, que não decaiam. Sua subsistência é fornecida em pequena parte pelas importações estrangeiras e, quanto ao mais, pelo trabalho da massa.

Esse trabalho não tem como objetivo o progresso econômico, nem individual nem coletivo. Ele implica, ao lado de fins religiosos e morais – evitar o ócio, que é a porta aberta para o diabo, fazer penitência por meio do padecimento, humilhar o corpo –, objetivos econômicos: garantir sua subsistência e a dos pobres incapazes de prover à sua própria. Santo Tomás de Aquino declara ainda na *Suma Teológica*: "O trabalho tem quatro finalidades. Em primeiro lugar e sobretudo deve fornecer a sobrevivência; em segundo, deve fazer desaparecer o ócio, fonte de inúmeros males; em

---

* *terra unius familiae* = terra para uma família [N.T.].

terceiro, deve refrear a concupiscência mortificando o corpo; em quarto, permite oferecer esmolas [...]".

A finalidade econômica do Ocidente medieval é prover à *necessitas*. Essa necessidade legitima a atividade, até mesmo acarreta derrogações de certas regras religiosas. O trabalho dominical, normalmente proibido, será permitido em caso de *necessitas*; o sacerdote, a quem vários ofícios são proibidos, por vezes será autorizado a trabalhar para sua subsistência, os ladrões movidos pela necessidade serão até "desculpados" por alguns canonistas. Raymon de Peñaforte escreve em sua *Suma*, por volta do primeira terço do século XIII: "Se alguém rouba alimento, bebida ou vestuário por causa da necessidade da fome, da sede ou do frio, estará cometendo de fato um roubo? – [...] Não cometerá roubo nem pecado se agir por causa da necessidade". Mas tentar obter mais do que o necessário é pecado, é a forma econômica (uma das mais graves) da *superbia*, do orgulho.

Todo cálculo econômico que vá além da previsão do necessário é severamente condenado. Decerto, os senhores fundiários e, principalmente e antes de tudo, os senhores eclesiásticos, especialmente as abadias que dispunham de gente mais instrumentada intelectualmente, tentaram prever e melhorar a produção de suas terras. Já na época carolíngia, capitulares, polípticos e inventários imperiais ou eclesiásticos – sendo o mais célebre o políptico que Irminon, abade de Saint-Germain-des-Prés, mandou erigir no início do século IX – manifestam esse interesse econômico. A partir do final do século XII, quando a obra escrita por Suger sobre a gestão de sua Abadia de Saint-Denisem meados do século traía o caráter ainda empírico de sua administração, especialistas assumem a administração das grandes senhorias, sobretudo eclesiásticas, tais como as quintas das mais importantes abadias inglesas, em que o vilão encarregado de dirigir a exploração, o *reeve*, devia fornecer todas as contas aos escribas, que vinham anotá-las no dia de São Miguel antes de as submeter à verificação dos auditores. No entanto, diante de uma crise que se anuncia, trata-se mais de continuar a produzir o necessário, administrando e calculando melhor, e de enfrentar, também, os avanços da economia monetária. A desconfiança com relação ao cálculo continua reinando por muito tempo, e sabe-se que é preciso esperar o século XIV para assistir ao surgimento de uma verdadeira atenção ao quantitativo contado – por exemplo, as estatísticas ainda grosseiras de Giovanni Villani para a economia florentina –, também aqui atenção definitivamente resultante mais da crise que atinge as cidades e obriga a contar do que de um desejo de crescimento econômico calculado. Em pleno século XIII, a célebre coletânea italiana de novelas, o *Novellino*, mostra esse estado de espírito hostil ao recenseamento, aos números: "Ao Rei Davi, sendo rei pela graça de Deus, que de pastor de rebanhos o fizera senhor, ocorreu um dia a preocupação de saber, afinal de contas, qual era o número de seus súditos. E foi ato de presunção, e com isso ele desagradou muito a Deus, que lhe enviou seu anjo, fazendo dizer assim: 'Davi, tu pecaste. Eis o que manda dizer-te teu Senhor: desejas permanecer três anos no inferno, ou três meses nas mãos de teus inimigos, ou queres entregar-te para julgamento às mãos de teu Senhor?' Davi respondeu: 'Às mãos de meu Senhor quero me entregar, que Ele faça de mim o que lhe aprouver'. Ora, o que fez Deus? Puniu-o por seu pecado. Por ter-se orgulhado de um número muito grande... um dia aconteceu que, enquanto cavalgava, Davi viu o anjo de Deus com uma espada nua, matando... Imediatamente Davi desmontou e disse: 'Senhor, por Deus! Não mateis os inocentes, matai a mim que sou culpado'. Então, indulgente com essas palavras, Deus fez graça ao povo e cessou o massacre".

Quando houve crescimento econômico no Ocidente medieval – como ocorreu do século XI ao XIII –, este foi resultado de um crescimento demográfico. Tratava-se de enfrentar o maior número de pessoas a serem alimentadas, vestidas, alojadas. Os desmatamentos e a extensão das culturas foram os principais remédios buscados para esse excedente de população. O aumento dos rendimentos pelos processos intensivos (rotação trienal de culturas, estercagem, melhoria dos instrumentos) foi, na intenção, apenas um aspecto secundário.

Era normal que essa indiferença e mesmo essa hostilidade ao crescimento econômico se refletissem no setor da economia monetária e opusesse fortes resistências ao desenvolvimento de um espírito de lucro de tipo pré-capitalista.

A Idade Média, assim como a Antiguidade, conheceu durante muito tempo como forma principal de empréstimo, se não única, o empréstimo de consumo, sendo que o empréstimo de produção permanecia quase inexistente. A cobrança de juros sobre o empréstimo de consumo era proibida entre cristãos e constituía usura pura e simples, condenada pela Igreja. Três textos bíblicos (Ex 22,25; Lv 25,35-37; Dt 23,19-20) condenavam o empréstimo a juros entre judeus, reação contra as influências da Assíria e da Babilônia, em que o empréstimo de cereais era muito desenvolvido. Essas prescrições, embora pouco respeitadas pelos judeus antigos, foram retomadas pela Igreja, com base numa palavra de Cristo: "Emprestai sem nada esperar de volta e vossa recompensa será grande" (Lc 6,34-35). Assim foram deixadas de lado todas as passagens em que Cristo, que nessa frase apenas indicara um ideal para seus discípulos mais perfeitos, fizera alusão, sem as condenar, a práticas financeiras condenadas pela Igreja medieval como sendo de usura. Toda a atitude de Cristo com respeito a Mateus, recebedor ou banqueiro, de todo modo homem de dinheiro, corroborava esse aspecto indulgente do cristianismo para com a finança, que foi quase totalmente ignorado ou silenciado na Idade Média. A Cristandade medieval, ao contrário, depois de condenar o empréstimo de consumo entre cristãos – mais uma prova de sua definição como grupo fechado – e deixar aos judeus o papel de usurários, o que não impediu que as grandes abadias da alta Idade Média desempenhassem em certa medida o papel de "estabelecimentos de crédito", opôs-se por muito tempo ao empréstimo de produção e, mais geralmente, condenou como usura todas as formas de crédito – estimulante, se não condição, do crescimento econômico. Os escolásticos, tal como Santo Tomás de Aquino, pouco compreensivo, ao contrário do que se afirmou, com respeito aos meios do comércio e imbuído das ideias econômicas da pequena nobreza fundiária da qual provinha, buscaram apoio em Aristóteles. Retomaram sua distinção entre economia de tipo familiar, autárquica, e crematística, de tipo comercial, ou melhor, entre crematística natural, visando a simples utilização dos bens – para a subsistência – e louvada por isso, e crematística monetária, prática contrária à natureza e, portanto, condenada. Esses escolásticos extraíram de Aristóteles a afirmação de que o dinheiro não produz naturalmente, portanto não se prolifera: *Nummus non parit nummos**. Por muito tempo toda operação de crédito que rendia juros esbarrava nesse dogma.

De fato, todas as categorias sociais medievais estavam submetidas a intensas pressões econômicas e psicológicas que tinham como resultado,

---

* *Nummus non parit nummos* = O dinheiro não engendra dinheiro [N.T.].

quando não como objetivo, opor-se a qualquer acumulação que pudesse dar origem a algum progresso econômico. A massa camponesa era reduzida ao mínimo vital pelas deduções efetuadas sobre o produto de seu trabalho pelos senhores, sob forma de renda feudal, e pela Igreja, sob forma de dízimos e esmolas. A própria Igreja gastava uma parte de suas riquezas em luxo, em proveito de uma parte de seus membros – alto clero dos bispos, abades e cônegos –, esterilizava uma outra, pela glória de Deus, na construção e ornamentação das igrejas e nas pompas litúrgicas, e empregava o resto na subsistência dos pobres. Quanto à aristocracia laica, ela era convidada a dilapidar seus excedentes em doações, em esmolas e em manifestações de munificência em nome do ideal cristão da caridade e do ideal cavalheiresco da largueza, cuja importância econômica foi considerável. A dignidade e a honra dos senhores consistia em gastar sem contar: o consumo e o esbanjamento próprios das sociedades primitivas absorviam a quase totalidade de suas rendas. João de Meungbem tinha razão, em *O romance da rosa*, ao associar e condenar juntas "largueza" e "pobreza": ambas, solidárias, paralisavam a economia medieval. Quando havia acumulação, enfim, era entesouramento. Entesouramento que esterilizava os objetos preciosos e, além de sua função de prestígio, tinha uma função econômica não criadora. Baixelas preciosas, tesouros monetários fundidos ou postos em circulação após uma catástrofe, em caso de crise, vinham satisfazer nos momentos críticos apenas a subsistência e não alimentavam uma atividade produtiva regular e contínua.

*

A precariedade das técnicas de produção reforçada pelos hábitos mentais condenava a economia medieval à estagnação, à simples satisfação da subsistência e das despesas de prestígio da minoria. Os obstáculos ao crescimento econômico provinham principalmente do próprio regime feudal, do qual dependia, além do mais, o baixo nível tecnológico. O sistema feudal baseia-se na apropriação pela classe senhorial – eclesiástica e laica – de todo o excedente da produção rural assegurada pela massa camponesa. Essa exploração se faz em condições que tiram dos camponeses os meios de contribuir para o progresso econômico, sem que os beneficiários do sistema tenham, por sua vez, possibilidades muito maiores de investimentos produtivos, embora o regime da senhoria banal, a partir do século XI, tenha sido menos contrário ao crescimento do que o regime dominial anterior.

Sem dúvida a renda feudal, ou seja, o conjunto dos rendimentos que a classe senhorial extrai da exploração dos camponeses, nem sempre tem a mesma composição e o mesmo valor. Conforme a época, varia a relação entre as duas partes da senhoria fundiária: o domínio, ou reserva, diretamente explorado pelo senhor – sobretudo graças às corveias de uma parte dos camponeses – e as tenências concedidas aos vilões em troca da prestação de serviços e pagamento de taxas. Também entre as prestações em trabalho e as taxas, entre as taxas em gêneros e as taxas em dinheiro, a proporção varia. As possibilidades de dispor de excedentes naturais ou monetários também variavam consideravelmente conforme as categorias sociais. Embora os senhores em sua maioria fossem "ricos", ou seja, tivessem como prover sua subsistência e o supérfluo necessário para manter sua categoria, também havia "cavalheiros pobres", como aquele de que fala Joinville, que parece até não ter condições de suprir suas necessidades e as de sua família: "Então um pobre cavalheiro chegou numa barca com sua mulher e os quatro filhos que tinha. Eu os fiz comer em meu hotel. Terminada a refeição, chamei os fidalgos que estavam presentes e disse-lhes: 'Façamos uma grande dádiva e tiremos desse pobre homem o encargo de seus filhos; cada um pegue o seu e também eu pegarei um'". Em contrapartida, se a maior parte dos camponeses se mantinha com dificuldade em torno do mínimo vital, alguns conseguiam uma abastança maior.

Essas variações das formas da exploração senhorial não eram de mão única. Sem dúvida os serviços – as corveias – tendem a recuar e até a desaparecer quase em toda parte nos séculos XII e XIII, mas não se trata de um fato geral; sabe-se que a leste do Elba, na Prússia, na Polônia e para além, na Rússia, no final da Idade Média constitui-se uma "segunda servidão" que se prolongará até o século XIX. Decerto, também as taxas em dinheiro tornam-se cada vez mais importantes ao longo dos mesmos séculos XII e XIII com relação às taxas em gêneros, a ponto de, por exemplo, em 1279 atingirem 76% da renda feudal no Buckinghamshire. No entanto, Georges Duby mostrou que em Cluny, ao contrário, especialmente depois de 1150, aumenta a proporção dos produtos do solo nas taxas das senhorias dependentes da abadia.

Mas em todas as regiões e em todas as épocas, pelo menos até o século XIV, a classe senhorial consome em despesas improdutivas as rendas que lhes garante a massa camponesa, assim quase reduzida à satisfação das necessidades essenciais.

Certamente é muito difícil estabelecer um orçamento padrão de senhor ou de camponês. Os documentos são poucos e insuficientes, os níveis de fortuna variam consideravelmente, os métodos de apreciação numérica dos diferentes elementos desse orçamento são difíceis de determinar. Todavia, foi possível estabelecer com grande margem de probabilidade o orçamento de algumas grandes senhorias inglesas no final do século XIII e início do século XIV. O balanço entre as despesas – subsistência, equipamento militar, construções, despesas de luxo – e os rendimentos deixa para as mais ricas apenas possibilidades de investimento que variam entre 3% e 6% dos rendimentos. Quanto a esses rendimentos, eles são constituídos quase exclusivamente pelas rendas feudais, ou seja, o recolhimento sobre o trabalho e a produção dos camponeses. Só no final do século XIII e no século XIV é que a crise da renda feudal, como se viu, leva os senhores que podem a buscar recursos fora da reorganização da exploração senhorial, nos feudos pagos em dinheiro: feudos de bolsa ou feudos-renda, em ganhos militares – resgates –, mais raramente na comercialização mais intensa dos excedentes agrícolas ou na compra de rendas.

Enfim, quando eles parecem favorecer o progresso econômico é, de certo modo, sem querer, pois, permanecendo na lógica do sistema feudal, fazem-no visando não um ganho econômico, mas a uma dedução fiscal. Quando constroem um moinho, um lagar, um forno comum, é para obrigar os camponeses de suas terras a pagar para utilizá-lo ou a obter a isenção dessa obrigação mediante uma taxa. Quando favorecem a construção de uma estrada ou de uma ponte, a instalação de um mercado ou de uma feira, é para cobrar direitos: taxa de ocupação de espaço, pedágio etc.

Em contrapartida, pela dedução da renda feudal a massa camponesa é desapossada de seus excedentes e por vezes de uma parte do necessário. Além de dever ao senhor uma parte considerável do fruto de seu trabalho sob forma de taxas em gêneros ou em dinheiro, sua capacidade de produção é reduzida pelas exações do senhor, que impõe corveias ou direitos de isenção dos serviços, reserva para si, em geral, as melhores terras e a melhor parte do esterco e até toma a pequena parte do orçamento do camponês destinada ao divertimento, ou seja, à ida à taberna da aldeia que, como o lagar, o moinho ou o forno, é uma taberna comum. Michael Postan calculou que, na Inglaterra da segunda metade do século XII, a renda feudal deduz 50% ou um pouco mais dos rendimentos do camponês e que, para a classe dos não livres, isso mal deixa a cada camponês o necessário à sua subsistência e à de sua família.

Quando um camponês consegue aumentar sua terra, em geral não é para aumentar diretamente seus recursos; é para poder produzir o suficiente para se alimentar e pagar a renda feudal, para diminuir a necessidade de vender a qualquer preço uma parte da colheita para pagar as taxas ao senhor e limitar, assim, sua dependência em relação ao mercado.

Embora haja, como veremos, categorias sociais mais abastadas no campesinato, não se deve acreditar que uma parte dos camponeses – os chamados "alodiais", possuidores de uma terra livre, de um "alódio", sobre os quais não incidem nem serviços nem direitos – escapa ao sistema econômico feudal. É fato que esses alodiais, possuidores de uma pequena parcela terra – pois os alódios são, em geral, de dimensões reduzidas – foram, na Idade Média, mais numerosos do que muitas vezes se disse. Em primeiro lugar, mais alódios do que se imaginou parecem ter escapado ao processo de feudalização. Em seguida, o alódio camponês – exceto na Inglaterra, em que os *freeholders* eram no entanto pouco diferentes dos alodiais – reconstituiu-se em parte, nos séculos XI e XII, de várias maneiras: pelos contratos de *complant*, que uniam um camponês a um senhor para a constituição de um vinhedo possuído livremente; por apropriação clandestina, em virtude da negligência de alguns senhores e seus administradores, de um pedaço de terra que era considerado alódio depois de alguns anos de livre possessão; ou ainda pela habilidade de alguns camponeses em criar para si terrenos livres à margem dos desmatamentos senhoriais. Enfim, se até mesmo na França é falso o adágio inventado por juristas, mais próximo da teoria do que da realidade – "não há terra sem senhor" –, mais falso ainda ele é em regiões como a Itália, onde a continuidade urbana manteve nos arredores imediatos das cidades "oásis de independência", segundo as palavras de Gino Luzzatto; como a Espanha, onde as condições especiais da Reconquista permitiram que uma parte dos ocupantes das terras reconquistadas ficasse fora da dependência senhorial; ou como algumas partes da Polônia e da Hungria, onde a desorganização resultante da invasão tártara de 1240-1243 permitiu que alguns camponeses se emancipassem.

Mas a independência desses alodiais não deve levar a engano. Economicamente eles estão sujeitos à dominação de um senhor, pois sobre eles pesam exações diretas ou indiretas por meio dos direitos de justiça e de *ban* que o senhor da região detém, e esses direitos lhe devem ser pagos por dedução sobre os produtos de sua terra. Mais certamente eles dependem do senhor porque este domina o mercado local e, mais ainda, o conjunto da economia da região.

Assim, os próprios alodiais não escapam à exploração econômica da classe senhorial. Pouco se distinguem economicamente da massa camponesa, cuja maior parte está exposta, por causa do pagamento da renda feudal, à pobreza e frequentemente à indigência, ou seja, à precariedade da subsistência, à fome.

*

O resultado desse equipamento técnico ruim ligado a uma estrutura social que paralisa o crescimento econômico é o Ocidente medieval ser um mundo à beira do limite, constantemente ameaçado pelo risco de sua subsistência já não ser garantida, um mundo em equilíbrio marginal.

O Ocidente medieval é antes de tudo o universo da fome. O medo da fome e, muitas vezes, a própria fome o atormentam. No folclore camponês, os mitos de comilança gozam de uma sedução especial: sonho com a *Terra da Cocanha**, que também inspirará Breughel, depois de se ter tornado tema literário tanto no *fabliau* francês *Cocagne* quanto no poema inglês *The Land of Cockaygne*. Na Bíblia, os milagres alimentares, desde o maná do deserto até a multiplicação dos pães, assombram as imaginações, que os encontram na lenda de quase todos os santos, assim como os lemos quase em cada página da *Legenda áurea*.

---

* Terra da Cocanha: terra mitológica em que há fartura de alimentos, prazeres e ócio [N.T.].

Quando, no *Minessang*, a inspiração cortês, na segunda metade do século XIII, dá lugar a um veio realista, camponês, os temas culinários se afirmam e surge um gênero de "poemas de comilança", *Fresslieder*.

Essa obsessão da fome se encontra, por contraste, entre os ricos, nos quais, como veremos, o luxo alimentar, a ostentação da comida, expressa – nesse nível fundamental – um comportamento de classe. Aliás, não se enganavam os pregadores que consideravam a glutonaria, ou, como se dizia então, a *gula*, um dos pecados típicos da classe senhorial.

O *Roman de Renarté*, a esse respeito, um documento extraordinário. Teatro, epopeia da fome, ele nos mostra Renart, sua família, seus amigos, constantemente movidos pelo apelo da barriga vazia. O motor de quase todos os "ramos" do ciclo é a fome onipresente e onipotente. Roubo de presuntos, arenques, enguias, do queijo do corvo, caça às galinhas, aos passarinhos. "Era o tempo em que terminava o verão e voltava a estação de inverno. Renart estava então em sua casa. Ao despendurar o guarda-comida, foi uma cruel decepção constatar que dentro dele nada havia para pegar [...]". "Renart, que se pusera a caminho logo de manhãzinha, pressionado pela fome [...]". "Foram-se os dois por uma trilha, ambos prestes a desfalecer, tão grande e dura era sua fome. Ora, por maravilhoso acaso, encontraram uma bela linguiça à beira do caminho [...]". "Renart encontrava-se em sua casa de Malpertuis sem provisões nem víveres, a tal ponto que bocejava de fome e muito padecia em seu corpo [...]". "Renart encontrava-se em sua chácara em Malpertuis, mas como estava triste e preocupado seu coração, pois não tinha nenhum alimento. Estava magro e fraco, de tanto que a fome atormentava suas entranhas. Vê chegar à sua frente seu filho Rovel, chorando de fome, e Hermeline, sua mulher, também faminta [...]".

Assim, numa gesta paródica, quando Renart e seus companheiros tornaram-se barões, a primeira pressa que tiveram foi lançar-se numa comilança, e a miniatura imortalizou o banquete dos animais transformados em senhores: "Senhora Hersent os festeja com alegria e lhes prepara a melhor comida possível: cordeiro, carne assada, capão de panela; traz de tudo em abundância, e os barões comem à vontade".

Já as canções de gesta tinham dado lugar a gigantes de apetite desmedido – próximos do folclore camponês, ancestrais de Pantagruel, irmãos dos ogros. O mais famoso aparece em *Aliscans*: é Renouart do bastão, o gigante de gula fabulosa, que devora um pavão em dois bocados.

Encontra-se a obsessão alimentar não só na hagiografia como também nas genealogias reais fabulosas. Várias dinastias medievais têm como ancestral legendário um rei camponês, provedor de alimento, em que se identifica o mito dos antigos reis e heróis alimentadores, como Triptólemo ou Cincinato. Assim, entre os eslavos, Przemysl, ancestral dos Przemyslide da Boêmia, que, segundo o cronista Cosmas, é arrancado de sua charrua para ser feito rei, conforme mostra um afresco do século XII da Igreja de Santa Catarina de Znojmo, ou Piast, que inaugura a primeira dinastia polonesa, ao qual Gallus Anonymus chama de lavrador, *arator*, de camponês, *agricola*, e também de porqueiro: *qui etiam porcellum nutriebat**, o que o aproxima dos bretões da Grã-Bretanha, de quem a *Legenda áurea* nos diz: "Saint Germain, por ordem de Deus, mandou vir o porqueiro e sua mulher; e, para grande espanto de todos, proclamou rei aquele homem que o acolhera (*arator hospitali*s**, diz também Gallus Anonymus de Piast). Desde então a nação dos bretões é governada por reis provenientes de uma raça de porqueiros". Um poema do século IX dizia sobre Carlos Magno:

> *Eis o grande imperador*
> *Da boa colheita bom semeador*
> *E sábio agricultor* (prudens agricola).

O mais terrível, talvez, nesse reinado da fome, é ele ser ao mesmo tempo arbitrário e inevitável. Arbitrário por estar ligado aos caprichos da natureza. A causa imediata da fome é a má colheita, ou seja, o desregramento da ordem natural: seca ou inundações. No entanto, além de às vezes o rigor excepcional do clima causar uma catástrofe alimentar – uma fome –, por toda parte, com bastante regularidade, a cada três, quatro ou cinco anos, uma penúria de trigo produz uma escassez de efeitos mais limitados, menos dramáticos, menos espetaculares, no entanto mortíferos.

---

* *qui etiam porcellum nutriebat* = que até mesmo criava leitões [N.T.].

** *arator hospitalis* = lavrador hospitaleiro [N.T.].

De fato, a cada mau momento desenvolve-se um ciclo infernal. De início, portanto, há uma anomalia climática que tem por consequência uma má colheita. O resultante encarecimento dos gêneros alimentícios faz aumentar a indigência dos pobres. Os que não morrem de fome ficam expostos a novas ameaças. O consumo de alimentos de má qualidade – ervas ou farinhas impróprias para consumo, alimentos estragados, e às vezes até mesmo terra, sem contar carne humana, cuja menção não se deve atribuir a algum cronista fabulador – acarreta males com frequência mortais ou um estado de subnutrição que propicia doenças debilitantes e, às vezes, fatais. O ciclo evolui assim: intempérie, escassez, aumento dos preços, epidemia ou, pelo menos, como se dizia na época, "mortandade", ou seja, inflação do número de mortes.

O que confere, mais do que tudo, uma repercussão catastrófica aos caprichos da natureza é a fragilidade da técnica e da economia medievais e, sobretudo, a impotência dos poderes públicos. Sem dúvida as crises de fome existiam no mundo antigo, por exemplo no mundo romano. Também nesse caso a precariedade dos rendimentos explicava a ausência ou a mediocridade dos excedentes que poderiam constituir estoques para serem distribuídos ou vendidos em tempos de penúria. Mas a organização municipal e estatal mal conseguia constituir um sistema de estocagem e distribuição dos víveres. Pensemos na importância dos celeiros, dos silos, *horrea*, tanto nas cidades como nas *villas* romanas. A manutenção adequada de uma rede de estradas e de comunicações, a unificação administrativa permitia também, em certa medida, transportar ajuda em víveres de uma região de abundância ou de suficiência para uma região de penúria.

De tudo isso quase nada mais resta no Ocidente medieval. Insuficiência dos transportes e das estradas, multiplicidade das "barreiras alfandegárias": impostos, pedágios recolhidos por cada pequeno senhor, a cada ponte, a cada ponto de passagem obrigatório, sem contar os salteadores ou os piratas, quantos obstáculos ao que se chamará na França, até 1789, "a livre circulação dos grãos"! Decerto, os grandes senhores laicos e principalmente eclesiásticos – os ricos mosteiros –, os príncipes e, a partir do século XII, as cidades constituem estoques e, em tempo de escassez ou fome, fazem distribuições extraordinárias dessas reservas ou tentam até importar víveres. Galbert de Bruges conta que o conde de Flandres, Carlos o Bom, empenha-se em 1125 na luta contra a fome em seus estados: "Mas o bom conde aplicava-se em satisfazer às necessidades dos pobres por todos os meios, a distribuir esmolas nas cidades e aldeias dependentes dele, seja pessoalmente, seja por seus administradores. Alimentava cotidianamente cem pobres em Bruges, concedendo um pão grande a cada um desde antes da Quaresma até a nova colheita. Tomou as mesmas disposições em suas outras cidades. No mesmo ano o senhor conde decretou que na época das semeaduras quem semeasse duas medidas de terra deveria semear uma de favas e ervilhas, pois esse tipo de planta produzia mais depressa e mais cedo, o que permitiria sustentar mais depressa os pobres, se a fome e a escassez não cessassem ao longo do ano. Ele também havia recomendado por todo o seu condado que se remediassem no futuro as necessidades dos pobres na medida do possível. Repreendeu a atitude vergonhosa da gente de Gand que deixara os pobres morrerem de fome diante de suas portas, em vez de lhes dar o que comer. Proibiu a fabricação da cerveja para permitir melhor alimentar os pobres. Ordenou, com efeito, que o pão fosse feito com aveia, para que os pobres pudessem pelo menos subsistir a pão e água. Taxou o vinho a seis soldos o quarto para impedir a especulação dos comerciantes, que seriam obrigados, assim, a substituir seus estoques de vinho por outras mercadorias, o que possibilitaria aos pobres subsistirem mais facilmente. Fez com que se apanhasse em sua própria mesa, todos os dias, o suficiente para nutrir cento e treze pobres [...]".

Esse texto, além de nos mostrar uma das raras tentativas medievais de ultrapassar a simples caridade por meio de uma política de auxílio alimentar, lembra-nos, entre muitos outros, dois fatos importantes. Em primeiro lugar, o receio que se tinha da repetição das más colheitas. A previdência alimentar não podia estender-se para além de um ano. A precariedade dos rendimentos, a lenta introdução da rotação trienal de culturas que permitia semear trigos de inverno, a mediocridade das técnicas de conservação permitiam no máximo esperar que se pudesse garantir o fornecimento entre a colheita do ano decorrido e a nova colheita.

Temos inúmeros testemunhos da má conservação dos produtos e de sua vulnerabilidade às destruições naturais ou animais. Talvez não seja muito importante que a Idade Média não saiba conservar o vinho corretamente, que seja preciso tomar o vinho do ano ou recorrer a procedimentos que alteram seu sabor. É principalmente uma questão de sabor, e além do mais o vinho, apesar do grande consumo, não é um produto essencial à subsistência. São queixas de grande senhor eclesiástico – por mais que se inclinasse ao ascetismo – as de Pierre Damien, ao atravessar a França em 1063, para presidir um concílio em Limoges como núncio do papa. "Na França reina por toda parte o hábito de introduzir pez no tonel antes de nele encerrar o vinho; os franceses dizem que lhe dá cor, mas a muitos estrangeiros isso dá náusea. Esse vinho logo nos provocou coceira na boca." E observemos que, embora o problema da água potável não tenha atingido a proporção que apresenta nas regiões semidesérticas ou nas grandes aglomerações modernas, às vezes ele se colocava no Ocidente medieval. O mesmo Pierre Damien, desgostoso com o vinho francês, acrescenta: "Só com muita dificuldade, neste país, é que por vezes se encontra água potável".

Há também os malefícios dos ratos, que encontramos nas crônicas e nas lendas. Os Anais da Basileia apontam, no ano de 1271: "os ratos devastam os trigos; grande escassez", e a história do *Rattenfänger** de Hamelin, o flautista que, em 1284, sob pretexto de livrar a cidade dos ratos que a infestavam, teria atraído para longe todas as suas crianças, mistura temas folclóricos à luta contra os nefastos roedores. Os cronistas nos informam sobretudo os malefícios dos insetos nos campos: invasões raras de gafanhotos que, depois das grandes nuvens de 873 que se estenderam da Alemanha à Espanha, quase só se encontram na Hungria e na Áustria no outono de 1195, como observa o analista de Klosterneuburg; pululam besouros que, em 1309-1310, assolam durante dois anos, segundo os Anais de Melk, os vinhedos e os pomares da Áustria. Mas a ação dos insetos nocivos exerce-se ainda mais intensamente sobre as colheitas armazenadas.

O mais catastrófico era a repetição, por dois e às vezes três anos seguidos, de uma colheita má.

As vítimas habituais dessas fomes e das epidemias que frequentemente as acompanham são as camadas inferiores da população, os pobres.

Estes, com efeito, cujos excedentes são absorvidos pelas exações dos senhores, não podem constituir estoques. Desprovidos de dinheiro, mesmo quando a economia monetária se difunde, eles são incapazes de comprar víveres aos preços proibitivos das mercadorias.

---

* *Rattenfänger*, literalmente "caçador de ratos". Trata-se de *O flautista de Hamelin*, conhecido conto tradicional alemão [N.T.].

As medidas tomadas por algumas autoridades para lutar contra os que estocam mercadorias e os especuladores são raras e, muitas vezes, ineficazes, particularmente porque a importação de grãos estrangeiros é difícil, como vimos. Sem dúvida, em 1025, por exemplo, o bispo de Paderborn, Meinwerk, "em período de grande fome mandou comprar frumento em Colônia e mandou carregá-lo em dois navios, que o levaram para a região baixa do país, onde o mandou distribuir".

Carlos o Bom, de Flandres, é obrigado a reprimir os clérigos esquecidos de seus deveres de doações alimentares na época da grande escassez de 1125. "Aconteceu que comerciantes do sul trouxeram em um navio uma grande quantidade de grãos. Sabendo disso, Lambert de Straet, cavaleiro, irmão do preboste de São Donaciano, com seu filho, Boscard, compraram a preços baixos todos esses grãos do sul, e também todos os dízimos das colegiais e dos mosteiros de Saint Winnoc, de Saint Bertin, de São Pedro de Gand e de Saint Bavon. Seus celeiros se encheram de trigo e de todos os tipos de grãos; então eles os vendiam tão caro que os pobres não os podiam comprar."

"Os protestos da multidão, e particularmente dos pobres, chegaram aos ouvidos do piedoso Príncipe Carlos, que convocou o preboste e Lambert, seu irmão, para perguntar-lhes que quantidade de trigo tinham em seus celeiros, repreendendo-os por sua desumanidade e sua maldade, sobretudo por sua crueldade para com os pobres. O preboste jurou então que tinha apenas com que sustentar sua colegial por sete semanas, e Lambert de Straet que não tinha o suficiente para alimentar a ele e sua família por um mês.

Então o piedoso Carlos declarou que queria todos os pães deles e que se encarregaria de alimentar a colegial de São Donaciano, com o preboste e sua família, e também Lambert com todos os seus, durante a metade de um ano. Depois o piedoso conde ordenou a Tammarde, seu esmoleiro, que abrisse todos os celeiros do preboste e de Lambert, que vendesse os grãos ao povo por preços honestos, mas que os distribuísse pelo amor de Deus aos pobres e aos doentes, e que finalmente reservasse a quantidade suficiente para a alimentação da colegial do dito preboste e de seu irmão Lambert com sua família pelo período de um ano. [...]"

Uma vez distribuídos os grãos, a escassez terminou; esses grãos foram suficientes para a cidade de Bruges, para Ardenburg e para Oudenburg durante um ano."

Decerto, a fome é atributo do homem. É o preço do pecado original, como diz o *Elucidarium*. "A fome é um dos castigos do pecado original. O homem fora criado para viver sem trabalhar, se desejasse. Mas depois da queda só pôde se redimir pelo trabalho... Deus lhe impôs a fome, portanto, para que ele trabalhasse sob a coerção dessa necessidade e que, por esse meio, pudesse voltar às coisas eternas."

Mas, tal como a servidão, outra consequência do pecado original, se concentra na classe dos servos, a fome se limita, salvo exceção, à categoria dos pobres. Essa discriminação social das calamidades que atingem os pobres e poupam os ricos é tão normal na Idade Média que todos se surpreendem quando sobrevém um flagelo que mata todas as classes indistintamente: a peste negra.

O admirável livro de Fritz Curshmann, *Hungersöte im Mittelalter* (As fomes medievais) coligiu centenas de textos de crônicas que, até a grande fome de 1315-1317, discorrem sem trégua sobre o fúnebre cortejo das intempéries, das fomes, das epidemias com seus episódios assustadores, inclusive canibalismo, e seu inevitável desfecho: as mortandades e suas vítimas preferenciais, os pobres.

Eis no início do século XI, para os anos 1032-1034, o célebre texto de Raoul Glaber, monge de Cluny: "A fome pôs-se a estender sua devastação e era de temer o desaparecimento do gênero humano quase todo. As condições atmosféricas tornaram-se tão desfavoráveis que não se encontrava tempo propício para nenhuma semente e, sobretudo por causa das inundações, não houve meio de fazer as colheitas. [...] Chuvas contínuas tinham encharcado a terra toda, a ponto de, durante três anos, ser impossível cavar sulcos capazes de receber as sementes. Na época da colheita, as ervas selvagens e o joio nefasto tinham coberto toda a superfície dos campos. Um moio de semente, onde melhor rendia, dava na colheita um sesteiro, e esse sesteiro, por sua vez, mal produzia um punhado. Se por acaso se encontrasse algum alimento à venda, o vendedor podia exigir por ele, a seu grado, um preço excessivo. Entretanto, depois de comerem os animais selvagens e os pássaros, os homens se puseram, por imposição de uma fome devoradora, a catar para comer todos os tipos de carniça e coisas horríveis de mencionar. Alguns, para escapar da morte, recorreram às raízes das florestas e às algas dos rios. Enfim, o horror embarga a narração das perversões que reinaram então em meio ao gênero humano. Que desgraça! Ó dor! Coisa que raramente se ouviu no decorrer dos tempos, uma fome devastadora fez com que os homens devorassem carne humana. Viajantes eram capturados por outros mais fortes do que eles, seus membros eram cortados, cozidos ao fogo e devorados. Muitas pessoas que iam de um lugar para outro, fugindo da fome, e que tinham encontrado hospitalidade no caminho, à noite foram estranguladas e serviram de alimento para os que as haviam acolhido. Muitos, mostrando um fruto ou um ovo para uma criança, atraíam-na para lugares afastados, a massacravam e a devoravam. Os corpos dos mortos foram arrancados da terra em muitos lugares e também serviram para aplacar a fome.

Fez-se então, na região de Mâcon, uma experiência que, pelo que sabemos, ainda não fora tentada em lugar nenhum. Muitas pessoas extraíam do solo uma terra branca semelhante à argila, misturavam-na ao que tinham de farinha de farelo e com essa mistura faziam pães graças aos quais contavam não morrer de fome; essa prática, contudo, trazia apenas esperança de salvação e um alívio ilusório. Só se viam rostos pálidos e macilentos; muitos apresentavam a pele distendida pelo inchaço; a própria voz humana tornava-se esganiçada, como gritinhos de pássaros moribundos. Os cadáveres, cuja grande quantidade obrigava a abandonar aqui e ali sem sepultura, serviam de pasto aos lobos, que depois continuaram por muito tempo a procurar sua ração entre os homens. E, como não se conseguia, dizíamos, enterrar cada um individualmente por causa da grande quantidade de mortos, em alguns lugares, homens tementes a Deus escavavam o que chamamos correntemente de valas comuns, nas quais os corpos dos defuntos eram jogados aos quinhentos ou mais, dependendo do espaço, amontoados, seminus ou descobertos; as encruzilhadas, as bordas dos campos também serviam de cemitérios. Se alguns ouviam dizer que poderiam estar melhor se fossem para outras regiões, muitos eram os que morriam de inanição pelo caminho".

Mesmo no século XIII, em que as grandes fomes parecem mais raras, a litania sinistra prosseguia. 1221-1223: "Houve várias chuvas diluvianas e inundações durante três anos na Polônia, das quais resultaram a fome durante dois anos, e muitos morreram". 1233: "Houve grandes geadas e as colheitas se congelaram; daí seguiu-se uma grande fome na França". E nesse mesmo ano: "Fome muito violenta na Livônia, a ponto de os homens devorarem uns aos outros; e despenduravam-se os ladrões das forcas para devorá-los". 1263: "Houve uma fome muito intensa na Morávia e na Áustria, muitos morreram de fome, comiam-se as raízes e as cascas das árvores". 1277: "Houve na Áustria, na Ilíria e na Caríntia uma tal fome que os homens comiam gatos, cachorros, cavalos e cadáveres". 1280: "Houve uma grande escassez de todas as coisas, de grão, carne, peixe, queijo, ovos, a tal ponto que dificilmente encontravam-se para comprar dois ovos de galinha por um denário, ao passo que havia pouco tempo comprava-se em Praga cinquenta ovos por um denário. E aquele ano não foi possível semear as sementes de inverno, exceto nas regiões distantes de Praga, e, onde foi possível semear, foi apenas muito pouco; também uma intensa fome se abateu sobre os pobres e muitos indigentes morreram de fome".

Fome e pobres tornam-se um flagelo nas cidades, a tal ponto que o folclore urbano imagina depurações de famintos comparáveis, sob aparência mais realista, à lenda de Hamelin.

Assim, esta história genovesa segundo o *Novellino* do século XIII: "Houve em Gênova uma grande carestia causada por uma penúria de víveres, e lá havia mais vagabundos do que em qualquer outra terra. Arranjaram-se algumas galeaças e alguns remadores, pelos quais se pagou, depois anunciou-se que todos os pobres deveriam ir à beira-mar, onde receberiam pão da comuna. Chegaram tantos que foi uma maravilha... Todos embarcaram. Os condutores se ativaram. Forçaram os remos na água e desembarcaram toda aquela multidão na Sardenha. Lá havia do que viver. Eles os abandonaram; assim, em Gênova, cessou a grande carestia".

★

Não esqueçamos, finalmente, que o gado é especialmente atingido nessas calamidades. Vítima de suas próprias penúrias e de suas próprias doenças (epizootias constantemente repetidas), em tempo de fome, além do mais, ele é abatido pelos homens, em primeiro lugar porque estes querem preservar o alimento que normalmente lhe é reservado (especialmente a aveia), e também porque sua carne fornece alimento aos famintos. Aliás, observa-se que nessas ocasiões o consumo de carne é autorizado pela Igreja na Quaresma: "Naquele tempo (por volta do ano 1000)", escreve Adhémar de Chabannes, "o mal dos ardentes irrompeu entre os limusinos... O Bispo Audouin, vendo durante a Quaresma os habitantes de Évaux à mercê da escassez, decidiu, para impedir que morressem de fome, que eles poderiam comer carne". Em 1286, o bispo de Paris permitiu que os pobres comessem carne na Quaresma, por causa da intensa escassez. Mundo à beira da fome, mundo subnutrido e mal-alimentado.

Daí, cortejo da fome, as epidemias causadas pela ingestão de alimentos impróprios ao consumo e, sobretudo, a mais impressionante de todas, o mal dos ardentes, causado pelo esporão do centeio – e provavelmente também de outros cereais –, que aparece na Europa no final do século X.

Segundo conta Sigebert de Gembloux, 1090 "foi um ano de epidemia, sobretudo na Lotaríngia ocidental, muitos apodrecendo sob o efeito do fogo sagrado que consumia o interior de seus corpos, com os membros queimados, pretos como cravão, ou morriam miseravelmente ou então, com as mãos e os pés em putrefação amputados, eram poupados para viver mais miseravelmente ainda..."

Em 1109 vários cronistas anotam que a epidemia de fogo, *pestilentia igniaria*, "devastou de novo a carne humana".

Em 1235, segundo Vincent de Beauvais, "uma grande fome reinou na França, sobretudo na Aquitânia, de modo que os homens comeram as ervas dos campos e os animais. Um sesteiro de trigo subiu para cem soldos no Poitou. E houve uma grande epidemia: os pobres foram devorados pelo 'fogo sagrado' em tão grande número que a Igreja de Saint Maixent se encheu com os que para lá eram levados".

O mal dos ardentes deu origem a uma devoção particular que levou à fundação de uma ordem. O movimento eremítico do século XI deu destaque, como vimos, a Santo Antônio. Eremitas do Dauphiné afirmaram, em 1070, ter recebido de Constantinopla as relíquias do santo anacoreta. O mal dos ardentes, então, assolava a região. As relíquias de Santo Antônio adquiriram a reputação de os curar e o fogo sagrado foi batizado de "fogo de Santo Antônio". A abadia que mantinha os restos milagrosos tornou-se Saint-Antoine-en-Viennois e se expandiu até a Hungria e a Terra Santa. Os antonitas (ou antoninos) acolheram em suas abadias-hospitais os doentes e, especialmente, os gangrenados. Seu grande hospital em Saint-Antoine-en-Viennois recebeu o nome de hospital dos "desmembrados". Seu convento parisiense deu nome ao *Faubourg Saint-Antoine*. É curioso vê-lo, se não fundado, pelo menos reformado em 1198 por Foulques de Neuilly, famoso pregador que começa por vociferar contra os usurários, os açambarcadores de víveres em tempo de fome, e acaba por pregar a cruzada, aquela cruzada cujos primeiros fanáticos no final do século XI são os camponeses dizimados pela epidemia de fogo sagrado de 1094 e pelos outros flagelos da época. Os pobres camponeses da Primeira Cruzada, em 1096, provêm sobretudo das regiões mais atingidas por essa calamidade: Alemanha, países renanos, leste da França.

Chegada do esporão do centeio ao Ocidente, fomes, mal dos ardentes, geradores de convulsões, de alucinações, ação dos antonitas, fervor da Cruzada popular, é todo um complexo em que se capta o mundo medieval em suas desgraças físicas, econômicas, sociais e em suas reações mais desenfreadas e mais espiritualizadas. Voltaremos a encontrar a propósito das dietas alimentares e do papel do milagre na medicina e na espiritualidade medievais esses nós de misérias, de desregramentos e de ímpetos que são o quinhão da Cristandade da Idade Média nas profundezas de suas camadas populares.

Ora, mesmo fora desses períodos excepcionais de calamidade, o mundo medieval é destinado a todo um séquito de doenças que unem as desgraças físicas às dificuldades econômicas e aos transtornos da sensibilidade e do comportamento.

A má alimentação e a mediocridade de uma medicina que oscila entre receitas de comadre e teorias pedantes engendram misérias físicas pavorosas e uma mortalidade de países subdesenvolvidos. A esperança de vida é baixa, mesmo que se tente calculá-la sem levar em conta a assustadora mortalidade infantil e numerosos abortos de mulheres malnutridas e obrigadas a trabalhar duramente. A esperança de vida que se estabelece por volta de 70-75 anos nas sociedades industriais contemporâneas mal devia ultrapassar os 30 anos no Ocidente medieval. Guilherme de Saint-Pathus, nomeando as testemunhas no processo de canonização de São Luís, chama um homem de 40 anos de homem de "idade prudente"* e um homem de 50 anos, homem de "idade avançada"**.

A deficiência física – principalmente na alta Idade Média – também era encontrada entre os grandes; os esqueletos dos guerreiros merovíngios revelaram graves cáries dentárias, consequência de má alimentação, e a mortalidade infantil não poupava as famílias reais. Mas a má saúde e a morte precoce eram quinhão principalmente das classes pobres, que a exploração feudal levava a viver à beira do limite nutricional e que as colheitas ruins lançavam no abismo da fome, tanto menos tolerada quanto os organismos eram mais vulneráveis. Encontraremos no capítulo dos milagres o papel dos santos curadores e nutridores. Vamos apresentar aqui apenas o quadro lamentável das grandes doenças medievais, cujo vínculo com uma alimentação insuficiente e de má qualidade é evidente.

A mais difundida e mais mortal das doenças endêmicas medievais foi sem dúvida a tuberculose, decerto correspondente ao "langor" a que tantos textos fazem menção.

Em seguida vêm as doenças de pele, antes de tudo a terrível lepra, da qual voltaremos a falar. Mas abscessos, gangrenas, sarna, úlceras, tumores, cancros, eczema (fogo de São Lourenço), erisipela (fogo de São Silvano) mostram-se, nas miniaturas, nos textos pios. Duas figuras deploráveis frequentam a iconografia medieval: Jó (santificado em Veneza, onde há uma Igreja San Giobbe, e em Utrecht, onde foi construído um Hospital Saint Job), coberto de úlceras, raspando suas chagas com uma faca; o pobre Lázaro, sentado à porta do rico mau com seu cão que lhe lambe os abscessos, em uma imagem em que doença e pobreza estão justamente unidas.

As escrófulas, úlceras frequentemente tuberculosas, são tão representativas das doenças medievais que a tradição conta que são curadas pelos reis da França e da Inglaterra, dotados de poder de cura.

As doenças de carência e de malformação são igualmente numerosas. O Ocidente medieval está cheio de cegos de olhos furados e pupilas vazadas, de estropiados, corcundas, bociosos, mancos, paralíticos.

---

* No francês, *avisé âge* [N.T.].

** No francês, *grand âge* [N.T.].

As doenças nervosas constituem mais uma categoria impressionante: epilepsia (ou Mal de São João), dança de São Guido, pela qual se invoca São Willibrord, que promove em Echternach, no século XIII, uma *Springprozession*, dança procissional nos limites da feitiçaria, do folclore e da religiosidade mórbida. Com o mal dos ardentes penetra-se mais profundamente no mundo do desvario e da loucura. Loucuras leves e furiosas dos lunáticos, frenéticos insanos, diante das quais a Idade Média hesita entre uma repulsa, que uma terapia supersticiosa (o exorcismo dos possuídos) tenta tranquilizar, e uma tolerância simpática que desemboca no universo das cortes (o bobo dos senhores e dos reis), do jogo (o *fou*[*] no xadrez) e do teatro (o jovem camponês louco – o *dervé* – do *Jeu de la feuillée*[**], do século XII, anuncia as sotias da Idade Média). A *Fête des fous*[***] prepara o grande desenfreio do Renascimento, em que os dementes brincam desde *A nau dos insensatos* até as comédias de Shakespeare, esperando soçobrar com a repressão da idade clássica, no "grande confinamento" dos hospitais-prisões denunciados por Michel Foucault em sua *História da loucura*.

E, na própria origem da vida, as inúmeras doenças de crianças que tantos santos padroeiros se empenham em aliviar, mundo do sofrimento e da aflição infantil: dor de dente, acalmada por Santo Agapito; convulsões, tratadas por Santo Cornélio, São Giles e muitos outros; raquitismo, remediado por Santo Albino, São Fiacre, São Firmino, São Macou; cólicas, também curadas por Santo Agapito na companhia de São Cirou de São Germano de Auxerre.

É preciso pensar na fragilidade física, no terreno fisiológico próprio a cultivar, em bruscos florescimentos de crises coletivas, as doenças do corpo e da alma, as extravagâncias da religiosidade. A Idade Média foi campo por excelência dos grandes medos e das grandes penitências coletivas, públicas e físicas. Já em 1150 os cortejos de carregadores de pedra nos canteiros das catedrais detêm-se periodicamente para sessões de con-

---

[*] *Fou* = louco. Em francês, no jogo de xadrez o *fou* é a peça que, em português, chama-se "bispo" [N.T.].

[**] *Jeu de la feuillée* = Jogo da folhagem, peça do troveiro francês Adam de la Halle, também chamado Adam Corcunda (1237-1285) [N.T.].

[***] *Fête des fous* = Festa dos loucos [N.T.].

fissão pública e de flagelação recíproca. Em 1260 outra crise faz surgir flagelantes na Itália, depois no resto da Cristandade, até que a Grande Peste de 1348 desencadeie procissões alucinadas que a imaginação de um Ingmar Bergman soube recriar no cinema contemporâneo em *O sétimo selo*. No próprio nível da vida cotidiana, os organismos subnutridos, mal-alimentados, predispõem-se a todas as divagações do espírito: sonhos, alucinações, visões. O diabo, os anjos, os santos, a Virgem, o próprio Deus podem aparecer. Os corpos estão preparados para percebê-los e levam os espíritos a recebê-los.

*

O Ocidente medieval vive sob a perpétua ameaça desse limite. As insuficiências da técnica e do equipamento criam, uma vez que há um desvio das circunstâncias normais, gargalos de estrangulamento. Na região de Worms, em 1259, uma colheita excepcionalmente abundante de vinho esbarra na insuficiência de recipientes para conservá-lo, "de tal modo que os recipientes eram vendidos mais caro do que o vinho". Em 1304, na Alsácia, uma colheita especialmente generosa de cereais e de vinho provoca a derrocada dos preços locais, tanto mais que a fabricação de pão é interrompida pela seca dos rios e a incapacidade dos moinhos, reduzidos à inatividade, o transporte do vinho é impossível pelo Reno, cujas águas estão tão baixas a ponto de se poder atravessá-lo a vau em vários locais entre Salzburgo e Basileia, e a insuficiência e o alto preço dos transportes por terra não permite suprir a carência do rio.

Mas essa exploração devoradora de espaço também era destruidora de riquezas. Ora, o homem era incapaz de reconstituir ou de esperar que se reconstituíssem naturalmente as riquezas naturais que ele destruía então.

Os desmatamentos, sobretudo a queimada devoradora de "terras virgens"*, esgotavam as terras e sobretudo destruíam uma riqueza aparentemente ilimitada no mundo medieval: a madeira.

---

* No francês, *terre gaste*, ou seja, terras selvagens, intocadas [N.T.].

Entre muitos outros textos, há um que mostra até que ponto a economia medieval torna-se muito depressa impotente diante da natureza, pois a resposta da natureza a um progresso técnico que, excepcionalmente, a violenta é o esgotamento que faz o progresso recuar. No território de Colmar, nos Baixos Alpes franceses, os cônsules da cidade ordenam, no final do século XIII, a destruição das serras hidráulicas que provocam o desflorestamento da região. Essa medida tem como consequência a invasão dos bosques por uma multidão de "homens pobres e indigentes", *homines pauperes et nihil habentes*, armados de serras manuais que fazem "cem vezes mais estragos". Multiplicam-se os textos e as medidas para proteger as florestas, cujo retraimento ou desaparição, além de acarretar uma redução dos recursos essenciais – madeira, caça, mel silvestre –, agrava os efeitos do escoamento de maneira muitas vezes catastrófica em certas regiões e certos solos – sobretudo em regiões mediterrâneas. No extremo sul dos Alpes, da Provence à Eslovênia, a partir de 1300 vê-se uma organização da proteção aos bosques e florestas. A assembleia geral dos homens de Folgara, no Trentino, reunida em 30 de março de 1315 em praça pública, prescreve:

"Quem for apanhado cortando madeira do monte na Galilène até o caminho dos Costa que leva ao monte, e do cimo até a planície, pagará cinco soldos por cepo.

Que ninguém ouse cortar fustes de larício para fazer lenha no monte, sob pena de cinco soldos por tronco".

Nesse caso, o homem não é o único culpado. O gado vagueando nos campos ou prado é devastador. As "defesas" – lugares proibidos à errância e à pastagem dos animais, sobretudo das cabras, grandes inimigas dos camponeses medievais – se multiplicam.

A crise descrita sob o nome de crise do século XIV anuncia-se por um abandono das terras ruins, das terras marginais nas quais viera morrer a onda de desmatamentos surgida do impulso demográfico. Já no final do século XIII, especialmente na Inglaterra, as terras incapazes de se reconstituir, cujos baixos rendimentos tornam-se inferiores ao mínimo econômico, são abandonadas... As charnecas e a mata voltam a se apossar delas. A humanidade medieval não volta a seu ponto de partida, mas não pode ampliar suas clareiras cultivadas tanto quanto deseja. A natureza lhe oferece resistência e às vezes lhe impõe uma repressão vitoriosa. Isso é fato desde a Inglaterra até a Pomerânia, sendo que os textos nos falam, no século XIV, de *"manses* cobertos pela areia trazida pelo vento e, por isso, deixados desertos ou, pelo menos, incultos".

Esgotamento da terra: é o mais importante para a economia medieval, essencialmente rural.

Mas, quando se delineava uma expansão da economia monetária, também ela, entre outras dificuldades, esbarrava rapidamente numa limitação natural: o esgotamento das minas. Apesar da retomada da cunhagem do ouro no século XIII, o metal importante era a prata. Ora, o final do século XIII assiste ao declínio das minas tradicionais no Derbyshire e no Devonshire, no Poitou e no Maciço Central, na Hungria e na Saxônia. Também nesse caso o gargalo de estrangulamento era antes de tudo a técnica. A maioria dessas velhas explorações atingira o nível em que era grande o perigo de inundação, deixando o mineiro impotente diante da água. Às vezes, também, os filões pura e simplesmente se esgotavam.

Afonso de Poitiers, irmão de São Luís, preocupado em coletar metal precioso para a Cruzada de Túnis, queixa-se a seu senescal de Rouergue da "quantidade tão pequena de prata" produzida pela mina de Orzeals. Ordena que lá se empregue todo o equipamento técnico possível: moinhos de água, de vento, ou, em falta disso, cavalos e braços, e que se aumente o número de trabalhadores. Em vão...

Decerto, novas minas são acionadas na Boêmia, na Morávia, na Transilvânia, na Bósnia, na Sérvia. Mas sua produção não basta às necessidades da Europa cristã do final do século XV. A Cristandade padece de "fome monetária". O ouro e sobretudo a prata da América, no século seguinte, virão saciá-la.

Último limite: o esgotamento dos homens. Por muito tempo a economia ocidental não padece da falta de mão de obra. Decerto, o servo fugitivo é ativamente procurado por seu senhor, as novas ordens religiosas do século XII – cistercienses em primeiro lugar – tentam remediar a ausência de servos pela instituição dos conversos, dos irmãos laicos. No entanto, trata-se aqui de uma busca da mão de obra mais barata possível, não de uma verdadeira penúria de braços. O número de mendicantes e a estima que se tem por eles – franciscanos e dominicanos consideram a mendicância um valor espiritual – mostram a existência de um desemprego assistido e honrado. Na segunda metade do século XIII aparecem os primeiros ataques, por parte de um Guilherme de Saint-Amour ou de um João de Meung, contra os mendicantes válidos. A interrupção do crescimento demográfico e, depois, o decréscimo demográfico tornam menos numerosa e mais cara a mão de obra camponesa, que a emancipação dos servos já tornara mais rara e cara. Muitos senhores iniciam uma reconversão de suas terras à criação de gado, mais econômica em mão de obra. A Grande Peste de 1348 torna catastróficas a recessão demográfica e a crise de mão de obra surgida algumas décadas antes. Por toda parte há queixas diante da escassez de homens, que acarreta o abandono de novas terras de cultivo. O camponês, subnutrido, dizimado pelas epidemias, no final das contas também fazia falta para a economia medieval. A deficiência demográfica era o último entrave de um mundo à beira do limite.

A insegurança material explica em grande parte a insegurança mental na qual viveram os homens da Idade Média. Lucien Febvre reivindicou uma história do sentimento de segurança, aspiração fundamental das sociedades humanas. Ela está por se fazer. A Idade Média estaria nela sobretudo em negativo, os homens refugiando-se decididamente na segurança única da religião. Segurança neste mundo graças ao milagre que salva o trabalhador vítima de um acidente de trabalho: pedreiros que caem dos andaimes, que um santo sustenta milagrosamente em sua queda ou ressuscita no chão; moleiros ou camponeses apanhados pela roda do moinho, que uma intervenção milagrosa salva da morte; desbravadores, como o companheiro do santo eremita limusino do século XI, Gaucher d'Aureil, que, na hora de ser esmagado pela queda de uma árvore, vê-se são e salvo sob a curvatura milagrosa do tronco, feita por Deus atendendo à prece do lenhador. O milagre faz as vezes de segurança social.

Segurança principalmente no além, onde o paraíso promete aos eleitos uma vida finalmente livre de medos, de más surpresas e de morte. No entanto, ainda assim, quem pode ter certeza da salvação? O medo do inferno prolonga a insegurança terrestre. O Purgatório, no século XIII, trará um suplemento de possibilidades de salvação.

*

Decerto, a vida material conheceu progressos indiscutíveis na Idade Média. Sem alcançar a precisão das épocas moderna e contemporânea, por causa da falta de dados quantitativos exatos e porque a economia feudal não se presta aos métodos estatísticos elaborados para medir a evolução de economias, se não capitalistas, pelo menos monetárias, pode-se esboçar uma conjuntura econômica medieval e identificar uma longa fase de expansão que, em certa medida, corresponde a uma melhoria do bem-estar.

Lembremos os dados desse desenvolvimento. Em primeiro lugar, crescimento demográfico. A população do Ocidente dobra entre o final do século X e meados do século XIV. O aumento demográfico teria sido particularmente intenso em torno de 1200. Os índices desse crescimento calculados por Slicher Van Bath para períodos de 50 anos são de 109,5 para 1000-1050, 104,3 para 1050-1100, 104,2 para 1100-1150, 122 para 1150-1200, 113,1 para 1200-1250, 105,8 para 1250-1300. A população da França teria aumentado de 12 para 21 milhões entre 1200 e 1340, a da Alemanha de 8 para 14 milhões, a da Inglaterra de 2,2 para 4,5 milhões.

A mesma evolução ocorreu para os preços e salários.

Uma avaliação numérica da produção agrícola do Ocidente medieval é impossível, pelo menos no estado atual da ciência histórica. Um único índice pode ser seguido fragmentária e grosseiramente: o aumento dos rendimentos, do qual já falamos. Mas será possível comparar, para o frumento, por exemplo, o número de 2,7 em Annapes, em 810, ao de 4 em 1155-1156 calculado por Georges Duby para dois domínios de Cluny, ao de 5 indicado pelo *Anonymous Husbandry* inglês do século XIII, à média de 3,7 calculada por J. Titow para as quintas do episcopado de Winchester entre 1211 e 1299? E não esqueçamos que a extensão das superfícies cultivadas certamente contribuiu mais para o crescimento da produção agrícola do que a intensificação das culturas.

Quanto aos preços, o índice é mais sério. No momento não dispomos de curvas de preços anteriores a 1200, e, para a Inglaterra, a 1160. Se tomarmos como índice 100 o nível dos preços do frumento durante o período 1160-1179, esse índice se eleva, de acordo com os cálculos de Slicher Van Bath, segundo os dados de *lord* Beveridge, a 139,3 (1180-1199), 203 (1200-1219), 196,1 (1220-1239), 214,2 (1240-1259), 262,9 (1260-1279), 279,2 (1280-1299), com um pico extremo de 324,7 durante o período de 1300-1319, devido à grande fome de 1315-1316, e um relativo (com relação à alta anormal do período anterior) que cai para 289,7 (1320-1339). Fica evidente o que Michael Postan chamou de uma "verdadeira revolução dos preços".

Os salários mostram um mesmo progresso. Na Inglaterra, os salários reais passam do índice 100 para o período de 1251-1300 ao índice 105,1 para o período 1301-1350, para os trabalhadores agrícolas, e de 100 para 109,4 para os lenhadores.

Mas o aumento desses salários continua reduzido e, apesar de um notável crescimento do salariado, os assalariados ainda são apenas uma minoria da massa trabalhadora.

Essa observação, que não põe em dúvida a realidade de um crescimento econômico indiscutível entre os séculos X e XIV, torna evidente, no entanto, a necessidade de confrontar essa conjuntura com a evolução das estruturas econômicas e das estruturas sociais, ou seja, o que tradicionalmente se chama, por um lado, de passagem da economia natural para a economia monetária e, por outro, de evolução da renda feudal.

*

Há um século Bruno Hildebrand dividiu a evolução econômica das sociedades em três fases: *Naturalwirtschaft, Geldwirtschaft* e *Kreditwirtschaft* – economia natural, economia monetária e economia de crédito –, e Alfons Dopsch, em seu grande livro de 1930, *Naturalwirtschaft und Geldwirtschaft in der Weltgeschichte**, estabeleceu esse vocabulário e, pelo menos, colocou esse problema para os medievalistas. Trata-se, portanto, de apreciar o papel desempenhado pela moeda na economia. Se esse papel for insignificante estaremos lidando com uma economia na-

---

* *Naturalwirtschaft und Geldwirtschaft in der Weltgeschichte* = Economia natural e economia monetária na história do mundo [N.T.].

tural, em que produção, consumo, trocas não se fazem com interferência da moeda, a não ser excepcionalmente. Ao contrário, se esta for essencial para o funcionamento da vida econômica, estaremos diante de uma economia monetária. Qual a situação para o Ocidente medieval?

Lembremos antes de mais nada, com Henri Pirenne e Marc Bloch, algumas distinções necessárias. Em primeiro lugar, o escambo teve um papel bastante reduzido nas trocas medievais. Por economia natural deve-se entender, para o Ocidente medieval, uma economia em que as trocas, todas as trocas, reduziam-se estritamente ao mínimo. Portanto, economia natural seria quase sinônimo de economia fechada. O senhor e o camponês encontram a satisfação de suas necessidades econômicas no âmbito do domínio e, sobretudo no caso do camponês, no âmbito doméstico: o alimento é produzido pelo jardim atinente a casa e pela parte da colheita de sua terra que lhe resta depois da entrega da parte do senhor e do dízimo da Igreja; o vestuário é feito em casa, pelas mulheres; as ferramentas básicas –mó, torno e tear manuais – são familiares.

Nos textos são mencionadas taxas em dinheiro, mas isso não quer dizer que fossem de fato pagas em dinheiro. A avaliação monetária não era necessariamente ligada a um pagamento em dinheiro. A moeda era apenas uma referência, "servia como medida do valor", era uma *apreciadura*, uma avaliação, como diz um trecho do *Cantar de mio Cid* a propósito de acertos em mercadorias. Essa sobrevivência de um vocabulário monetário não deixava de ter importância, certamente. O resquício, como em tantos outros domínios, da herança da Antiguidade comprova apenas um retrocesso, decididamente. Também não se deve tomar "como dinheiro sonante" as menções a moeda nos textos medievais, assim como as expressões pagãs que permaneceram na literatura cristã medieval. Quando o mar é chamado de Netuno ou quando um cavalo, prometido pelos monges de Saint-Père de Chartres, em 1107, a um certo Milon de Lèves, é representado na ata por vinte soldos, trata-se, no primeiro caso, de um efeito de estilo e, no segundo, de um esclarecimento sobre o valor do cavalo, objeto da transação. Simplesmente, como as avaliações monetárias não foram combatidas pela Igreja com o mesmo zelo que as expressões que lembram o paganismo, elas sobreviveram melhor. Marc Bloch apontou um texto notável de Passau em que a palavra "preço" é paradoxalmente empregada para designar o equivalente em espécie de um montante avaliado em dinheiro.

Está claro, enfim, que a moeda nunca desapareceu da prática no Ocidente medieval. Não só a Igreja e os senhores sempre dispuseram de um certo estoque monetário para satisfazer suas despesas de prestígio como o próprio camponês não podia viver completamente sem compras em moeda: o sal, por exemplo, que ele não produzia, não recebia e raramente podia pagar por escambo, devia ser adquirido em troca de dinheiro. No entanto, neste último caso é provável que os camponeses e, mais geralmente, os pobres adquirissem mais por esmola do que pela venda de seus produtos as poucas moedas de que precisavam. Em tempo de escassez, em que justamente os pobres sentiam mais cruelmente a falta de numerário, as distribuições de dinheiro acompanhavam as distribuições de víveres. Por ocasião da grande fome de 1125, assim faz o conde de Flandres, Carlos o Bom: "Em todas as cidades e aldeias por onde passava, uma multidão se aglomerava cotidianamente junto dele, e, com as próprias mãos, ele distribuía alimentos, dinheiro e roupas". Quando a fome se afastou e chegou o tempo de uma nova e boa colheita, em 25 de julho, o bispo de Bamberg deu aos pobres "um denário e uma foice, o instrumento de trabalho e o viático".

Houve quem observasse que a extensão da economia monetária foi maior do que parece de início ao se considerarem dois fenômenos muito difundidos no Ocidente medieval: o uso dos tesouros, objetos de luxo, peças de ourivesaria como reservas monetárias, e a existência de outras moedas que não as metálicas.

É verdade. Carlos Magno teria vendido uma parte de seus mais preciosos manuscritos para prestar socorro aos pobres. Um exemplo, entre centenas, em 1197, é o de um monge que encontra outro caminhando apressado: "Perguntei-lhe para onde corria e ele respondeu: Trocar. Antes da colheita fomos obrigados, para alimentar os pobres, a matar nosso gado e empenhar nossos cálices e nossos livros. E eis que o Senhor acaba de nos enviar um homem que nos deu uma quantidade de ouro que cobre as duas necessidades. Então vou trocar por dinheiro para poder resgatar o que empenhamos e reconstituir nossos rebanhos".

Mas essa forma de entesouramento que só cede diante da necessidade mostra a precariedade e a inelasticidade da circulação monetária.

Também a existência de moedas não metálicas – bois ou vacas, peças de tecido e, principalmente, pimenta – é um sinal inegável de arcaísmo, expressão de uma economia que dificilmente consegue sair do estágio natural e passar para o monetário. Aliás, a natureza da própria moeda metálica continua sendo arcaica por muito tempo. Com efeito, a moeda é apreciada em função de seu valor, ela vale não o valor que traz inscrito em sua frente ou seu verso (não o traz), mas o valor real de metal precioso que contém. Como disse Marc Bloch, "uma moeda que é preciso colocar na balança é muito semelhante a um lingote". A muito custo, bem no final do século XIII, legistas franceses começam a distinguir seu valor intrínseco – o peso em ouro – de seu valor extrínseco, ou seja, sua transformação em signo monetário, em instrumento de troca.

Aliás, a cada fase da história monetária medieval, fenômenos que foram frequentemente interpretados como sinais de renascimento monetário mostram, antes, limites da economia monetária.

Na alta Idade Média, as oficinas monetárias se multiplicam. Lugares hoje desaparecidos – é o caso, especialmente, de muitas oficinas da Espanha visigótica – e que certamente eram apenas pequenas aldeias, eram sede de uma oficina que cunhava moedas. Mas, como bem observou Marc Bloch, "a grande razão da fragmentação monetária é o fato de a moeda circular pouco".

A reforma monetária de Carlos Magno, que instituía o sistema monetário libra, soldo, dinheiro* (1 libra = 20 soldos, 1 soldo = 12 dinheiros), encontrado no sistema inglês atual, respondia de fato a uma adaptação ao retrocesso da economia monetária. O ouro já não era cunhado. A libra e o soldo não eram moedas reais, mas simples moedas de conta. A única moeda realmente cunhada foi, até o século XIII, o dinheiro de prata, ou seja, uma unidade muito pequena, a única da qual se tinha necessidade, mas que excluía também, para as trocas mais modestas ainda, a existência de moedas de bilhão**, de valor ainda mais baixo. É significativa a reação dos cruzados da Segunda Cruzada ao entrarem em território bizantino, em 1147. "Foi então", escreve Eudes de Deuil, "que vimos

---

* Em francês, *livre, sou, denier* [N.T.].

** Em francês, *billon* [N.T.].

pela primeira vez moedas de cobre e de estanho: por uma dessas moedas dávamos tristemente, ou melhor, perdíamos, cinco dinheiros [...]".

Enfim, o renascimento monetário do século XIII deslumbrou principalmente os historiadores pela retomada da cunhagem do ouro: genovês e florim de 1252, escudo de São Luís, ducado veneziano de 1284. No entanto, por mais significativo que seja esse acontecimento, ele ainda é, considerando o pequeno número de moedas em circulação no final do século XIII, antes um indício do que uma realidade econômica. A realidade econômica é a cunhagem do grosso de prata, em Veneza em 1203, em Florença por volta de 1235, na França por volta de 1265, em Montpellier em 1273, em Flandres por volta de 1275, na Inglaterra em 1279, na Boêmia em 1296. Nesse nível médio de trocas situa-se então o progresso da economia monetária.

Pois esse progresso é real.

As atitudes diante da moeda ou, mais geralmente, do dinheiro também nos informam indiretamente sobre essa evolução econômica. Há no cristianismo, decerto, uma desconfiança tradicional com relação ao dinheiro, mas a raridade do dinheiro na alta Idade Média confere-lhe antes um prestígio, reforçado pelo fato de que cunhar moedas é sinal de poder. Em suma, o dinheiro tornou-se símbolo de poder político e social, mais do que de poder econômico. Os soberanos cunham moedas de ouro que não têm valor econômico, mas são manifestações de prestígio. As cenas de cunhagem de moeda e os monetários têm boa posição na iconografia: são vistos em Saint Martin de Boscherville, em Sauvigny, em Worms. Moeda e moedeiros participam do caráter sagrado e ao mesmo tempo maldito dos ferreiros e, mais geralmente, dos metalurgistas, aqui reforçado pelo maior encanto dos metais preciosos. Robert Lopez falou dos moedeiros como sendo uma aristocracia da alta Idade Média. Aristocracia mágica mais do que econômica. O desenvolvimento de uma economia monetária provoca, ao contrário, uma explosão de ódio contra o dinheiro. É fato que o progresso econômico, ao começar, faz-se em proveito de determinadas classes, e ele aparece, por conseguinte, como uma nova opressão. São Bernardo vocifera ainda contra o maldito dinheiro. A grande beneficiária dessa evolução que se inicia, a Igreja, que pelo desenvolvimento das benesses, das coletas, da fiscalidade eclesiástica pode rapidamente captar uma parte do dinheiro em circulação, é denunciada por sua *avaritia*, sua avareza.

Gregório VII declarara: "O Senhor não disse: meu nome é Costume". Os goliardos, numa sátira, *Le Saint Évangile selon le Marc d'Argent**, acusam seus sucessores de terem afirmado que o Senhor disse: "Meu nome é Dinheiro".

Uma evolução da moral se esboça. A *superbia*, o orgulho, pecado feudal por excelência, até então considerado a mãe de todos os vícios, começa a ceder sua primazia à *avaritia*, o desejo de dinheiro.

Outra beneficiária da evolução econômica, que para simplificar chamaremos de burguesia, ou seja, a camada superior da nova sociedade urbana, também é denunciada. Escritores e artistas a serviço das classes dirigentes tradicionais a estigmatizam: o usurário carregando sua bolsa pesada que o arrasta para o inferno é exposto à detestação e ao horror dos fiéis nas esculturas das igrejas.

A lenta substituição da economia natural pela economia monetária já vai bastante avançada no final do século XIII para que dela resultem consequências sociais graves.

*

Apesar da conversão em dinheiro de uma parte das taxas pagas em produtos naturais, a relativa inelasticidade da renda feudal e a redução, devido à rápida deterioração da moeda, do que corresponde à parte que foi monetarizada empobrecem uma parte da classe senhorial, num momento em que o aumento das despesas de prestígio intensifica sua necessidade de dinheiro. É a primeira crise do feudalismo, fundamento da crise do século XIV.

Diante dessa crise do mundo senhorial, o mundo camponês se divide. Uma minoria capaz de lucrar com a venda de seus excedentes enriquece, aumenta suas terras, forma uma categoria privilegiada, uma classe

---

* *Le Saint Évangile selon le Marc d'Argent* = O Santo Evangelho segundo o Marco de Prata (*argent*, em francês, é "prata" e também "dinheiro" [N.T.]).

de cúlaques[4]. Pode-se encontrá-la em documentos dominiais ingleses e em textos literários. Assim, no *Roman de Renart*: "Chega a aurora, o sol se levanta, clareando as estradas brancas de neve, e eis que o Sr. Constant Desgranges, agricultor abastado, que mora à beira da lagoa, sai de sua casa seguido de seus criados [...]. O agricultor toca a trompa e chama seus cães, depois ordena que lhe arreiem o cavalo. Vendo isso, Renart foge para sua toca. [...] Um dia, Renart chegara à vizinhança de uma propriedade que era perto do bosque e abrigava galinhas e galos em grande número, assim como patas, patos e gansos machos e fêmeas; pertencia ao Sr. Constant Desnos, agricultor que tinha uma casa cheia de víveres de todos os tipos e um pomar onde se encontravam muitas árvores frutíferas, que davam cerejas, maçãs e outras frutas. Havia em sua casa gordos capões, conservas, presuntos e toucinho em abundância. Para defender a entrada de sua morada, ele a tinha cercado de fortes estacas de carvalho, moitas e sarças. Renart bem quis saltar para dentro [...]".

Em contrapartida, a pauperização da massa camponesa se acentuou. O crescimento demográfico não se traduziu apenas por uma extensão das superfícies cultivadas e pela melhoria, em determinadas terras, dos rendimentos. Mas certamente ela acarretou uma fragmentação das propriedades, cujo resultado foi os pequenos camponeses serem obrigados ou a alugar seus serviços para camponeses mais abastados – acentuando sua dependência social e sua inferioridade econômica ao privar sua própria terra de parte de seu trabalho – ou a se endividar. Nessas sociedades camponesas exploradas pelos senhores ou pelos mais ricos, em que a terra é pouca e as bocas muito numerosas, o endividamento é o grande flagelo. Endividamento para com o usurário urbano – com frequência um judeu – ou o camponês mais rico, em geral bastante hábil par evitar o rótulo de usurário, reservado aos prestamistas urbanos.

Redução das tenências: na região do Boulonnais, por exemplo, em Beuvrequem, sobre terras pertencentes à Abadia de Saint-Bertin, em 1305, de 60 tenências, 26, ou seja, 43%, têm menos de 2 hectares; 16, ou seja, 27%, são de 4 hectares; 12, ou seja, 20%, têm de 4 a 8 hectares; e apenas 6, ou seja, 10%, têm mais de 8 hectares. Na Inglaterra, em Wee-

---

4. *koulak* no original: camponeses ricos proprietários na Rússia [N.T.].

don Beck, onde em 1248 apenas 20,9% dos camponeses dispunham de menos de 6 hectares, a proporção passou, em 1300, para 42,8%.

Endividamento camponês identificável para com judeus, em Perpignan, por exemplo, onde os registros de notários, em torno de 1300, revelam que 65% dos devedores dos usurários da cidade eram camponeses, dos quais 40% contraíam seus empréstimos no outono, na época dos casamentos e do pagamento das taxas senhoriais, e 53% se comprometiam a reembolsar em agosto e setembro, depois das colheitas e vindimas. Credores também são os comerciantes e cambistas italianos, os lombardos encontrados tanto na região de Namur, onde documentos mostram o endividamento para com eles de quase toda uma pequena cidade, entre 1295 e 1311, quanto nos Alpes, onde, no início do século XIV, os usurários de Asti têm casas de penhor – *casane* – em quase todos os povoados dos estados da Casa de Savoia.

Os que mais parecem lucrar com esse desenvolvimento da economia monetária são os comerciantes. É verdade que o impulso urbano do qual eles são os principais beneficiários está ligado ao progresso da economia monetária e que a "ascensão da burguesia" representa o surgimento de uma classe social cujo poder econômico se baseia mais no dinheiro do que na terra. Mas qual é a importância numérica dessa classe antes de 1300 ou 1350? Quantos pequenos comerciantes não são simplesmente trabalhadores malpagos comparáveis em tudo aos usurários de períodos mais próximos de nós os quais sabemos terem pouca relação com o capitalismo? Quanto à minoria dos grandes comerciantes ou – o que não é exatamente o mesmo – da elite urbana que voltaremos a encontrar, digamos, do patriciado, qual é a natureza de seus lucros, de seu comportamento econômico, de sua ação sobre as estruturas econômicas?

Os comerciantes se imiscuem muito pouco na produção rural. Sem dúvida, os usurários mencionados acima, sobretudo os da região de Namur, camuflavam por trás de um empréstimo mediante penhor uma compra antecipada de colheitas, que depois eles vendiam no mercado. Mas a parte dos produtos agrícolas assim comercializados por seu intermédio e para seu lucro, embora estivesse aumentando, continuava pequena.

O comerciante, no início do século XIV, era sempre essencialmente um vendedor de produtos excepcionais, raros, luxuosos, exóticos, e o aumento da demanda por esses produtos pelas categorias superiores acarretava, de fato, um aumento do número e da importância desses comerciantes. Eles eram complementares, mantinham aquele pequeno setor do supérfluo necessário que a economia senhorial não podia produzir. Na medida em que eram "epifenômenos" que não perturbavam os fundamentos da economia e da sociedade, os clérigos compreensivos os desculpavam e justificavam. Assim, Gilles le Muisit, abade de Saint-Martin de Tournai, em seu *Dit des Marchands*:

> *Nul pays ne se peut de soi seul gouverner,*
> *C'est pourquoi vont marchands travailler et peiner*
> *Ce qui manque aux pays, en tous royaumes mener,*
> *Aussi ne les doit-on jamais sans raison malmener.*
>
> *Parce que marchands vont par-delà mer, par-deçà mer*
> *Pour pourvoir les pays, cela les fait aimer**.

Na verdade, mais do que complementares, os comerciantes são marginais. O essencial de suas transações refere-se a produtos caros de pequeno volume: especiarias, tecidos de luxo, sedas. Isso é fato sobretudo com relação aos italianos, pioneiros do comércio, cuja principal habilidade parece ter sido simplesmente a de saber que a estabilidade dos preços orientais lhes permitia calcular seu ganho antecipadamente. Ruggiero Romano decerto tem razão ao ver nesse fator a causa essencial do "milagre" comercial da Europa cristã. Isso ocorre também com os hanseatas, mas tudo leva a crer, como afirmou M.P. Lesnikov, entre outros, que até meados do século XIV o comércio de grãos, até mesmo da madeira, tinha apenas papel secundário em seus negócios, em que a cera e as peles representavam melhores ganhos.

A própria natureza dos lucros comerciais, às vezes enormes, sobre esses produtos de luxo mostra que essas transações se faziam à margem

---

* Tradução livre: Nenhum país pode governar-se sozinho, / Por isso vão comerciantes trabalhar e penar / O que falta aos países em todos os reinos levar, / Assim não devemos sem razão maltratá-los. // Porque comerciantes vão no mar para cá e para lá / Para abastecer os países, o que os faz serem amados [N.T.].

da economia essencial. Também a estrutura das companhias comerciais em que, ao lado das sociedades de tipo familiar e duradouro, a maioria das associações entre comerciantes constituía-se para um negócio, uma viagem ou um lapso de tempo de 3, 4 ou 5 anos. Não havia verdadeira continuidade em seus empreendimentos, não havia investimento a longo prazo, sem contar o hábito mantido por muito tempo de, por ocasião da morte dos comerciantes, dissipar em doações uma parte notável, às vezes o essencial, de sua fortuna.

O que os comerciantes e mais ainda o patriciado urbano buscam são ou domínios que permitam que eles, sua família, seus domésticos estejam protegidos contra a escassez, que lhes façam participar da dignidade de quem possui terras e que, se for o caso, pela aquisição de uma senhoria façam com que eles passem para a categoria dos senhores fundiários, ou então terras e imóveis urbanos cujos aluguéis sejam lucrativos, empréstimos aos senhores e aos príncipes, às vezes aos humildes, e sobretudo rendas perpétuas.

Lembremos a evolução econômica e social esboçada acima. As camadas superiores são cada vez mais compostas por rentistas, pois os senhores tornam-se também, cada vez mais, pela evolução da renda feudal, "rentistas do solo", segundo Marc Bloch, e cada vez menos exploradores diretos. O numerário que eles podem retirar disso nem por isso é investido no progresso econômico. Na maioria das regiões, a instituição da derrogação impede a aristocracia fundiária de fazer negócios, e o que poderia pelo menos ser investido na terra e alimentar um progresso rural desaparece em despesas de prestígio e de luxo cada vez mais onerosas, mais devoradoras.

Em todo caso, os inegáveis progressos da economia monetária têm graves repercussões sociais. Começam a alterar o *status* das classes pela extensão do salariado, sobretudo na cidade, porém cada vez mais também no campo. Quase sempre ampliam o abismo entre as classes, ou melhor, entre as categorias sociais no interior das classes. Nós o vimos para as classes rurais: senhores e camponeses. É mais verdadeiro ainda para as classes urbanas. Uma camada superior se destaca da camada média e baixa do povo, a dos artesãos e operários.

Embora o dinheiro seja com muita frequência o fundamento de suas diferenças, a hierarquia social passa a ser mais definida ainda de acordo com um novo valor: o trabalho. As classes urbanas, com efeito, conquistam seu lugar pela nova força de sua função econômica. Ao ideal senhorial baseado na exploração do trabalho camponês, elas opõem, portanto, seu sistema de valores baseado no trabalho que as tornou poderosas. No entanto, tornando-se também uma classe de rentistas, a camada superior da nova sociedade urbana impõe uma nova linha divisória dos valores sociais, a que separa o trabalho manual das outras formas de atividade. Isso também corresponde, aliás, à evolução das classes camponesas, pois uma elite que, por uma curiosa evolução do vocabulário, chama-se na França de *"laboureurs"* * – camponeses abastados proprietários de uma parelha de animais e de seus instrumentos de trabalho – opõe-se à massa que, para viver, só dispõe de seus braços: os *"manoeuvriers"* ** e mais exatamente os *"brassiers"* ***. Nas classes urbanas, a nova divisão isola os "homens mecânicos", artesãos e operários, ainda pouco numerosos. Os intelectuais, os universitários, por um tempo tentados a se definir como trabalhadores, trabalhadores intelectuais ombro a ombro com os outros ofícios no âmbito urbano, apressam-se em juntar-se à elite de mãos limpas. Mesmo o pobre Rutebeuf clama orgulhosamente: "Não sou um operário manual".

---

* *laboureur* = lavrador, aquele que trabalha o campo [N.T.].

** *manoeuvrier* = trabalhador manual, que trabalha só com as mãos [N.T.].

*** *brassier* = camponês que não possui animal de tração (derivado de *bras* = braço) [N.T.].

3

A sociedade cristã (séculos X-XIII)

Por volta do ano 1000, a literatura ocidental apresenta a sociedade cristã segundo um esquema novo, que imediatamente conhece intenso sucesso. Um "povo triplo" compõe a sociedade: sacerdotes, guerreiros, camponeses. As três categorias são distintas e complementares, cada uma tem necessidade das duas outras. Seu conjunto forma o corpo harmonioso da sociedade. Ao que parece esse esquema consta da tradução muito livre da *Consolação* de Boécio que o rei da Inglaterra, Alfredo o Grande, faz no final do século IX. O rei deve ter *jebedmen, fyrdmen, werocmen*, "homens de prece, homens de cavalo, homens de trabalho". Um século depois, essa estrutura tripartite reaparece em Aelfric e em Wulfstan, e o Bispo Adalberon de Laon, em seu poema para o rei capetíngio Roberto o Piedoso, por volta de 1030, apresenta uma versão elaborada dela: "A sociedade dos fiéis forma apenas um corpo; mas o estado compõe-se de três. Pois a outra lei, a lei humana, distingue duas outras classes: nobres e servos, de fato, não são regidos pelo mesmo estatuto... Estes são os guerreiros, protetores das igrejas; são os defensores do povo, dos grandes e dos pequenos, de todos, enfim, e garantem ao mesmo tempo sua própria segurança. A outra classe é a dos servos: essa casta infeliz nada tem que não seja à custa de seu penar. Quem poderia, com o ábaco na mão, fazer a conta das preocupações que absorvem os servos, de suas longas caminhadas, de seus trabalhos duros? Dinheiro, vestuário, alimento, os servos fornecem tudo a todo o mundo; nenhum homem livre poderia subsistir sem os servos. Há um trabalho a ser feito? Quem quer se meter em dívidas? Vemos reis e prelados se fazerem servos de seus servos; o patrão é alimentado pelo servo, ele que afirma alimentá-lo. E o servo não vê o fim de suas lágrimas e seus suspiros. A casa de Deus, que se acredita una, é portanto dividida em três: uns rezam, outros combatem, os outros, enfim, trabalham. Essas três partes que coexistem não padecem por estar desunidas; os serviços prestados por uma são a condição das obras das duas outras; cada uma por seu turno encarrega-se de ajudar o conjunto. Assim, essa associação tripla nem por isso é menos unida, e foi assim que a lei pôde triunfar e o mundo usufruir da paz".

Texto fundamental e, por certas frases, extraordinário. Em um clarão a realidade da sociedade feudal é revelada na fórmula "o patrão é alimentado pelo servo, ele que afirma alimentá-lo". E a existência das classes – e por conseguinte seu antagonismo –, embora imediatamente encoberta pela afirmação ortodoxa da harmonia social, é estabelecida pela constatação: "A casa de Deus, que se acredita una, é portanto dividida em três". O que nos importa, neste caso, é a caracterização, que se tornará clássica, das três classes da sociedade feudal: *oratores, bellatores, laboratores* *.

Seria apaixonante seguir a fortuna desse tema, suas transformações, suas ligações com outros motivos, por exemplo com a genealogia da Bíblia – os três filhos de Noé –, ou da mitologia germânica – os três filhos de Rigr.

Mas será esse tema literário uma boa introdução ao estudo da sociedade medieval? Qual sua relação com a realidade? Será que ele expressa a estrutura real das classes sociais do Ocidente medieval?

Georges Duby sustentou brilhantemente a tese de que a tripartição da sociedade é uma característica das sociedades indo-europeias, e o Ocidente medieval estaria ligado, assim, especialmente à tradição itálica: Júpiter, Marte, Quirino, provavelmente com intermediação celta.

Outros, entre os quais, recentemente, Vasilij I. Abaev, acham que a "tripartição funcional" é "uma etapa necessária da evolução de toda ideologia humana", ou melhor, social. O essencial é que esse esquema aparece ou reaparece num momento em que ele parece convir à sociedade ocidental. Georges Duby foi o brilhante historiador dessas *três ordens*.

---

* *oratores, bellatores, laboratores* = os que oram, os que guerreiam, os que trabalham [N.T.].

Entre os séculos VIII e IX a aristocracia se constitui como classe militar, como vimos, e o membro por excelência dessa classe chama-se *miles* – cavaleiro –, e isso parece ser verdade até as fronteiras da Cristandade, uma vez que uma inscrição funerária encontrada recentemente na Catedral de Gniezo revela um *miles* do século XI. Na época carolíngia os círculos se transformam em casta clerical, conforme mostrou o cônego Delaruelle, e a evolução da liturgia e da arquitetura religiosa expressa essa transformação: vedação dos coros e claustros reservados ao clero dos capítulos, fechamento das escolas externas dos mosteiros. O sacerdote passa a celebrar a missa virado de costas para os fiéis, estes já não vêm em procissão trazer as "oblata", já não são associados à recitação do cânone, doravante dito em voz baixa, a hóstia já não é de pão natural, mas de pão ázimo, "como se a missa se tornasse estranha à vida cotidiana". Enfim, a condição dos camponeses tende a uniformizar-se no nível mais baixo: o dos servos. Portanto, empregarei o termo classe para designar as três categorias do esquema.

Basta comparar esse esquema aos da alta Idade Média para perceber sua inovação.

Entre os séculos V e XI encontram-se mais frequentemente duas imagens da sociedade. Às vezes é um esquema múltiplo, diversificado, designando determinado número de categorias sociais ou profissionais em que é possível discernir os resquícios de uma classificação romana, que distingue as categorias profissionais, as classes jurídicas, as condições sociais. Assim, o Bispo Ratherius de Verona, no século X, nomeia dezenove categorias: os civis, os militares, os artesãos, os médicos, os comerciantes, os advogados, os juízes, as testemunhas, os procuradores, os patronos, os mercenários, os conselheiros, os senhores, os escravos (ou servos), os mestres, os alunos, os ricos, os medíocres, os mendicantes. Encontramos bem ou mal, nessa lista, a especialização das categorias profissionais e sociais características da sociedade romana, que talvez tivessem sobrevivido, em certa medida, no norte da Itália.

No entanto, mais frequentemente a sociedade reduz-se ao confronto de dois grupos: clérigos e laicos em determinada perspectiva, fortes e fracos ou grandes e pequenos, ou ricos e pobres se considerarmos apenas a sociedade laica, livres e não livres se nos colocarmos no plano jurídico.

Esse esquema dualista corresponde a uma visão simplificadora das categorias sociais no Ocidente da alta Idade Média, isso é certo. Uma minoria monopoliza as funções de direção: direção espiritual, direção política, direção econômica; a massa se submete. A tripartição funcional que aparece em torno do ano mil expressa outra ideologia. Corresponde à função religiosa, à função militar e à função econômica e é característica de um certo estágio de evolução de sociedades que especialistas como Georges Dumézil denominaram indo-europeias. Ela comprova o parentesco entre a imaginação social da sociedade medieval e a de outras sociedades mais ou menos arcaicas.

Tripartição funcional, o que significa? E, antes de tudo, que relação mantêm entre si as três funções, ou melhor, qual é a visão das relações entre as classes que as representam? Está claro que o esquema tripartite é um símbolo de harmonia social. Como o apólogo de Menenius Agrippa, *Os membros e o estômago*, é um instrumento imagético de neutralização da luta de classes e de mistificação do povo. Mas, embora se tenha visto que esse esquema visava a manter os trabalhadores – a classe econômica, os produtores – submissos às duas outras classes, não se percebeu suficientemente que o esquema, que é clerical, também visa a submeter os guerreiros aos sacerdotes, a torná-los protetores da Igreja e da religião. É também um episódio da antiga rivalidade entre os feiticeiros e os guerreiros, está em pé de igualdade com a reforma gregoriana, a luta do Sacerdócio e do Império. É contemporâneo das canções de gesta, terreno literário da luta entre a classe clerical e a classe militar, tal como *A Ilíada* – conforme brilhantemente demonstrado por Vasilij I. Abaev, a partir do episódio do cavalo de Troia – é um testemunho da luta entre a força xamânica e o valor guerreiro. Pensemos na distância que separa Rolando de Lancelote. O que foi chamado de cristianização do ideal cavaleiresco é mais certamente a vitória do poder sacerdotal sobre a força guerreira. Rolando, seja o que for que se tenha dito dele, tem uma moral de classe, ele pensa em sua linhagem, em seu rei, em sua pátria. Não tem nada de santo, exceto por servir de modelo ao santo de sua época – séculos XI-XII – definido como *miles Christi**. Todo o ciclo de Artur, ao contrário, resulta no triunfo da "primeira função" sobre a "segunda". Já na obra

---

* *miles Christi* = soldado de Cristo [N.T.].

de Chrétien de Troyes um equilíbrio difícil entre "clerezia" e "cavalaria" acaba, através da evolução de Perceval, com a metamorfose do cavaleiro, a busca do Santo Graal, a visão da Sexta-feira Santa. O Lancelote em prosa termina o ciclo. O epílogo da morte de Artur é um crepúsculo dos guerreiros. O instrumento simbólico da classe militar, a espada *Escalibur*, é finalmente lançado dentro de um lago pelo rei, e Lancelote se torna realmente uma espécie de santo. O poder xamânico, sob uma forma aliás muito depurada, absorveu o valor guerreiro.

Por outro lado, pode-se indagar se a terceira categoria, a dos trabalhadores, *laboratores*, confunde-se de fato com o conjunto dos produtores, se todos os camponeses representam a função econômica.

Seria possível acumular uma série de textos, mostrar que entre o final do século VIII e o início do século XII a família da palavra *labor* empregada em sentido econômico – raramente, de fato, em estado puro, pois esses termos são quase sempre mais ou menos contaminados pela ideia moral de fadiga, de dificuldade – corresponde a um significado preciso, o de uma conquista de cultura: seja uma extensão de superfície cultivada, seja uma melhoria da colheita. O capitular dos saxões do final do século VIII distingue *substantia* e *labor*, o patrimônio, a herança e as aquisições devidas à valorização. *Labor* é o desmatamento e seu resultado. Uma citação de um cânone manuscrito de um sínodo norueguês de 1164 define *labores = novales*, ou seja, as terras desmatadas. O *laborator* é aquele cuja força econômica é suficiente para produzir mais do que os outros. Já em 936 um documento de São Vicente de Mâcon cita *illi meliores qui sunt laboratores*, "essa elite que são os laboratores". Daí virá a palavra francesa *laboureurs**, que, já no século X, designa a camada superior do campesinato, a que possui pelo menos uma parelha de bois e seus instrumentos de trabalho. Assim o esquema tripartite – apesar de alguns, como Adalbéron de Laon, incluírem nele o conjunto do campesinato e identificarem os *laboratores* com os servos – representa antes o conjunto apenas das camadas superiores: a classe clerical, a classe militar, a camada superior da classe econômica. Ele inclui apenas a *melior pars*, as elites.

---

* No francês atual, *laboureur* = lavrador [N.T.].

Vamos pensar, por outro lado, na maneira pela qual se transformará, na baixa Idade Média, essa sociedade tripartite. Na França, ela se tornará os três estados: clero, nobreza e terceiro estado. Mas este não se confunde com o conjunto dos plebeus. Não representa nem mesmo toda a burguesia, é composto pelas camadas superiores da burguesia, pelos notáveis. Aliás, o equívoco que existe já na Idade Média sobre a natureza dessa terceira classe, que é teoricamente o conjunto de todos os que não estão nas duas primeiras e que, na verdade, se limita à parte mais rica ou mais instruída, levará ao conflito da Revolução Francesa entre os homens de 89, que querem cessar a Revolução com a vitória da elite do terceiro estado e os que querem fazer dela o triunfo do povo todo.

De fato, na sociedade do que se chamou o primeiro período feudal, até cerca de meados do século XII, a massa dos trabalhadores manuais – um texto do século XI, de São Vicente de Mâcon, ainda opõe aos *laboratores* os *pauperiores qui manibus laborant*, "os mais pobres que trabalham com suas mãos" – simplesmente não existe. Marc Bloch observou, espantado, que os senhores laicos e eclesiásticos dessa época transformavam os metais preciosos em peças de ourivesaria que eles mandavam fundir, como vimos, em caso de necessidade, não atribuindo nenhum valor econômico ao trabalho do artista ou do artesão. Mas a tendência a considerar que o esquema abrangia toda a sociedade e que, por conseguinte, os *laboratores* incluíam a massa dos trabalhadores também se difundiu depois do século XI.

Acabamos de falar de classe e de aplicar esse termo às três categorias do esquema tripartite, ao passo que tradicionalmente elas são consideradas ordens e às três funções corresponderiam, na época medieval, três ordens.

Esse vocabulário é ideológico, normativo, embora, para ser eficaz, deva oferecer uma certa concordância com as "realidades" sociais. O termo *ordo*, que é mais carolíngio do que propriamente feudal, pertence ao vocabulário religioso e se aplica, portanto, a uma visão religiosa da sociedade, aos clérigos e aos laicos, ao espiritual e ao temporal. Só é possível, então, haver duas ordens: o clero e o povo, *clerus* e *populus*, e quase sempre, aliás, os textos dizem: *utraque ordo*, "ambas as ordens".

Alguns juristas modernos pretenderam estabelecer uma distinção entre a classe, cuja definição seria econômica, e a ordem, cuja definição seria jurídica. De fato, a ordem é religiosa, mas, tal como a classe, tem bases socioeconômicas. A tendência dos autores e dos que utilizavam o esquema tripartite da Idade Média a considerar "ordens" as três "classes" que ele inclui respondia à intenção de sacralizar essa estrutura social, de fazer dela uma realidade objetiva e eterna criada e pretendida por Deus, de impossibilitar uma revolução social.

*

Portanto, é uma mudança profunda substituir, como se fez por vezes já no século XI, *ordo* por *conditio*, "condição", e, por volta de 1200, por "estado". Essa laicização da visão da sociedade seria, por si mesma, importante. Mas, sobretudo, ela vem acompanhada por uma destruição do esquema tripartite, que corresponde a uma evolução fundamental da própria sociedade medieval.

Sabe-se que um momento crítico da história do esquema tripartite em uma sociedade é aquele em que aparece uma nova classe que até então não teve lugar no esquema. As soluções adotadas pelas diferentes sociedades – Georges Dumézil estudou-as para as sociedades indo-europeias – são diversas. Três delas pouco alteram a visão tradicional: a que mantém a nova classe à parte, recusando-lhe um lugar no esquema; a que a amalgama e a funde a uma das três classes preexistentes; e também aquela, mais revolucionária, que, para lhe dar um lugar, transforma o esquema tripartite em esquema quadripartido. Em geral, essa classe estraga-festas é a dos comerciantes, que marcam a passagem de uma economia fechada para uma economia aberta e o surgimento de uma classe econômica poderosa que não se contenta em se submeter à classe clerical e à classe militar. Vê-se muito bem como a sociedade medieval tradicional tentou essas soluções imobilistas ao ler em um sermão inglês do século XIV que "Deus fez os clérigos, os cavaleiros e os lavradores; mas o demônio fez os burgueses e os usurários", ou em um poema alemão do século XIII que a quarta classe, a dos usurários, *Wucherer*, passou a governar as três outras.

O fato fundamental é que na segunda metade do século XII e no decorrer do século XIII o esquema tripartite da sociedade – embora continue sendo encontrado como tema literário e ideológico por muito tempo ainda – se desfaz e cede diante de um esquema mais complexo e mais flexível, resultado e reflexo de uma alteração social.

À sociedade tripartida sucede a sociedade dos "estados", ou seja, das condições socioprofissionais. Seu número varia conforme os autores, mas encontram-se algumas constantes, particularmente a mistura de uma classificação religiosa baseada em critérios clericais e familiares com uma divisão segundo as funções profissionais e as condições sociais. Um sermonário alemão de 1220, aproximadamente, enumera até 28 estados: 1) o papa, 2) os cardeais, 3) os patriarcas, 4) os bispos, 5) os prelados, 6) os monges, 7) os cruzados, 8) os conversos, 9) os monges giróvagos, 10) os sacerdotes seculares, 11) os juristas e os médicos, 12) os estudantes, 13) os estudantes errantes, 14) as monjas enclausuradas, 15) o imperador, 16) os reis, 17) os príncipes e condes, 18) os cavaleiros, 19) os nobres, 20) os escudeiros, 21) os burgueses, 22) os comerciantes, 23) os vendedores varejistas, 24) os arautos, 25) os camponeses obedientes, 26) os camponeses rebeldes, 27) as mulheres... e 28) os irmãos pregadores! É de fato uma dupla hierarquia paralela dos clérigos e dos laicos, os primeiros dirigidos pelo papa, os segundos pelo imperador.

O novo esquema é ainda o de uma sociedade hierarquizada em que se desce do topo ao sopé, salvo exceção, como no *Libro de Alejandro*, espanhol, de meados do século XIII, em que a exposição dos estados começa pelos "lavradores" e termina com os nobres. Mas trata-se de uma hierarquia diferente daquela das ordens, da sociedade tripartite, de uma hierarquia mais horizontal do que vertical, mais humana do que divina, que não põe em questão a vontade de Deus, que não é de direito divino e que pode, em certa medida, ser modificada. Neste caso também a iconografia mostra uma mudança ideológica e mental. A representação das ordens superpostas (que no entanto prosseguirá e até mesmo se reforçará na época do absolutismo monárquico) é substituída por uma representação dos estados em fila indiana. Sem dúvida os poderosos – papa, imperador, bispos, cavaleiros – dirigem a dança, mas para onde? Não para cima, mas para baixo, para a morte. Pois a sociedade das ordens conduzida em majestade cedeu lugar ao cortejo dos estados arrastados numa dança macabra.

Essa dessacralização da sociedade é acompanhada por uma fragmentação, por uma desintegração, que é ao mesmo tempo reflexo da evolução das estruturas sociais e resultado de uma manobra mais ou menos consciente dos clérigos que, vendo escapar-lhes a sociedade das ordens, enfraquecem a nova sociedade dividindo-a, atomizando-a e conduzindo-a para a morte. A Grande Peste de 1348 não vem a propósito manifestar que a vontade de Deus é atingir todos os "estados"? A destruição do esquema tripartite da sociedade está ligada ao desenvolvimento urbano dos séculos XI-XIII, que por sua vez deve ser situado, como vimos, no contexto de uma crescente divisão do trabalho. O esquema tripartite se desfaz ao mesmo tempo em que o esquema das sete artes liberais e, também, no momento em que pontes são lançadas entre as artes liberais e as artes mecânicas, entre as disciplinas intelectuais e as técnicas. O meio urbano é o cadinho em que se dissolve a sociedade tripartite e se elabora a nova imagem.

Querendo ou não, a Igreja se adapta. Os teólogos mais abertos proclamam que todo ofício, que toda condição pode se justificar desde que se ordene com vista à salvação. Gerhoh de Reichersberg, em meados do século XII, no *Liber de aedificio Dei**, evoca "essa grande fábrica, essa grande oficina, o universo", e afirma: "Quem pelo batismo renunciou ao diabo, mesmo que não se torne clérigo ou monge, é considerado como tendo renunciado ao mundo, de modo que, sejam ricos ou pobres, nobres ou servos, comerciantes ou camponeses, todos aqueles que fizeram profissão de fé cristã devem rejeitar o que lhes é hostil e seguir o que lhes convém; cada ordem, com efeito (o vocabulário continua sendo o da concepção das *ordens*), e, mais geralmente, toda profissão encontra na fé católica e na doutrina apostólica uma regra adaptada à sua condição e, se travar sob essa regra o combate certo, poderá assim chegar à coroa" – isto é, à salvação. A Igreja admite a existência dos estados, impondo-lhes como rótulo distintivo pecados específicos, pecados de classe, inculcando-lhes uma moral profissional.

De início, essa nova sociedade é a sociedade do diabo. Daí a moda considerável na literatura clerical, a partir do século XII, do tema das "filhas do diabo". Na guarda de um manuscrito florentino do século XIII, por exemplo, lê-se:

---

* *Liber de aedificio Dei* = Livro sobre a casa de Deus [N.T.].

> *O diabo tem IX filhas que ele casou*
> *a simonia com os clérigos seculares*
> *a hipocrisia com os monges*
> *a rapina com os cavaleiros*
> *o sacrilégio com os camponeses*
> *a simulação com os esbirros*
> *a fraude com os comerciantes*
> *a usura com os burgueses*
> *a pompa mundana com as matronas*
> *e a luxúria, que ele não quis casar com ninguém, mas oferece a todos como amante comum.*

Floresce toda uma literatura homilética que propõe sermões *ad status*, dirigidos a cada "estado". As ordens mendicantes atribuem-lhe um lugar de destaque em suas prédicas no século XIII. O cardeal dominicano Humberto de Romans, em meados do século XIII, codifica-os.

O desfecho desse reconhecimento dos "estados" é sua entronização na confissão e na penitência. Os manuais de confessores que no século XIII definem os pecados e os casos de consciência acabam por catalogar os pecados por classes sociais. A cada estado seus vícios, seus pecados.

João de Friburgo, no final do século XIII, em seu *Confessionale*, resumo de sua grande *Summa confessorum*, para uso de confessores "mais simples e menos experientes", classifica os pecados sob catorze rubricas, equivalentes a "estados": 1) bispos e prelados, 2) clérigos e beneficiados, 3) padres de paróquia, vigários e confessores, 4) monges, 5) juízes, 6) advogados e procuradores, 7) médicos, 8) doutores e mestres, 9) príncipes e outros nobres, 10) esposos, 11) comerciantes e burgueses, 12) artesãos e operários, 13) camponeses, 14) *laboratores*.

Nessa sociedade fragmentada, os líderes espirituais conservam, apesar de tudo, a nostalgia da unidade. A sociedade cristã deve formar um corpo, um *corpus*. Ideal afirmado pelos teóricos carolíngios, o papado das cruzadas a partir de Urbano II.

Quando a diversidade parece triunfar, um João de Salisbury, por volta de 1160, ainda busca, no *Polycraticus*, salvar a unidade da Cristandade comparando a sociedade laica cristã a um corpo humano, sendo seus membros e órgãos constituídos pelas diversas categorias profissionais. O príncipe é a cabeça, os conselheiros são o coração, os juízes e os administradores provinciais são os olhos, os ouvidos e a língua, os guerreiros são as mãos, os funcionários das finanças são o estômago e o intestino, os camponeses são os pés.

Nesse mundo de combates dualistas que é a Cristandade medieval, a sociedade é antes de tudo o teatro de uma luta entre a unidade e a diversidade, e também o é mais geralmente de um duelo entre o bem e o mal. Pois durante muito tempo o sistema totalitário da Cristandade medieval identificará o bem com a unidade e o mal com a diversidade. No detalhe cotidiano, uma dialética se instaura entre a teoria e a prática, e a afirmação da unidade compõe, com muito frequência, com uma inevitável tolerância.

*

E, antes de tudo, qual é a cabeça desse corpo que é a Cristandade? Na verdade, a Cristandade é bicéfala. Ela tem duas cabeças: o papa e o imperador. Mas a história medieval é constituída mais por seus desacordos e suas lutas do que por seu entendimento, talvez só alcançado, e de modo efêmero, por volta do ano 1000, por Oto III e Silvestre II. Quanto ao mais, as relações entre as duas cabeças da Cristandade manifestam a rivalidade na cúpula das duas ordens dominantes, mas concorrentes da hierarquia clerical e da hierarquia laica – dos sacerdotes e dos guerreiros, do poder xamânico e da força militar.

Entre o sacerdócio e o império, o duelo, aliás, nem sempre aparece em estado puro. Outros protagonistas embaralham as cartas.

Por parte do sacerdócio, a situação torna-se clara bem rapidamente. Uma vez constatada a impossibilidade de fazer o patriarca de Constantinopla e a Cristandade oriental aceitarem a supremacia romana – o que se consuma com o cisma de 1054 –, a liderança do papa não é contestada pela Igreja do Ocidente. Gregório VII dá um passo decisivo nesse sentido com os *Dictatus papae* de 1075, em que, entre outras, ele faz a seguinte afirmação: "Só o pontífice romano é dito, a justo título, universal... É o único cujo nome é pronunciado em todas as igrejas... quem não está com a Igreja Romana não deve ser considerado católico..." No decorrer do século XII, de "vigário de São Pedro" ele se torna "vigário de Cristo" e controla, pelos processos de canonização, a consagração dos novos santos. Durante os séculos XIII e XIV, sobretudo pelos avanços da fiscalidade pontifical, ele faz da Igreja uma verdadeira monarquia.

Ao lado dele, ou diante dele, o imperador está longe de ser, de modo tão inconteste, a cabeça da sociedade laica. Em primeiro lugar há eclipses imperiais mais duradouros do que as breves vacâncias do trono pontifical, das quais a mais longa, relativamente excepcional, é a de trinta e quatro meses que separa a morte de Clemente IV, em novembro de 1268, da eleição de Gregório X, em setembro de 1271, durante o Grande Interregno entre a morte de Frederico II (1250) e a eleição de Rodolfo de Habsburgo (1273). Também não se deve esquecer que um tempo bastante longo transcorre, com frequência, entre a eleição na Alemanha, que faz do eleito um simples "rei dos romanos", e a coroação em Roma, a partir da qual, apenas, o imperador passa a existir. A hegemonia do imperador à frente da Cristandade, sobretudo, é mais teórica do que real. Muitas vezes, combatido na Alemanha, contestado na Itália, ele é geralmente ignorado pelos príncipes mais poderosos. Já no período otoniano os reis da França não se julgam de modo nenhum submetidos ao imperador. A partir do início do século XII os canonistas ingleses e espanhóis, assim como os franceses, negam que seus reis sejam subordinados aos imperadores e às leis imperiais. O Papa Inocêncio III reconhece em 1202 que, *de facto*, o rei da França não tem superior temporal. Um canonista declara em 1208 que "todo rei tem em seu reino os mesmos poderes que o imperador no império": *unusquisque enim tantum juris habet in regno suo quantum umperator in imperio*. Os *Estabelecimentos* de São Luís declaram: "O rei não depende de ninguém afora Deus e ele mesmo". Em suma, forma-se a teoria segundo a qual "o rei é imperador em seu reino". Aliás, já se assiste no século X ao que Robert Folz chama de "fracionamento da noção de império". O título de imperador adquire extensão limitada. Significativamente, ele aparece em dois países que escaparam à dominação dos imperadores carolíngios – as Ilhas Britânicas e a Península Ibérica –, e nos dois casos manifesta a pretensão à supremacia sobre uma região unificada: os reinos anglo-saxões, os reinos cristãos ibéricos. O sonho imperial mal dura um século na Grã-Bretanha.

Na Espanha, a quimera imperial prossegue por mais tempo. O "império espanhol" conhece seu apogeu sob Afonso VII, que se faz coroar imperador em León, em 1135. Depois dele, a monarquia castelhana se divide, a Espanha se fragmenta nos "cinco reinos", o título de imperador da Espanha desaparece, só reaparecendo brevemente em favor de Fernando III em 1248, depois da tomada de Sevilha dos muçulmanos.

Assim, embora parcial, a ideia de império esteve sempre ligada à ideia de unidade, mesmo que fragmentária...

Paralelamente, os imperadores alemães, apesar de algumas declarações de sua chancelaria ou de seus turibulários, restringiram cada vez mais suas pretensões ao Sacro Império Romano Germânico no sentido estrito, à Alemanha e a seu prolongamento italiano. À Alemanha em primeiro lugar, sobretudo desde que o imperador passou a ser eleito por um colegiado de príncipes alemães. Já Frederico Barba-Ruiva, que assumira o título de imperador antes de sua coroação em Roma, em 18 de junho de 1155, chamara os príncipes que o haviam escolhido de "cooperadores da glória do imperador e do Império". A ideia do império universal reveste uma última forma, impressionante, sob Frederico II, que coroa suas pretensões jurídicas à supremacia mundial com uma versão escatológica. Enquanto seus adversários o consideram o anticristo, ele se apresenta como o imperador do fim dos tempos, o salvador que levará o mundo à época áurea, o *immutator mirabilis**, novo Adão, novo Augusto, e logo quase um outro Cristo. Em 1239 ele celebra sua cidade natal de Iesi, na região das Marche, como sua própria Belém.

Na realidade, o comportamento dos imperadores foi sempre muito mais prudente. Contentam-se com uma preeminência honorífica, com uma autoridade moral que lhes confira uma espécie de patronato sobre os outros reinos.

Assim a bicefalia da Cristandade medieval é menos a do papa e do imperador do que a do papa e do rei (rei-imperador), ou, como diz ainda melhor a fórmula histórica, do sacerdócio e do Império, do poder espiritual e do poder temporal, do sacerdote e do guerreiro.

---

* *immutator mirabilis* = transformador milagroso [N.T.].

Decerto, a ideia imperial mantém adeptos fervorosos mesmo depois de correr perigo. O grande apaixonado pela Cristandade medieval, o ávido por unidade, que é Dante, suplica, intima, injuria o imperador que não preenche sua função, seu dever de chefe supremo e universal.

Mas o verdadeiro conflito é entre o *sacerdos* e o *rex*. Como cada um tentou resolvê-lo em seu favor? Reunindo os dois poderes em sua pessoa, o papa tornando-se imperador, o rei tornando-se sacerdote. Cada um tentou realizar em si a unidade do *rex-sacerdos*.

Em Bizâncio, o *basileus* conseguira fazer-se considerar um personagem sagrado e ser chefe religioso ao mesmo tempo que chefe político. É o que se chamou cesaropapismo. Carlos Magno parece ter tentado reunir em sua pessoa a dupla dignidade imperial e sacerdotal. Por ocasião da coroação de 800, a imposição das mãos lembra o gesto da ordenação sacerdotal, como se Carlos fosse investido de um "sacerdócio real". É um novo Davi, um novo Salomão, um novo Josias. Mas, quando é chamado *rex et sacerdos*, atribui-se a ele, como explica Alcuíno, a função de pregador do sacerdote, não as funções carismáticas. Nenhum texto o descreve como um novo Melquisedeque, o único rei-sacerdote do Antigo Testamento em sentido estrito.

No entanto, reis e imperadores prosseguirão, ao longo de toda a Idade Média, a tentativa de fazer com que se reconheça neles um caráter religioso, sagrado, se não sacerdotal.

O primeiro meio de sua política nesse sentido é a consagração e a coroação, cerimônias religiosas que os fazem ungidos do Senhor, o "rei coroado por Deus", *rex a Deo coronatus*. A consagração é um sacramento. É acompanhada por aclamações litúrgicas, *laudes regiae*, em que Ernst Kantorowicz identificou acertadamente o reconhecimento solene pela Igreja do novo soberano acrescentado à hierarquia celeste. Cantadas depois das litanias dos santos, manifestavam "a união entre os dois mundos, mais ainda do que sua simetria". Elas proclamam "a harmonia cósmica do Céu, da Igreja e do Estado".

A consagração é uma ordenação. Ao bispo de Liège, Wazon, o Imperador Henrique III declara, em 1046: "Também eu, que recebi o direito de comandar a todos, fui ungido com o óleo santo". Um dos propagandistas de Henrique IV em sua luta contra Gregório VII, Gui de Osnabrück, escreve em 1084-1085: "O rei deve ser separado da multidão dos laicos; ungido com o óleo consagrado, ele participa do ministério sacerdotal".

No preâmbulo de um diploma de 1143, Luís VII da França lembra: "Sabemos que, de acordo com as prescrições do Antigo Testamento e, nos nossos dias, com a lei da Igreja, só os reis e os sacerdotes são consagrados pela unção do Santo Crisma. Convém que aqueles que, únicos entre todos, unidos entre si pelo crisma sacrossanto, estão colocados à frente do povo de Deus, proporcionem a seus súditos tanto os bens temporais quanto os espirituais, e os proporcionem uns aos outros".

Quanto a essa consagração-ordenação, seu ritual é estabelecido em *ordines*, como "a ordem da consagração e da coroação dos reis da França" do manuscrito de Châlons-sur-Marne, que data de cerca de 1280, conservado na Biblioteca Nacional de Paris (manuscrito latino, 1246). Suas preciosas miniaturas representam alguns dos episódios mais significativos da cerimônia religiosa em que se afirma, por um lado, o chefe militar – entrega das esporas e da espada –, por outro, o personagem quase sacerdotal – principalmente pela unção, mas também pela entrega dos símbolos religiosos, que são o anel, o cetro e a coroa.

P.-E. Schramm explicou os símbolos religiosos que conferiam todo o significado às insígnias imperiais e reais. A coroa imperial, formada por um diadema constituído de oito plaquetas de ouro encaixadas e de um arco em calota desenhado por oito pequenos campos semicirculares, empresta do algarismo oito o símbolo da vida eterna. Como o octógono da capela palatina de Aix-la-Chapelle (Aachen), a coroa imperial é a imagem da Jerusalém celeste, com os muros cobertos de ouro e joias. "Sinal de glória", como a chama a *Ordo*, ela anuncia o reinado de Cristo pela cruz – símbolo do triunfo –, a opala branca única – o "órfão", *orphanus* –, sinal de preeminência, as imagens de Cristo, de Davi, de Salomão e de Ezequias. O anel e o bastão longo – *virga* – são réplicas das insígnias episcopais. O imperador também é dotado da Lança sagrada, ou Lança de São Maurício, apresentada a ele e que se diz conter um prego da cruz de Cristo. Lembramos que os reis da França e da Inglaterra têm o poder de, ao "tocar as escrófulas", curar seus portadores, ou seja, os escrofulosos. Decididamente o rei prefere o poder carismático à força militar, e isso é confirmado por um texto do carmelita Jean Golein, em seu *Traité du sacre**, escrito em 1374, por encomenda de Carlos V: o rei "deve prestar a Deus sua homenagem, que fez seu o seu reino, que ele não recebeu de modo nenhum apenas da espada, como dizem os antigos, mas de Deus, tal como testemunha em sua moeda de ouro ao dizer: *Christus vincit, Christus regnat, Christus imperat*. Ele não diz: a espada reina e vence, mas diz: Jesus vence, Jesus reina, Jesus comanda".

Por parte do pontificado, uma tentativa paralela de absorção da função imperial desenvolveu-se sobretudo a partir do século VIII e da falsa Doação de Constantino. Nela o imperador declara deixar ao papa a cidade de Roma e, por essa razão, transferir-se para Constantinopla. Autoriza-o a portar o diadema e as insígnias pontificais e atribui ao clero romano os ornamentos senatoriais. "Decretamos também que nosso venerável Padre Silvestre, supremo pontífice, e todos os seus sucessores deverão portar o diadema, isto é, a coroa de ouro muito puro e de pedras preciosas que lhe concedemos, tomando-a de nossa cabeça."

Silvestre teria recusado o diadema para aceitar apenas uma mitra branca, o *phrygium*, insígnia real também de origem oriental. O *phrygium* transformou-se rapidamente em coroa, e uma *ordo* romana do século IX já o chama de *regnum*. Quando reaparece, em meados do século IX, "mudou de forma e de sentido": tornou-se a *tiara*. O círculo da base transforma-se em um diadema ornado de pedras preciosas. Uma coroa de florões o substitui no século XII, uma segunda se sobrepõe a ela no século XIII, uma terceira, provavelmente com os papas de Avignon, transformou-se no *triregnum*, o trirregno. Já Inocêncio III, no início do século XIII, havia explicado que o papa portava a mitra *in signum pontificii*, como signo do pontificado, do sacerdócio supremo, e o *regnum, in signum Imperii*, como signo do Império. Ao *rex-sacerdos*** corresponde um *pontifex-rex****.

O papa não usa a tiara durante o exercício de suas funções sacerdotais, mas nas cerimônias em que aparece como soberano. A partir de Pascoal II, em 1099, os papas são coroados em seu advento. A partir de Gre-

---

* *Traité du sacre* = Tratado da consagração [N.T.].

** *rex-sacerdos* = rei-sacerdote [N.T.].

*** *pontifex-rex* = pontífice-rei [N.T.].

gório VII sua "entronização" no Latrão é acompanhada pela colocação do pálio, o manto vermelho imperial, a *cappa rubea*, cuja posse em caso de contestação entre dois papas constituía a legitimidade diante de um antipapa sem manto. A partir de Urbano II o clero romano se chama cúria, que evoca ao mesmo tempo o antigo senado romano e uma corte feudal.

Assim o papado – e este é um aspecto essencial da reforma gregoriana –, além de se desligar e, com ele, começar a desligar a Igreja de uma certa submissão à ordem feudal, afirmou-se chefe da hierarquia tanto laica quanto religiosa. A partir de então empenhou-se em manifestar e em tornar efetiva a subordinação do poder imperial e real a seu próprio poder. São conhecidos os inúmeros litígios, é conhecida a imensa literatura surgida em torno da Querela das Investiduras, por exemplo, que é apenas um dos aspectos e dos episódios da grande luta do sacerdócio e do império, ou melhor, como já se viu, das duas ordens. Recordamos Inocêncio III multiplicando os estados vassalos da Santa Sé. Lembremos, por serem os mais significativos, alguns símbolos em torno dos quais o conflito se cristalizou: teorias e imagens ao mesmo tempo, como quase sempre ocorre no Ocidente medieval. Assim, as duas espadas e as duas luminárias. No entanto, quem mais do que a Igreja ajudara os reis?

Leão III fizera Carlos Magno, em grande medida os beneditinos de Fleury (Saint-Benoît-sur-Loire) e de Saint-Denis fizeram os capetíngios. A Igreja, com efeito, servia-se da ambiguidade – à qual voltaremos – da realeza, chefe da hierarquia feudal, mas também de uma hierarquia segundo uma outra ordem, a do Estado, dos poderes públicos, que transcende a ordem feudal. Ela a favorece contra seu rival, o poder militar, o sacerdote ajuda o rei a dominar o guerreiro. Claro, é para fazer dele seu instrumento, para atribuir à realeza o papel essencial de protetor da Igreja, a Igreja verdadeira da ordem sacerdotal, a Igreja ideal dos pobres. A função que a Igreja medieval atribui à realeza é a do braço secular que executa as ordens da classe sacerdotal e se conspurca em seu lugar usando força física, violência, espalhando o sangue do qual ela lava as mãos.

Toda uma literatura clerical define essa função do rei. São os muitos *Espelhos dos príncipes*, que floresceram sobretudo nos séculos IX e XIII, em que São Luís se esforça, no plano moral e espiritual, para ser o rei modelo.

O Concílio de Paris em 829, em termos retomados e desenvolvidos dois anos depois por Jonas, bispo de Orléans, em seu *De institutione regia**, que permanecerá modelo dos *Espelhos dos príncipes* ao longo de toda a Idade Média, define os deveres dos reis: "O ministério real", declaram os bispos, "consiste especialmente em governar e reger o povo de Deus com equidade e justiça e cuidar de promover a paz e a concórdia. De fato, ele deve em primeiro lugar ser o defensor das igrejas, dos servidores de Deus, das viúvas, dos órfãos e de todos os outros pobres e indigentes. Deve também mostrar-se, na medida do possível, terrível e atento para que não se produza nenhuma injustiça; e, caso se produza, para não permitir que ninguém guarde a esperança de não ser descoberto na audácia de proceder mal, mas que todos saibam que nada ficará impune".

Em troca, a Igreja sacraliza o poder real. Assim todos os súditos devem submeter-se fielmente e com cega obediência a esse poder, pois "quem resiste a esse poder resiste à ordem que Deus quer".

E é em favor do imperador e do rei, mais do que do senhor feudal, que os clérigos estabelecem um paralelo entre o céu e a terra e consideram o monarca a personificação de Deus na terra. A iconografia tende a fazer com que sejam confundidos o Deus em majestade e o rei em seu trono.

Hugo de Fleury, em *Tractatus de regia potestate et sacerdotali dignitate**, dedicado a Henrique I da Inglaterra, chega a comparar o rei a Deus Pai e o bispo apenas a Cristo. "Um só reinado no reino dos céus, o que lança o raio. É natural que haja apenas um depois dele que reina na terra, um só que seja exemplo para todos os homens." Assim falava Alcuíno, e o que dizia para o imperador vale para o rei uma vez que ele é "Imperador em seu reino".

Mas, se o rei se afastar desse programa, se deixar de se submeter, a Igreja o lembrará imediatamente de sua indignidade e lhe negará o caráter sacerdotal que ele se empenha em adquirir.

Filipe I da França, excomungado por seu casamento com Bertrade de Monfort, é castigado por Deus com doenças ignominiosas, segundo

---

* *De institutione regia* = Sobre a régia instituição [N.T.].

** *Tractatus de regia potestate et sacerdotali dignitate* = Tratado sobre o poder real e a dignidade sacerdotal [N.T.].

Orderico Vital, e perde seu poder curador, segundo Guibert de Nogent. Gregório VII lembra ao imperador que, não sabendo expulsar demônios, ele é inferior até aos exorcistas. Honorius Augustonidensis afirma que o rei é um laico. "O rei, de fato, só pode ser laico ou clérigo. Se não é laico, é clérigo. Mas, se é clérigo, deve ser ostiário, ou leitor, ou exorcista, ou acólito, ou subdiácono, ou diácono, ou sacerdote. Se não tem nenhum desses graus, então ele não é clérigo. Se não é nem laico nem clérigo, deve ser monge. Mas sua mulher e sua espada o impedem de ser considerado monge."

Compreendem-se então as razões da obstinação de Gregório VII e de seus sucessores para impor aos clérigos a renúncia ao ofício das armas e sobretudo o celibato. Não se trata de uma preocupação moral. Trata-se de, ao resguardar a ordem sacerdotal da sujidade do sangue e do esperma, líquidos impuros marcados por tabus, separar a classe dos sacerdotes daquela dos guerreiros confundidos com os outros laicos, isolados e rebaixados.

Quando um bispo, Thomas Beckett, é assassinado por cavaleiros, talvez por instigação do Rei Henrique II, a ordem sacerdotal se enfurece contra a ordem militar. A extraordinária propaganda feita pela Igreja em toda a Cristandade a favor do mártir, ao qual se dedicam igrejas, altares, cerimônias, estátuas e afrescos, manifesta a luta das duas ordens. João de Salisbury, colaborador do prelado assassinado, aproveita para levar ao ápice a doutrina da limitação do poder real, que a Igreja, prudente, afirmara a partir do momento em que, por suas necessidades, exaltara esse poder.

O mau rei – aquele que não obedece à Igreja – torna-se tirano. É despojado de sua dignidade. Os bispos do Concílio de Paris de 829 haviam definido: "Se o rei governa com piedade, justiça e misericórdia, ele merece o título de rei. Se essas qualidades lhe faltam, ele não é rei, mas tirano". É a doutrina imutável da Igreja medieval, e Santo Tomás de Aquino a apoiará com base em sólidas considerações teológicas. Mas, quanto às consequências práticas a serem extraídas da condenação do mau rei que se torna tirano, a Igreja medieval não foi muito precisa, nem na teoria, nem na prática. Excomunhões, proibições, disposições intervieram. Só, ou quase só, João de Salisbury ousou ir ao extremo da doutrina e, quando parecia não haver outra solução, preconizar o tiranicídio. Assim, o "Caso

Beckett" mostrou que o duelo das duas ordens terminava logicamente em ajuste de contas.

Mas na teoria as armas da Igreja eram mais espirituais. Às pretensões imperiais e reais os papas replicam com a imagem de espadas que simbolizam, desde os Padres, o poder espiritual e o poder temporal. Alcuíno as reivindicara para Carlos Magno. São Bernardo lançara as bases de uma doutrina complexa que resultava, apesar de tudo, em atribuir as duas espadas ao papa. O sacerdote usa a espada espiritual, o cavaleiro a espada temporal, mas apenas para a Igreja, a um sinal (*nutu*) do sacerdote, limitando-se o imperador a transmitir a ordem. Os canonistas do final do século XII e do século XIII já não hesitam. Tendo o papa se tornado vigário de Cristo, e sendo este o único detentor das duas espadas, só o papa – seu lugar-tenente – dispõe delas neste mundo.

Assim também as duas luminárias. O imperador romano havia se identificado com o sol, alguns imperadores medievais tentam retomar essa assimilação. Desde Gregório VII, e sobretudo com Inocêncio III, o papado repele essa tentativa. Ele extrai do Gênesis a imagem das duas luminárias: "Deus disse: Que haja luminárias no firmamento do céu e que elas dividam o dia e a noite, e que sirvam de signos, que marquem os tempos, os dias, os anos, e que brilhem no firmamento do céu e que iluminem a terra. E assim se fez. E Deus fez duas grandes luminárias: uma maior que presidiu ao dia, e uma luminária menor que presidiu à noite; e as estrelas. E Ele as colocou no firmamento do céu para que brilhassem acima da terra e presidissem ao dia e à noite". Para a Igreja, a luminária maior, o sol, é o papa; a luminária menor, a lua, o imperador ou o rei. A lua não tem luz própria, só tem uma luz que lhe é emprestada pelo sol. Luminária inferior, o imperador é também o chefe do mundo noturno em face do mundo diurno, governado e simbolizado pelo papa. Quando imaginamos o que significavam o dia e a noite para os homens da Idade Média, compreendemos que a hierarquia laica é para a Igreja uma sociedade das forças suspeitas, a metade tenebrosa do *corpus* social.

Sabe-se que, se por um lado o papa impediu o imperador e o rei de absorver a função sacerdotal, por outro lado ele não conseguiu tomar o poder temporal. As duas espadas continuaram em mãos separadas. O imperador se apagou em meados do século XIII, no entanto foi Filipe o Belo, que decisivamente pôs em xeque Bonifácio VIII. Mas quase em toda a Cristandade a espada temporal já estava solidamente nas mãos dos príncipes.

Portanto, só restava às duas ordens dominantes esquecer sua rivalidade e pensar apenas em sua solidariedade, em consolidar em comum seu domínio sobre a sociedade. "Boa gente," dizia – em língua vulgar para ser mais bem-entendido – o bispo de Paris, Maurice de Sully por volta de 1170, "entreguem a seu senhor terrestre o que lhe devem. Acreditem e entendam que a seu senhor terrestre vocês devem seus censos, talhas, multas, serviços, carretos e cavalgadas. Entreguem-lhe tudo, no lugar e tempo exigido, integralmente".

*

Certamente, ilustres exemplos históricos, e no presente exceções – às vezes felizes, às vezes dramáticas – mostram que entre nações e línguas não há identidade. Mas quem negaria que a diversidade das línguas é fator mais de separação do que de unidade? Disso os homens da Cristandade medieval têm consciência acurada.

Lamentações dos clérigos que consideram a diversidade das línguas uma das consequências do pecado original, que associam esse mal à mãe de todos os vícios: Babilônia. Rangerius de Lucca, no início do século XII, afirma: "Exatamente como outrora Babilônia, pela multiplicação das línguas, aos antigos males acrescentou novos e piores, a multiplicação dos povos multiplicou a colheita dos crimes".

Constatação entristecida do povo, como os camponeses alemães do século XIII que, na história de *Meier Helmbrecht*, já não reconhecem seu filho pródigo que volta fingindo falar várias línguas.

"Meus queridos", ele responde em baixo alemão, "que Deus lhes reserve todas as felicidades". Sua irmã correu até ele e o tomou nos braços. Ele disse então: *"Gratia vester!"* As crianças acorreram em seguida, os velhos pais vinham atrás, os dois o receberam com uma alegria infinita. Ao pai, ele disse: *"Deu sol!"*, e à mãe, conforme a moda da Boêmia: *"Dobra ytra!"* O homem e a mulher se entreolharam, e a dona da casa disse:

"Homem, estamos errados, não é nosso filho. É um boêmio ou um *Wende*". O pai disse: "É um *Welche*! Não é meu filho, que Deus o conserve, e no entanto se parece com ele". Então Gotelinde, a irmã, disse: "Não é o filho de vocês; comigo ele falou em latim, decerto é um clérigo". "Ora", disse o criado, "a julgar pelas suas palavras ele nasceu na Saxônia ou no Brabante. Ele falou em baixo alemão, deve ser um saxão". O pai disse com simplicidade: "Se você é meu filho Helmbrecht, terá toda a minha dedicação, quando tiver pronunciado uma palavra de acordo com nosso costume e à maneira dos nossos antepassados, para que eu possa compreendê-lo. Você diz sempre '*deu sol*' e eu não entendo qual é o sentido disso. Honre sua mãe e a mim, sempre o merecemos. Diga uma palavra em alemão e eu mesmo, não o criado, cuidarei do seu cavalo [...]".

A Idade Média, que sempre visualiza suas ideias, encontrou, para representar essa desgraça da diversidade linguística, o símbolo da Torre de Babel e, imitando a iconografia oriental, no mais das vezes fez dela uma imagem aterradora, catastrófica.

A imagem angustiante da Torre de Babel se erige e se multiplica nas imaginações ocidentais a partir, também, do ano 1000. A mais antiga representação no Ocidente encontra-se num manuscrito do poeta anglo--saxão Caedmon (século VII) do final do século X ou início do século XI.

Os clérigos tentaram exorcizar essa sombra medieval de Babel. Seu instrumento: o latim. Este teria realizado a unidade da civilização medieval e, além disso, da civilização europeia. Sabe-se que Ernst Robert Curtius o afirmou brilhantemente. Mas que latim? Um latim artificial, do qual se destacam seus verdadeiros herdeiros, as línguas "vulgares", e que é esterilizado um pouco mais por todos os renascimentos, a começar pelo carolíngio. Latim de cozinha, dirão os humanistas. Exatamente o contrário, apesar do êxito literário de alguns grandes escritores como Santo Anselmo ou São Bernardo e da grande construção do latim escolástico, latim inodoro e sem sabor, latim de casta, latim dos clérigos, instrumento mais ainda de dominação sobre a massa do que de comunicação internacional. Próprio exemplo da língua sagrada que isola o grupo social que tem o privilégio, não de compreendê-la – o que pouco importa –, mas de falá-la, bem ou mal. Giraud de Barré coleta, em 1199, uma série de "pérolas" proferidas pelo clero inglês. Eudes Rigaud, bispo de Rouen de

1248 a 1269, recolhe outras junto dos sacerdotes de sua diocese. O latim da Igreja medieval tendia a se tornar a linguagem incompreensível dos irmãos arvais na Roma antiga.

A realidade viva do Ocidente medieval é o triunfo progressivo das línguas vulgares, a multiplicação dos intérpretes, das traduções, dos dicionários.

O recuo do latim diante das línguas vulgares não se faz sem manifestações de nacionalismo linguístico. Eis uma "nação" em formação que se afirma defendendo sua língua: Jakob Swinka, arcebispo de Gniezno no final do século XIII, queixa-se à Cúria dos franciscanos alemães que não entendem o polonês e ordena que se pronunciem as prédicas em polonês *ad conservacionem et promocionem lingue Polonice*, "pela defesa e ilustração da língua polonesa". Um bom exemplo de nação que tende a se identificar com a língua é o da França medieval, que dificilmente funde França do Norte e França do Sul, língua *d'oïl* e língua *d'oc*.

Em 920, por ocasião de um encontro em Worms entre Carlos o Simples, e Henrique I o Passarinheiro, uma batalha sangrenta, segundo Richer, teria se travado entre cavaleiros alemães e franceses "encolerizados pelo particularismo linguístico".

Segundo Hildegarda de Bingen, Adão e Eva falavam alemão. Alguns pretendem que haveria uma preexcelência do francês. Na Itália, em meados do século XIII, o autor anônimo de um poema sobre o anticristo, escrito em francês, afirma:

> ...*la langue de France*
> *Est telle que celui qui en premier l'apprend*
> *Ne pourra plus jamais autrement*
> *Parler ni autre langue apprendre* *.

E Brunetto Latini escreve seu *Trésor* em francês "por que essa fala é mais deleitável e mais comum a toda gente".

---

* Tradução livre: "...a língua da França / É tal que quem primeiro a aprende / Nunca poderá de outro modo / Falar nem outra língua aprender" [N.T.].

Quando, na unidade rompida do Império Romano, nações bárbaras instalaram sua diversidade e a "nacionalidade" acompanhou ou substituiu a "territorialidade" das leis, clérigos haviam criado um gênero literário que associava a cada nação uma virtude e um vício nacionais. Na escalada dos nacionalismos, depois do século XI, o antagonismo parece triunfar, pois só os vícios passam a acompanhar, como atributo nacional, as diversas nações. Observa-se isso nas universidades, onde estudantes e professores agrupados em "nações", que aliás estão longe de corresponder a uma só "nação" no sentido territorial e político, veem-se qualificados, segundo Jacques de Vitry, "os ingleses como bêbados providos de cauda [serão os 'ingleses rabudos' da Guerra dos Cem Anos], os franceses como orgulhosos e afeminados, os alemães como brutos e devassos, os normandos como fúteis e fanfarrões, os do Poitou como traidores e aventureiros, os borguinhões como vulgares e estúpidos, os bretões como inconstantes e volúveis, os lombardos como avaros, corruptos e medrosos, os romanos como sediciosos e caluniadores, os sicilianos como tirânicos e cruéis, os brabanteses como sanguinários, incendiários e salteadores, os flamengos como pródigos, glutões moles como manteiga e preguiçosos". "Depois disso", conclui Jacques de Vitry, "dos insultos passava-se à pancadaria".

Assim os grupos linguísticos eram associados aos defeitos tal como os grupos sociais eram casados com as filhas do diabo.

No entanto, assim como alguns espíritos lúcidos justificavam a divisão em grupos socioprofissionais, outros legitimavam a diversificação linguística e nacional.

Abrigavam-se por trás de um texto magnífico de Santo Agostinho: "O africano, o sírio, o grego, o hebreu e todas as outras línguas diversas fazem a variedade do traje dessa rainha que é a doutrina cristã. Mas, do mesmo modo como a variedade do traje converge em um só traje, também todas as línguas convergem em uma só fé. Que haja variedade no traje, mas não rasgadura".

Estêvão I da Hungria afirma, por volta de 1030: "Os hóspedes que vêm de diversos países trazem línguas, costumes, instrumentos, armas diversas, e toda essa diversidade é um ornamento para o reino, um adereço para a corte e um objeto de temor para os inimigos externos. Pois um reino que só tem uma língua e um costume é fraco e frágil". E, como Gerhoh de Reichersberg havia proclamado no século XII que não há ofício tolo e que toda profissão pode levar à salvação, Tomás de Aquino, no século XIII, afirma que todas as línguas são capazes de levar à sabedoria divina: *Quaecumque sint illae linguae seu nationes, possunt erudiri de divina sepientia et virtute.*

Sente-se a sociedade totalitária em xeque, prestes a desembocar no pluralismo e na tolerância.

★

Não foi sem resistência que o direito medieval sancionou a ruptura da unidade. Por muito tempo impõe-se a regra de unanimidade. Uma máxima legada pelo direito romano e que passou para o direito canônico rege a prática jurídica medieval: *Quod omnes tangit ab omnibus comprobari debet*, "O que concerne à coletividade deve ser aprovado por todos". A ruptura da unanimidade é um escândalo. O grande canonista Huguccio, no século XIII, declara que quem não se junta à maioria é *turpis*, "vergonhoso", e que "em um corpo, um colégio, uma administração, a discórdia e a diversidade são vergonhosas". Está claro que essa unanimidade nada tem de "democrática", pois, quando os governantes e os juristas são obrigados a renunciar a ela, eles a substituem pela noção e pela prática da maioria qualitativa: *a maior et sanior pars*, "a parte principal e melhor", em que *sanior* explicita *maior* e dá um sentido qualitativo, não quantitativo. Os teólogos e decretistas do século XII, que constatarão com tristeza que "a natureza humana é dada à discórdia", *natura hominis prona est ad dissentiendum*, sublinharão que se trata de uma corrupção da natureza resultante do pecado original. O gênio medieval suscitou constantemente comunidades, grupos, o que se chamava então *universitates*, termo que designava todo tipo de corporação, de colégio e não apenas a corporação que chamamos "universitária". Obcecada pelo grupo, a mentalidade medieval o vê constituído por um mínimo de pessoas. A partir de uma definição do *Digeste* – "Dez homens formam um povo, dez carneiros um bando, mas bastam quatro ou cinco porcos para constituir um rebanho" –, os canonistas dos séculos XII e XIII discutem seriamente para saber se há grupo a partir de duas ou apenas três pessoas. O essencial é não deixar o indivíduo só. Quem fica isolado só pode agir mal. O grande pecado é singularizar-se.

Quando procuramos abordar os homens do Ocidente medieval em sua individualidade, logo reconhecemos que, como em toda sociedade, além de cada um pertencer a vários grupos ou comunidades, na Idade Média os indivíduos parecem neles se dissolver mais do que se afirmar.

Se o orgulho é então "a mãe de todos os vícios", é por ser "individualismo exagerado". Só há salvação no grupo e pelo grupo, o amor-próprio é pecado e perdição.

Assim, o indivíduo medieval vê-se apanhado numa rede de obediências, de submissões, de solidariedades que terminarão por se justapor e se contradizer a ponto de lhe permitir que se liberte e se afirme por uma escolha inevitável. O caso mais típico é o do vassalo de vários senhores que poderá ser obrigado a escolher entre eles se um conflito os colocar em oposição. Mas em geral, e durante muito tempo, essas dependências se conciliam, se hierarquizam e resultam numa vinculação mais íntima do indivíduo. De fato, de todos esses vínculos, o mais forte é o feudal.

É significativo que durante muito tempo o indivíduo medieval não exista em sua singularidade física. Nem na literatura nem na arte os personagens são descritos ou pintados com suas particularidades. Cada um se reduz ao tipo físico correspondente à sua condição, à sua categoria social.

Os nobres têm cabelos loiros ou ruivos. Cabelos de ouro, cabelos de linho, muitas vezes cacheados, olhos azuis, olhos "vairões" – é decerto a contribuição dos guerreiros nórdicos das invasões ao cânone da beleza medieval. Quando por acaso um grande personagem escapa a esse anonimato físico, tal como o Carlos Magno de Eginhard, que, conforme revelou o esqueleto medido após a abertura de sua tumba em 1861, tinha de fato os 7 pés (1,92m) que seu biógrafo lhe atribuiu, sua personalidade moral se extingue sufocada sob os lugares-comuns. O imperador é dotado pelo cronista de todas as qualidades aristotélicas e estoicas próprias à sua categoria. Com maior razão a autobiografia é rara, muitas vezes ela própria convencional, e será preciso esperar o final do século XI para que Otlo de Saint-Emmeran seja o primeiro a escrever sobre si mesmo.

Trata-se, todavia, de um *Libellus de suis tentationibus, varia fortuna et scriptis*, que pretende apresentar lições morais por meio do exemplo do autor, o que fará até mesmo um espírito tão independente quanto Abelardo, em *Historia calamitatum mearum*, "História de minhas desgraças (exemplares)". Entretanto, em 1115, mesmo o *De vita sua** do Abade Guibert de Nogent, apesar de sua atitude mais livre, não passa de uma imitação das *Confissões* de Santo Agostinho.

O homem medieval não tem nenhum senso da liberdade segundo a concepção moderna. Para ele, liberdade é privilégio, e a palavra aparece de preferência no plural. A liberdade é um *status* garantido; segundo a definição de G. Tellenbach, é "o lugar certo diante de Deus e diante dos homens", é a inserção na sociedade. Não há liberdade sem comunidade. Ela só pode residir na dependência, o superior garantindo ao subordinado o respeito a seus direitos. O homem livre é aquele que tem um protetor poderoso. Quando os clérigos, na época da reforma gregoriana, reivindicavam a "liberdade da Igreja", entendiam por isso subtrair-se à dominação dos senhores terrestres para depender diretamente apenas do mais alto senhor, Deus.

*

O indivíduo, no Ocidente medieval, pertencia em primeiro lugar à família. Família ampla, patriarcal ou tribal. Sob a direção de um chefe de família [5], ela abafa o indivíduo, impondo-lhe propriedade, responsabilidades e ação coletivas.

O peso do grupo familiar é bem conhecido no nível da classe senhorial, em que a linhagem impõe ao cavaleiro suas realidades, seus deveres, sua moral. A linhagem é uma comunidade de sangue composta por "parentes" e "amigos carnais", provavelmente parentes por aliança. A linhagem, por outro lado, não é resíduo de uma ampla família primitiva. É uma etapa de organização do grupo familiar frouxo encontrado nas so-

---

* *De vita sua* = Sobre sua vida [N.T.].

5. Pesquisas importantes – muito apoiadas nos antropólogos – estudam as estruturas de parentesco na Idade Média [nota do autor, de 1981].

ciedades germânicas da alta Idade Média: a *sipe*. Os membros da linhagem são ligados pela solidariedade de estirpe, que se manifesta sobretudo no campo de batalha e no âmbito da honra.

Por muito tempo Rolando se recusa, em Rancevaux, a fazer soar o olifante para chamar Carlos Magno em seu socorro, temendo que seus parentes sejam desonrados.

A solidariedade da linhagem manifesta-se principalmente nas vinganças privadas, as *faidas*. No Ocidente medieval, por muito tempo a vendeta é praticada, reconhecida, louvada.

O apoio que por direito se espera de um parente leva à afirmação corrente de que a grande riqueza é o número de parentes.

A linhagem parece corresponder ao estágio da família agnática, cujo fundamento e cujo objetivo são a conservação de um patrimônio comum. A originalidade da família agnática feudal é que a função militar e as relações pessoais consistentes numa fidelidade superior têm para o grupo masculino da linhagem a mesma importância que seu papel econômico. Esse complexo de interesses e de sentimentos, por outro lado, suscita na família feudal tensões de violência excepcional. A linhagem tem ainda mais vocação para os dramas do que para a fidelidade. Rivalidade entre irmãos, em primeiro lugar, sendo que a autoridade não é assegurada, por princípio, ao mais velho, mas cabe ao irmão em que os outros reconhecem a capacidade para o comando. É a luta entre os filhos de Guilherme o Conquistador, entre Pedro o Cruel, e Henrique de Trastamara – além do mais, apenas meios-irmãos – na Castela do século XIV. A linhagem feudal naturalmente gerava Cains.

Gerava também filhos desrespeitosos. A distância reduzida entre gerações, a brevidade da esperança de vida, a necessidade para o senhor, chefe militar, de manifestar sua autoridade quando está em idade de legitimar sua categoria na batalha, tudo isso exaspera a paciência dos jovens feudais. Daí a revolta dos filhos contra os pais. Razões econômicas e razões de prestígio conjugam-se para que o jovem senhor, na sua maturidade, afaste-se do pai e, na aventura cavaleiresca, vá procurar mulheres, um feudo ou o simples prazer das brigas, ou se faça cavaleiro errante.

Tensões surgidas também dos casamentos múltiplos e da presença de numerosos bastardos, sendo que a bastardia, vergonhosa entre os pequenos, não acarreta nenhum opróbio entre os grandes.

Encontram-se na literatura épica essas tensões próprias a fornecer aos escritores os motivos de ações dramáticas. As canções de gesta estão cheias de dramas de família.

Como é normal numa família agnática, um laço especialmente importante é o que une o tio ao sobrinho – mais exatamente o irmão da mãe, *avunculus*, ao filho dela. As canções de gesta também apresentam grande número de pares tio-sobrinho: Carlos Magno-Rolando, Guilherme de Orange-Vivien, Raul de Cambrai-Gautier...

Essa família, agnática mais do que patriarcal, também é encontrada na classe camponesa. Neste caso ela se confunde mais estreitamente com a exploração rural, com o patrimônio econômico. Agrupa todos os que vivem numa mesma casa e se dedicam à valorização da mesma terra. Essa família camponesa, célula econômica e social fundamental das sociedades semelhantes à do Ocidente medieval, é no entanto pouco conhecida por nós. Comunidade real, não tem expressão jurídica própria. É o que se chamara na França do Antigo Regime de *communauté taisible*, cujo próprio nome – *taisible* em francês é o que se cala*, quase um segredo – indica que o direito relutava em reconhecer sua existência.

*

No seio dessa entidade primordial, a família, é difícil compreender o lugar que a mulher e a criança ocuparam e a evolução de sua condição.

Não há dúvida de que, nela, a mulher seja de condição inferior. Numa sociedade militar e viril, cuja subsistência está sempre ameaçada e, por conseguinte, a fecundidade é mais uma maldição (donde a interpretação sexual e de procriação do pecado original) do que uma bênção,

---

* Em francês, *taire* significa "calar", *taisible* é um neologismo que corresponde ao adjetivo "calável". Uma tradução possível para *communauté taisible* seria "comunidade tácita" [N.T.].

a mulher não tem prestígio. E tudo indica que o cristianismo pouco fez para melhorar sua posição material e moral. No pecado original, é ela a grande responsável. E nas formas de tentação diabólica é ela a pior encarnação do mal. *Vir est caput mulieris*, "O homem é o chefe da mulher", São Paulo (Ef 5,23) o dissera e, depois dele, o cristianismo o crê e ensina. Quando no cristianismo há promoção da mulher – e reconheceu-se de bom grado no culto à Virgem, triunfante nos séculos XII e XIII, uma guinada da espiritualidade cristã sublinhando o resgate da mulher pecadora por Maria, a nova Eva, mudança detectável também no culto a Madalena que se desenvolve a partir do século XII, como se provou em torno da história do centro religioso de Vézelay –, essa reabilitação não é causa, mas resultado de uma melhoria da situação da mulher na sociedade. O papel das mulheres nos movimentos medievais heréticos – especialmente o catarismo – ou para-heréticos – como por exemplo as beguinas – é sinal de sua insatisfação com relação ao lugar que lhes é dado. No entanto, é preciso relativizar esse menosprezo. A mulher, em primeiro lugar – à parte sua função procriadora –, desempenha um papel nada desprezível já no plano econômico. Na classe camponesa, no trabalho ela é quase equivalente, se não igual, ao homem, não produtora, mas transformadora. Quando Helmbrecht tenta persuadir sua irmã Gotelinde a fugir da casa do pai camponês para se casar com um "patife" que a fará viver como uma dama, ele diz: "Se você se casar com um camponês, mulher nenhuma será mais infeliz. Você terá de fiar, sovar o linho, espadelar o cânhamo, bater o pano e arrancar as beterrabas". Na classe superior as mulheres, embora tenham ocupações mais "nobres", nem por isso deixam de ter uma atividade econômica importante. Estão à frente dos gineceus, em que os teares de luxo – tecelagem dos tecidos preciosos, bordado, tapeçaria – proveem grande parte das necessidades de vestuário do senhor e de seu grupo. Mais prosaicamente, elas são as operárias têxteis do grupo senhorial. Para designar os dois sexos, não só o vocabulário corrente mas também o jurídico diz: "o lado da espada" e "o lado da roca". Na literatura, o gênero poético associado à mulher e que Pierre Le Gentil, aliás, chama de "canção de mulher" recebeu o nome tradicional de "canção de tecedeira", cantada no gineceu, na sala onde se faz o trabalho de fiação. Nas camadas superiores da sociedade, as mulheres sempre gozaram de certo prestígio – pelo menos algumas. As grandes damas tiveram brilho intenso, que também neste caso se refletiu na literatura. Diferentes pelo caráter ou pelo destino, doces ou cruéis, infelizes ou realizadas, Berta, Sibila, Guilburga, Crimilda, Brunilda formam uma coorte de heroínas de primeiro plano. São como o duplo terrestre das figuras femininas religiosas que florescem na arte românica e gótica: madonas hieráticas que se humanizam, depois se meneiam e tornam-se amaneiradas, virgens sensatas e virgens loucas que trocam os longos olhares do diálogo entre o vício e a virtude, Evas perturbadas e perturbadoras em que o maniqueísmo medieval parece indagar: "O céu formou esse monte de maravilhas para uma serpente morar?" E, é claro, na literatura cortês as damas inspiradoras e poetisas – heroínas de carne e osso ou de sonho: Leonor da Aquitânia, Maria de Champagne, Maria de França, assim como Isolda, Ginevra ou a Princesa Distante – têm um papel superior: elas inventam o amor moderno. Mas essa é outra história, que será lembrada adiante.

Muitas vezes pretendeu-se que as cruzadas, que deixaram no Ocidente mulheres sozinhas, levaram a um aumento de seus poderes e de seus direitos. David Herlihy ainda recentemente sustentou que a condição das mulheres, sobretudo da camada superior da sociedade senhorial e na França meridional e na Itália, havia melhorado em duas ocasiões: na época carolíngia e no tempo das cruzadas e da Reconquista. A poesia dos trovadores seria o reflexo dessa promoção da mulher abandonada. No entanto, acreditar em São Bernardo, que evocava uma Europa esvaziada de seus homens, ou em Marcabru, que fazia suspirar uma castelã cujos namorados estão todos na Segunda Cruzada, é tomar por realidades gerais os desejos de um propagandista fanático da cruzada e a ficção de um poeta imaginativo. O estudo dos atos jurídicos prova que, pelo menos no que diz respeito à gestão dos bens do casal, a situação da mulher piorou do século XII ao século XIII.

O mesmo não ocorre com a criança. Na verdade, haverá crianças no Ocidente medieval? Ao observarmos as obras de arte, não parece. Os anjos que, mais tarde, serão geralmente crianças, e mesmo aqueles pequerruchos ambíguos, meio anjos meio heróis, os *putti*, na Idade Média, seja qual for seu sexo, na verdade são adultos. Quando na escultura a Virgem se tornou mulher feita, tão bela quanto doce e feminina – lembrando o modelo concreto e frequentemente querido, sem dúvida, que o artista tentou imortalizar –, o menino Jesus continua sendo um baixotinho horrível por quem, visivelmente, nem o artista, nem os patrocinadores da obra, nem o público se interessam. É preciso esperar o final da Idade Média para que se difunda um tema iconográfico em que se sente impregnado um novo interesse pela criança, interesse que, aliás, naquele tempo de alta mortalidade infantil, é antes de tudo preocupação: o tema do Massacre dos Inocentes, que, na devoção, encontra eco na moda da Festa dos Santos-Inocentes. Os asilos de crianças enjeitadas que são colocadas sob sua proteção pouco são encontrados antes do século XV. Essa Idade Média utilitária, que não tem tempo para se apiedar ou se maravilhar diante da criança, mal a enxerga. Como já dissemos, não há crianças na Idade Média, só há pequenos adultos. Nas sociedades tradicionais, aliás, não é frequente que a criança tenha seu educador habitual para formá-la: o avô. Na Idade Média a esperança de vida é muito baixa para que haja muitas crianças que tenham conhecido o avô. Assim que saem do território das mulheres, onde seu ser pueril não é levado a sério, elas são lançadas na faina do trabalho rural ou do aprendizado militar. O vocabulário das canções de gesta, também neste caso, é esclarecedor. *Les enfances Vivien, Les enfances du Cid*[*] descrevem o jovem herói adolescente e precoce, como é natural nas sociedades primitivas, já um homem jovem. O menino aparecerá com a família doméstica ligada à coabitação limitada ao grupo restrito dos ascendentes e descendentes diretos, família doméstica que aparece e se multiplica com o meio urbano e a formação da classe burguesa. A criança é produto da cidade e da burguesia, que, por outro lado, deprimem e sufocam a mulher. A mulher se subordina ao lar, ao passo que a criança se emancipa e de repente povoa a casa, a escola, a rua.

★

---

[*] *Les enfances Vivien*, literalmente "As infâncias Vivien", ou "As infâncias de Vivien", canção de gesta que narra os feitos da infância e dos primeiros anos de juventude do herói Vivien. *Les enfances du Cid* é a tradução da obra *Las mocedades del Cid*, "A juventude do Cid", que narra as proezas da juventude do herói espanhol *El Cid* [N.T.].

Preso na família que lhe impõe as sujeições da possessão e da vida coletivas, o indivíduo, a não ser na cidade, é absorvido por uma outra comunidade: a senhoria na qual ele vive. Certamente, entre o vassalo nobre e o camponês, seja qual for sua condição, há uma diferença considerável. Mas em níveis diversos e com maior ou menor prestígio, ambos pertencem à senhoria, ou melhor, ao senhor do qual dependem. Ambos são "homens" do senhor – para um, num sentido nobre; para o outro, num sentido humilhante, sendo que os termos que frequentemente acompanham a palavra definem a distância que existe entre suas condições. "Homem de boca e de mãos"*, por exemplo, para o vassalo, o que lembra uma intimidade, uma comunhão, um contrato que situa o vassalo, embora inferior, na mesma zona que seu senhor. "Homem de poder"** do outro (*homo de potestate*), ou seja, que depende, que está em poder do senhor. Mas, em troca apenas da proteção e da contrapartida econômica da dependência – num caso o feudo, em outro a tenência –, ambos devem prestar ao senhor uma série de deveres: ajudas, serviços, taxas, e ambos estão submetidos a seu poder, que em nenhum outro âmbito se manifesta mais claramente do que no judiciário.

Entre as funções açambarcadas pelos feudais em detrimento do poder público não há nenhuma que pese mais para os dependentes do senhor do que a função judiciária. Decerto, o vassalo é convocado mais frequentemente para participar do lado bom do tribunal – como juiz ao lado do senhor ou em seu lugar – do que do lado mau, mas também ele é submetido a seus veredictos, pelos delitos se o senhor só tem direito ao tribunal inferior, pelos crimes se lhe cabe o tribunal superior. Nesse caso, a prisão, a forca e o pelourinho, sinistros prolongamentos do tribunal senhorial, são símbolos mais da opressão do que da justiça. Sem dúvida, os avanços da justiça real foram, mais do que uma melhoria da justiça, uma ajuda à emancipação dos indivíduos que, na comunidade mais ampla do reino, viam seus direitos mais garantidos do que no grupo mais restrito, e por isso mais coercivo, se não opressivo, da senhoria. No entanto, esses avanços foram lentos. São Luís, um dos soberanos mais preocupados em combater a injustiça e ao mesmo tempo afirmar o poder

---

* No francês, *homme de bouche et de mains* [N.T.].

** No francês, *homme de poté* [N.T.].

real, é singularmente respeitoso para com as justiças senhoriais. Guilherme de Saint-Pathus conta a esse respeito um episódio significativo. O rei, cercado por uma grande multidão, ouvia no cemitério da Igreja de Vitry o sermão de um dominicano, o Irmão Lamberto. Ali perto, uma "reunião de pessoas" fazia tanto barulho numa taberna que não se escutava o que o pregador dizia. "O bendito rei perguntou a quem pertencia a justiça naquele lugar e responderam-lhe que a justiça pertencia a ele. O rei ordenou então a alguns de seus guardas que fizessem parar aquelas pessoas que atrapalhavam a Palavra de Deus, o que foi feito." O biógrafo do soberano conclui: "Acredita-se que o bendito rei mandou perguntar a quem pertencia a justiça naquele lugar por receio de, se não pertencesse a ele, usurpar a jurisdição de outro..."

Assim como o vassalo hábil pode tirar vantagem para si da multiplicidade e às vezes da contradição entre seus deveres de lealdade, o súdito astuto do senhor pode tirar proveito do jogo confuso das jurisdições que se justapõem. Mas para a massa o mais frequente é que sejam oportunidades de mais opressão ainda.

O fato é que o indivíduo tem expediente. A opressão do múltiplo coletivismo da Idade Média conferiu assim à palavra "indivíduo" essa "aura" duvidosa. O indivíduo é aquele que só conseguiu escapar ao grupo por alguma ação má. Está ligado ao mal e, se não é malfeitor, é malvisto. O indivíduo é o suspeito.

Decerto, a maioria dessas comunidades reclama de seus membros uma dedicação e encargos que são teoricamente a contrapartida de uma proteção. Mas o peso do preço pago é sensível, ao passo que a proteção nem sempre é real nem evidente. Em princípio, é para suprir as necessidades dos pobres que a Igreja recolhe o dízimo dos membros dessa outra comunidade que é a paróquia. Mas acaso o dízimo não vai, no mais das vezes, enriquecer o clero, pelo menos o alto clero? Seja verdade ou não, a maioria das paróquias acredita nisso, e o dízimo é uma das taxas mais odiadas pelo povo medieval.

★

O equilíbrio entre benefícios e sujeição parece maior em outras comunidades aparentemente mais igualitárias: comunidades de aldeias e comunidades urbanas.

As comunidades rurais com frequência opõem uma resistência vitoriosa às exigências dos senhores feudais. Sua base econômica é essencial. Elas repartem, administram, defendem os terrenos de pastagem e de exploração florestal que constituem os "comunais", cuja manutenção é vital para a maioria das famílias camponesas, que não poderiam subsistir sem o adicional decisivo que aí encontram para a alimentação de seu porco ou de sua cabra, seu abastecimento de madeira. No entanto a comunidade da aldeia não é igualitária. Alguns chefes de família – com frequência ricos, às vezes os simples descendentes de famílias tradicionalmente notáveis – dominam e dirigem em seu benefício os assuntos da comunidade. Em muitas aldeias inglesas do século XIII havia aldeões mais abastados que adiantavam o dinheiro, seja como empréstimos individuais (faziam então o papel de usurários, que os judeus não desempenhavam, ou já não desempenhavam, nos campos ingleses), seja para as quantias numerosas e muitas vezes altas que a coletividade devia: multas, custas judiciais, taxas comunitárias. É o grupo, quase sempre composto pelos mesmos nomes por um determinado período, dos *warrantors*, dos garantes, que aparecem nos registros da aldeia. Aliás, com frequência eles formam a guilda ou a confraria da aldeia, pois a comunidade aldeã também não é, em geral, herdeira de uma comunidade rural primitiva, mas uma formação social mais ou menos recente, contemporânea do mesmo movimento que, tanto no campo como na cidade, seguindo-se à expansão dos séculos X-XII, criou instituições originais. No século XII, nas regiões de Ponthieu e do Laonnais, eclodem insurreições comunalistas, nas cidades e ao mesmo tempo no campo, onde os camponeses formam comunas coletivas baseadas numa federação de aldeias e povoados. Na Itália, o surgimento das comunas rurais é simultâneo ao das comunas urbanas. Ou seja, pressente-se o papel fundamental, nos dois casos, das solidariedades econômicas e morais que se constituíram em grupos de "vizinhos". Essas *viciniae* * ou *vicinantiae* foram o núcleo das comunidades da época feudal. Fenômeno e noção fundamentais, a

---

* *viciniae* = vizinhanças [N.T.].

que se opõem, como veremos, os fenômenos e as noções ligadas aos estrangeiros. O bem provém dos vizinhos, o mal dos estrangeiros. Mas, ao se tornarem comunidades estruturadas, as *viciniae* se estratificam e à sua frente aparece um grupo de *boni homines*, de bons homens ou "homens honrados"*, notáveis entre os quais se recrutam os cônsules ou os oficiais, os funcionários comunais.

Também, na cidade, corporações e confrarias, que garantem a proteção econômica, física e espiritual de seus membros não são as instituições igualitárias que muitas vezes se imaginam. Embora pelo controle do trabalho elas combatam com eficácia razoável a fraude, os defeitos e falsificações, embora pela organização da produção e do mercado eliminem a correspondência a ponto de se tornarem cartéis protecionistas, elas também deixam – sob o disfarce do "justo preço" (*justum pretium*), que, conforme mostrou John Baldwin ao analisar as teorias econômicas dos escolásticos, nada mais é do que o preço de mercado (*pretium in mercato*) – funcionar os mecanismos "naturais" da oferta e da procura. Protecionista em plano local, o sistema corporativo é liberal no contexto mais amplo em que se insere a cidade. De fato, ele favorece as desigualdades sociais resultantes tanto dessa não interferência em nível superior quanto do protecionismo que, em nível local, funciona em proveito de uma minoria. As corporações são hierarquizadas, e, se o aprendiz é um patrão em potencial, o criado é um inferior sem grande esperança de promoção. Sobretudo, as corporações deixam fora delas duas categorias cuja existência falseia fundamentalmente a planificação econômica e social harmoniosa que, teoricamente, o sistema na verdade é destinado a instaurar.

No topo, uma minoria de ricos que em geral sustentam seu poder econômico pelo exercício, direto ou por pessoa interposta, do poder político – eles são jurados, escabinos, cônsules –, escapam ao jugo das corporações e agem segundo sua vontade. Ora eles se agrupam em corporações, como a *Arte di Calilmala* em Florença, que dominam a vida econômica e têm peso na vida política, ora ignoram pura e simplesmente os entraves das instituições corporativas e de seu *status*. São principalmente os comerciantes de amplo raio de ação, importadores e exportadores, os *mercatores* ou os "dadores de trabalho", que controlam localmente uma

---

* No francês, *prud'hommes* [N.T.].

mercadoria, desde a produção da matéria-prima até a venda do produto fabricado. Um documento excepcional, apresentado de maneira notável numa obra clássica por Georges Espinas, trouxe ao nosso conhecimento um deles, *sire* Jehan Boinebroke, comerciante de tecidos de Douai, no final do século XIII. A Igreja exigia dos fiéis, especialmente dos comerciantes, que, para lhes garantir o céu, restituíssem pelo menos ao morrer, por testamento, as somas que haviam recebido indevidamente por meio de usura ou exações de todos os tipos. A fórmula constava habitualmente, portanto, entre as últimas vontades dos mortos; raramente era cumprida. No caso de Jehan Boinebroke ela foi. Seus herdeiros convidaram suas vítimas a comparecer para serem reembolsadas ou indenizadas. Conservamos os textos de algumas dessas reivindicações. Delas se depreende o terrível retrato de um personagem que não deve ter sido um caso isolado, mas o representante de uma categoria social. Obtendo a preço vil lã, material de tinturaria, ele paga "pouco, mal ou nada", muitas vezes em gêneros, de acordo com o que se chamará de *truck system*, aos inferiores, camponeses, operários, artesãos, que mantém subjugados por dinheiro – ele é usurário –, trabalho, alojamento, pois ele aloja seus empregados, meio de pressão suplementar. Esmaga-os, enfim, por meio de seu poder político. Escabino pelo menos por nove vezes, ele o é especialmente em 1280 e reprime violentamente uma greve dos tecelões de Douai. Seu poder sobre suas vítimas é tal – pois não é apenas o poder de um homem talvez excepcionalmente mau, mas o de uma classe – que, mesmo as que ousam comparecer para reivindicar, fazem-no timidamente, ainda aterrorizadas pela lembrança daquele tirano, que é o equivalente urbano dos tiranetes feudais. Embaixo, permanece também sem proteção uma massa da qual voltaremos a falar.

 O fato é que, embora as comunidades rurais e urbanas tenham mais oprimido do que libertado o indivíduo, elas se baseavam num princípio que fez tremer o mundo feudal. "Comuna, nome detestável", brada o cronista eclesiástico Guibert de Nogent, no início do século XII, numa fórmula que se tornou célebre. O que há de revolucionário na origem do movimento urbano e de seu prolongamento no campo – a formação das comunas rurais – é que o juramento que liga os membros da comunidade urbana primitiva é igualitário, diferentemente do contrato vassálico, que liga um inferior a seu superior. Uma sociedade horizontal substitui uma hierarquia feudal vertical e se opõe a ela. A *vicinia*, grupo de vizinhos vinculados por uma proximidade que se realiza de início no terreno, transforma-se numa *fraternitas*. A palavra e a realidade que ela designa conhecem sucesso especial na Espanha, em que as *hermandades* florescem, e na Alemanha, onde a fraternidade jurada, a *Schwurbruderschaft*, abriga todo o poder emocional da velha fraternidade germânica. Ela acarreta entre burgueses a obrigação da fidelidade, a *Treue*. A fraternidade se transforma, enfim, em fraternidade por juramento: *conjuratio* ou *communio*. É a *Eidgenossenschaft* germânica, a comuna francesa ou italiana.

★

Mesmo que as cidades medievais não tenham sido esse desafio ao feudalismo, essa exceção antifeudal que tantas vezes se descreveu, nem por isso deixaram de se apresentar de início como um fenômeno insólito e, para os homens da época da expansão urbana, como realidades novas, no sentido escandaloso que a Idade Média atribui a esse adjetivo.

A cidade, para os homens da terra, da floresta e da charneca, é objeto ao mesmo tempo de atração e de repulsa, uma tentação – como o metal, como o dinheiro, como a mulher.

A cidade medieval não é, contudo, à primeira vista, um monstro assustador por seu tamanho. No início do século XIV, muito poucas cidades ultrapassam, e em pouco, os cem mil habitantes: Veneza e Milão. Paris, a maior cidade da Cristandade setentrional, decerto não atingia os duzentos mil habitantes que muitas vezes lhe foram generosamente atribuídos. Bruges, Gand, Toulouse, Londres, Hamburgo, Lübeck e todas as outras cidades de mesma importância, as da primeira categoria, contavam entre vinte mil e quarenta mil habitantes.

Por outro lado, como frequentemente se observou, e com razão, a cidade medieval é inteiramente penetrada pelo campo. Os citadinos têm uma vida semirrural, no interior de muralhas que abrigam vinhedos, jardins, até mesmo prados e campos, gado, estrume, excremento de animais.

No entanto, o contraste cidade-campo foi mais intenso na Idade Média do que na maioria das sociedades e das civilizações. Os muros de uma cidade são uma fronteira, a mais forte que aquela época conheceu. Suas muralhas, suas torres e suas portas separam dois mundos. As cidades afirmam sua originalidade, sua particularidade, ao representar ostensivamente em suas chancelas as muralhas que as protegem. Trono do bem – ou seja, Jerusalém –, sede do mal – ou seja, Babilônia –, a cidade é sempre, no Ocidente medieval, o símbolo do extraordinário. Ser citadino ou camponês, essa é uma das grandes linhas de clivagem da sociedade medieval.

Entre os séculos X e XIII, num ímpeto do qual Henri Pirenne será sempre o imortal historiador, a fisionomia das cidades do Ocidente se modifica. Uma função torna-se primordial nelas, reanima as velhas cidades, cria novas: a função econômica, função comercial mas também artesanal. A cidade torna-se a sede do que os senhores feudais detestam: a vergonhosa atividade econômica. O anátema é lançado sobre as cidades.

Em 1128, a pequena cidade de Deutz, em frente de Colônia, do outro lado do Reno, se incendeia. O abade do Mosteiro de Santo Heriberto, o célebre Rupert, teólogo muito apegado às tradições, imediatamente viu no episódio a cólera de Deus castigando o lugar que, levado pelo desenvolvimento de Colônia, transformou-se num centro de trocas, abrigo de comerciantes e artesãos de má fama. E põe-se a esboçar, através da Bíblia, uma história antiurbana da humanidade. Caim foi inventor das cidades, construtor da primeira delas, e foi imitado por todos os maus, tiranos e inimigos de Deus. Em contrapartida os patriarcas e os justos de modo geral, aqueles que temem a Deus, viveram sob tendas, no deserto. Instalar-se nas cidades é escolher o mundo, e, de fato, o desenvolvimento urbano favorece, com a fixação ao solo e o desenvolvimento da propriedade e do instinto de propriedade, uma nova mentalidade e, de início, a escolha da vida ativa.

O que também favorece o desenvolvimento de uma mentalidade urbana é, em breve, o surgimento de um patriotismo citadino. Sem dúvida, como se verá, as cidades são teatro de uma árdua luta de classes, e as camadas dirigentes serão instigadoras e principais beneficiárias desse espírito urbano. Quanto ao mais, os grandes comerciantes sabem, pelo menos no século XIII, dispor de seu dinheiro e de sua pessoa. Em 1260, quando uma guerra acirrada opõe Siena a Florença, um dos principais comerciantes-banqueiros sieneses, Salimbene dei Salimbeni, dá à comuna cento e dezoito mil florins e, fechando seus estabelecimentos, vai pessoalmente para a guerra.

Enquanto a senhoria rural só conseguira inspirar à massa dos camponeses que lá viviam o sentimento da opressão da qual eram vítimas, enquanto o castelo fortificado, embora lhes oferecesse, caso necessário, refúgio e proteção, só projetava sobre eles uma sombra detestada, a silhueta dos monumentos urbanos, instrumentos e símbolo da dominação dos ricos nas cidades, inspirava ao povo citadino sentimentos em que a admiração e a altivez acabavam por triunfar. A sociedade urbana conseguira criar valores comuns, em certa medida, a todos os habitantes: valores estéticos, culturais, espirituais. "Il bel San Giovanni" de Dante era objeto da veneração e do orgulho de todos os florentinos. Altivez urbana, que é característica sobretudo das regiões mais urbanizadas: Flandres, Alemanha, Itália do Norte e Central.

Mas qual é o papel e o futuro dessas ilhotas urbanas na terra do Ocidente? Sua prosperidade só pode, decididamente, alimentar-se da terra. Mesmo as cidades mais enriquecidas pelo comércio, Gand e Bruges, Gênova, Milão, Florença, Siena e Veneza, que precisa ainda lutar contra o obstáculo de sua topografia marítima, devem basear sua atividade e seu poder em seu entorno rural, naquilo que as cidades italianas chamaram de seu *contado*, seu "campo", de onde os camponeses italianos derivaram seu nome, *contadini*.

Entre as cidades e seus arredores rurais as relações são complexas. À primeira vista, a atração urbana é favorável à população dos campos. O camponês emigrado encontra antes de tudo a liberdade: ou, vindo instalar-se na cidade, ele é automaticamente livre, sendo que a servidão é desconhecida no solo urbano, ou a cidade, tendo-se tornado dona do campo dos arredores, apressa-se em libertar os servos. Daí o famoso axioma alemão: *Statluft macht frei*, "o ar da cidade liberta". No entanto, a cidade é também exploradora de seu campo. Comporta-se como senhor com relação a ele. A senhoria urbana que exerce seu direito de *ban* sobre sua periferia, explora-a sobretudo economicamente: compra a bom preço seus produtos (grãos, lã, laticínios, para seu abastecimento, seu artesanato, seu comércio), impõe-lhe suas mercadorias, inclusive aquelas para as quais é simples intermediária – o sal, por exemplo, que se torna um verdadeiro imposto, pois a cidade os obriga a comprá-lo em quantidades impostas, a preço taxado. As milícias urbanas logo são formadas por camponeses alistados, tais como os soldados da zona rural de Bruges, o "Franc de Bruges". As cidades desenvolvem um artesanato rural a preço baixo, inteiramente controlado por elas. Logo começam a temer seus camponeses. Como os senhores, no campo, se trancam em seus castelos fortificados, as cidades, ao cair a noite, erguem suas pontes levadiças, acorrentam suas portas, armam seus muros com sentinelas que vigiam antes de tudo seu inimigo mais próximo e mais possível: o camponês das cercanias. Os universitários e os juristas, produtos da cidade, elaboram no final da Idade Média um direito que esmaga o camponês.

*

O sonho de sociedade, se não una, pelo menos harmoniosa, perseguido pela Igreja, esbarrava nas realidades cruéis das oposições e das lutas sociais. O quase monopólio literário detido pelos clérigos, pelo menos até o século XIII, camufla a intensidade da luta de classes na Idade Média e pode dar a impressão de que só alguns laicos maus – senhores ou camponeses – tentavam, de tempos em tempos, perturbar a ordem social atacando as pessoas e os bens da Igreja. No entanto, os escritores eclesiásticos revelaram o suficiente para que possamos detectar a permanência desses antagonismos que às vezes se manifestavam em bruscas explosões de violência.

A mais conhecida dessas oposições é a que anima os burgueses contra os nobres. Ela é espetacular. O quadro urbano aumentou seu eco, e os escritos – relatos de cronistas, registros, acordos que muitas vezes sancionaram suas peripécias – prolongaram sua repercussão. Os casos bastante frequentes – narrados com horror pelos escritores eclesiásticos – em que as revoltas urbanas se produziram contra os bispos, senhores da cidade, valeram-nos relatos impressionantes em que aparece, com a ascensão de novas classes, um novo sistema de valores que já não respeita o caráter sagrado dos prelados.

Eis os acontecimentos de Colônia, segundo o Monge Lambert de Hersfeld. "O arcebispo passou a época da Páscoa em Colônia com seu amigo, bispo de Münster, a quem convidara para celebrar as festas com ele. Quando o bispo quis voltar para casa, o arcebispo ordenou a seus guardas que lhe arranjassem um barco conveniente. Depois de muito procurar, eles encontraram um bom barco que pertencia a um rico comerciante da cidade e o requisitaram para uso do arcebispo. Os homens do comerciante responsáveis pelo barco resistiram, mas os homens do arcebispo ameaçaram maltratá-los se não obedecessem imediatamente. Os homens do comerciante apressaram-se em ter com seu patrão, disseram o que havia acontecido e perguntaram-lhe o que deveriam fazer. O comerciante tinha um filho valente e forte. Era aparentado com as principais famílias da cidade e, por causa de seu caráter, muito popular. Reuniu rapidamente seus homens e todos os jovens da cidade que conseguiu, correu até o barco, ordenou aos guardas do arcebispo que saíssem e expulsou-os à força [...]. Os amigos das duas partes tomaram armas e pareceu que uma grande batalha se preparava na cidade. As notícias da luta chegaram ao arcebispo, que imediatamente enviou homens para sufocar a rebelião, e, como estava muito enraivecido, ameaçou os jovens revoltados de duro castigo na próxima sessão de sua corte. O arcebispo tinha todas as virtudes e muitas vezes provara sua excelência em todos os domínios, tanto do Estado como da Igreja. Mas ele tinha um defeito. Quando se encolerizava, não conseguia controlar a língua e maldizia todos sem distinção, com as expressões mais violentas. Finalmente a revolta pareceu apaziguar-se, mas o jovem, que estava muito raivoso e arrebatado por seu primeiro sucesso, não cessou de provocar todos os tumultos possíveis. Percorreu a cidade discursando para o povo sobre o mau governo do arcebispo, acusando-o de impor ao povo encargos injustos, de despojar inocentes de seus bens e de insultar cidadãos honrados [...]. Não lhe foi difícil levantar a população [...]. Por outro lado, todos consideravam que o povo de Worms havia feito uma proeza ao expulsar seu bispo, que governava com severidade excessiva. E, como eles eram mais numerosos e mais ricos que os de Worms e tinham armas, não lhes agradava que se pudesse pensar que não fossem tão corajosos quanto o povo de Worms e pareceu-lhes vergonhoso submeterem-se como mulheres ao poder do arcebispo, que os governava tiranicamente [...]".

Em Laon, em 1111, sabe-se – pelo famoso relato de Guibert de Nogent – que a revolta dos citadinos levou ao massacre do Bispo Gaudri e à profanação de seu cadáver, do qual um revoltoso cortou um dedo para lhe arrancar o anel.

Os cronistas eclesiásticos, diante desses movimentos urbanos, mostram-se mais surpresos do que indignados. Decerto, o caráter de um ou outro prelado parece-lhes explicar, se não justificar, a cólera dos burgueses e do povo. Mas, quando estes se revoltam conta a ordem feudal, contra a sociedade aprovada pela Igreja, contra um mundo que se tornou cristão e agora parece ter simplesmente de esperar a passagem da cidade terrestre para a cidade celeste – é o tema de Otto von Freising em sua *História das duas cidades* –, a historiografia eclesiástica confessa sua incompreensão.

Assim, em Mans, em 1070, os habitantes revoltaram-se contra Guilherme o Bastardo, ocupado em conquistar a Inglaterra, e o bispo refugiou-se junto dele. Escreve o cronista episcopal: "Eles fizeram então uma associação que chamaram de comuna, uniram-se por juramento e forçaram os senhores do campo das redondezas a jurar fidelidade à sua comuna. Encorajados por essa conspiração, puseram-se a cometer inúmeros crimes, condenando pessoas indiscriminadamente e sem razão, cegando alguns pelas razões mais frágeis e, coisa horrível de dizer, enforcando outros por culpas insignificantes. Até incendiaram os castelos fortificados da região durante a Quaresma e, pior ainda, durante a Semana Santa. E fizeram tudo isso sem razão".

★

Mas a principal frente de tensões sociais está no campo. Entre senhores e camponeses a luta é endêmica. Às vezes se exaspera em crises de extrema violência. É que, se nas cidades do século XI ao XIII as revoltas são conduzidas pelos burgueses desejosos de assegurar para si o poder político que garante o livre-exercício de suas atividades profissionais, portanto, sua fortuna, e lhes confere prestígio compatível com seu poder econômico, no campo as rebeliões dos camponeses não visam simplesmente a melhorar sua situação fixando, diminuindo ou abolindo os serviços e as taxas que pesam intensamente sobre eles, mas muitas vezes são a pura expressão da luta pela vida. A maioria dos camponeses constitui uma massa à beira do limite nutricional, da fome, da epidemia. O que será chamado na França de *jacquerie** extrai dessa condição uma singular força de desespero. Embora haja também na cidade – como vimos em Colônia, em 1074 – o motor do ódio, o desejo por parte de novas camadas sociais de se vingar do desdém dos senhores eclesiásticos e laicos, essa motivação é bem mais forte no campo, proporcional ao imenso desprezo que os senhores têm pelos rústicos. Apesar das melhorias de condição que os camponeses conseguiram nos séculos XI e XII, muitos senhores não lhes reconhecem, ainda no final do século XIII – é verdade que é uma diferença essencial entre sua condição e a do escravo da Antiguidade –, outra propriedade que não seja a de sua pessoa, inteiramente nua. O abade de Burton, no Staffordshire, lembra-o a seus camponeses, dos quais o mosteiro confiscara todo o gado (oitocentos bois, carneiros e porcos), e que haviam obtido do rei, depois de o terem seguido com mulheres e crianças de residência em residência, uma ordem de restituição de seus animais. O abade declara que eles não possuem nada além de sua barriga – *nihil praeter ventrem*. Ele esquecia que, por sua culpa, essa barriga estava frequentemente vazia.

O camponês é um animal selvagem, os textos o repetem à larga. É de uma feiura horripilante, bestial, mal tem figura humana. Segundo palavras de Coulton, ele é "o Calibã medieval". Sua destinação natural é o inferno. Precisa ter uma habilidade excepcional para obter – como que de modo fraudulento – o paraíso. É o tema de um *fabliau, Du vilain qui gagna le paradis par plaid***.

Existe a mesma hostilidade com respeito ao ser moral do camponês. De "vilão" a época feudal derivou vilania, que é a feiura moral.

"Os camponeses que trabalham para todos", escreve Geoffroi de Troyes, "que se exaurem o tempo todo, em todas as estações, que se entregam a trabalhos servis desdenhados por seus patrões, são constan-

---

* *Jacquerie* = especificamente, revolta de camponeses contra os senhores ocorrida em 1358, durante a Guerra dos Cem Anos. Tem também o sentido geral de levante de camponeses (*jacques* é uma antiga alcunha para camponeses).

** *Du vilain qui gagna le paradis par plaid* = Do vilão que ganhou o paraíso por meio de litígio [N.T.].

temente oprimidos, e isso para suprir à vida, ao vestuário, às frivolidades dos outros [...]. São perseguidos por incêndio, rapina, espada; são lançados na prisão e postos a ferros, depois são obrigados a se resgatar, ou então são mortos violentamente de fome, submetidos a todos os tipos de suplícios [...]".

Por ocasião da Grande Revolta de 1381, os camponeses ingleses alardearão, segundo Froissart: "Somos homens feitos à semelhança de Cristo e tratam-nos como animais selvagens".

Como acertadamente escreveu Frantisek Graus, os camponeses "não são apenas explorados pela sociedade feudal, são também ridicularizados pela literatura e pela arte".

O franciscano Bertoldo de Regensburg observava, no século XIII, que não havia quase nenhum santo camponês (ao passo que, p. ex., em 1199 Inocêncio III havia canonizado um comerciante, Omobono de Cremona).

Não é de surpreender, nessas condições, que o fundo da mentalidade camponesa seja uma longa impaciência, uma perpétua insatisfação. "Os camponeses estão sempre encolerizados", diz um poema goliardesco da Boêmia, "e seu coração nunca está contente".

A iconografia com frequência representa, mais ou menos abertamente, a luta do camponês contra o cavaleiro: é Davi contra Golias. Os trajes desses dois personagens comprovam a intenção.

No entanto, a forma habitual de luta dos camponeses contra os senhores é a guerrilha surda da pilhagem das terras do senhor, da caçada em suas florestas, da queima de suas colheitas. É a resistência passiva pela sabotagem das corveias, pela recusa de entregar pagamentos em gêneros, de pagar taxas. Enfim, às vezes é a deserção ou a fuga.

Em 1117, o abade do Mosteiro de Marmoutier, na Alsácia, suprime as corveias dos servos e as substitui por uma taxa em dinheiro. Essa decisão é tomada por causa da "incúria, da inutilidade, da moleza e da preguiça dos que faziam o serviço".

Em seu Tratado de *Housebondrie*, escrito em meados do século XIII, Walter de Henley, sempre preocupado em aumentar o rendimento agrícola por todos os meios, multiplica as recomendações para a supervisão do trabalho dos camponeses. A iconografia nos mostra os guardas senhoriais armados de bastão, vigiando os trabalhadores. Apesar de reconhecer que a força de trabalho do cavalo é superior à do boi, Walter de Henley estima, com certo desapontamento, que é inútil para o senhor arcar com a despesa considerável que representa a compra de um cavalo, pois "a malícia dos lavradores impede que a charrua puxada por um cavalo seja mais rápida do que a puxada por bois".

A hostilidade dos camponeses ao progresso técnico é ainda mais impressionante. Ela não se explica, como as revoltas de operários contra a máquina no início da Revolução Industrial, por algum desemprego tecnológico, mas pelo fato de a mecanização medieval vir acompanhada de um monopólio da máquina em benefício do senhor que tornava obrigatória e onerosa sua utilização. As revoltas dos camponeses contra os moinhos "banais" senhoriais serão muitas. Em contrapartida, veem-se os senhores – especialmente os abades – mandar destruir os moinhos manuais de seus camponeses para obrigá-los a levar o pão para os moinhos senhoriais e pagar a taxa de moagem. Em 1207, os monges de Jumièges mandam quebrar as últimas mós manuais de uma de suas terras. Uma famosa luta em torno dos moinhos hidráulicos opôs, na Inglaterra, os monges de Saint Alban e seus camponeses. Ao triunfar, finalmente, em 1331, o Abade Ricardo II transformou as mós confiscadas em troféus: pavimentou com elas o seu parlatório.

Entre as formas insidiosas de luta de classes, um lugar à parte cabe às inúmeras contestações que se levantaram em torno dos pesos e medidas. A determinação e a posse dos padrões que estabelecem a quantidade de trabalho e das taxas é um meio essencial de dominação econômica. Witold Kula abriu caminho magistralmente para essa história social dos pesos e medidas. Açambarcados por alguns, contestados por outros, pesos e medidas conservados na quinta ou no castelo, na abadia ou na sede administrativa da cidade dos burgueses, são objeto de uma luta constante. Os numerosos documentos que evocam as punições infligidas a camponeses ou artesãos que usaram medidas falsas (crime assimilado ao do deslocamento das fronteiras dominiais) chamam a atenção para essa forma de luta de classes. Assim como a multiplicação das jurisdições favorecia a arbitrariedade dos senhores, o número e a variabilidade (à mercê do senhor) das medidas eram instrumento de opressão senhorial.

Quando os reis da Inglaterra, no século XIV, tentam impor um padrão real para as principais medidas, isentam dele as rendas e arrendamentos, cuja medida é deixada ao critério dos senhores.

A leitura dos *fabliaux*, dos tratados jurídicos e morais, das atas judiciárias, dá a impressão de que a Idade Média é o paraíso dos trapaceiros, a grande era da fraude. A opressão das classes donas da medida é a explicação disso. E a Igreja, que fez da fraude pecado grave, não conseguiu sustar essas manifestações da luta de classes.

★

Fundamental no campo, o confronto entre as classes logo reapareceu nas cidades, não mais como a luta dos burgueses vitoriosos contra os senhores, mas como a do povo pobre contra os burgueses ricos. Do final do século XII ao século XIV, uma nova linha de clivagem social aparece, de fato, nas cidades e opõe os pobres aos ricos, os fracos aos poderosos, o comum à burguesia, o *popolo minuto* * ao *popolo grasso* **. É a formação dessa categoria urbana dominante, que se chamou patriciado, composta por um grupo de famílias que acumulam a propriedade fundiária urbana, a riqueza, a dominação da vida econômica e o controle da vida política pelo açambarcamento dos cargos municipais, que faz levantar-se diante dela a massa dos novos oprimidos. No final do século XII vê-se o surgimento dos *meliores burgenses* *** ou *maiores oppidani* ****, cuja dominação logo se afirma. Já em 1165, em Soest, na Vestfália, são mencionados esses "melhores sob cuja autoridade a cidade prosperava e nos quais residia o essencial do direito e dos negócios", *meliores... quorum autorictate pretaxata villa nunc pollebat et in quibus summa iuris et rerum consistebat*, e em Magdeburgo, em 1188, um estatuto urbano estipulava que "na assembleia dos burgueses foi proibido aos tolos proferir afirmações contrárias à ordem e contrariar de qualquer modo a vontade dos *meliores*". Assim,

---

* Em italiano no texto: *popolo minuto* = povo miúdo [N.T.].

** Em italiano no texto: *popolo grasso* = povo opulento [N.T.].

*** *meliores burgenses* = melhores homens do burgo [N.T.].

**** *maiores oppidani* = maiores habitantes da cidade [N.T.].

ricos e pobres opunham-se nas cidades. Nas de língua francesa, em que se falava tradicionalmente das profissões "baseadas em *labeur* [labor] ou em *marchandise* [mercadoria]", labor e mercadoria se dissociaram. Os trabalhadores manuais logo se levantaram contra os que chamavam, por sua vez, de ociosos. Já no fim do século XIII as greves e as rebeliões contra "os homens ricos" se multiplicaram, e no século XIV, graças à crise, suscitaram violentas revoltas dos homens comuns das cidades.

Apesar do gosto maniqueísta da Idade Média por reduzir todo conflito a confronto entre dois campos, o dos bons e o dos maus, não se deve acreditar que a luta das classes limitou-se a esses duelos entre senhores e camponeses, burgueses e povo. A realidade foi mais complexa, e uma das principais razões dos reveses habituais dos fracos diante dos poderosos foi, além de sua fraqueza econômica e militar, suas divisões internas que aumentavam sua impotência.

Entre as camadas inferiores urbanas, deve-se pelo menos fazer uma distinção entre o *popolo minuto* dos artesãos e dos criados das corporações e a massa da mão de obra assalariada que não contava com nenhuma proteção corporativa: trabalhadores braçais à mercê do mercado de mão de obra, rebanho reunido diariamente na praça de empregos (Praça de la Grève, em Paris), onde os "dadores de trabalho" ou seus encarregados vinham se prover, proletariado constantemente espreitado pelo desemprego. No final do século XIII eles é que se tornaram a categoria inferior dos *laboratores* que João de Friburgo, em sua *Suma de confessores*, coloca em último lugar. Vê-se que, com eles, tal como bem mostrou Bronislaw Geremek com relação a Paris dos séculos XIII-XV, o trabalho e o trabalhador tornaram-se mercadoria.

*

A exploração da mão de obra feminina certamente teve lugar de destaque nessa opressão dos "dadores de trabalho". Todo o mundo conhece a cantilena das operárias da seda que Chrétien de Troyes incluiu (por volta de 1180) em *Yvain*, a *Chanson de la chemise** da Idade Média:

---

* *Chanson de la chemise* = Canção da camisa [N.T.].

> *Toujours draps de soie tisserons*
> *Et n'en serons pas mieux vêtues,*
> *Toujours serons pauvres et nues*
> *Et toujours faim et soif aurons;*
> *Jamais tant gagner ne saurons*
> *Que mieux en ayons à manger.*
> *Du pain en avons sans changer*
> *Au matin peu et au soir moins;*
> *Car de l'ouvrage de nos mains*
> *N'aura chacune pour son vivre*
> *Que quatre deniers de la livre,*
> *Et de cela ne pouvons pas*
> *Assez avoir viande et draps;*
> *Car qui gagne dans sa semaine*
> *Vingt sous n'est mie hors de peine...*
> *Et nous sommes en grand misère,*
> *Mais s'enrichit de nos salaires*
> *Celui pour qui nous travaillons;*
> *Des nuits grand'partie veillons*
> *Et tout le jour pour y gagner.*
> *On nous menace de rouer*
> *Nos membres, quand nous reposons:*
> *Aussi reposer nous n'osons**.

As mulheres também estão no centro de uma contestação aparentemente menos dramática. Elas são objeto da rivalidade dos homens das

---

* Tradução livre: "Tecidos de seda sempre teceremos / E nem por isso melhor nos vestiremos, / Pobres e nuas sempre estaremos / E fome e sede sempre teremos; / Jamais poderemos tanto ganhar / Que mais tenhamos para nos alimentar. / Sem variar pão nós temos / Pouco de manhã e à noite ainda menos; / Pois do trabalho de nossas mãos / Cada uma terá para viver / Quatro dinheiros de libra, / E com isso não poderemos / Ter carne e pano que bastem; / Pois quem ganha numa semana / Vinte soldos só tem a penar... / E muito grande é nossa miséria, / mas enriquece com nossos salários / Aquele para quem trabalhamos; / Das noites grande parte velamos / E o dia todo para isso ganhar. / Nos ameaçam de moer / Nossos membros quando descansamos: / Por isso não ousamos descansar [N.T.].

diferentes classes sociais. Essas brincadeiras divertidas entre homens e mulheres são, no entanto, uma das expressões mais mordazes da luta de classes. O desprezo das mulheres pelos homens é uma das ofensas mais dolorosas que eles recebem. Talvez surpreenda ver os clérigos participarem desse conflito. O cura, ou o monge, devasso e satisfeito com seus sucessos é no entanto um dos personagens mais familiares dos fabliaux.

Enfim, a poesia lírica, em suas pastorais, canta com frequência o amor dos cavaleiros pelas pastoras. Na realidade essas empreitadas nem sempre são felizes. O Conde-poeta Thibaud de Champagne confessa, em versos, que dois camponeses o puseram em fuga quando ele se preparava para namorar uma pastora.

★

A luta de classes no Ocidente medieval é acompanhada, como se sabe, por ardentes rivalidades no interior das classes. Os conflitos entre feudais, prolongamentos das lutas de clã, as guerras privadas provenientes da *faida* germânica, forma medieval da vendeta senhorial, povoam a história da literatura. Inimizades violentas e coletivas, "ódios duradouros", "velhos rancores bem conservados" são, por outro lado, privilégio de classe. Nas liças dos torneios, no campo raso, nas sedes dos castelos, os confrontos das famílias feudais povoam a história medieval.

Apesar de suas pretensões, a classe senhorial não tem o apanágio desses conflitos. No seio da sociedade urbana, as famílias burguesas, sozinhas ou movimentando partidos, pela liderança do patriciado ou pela dominação da cidade, travam lutas sem trégua. Não é de surpreender que, urbanizada mais cedo, a Itália principalmente tenha sido teatro dessas rivalidades citadinas e burguesas. Em 1216, em Florença, uma série de vendetas opõe dois grupos de famílias, duas *consorterie*, a dos Fifanti-Amidei e a dos Buondelmonte. Por uma ruptura de casamento, afronta ainda mais cruel para os Fifanti-Amidei porque o noivo Buondelmonte não compareceu no dia em que toda a *consorterie* da noiva o esperava com trajes de casamento na Ponte Vecchio, o traidor é assassinado algum tempo depois, ao se dirigir à catedral para se casar com outra. Juntando-se à luta entre dois candidatos ao império, Otto de Brunswick e

Frederico de Hohenstaufen, que se degenera em luta entre o imperador e o papa, a rivalidade entre as duas famílias florentinas tornou-se luta entre guelfos e gibelinos.

Talvez menos frequente, porém notável, é a atitude individual de membros das classes superiores que, por interesse, idealismo ou, no caso de pobres clérigos, tomada de consciência de uma solidariedade mais forte com os pobres do que com os clérigos, travaram a luta ao lado dos revoltados das categorias inferiores e com frequência lhes forneceram os chefes instruídos que lhes faltavam. Esses "traidores" de suas classes encontram-se no clero ou na burguesia, excepcionalmente na nobreza. Em 1327, os "dez mil" vilões e pobres citadinos que marcham contra os monges de Bury St. Edmunds são conduzidos por dois sacerdotes que carregam as bandeiras dos rebeldes. Figura misteriosa é a de Henrique de Dinant, tribuno de Liège dos anos 1253-1255, patrício que leva a populaça a atacar o patriciado. Fernand Vercauteren, seguindo os cronistas do século XIII, vê-o como um ambicioso que usa o povo e sua insatisfação para triunfar, um Catilina. Mas só conhecemos esses líderes populares por seus inimigos. Jean d'Outremeuse nos diz que Henrique de Dinant "fazia o povo levantar-se contra seu senhor e contra os clérigos, e acreditavam nele... era um homem de alta condição, sensato e malicioso, mas foi tão falso, traidor e cobiçoso que nada valia, pela inveja que tinha de todos". Devemos desconfiar desses julgamentos que atribuem aos revoltados o rótulo característico de invejosos. *Invidia*, a inveja, é, segundo os moralistas (clérigos), segundo os manuais de confessores, o grande pecado dos camponeses, dos pobres. Esse diagnóstico dos intérpretes dos poderosos com frequência apenas encobre a revolta dos oprimidos, a indignação dos justos. Todos os grandes chefes das grandes revoltas do século XIV – um Jacob e um Filipe van Artevelde, um Estêvão Marcel – serão descritos como "invejosos".

★

Com exceção desses casos individuais, podemos indagar se dois poderosos – por definição – não escaparam da luta de classes, mantendo-se fora dela e tentando apaziguá-la: a Igreja e a realeza.

A Igreja, em nome do ideal do cristianismo, era chamada a ser o fiel da balança entre pobres e ricos, camponeses e senhores, ou melhor, a contrabalançar a fraqueza dos pobres com seu apoio e a fazer reinar a harmonia social à qual, no esquema tripartite da sociedade, ela dera sua bênção.

É verdade que no plano da caridade, na luta contra a fome, sua ação não foi desprezível; também é verdade que sua rivalidade com a classe militar a fez, por vezes, agir em favor dos camponeses ou dos citadinos contra o adversário comum e que ela incitou especialmente os movimentos de paz benéficos a todas as vítimas da violência feudal. Mas as múltiplas declarações da Igreja de arbitragem imparcial entre fracos e fortes dificilmente dissimulam o partido dos opressores que, na maioria das vezes, ela escolheu concretamente. Inserida no século, formando um grupo social privilegiado que ela até havia transformado em ordem, ou seja, que havia sacralizado, pela graça de Deus, naturalmente ela fora levada a se inclinar para o lado em que de fato se encontrava.

É de notar que os camponeses eram hostis principalmente aos senhores eclesiásticos, provavelmente porque a distância entre o ideal que professavam e seu comportamento devia suscitar sua cólera de modo especial, e decerto porque, sendo os arquivos e as contas monásticas mais precisos, os senhores eclesiásticos certamente obtinham mais seguramente pelo direito baseado em seus registros e seus censos as exações que os senhores laicos extraíam no mais das vezes pela violência.

Tudo indica que se deve dar razão à autocrítica de um dignitário eclesiástico anônimo – às vezes erroneamente identificado como São Bernardo – que anunciava no século XII: "Não, não consigo dizê-lo sem verter lágrimas, nós, os chefes da Igreja, somos mais tímidos que os discípulos grosseiros de Cristo, na época da Igreja nascente. Negamos ou calamos a verdade por medo dos seculares; negamos Cristo, a própria verdade! Quando o predador se lança sobre o pobre, negamos socorro a esse pobre. Quando um senhor tortura um pupilo ou a viúva, não nos opomos: Cristo está na cruz e nós silenciamos!"

A posição e a atitude da realeza não deixam de ser análogas às da Igreja, e ambas, aliás, com frequência apoiaram-se mutuamente em uma luta comum cujas palavras de ordem eram contra as tiranias individuais, a defesa do interesse geral, a proteção dos fracos conta os poderosos.

A realeza utilizou ao máximo todas as armas que a estrutura feudal lhe fornecia: fazer com que todos os senhores lhe prestassem a homenagem lígia, recusar-se a prestar homenagem pelas terras que mantinha em feudo a fim de afirmar que ela estava não apenas no topo, mas acima de toda a hierarquia feudal, fazer com que fosse reconhecido um direito de proteção – "procuradoria" ou "patrocínio" – a numerosos estabelecimentos eclesiásticos, impor-se no maior número possível de contratos de "condomínio" que tornavam os reis cossenhores de senhorias situadas fora do domínio real e nas regiões em que sua influência era fraca, cristalizar em seu benefício o ideal de fidelidade que era essência da moral e da fidelidade feudais. Mas, ao mesmo tempo, em toda parte a realeza tentou subtrair-se ao controle dos senhores. Tornando a coroa hereditária, ampliou o domínio real, impôs seus oficiais (funcionários) em toda parte, tentou substituir as hostes, taxas e jurisdições feudais por um exército nacional, uma fiscalidade estatal e uma justiça centralizada. É significativo que os camponeses procurassem colocar-se sob proteção real – é verdade que mais distante do que a dos senhores da região. É verdade também que as camadas inferiores, especialmente camponesas, com frequência colocaram na pessoa do rei a esperança de se livrarem da tirania senhorial. São Luís conta emocionado a Joinville a atitude do povo com respeito a ele por ocasião de uma revolta de barões durante sua minoridade: "E o santo rei me contou que, estando em Montlhéry, nem ele nem sua mãe ousaram voltar para Paris até que os habitantes de Paris fossem buscá-los com armas. E me contou que de Montlhéry até Paris os caminhos estavam cheios de gente com armas e sem armas, e que todos o aclamavam, suplicando a Nosso Senhor que lhe desse vida boa e longa e que o defendesse e protegesse contra seus inimigos". Esse mito real terá vida longa. Sobreviverá – até a explosões finais como as de 1642-1649 na Inglaterra, de 1792-1793 na França – a todas as experiências em que a realeza mostrou que, diante de um perigo grave de subversão da sociedade, ela se juntava a seu campo natural, o dos feudais, cujos interesses e preconceitos compartilhava. Sob Filipe Augusto, os camponeses da aldeia de Vernon rebelaram-se contra seu senhor, o cabido de Notre-Dame de Paris, e recusaram-se a pagar-lhe a talha. Enviaram uma delegação ao rei, que deu razão aos cônegos e lançou aos delegados camponeses: "Maldito seja o cabido se não lançar vocês às latrinas" (*in unam latrinam*).

No entanto, por vezes o rei sente-se sozinho diante das classes sociais. Longe de dominá-las, sente-se ameaçado por todas elas. Exterior à classe feudal, teme ser aniquilado por ela. Era esse o pesadelo de Henrique I da Inglaterra, segundo a crônica de João de Worcester. Quando o rei estava na Normandia, em 1130, teve uma visão tripla. Viu primeiro uma multidão de camponeses cercar sua cama com os instrumentos de trabalho deles, rangendo os dentes e molestando-o com suas queixas. Depois uma multidão de cavaleiros, cobertos com suas couraças, portando seus elmos, armados de lanças, dardos e setas, ameaçou matá-lo. Finalmente, uma assembleia de arcebispos, bispos, abades, deões e priores rodeou seu leito, com seus cajados erguidos contra ele.

"E eis", lamenta-se o cronista, "o que amedronta um rei vestido de púrpura, cuja palavra, segundo Salomão, deve aterrorizar como o rugido de um leão". Esse leão, que justamente, no *Roman de Renart*, Renart ridiculariza e, com ele, toda a majestade monárquica. Os reis, apesar de seu prestígio, sempre foram um pouco estrangeiros no mundo medieval.

*

Houve também, no Ocidente medieval, outras comunidades além das que acabamos de lembrar, comunidades que de certo modo se sobrepunham às classes sociais. Eram muito favorecidas pela Igreja, que via nelas um meio de diluir e enfraquecer a luta de classes.

Assim eram as confrarias, cujo início é pouco conhecido e cujas relações com as corporações são obscuras. Ao passo que estas seriam essencialmente profissionais, as primeiras seriam principalmente religiosas.

Assim são as categorias das virgens e das viúvas pelas quais a Igreja tem especial estima. Uma obra de espiritualidade muito em voga nos séculos XII e XIII, o *Espelho das virgens (Speculum virginum)*, compara os frutos da virgindade, da viuvez e do casamento. Uma célebre miniatura ilustra a comparação: as mulheres casadas só colhem a semente trinta vezes (número já mítico para a Idade Média), ao passo que as viúvas a colhem sessenta vezes e as virgens, cem vezes[6]. No entanto, mais do que formar categorias intersociais, as virgens tendem sobretudo a ser confundidas com as monjas enclausuradas, e as viúvas, com o rebanho dos pobres num tempo em que a privação de um homem ganha-pão fazia cair na miséria a maioria daquelas que não conseguiam ou não queriam se casar novamente.

Mais vivas deviam ser as classes de idade, não as que os clérigos transpunham para as categorias teóricas e literárias das idades da vida, mas as que integravam as tradições concretas, características das civilizações tradicionais, das sociedades militares e das sociedades camponesas. Entre essas classes de idade, uma delas representava em especial uma realidade estruturada e eficaz: a classe dos jovens, aquela que, nas sociedades primitivas, corresponde aos adolescentes que passaram juntos pela iniciação. E os homens jovens da Idade Média passam, de fato, por uma aprendizagem e uma iniciação. Mas também nesse caso aparecem as estruturas sociais que enquadram essa estratificação de outra ordem. Entre os guerreiros e entre os camponeses, as classes de jovens são distintas. No primeiro caso, o aprendizado é o das armas, do combate feudal, que termina pela iniciação da tomada de armas pela qual se ingressa na classe: a cavalaria. No segundo caso, é o ciclo ctoniano das festas folclóricas da primavera, que, entre o dia de São Jorge (23 de abril) e o de São João, desvendavam para os jovens da aldeia ritos destinados a garantir a prosperidade econômica da comunidade, com frequência constituídos por cavalgadas ou realizados a cavalo (são encontrados no ciclo iconográfico dos trabalhos dos meses em abril ou em maio) e que terminam com a prova do salto por cima das fogueiras de São João. Também aqui a cidade muitas vezes levava à ruptura dessas tradições e das solidariedades que eram sua base. No entanto, permaneciam resíduos dessas tradições: a iniciação dos jovens estudantes – os *calouros* * – destinada a fazê-los perder seu caráter selvagem, camponês (haverá relação entre *Jacques*, que na França designa o camponês no final da Idade Média, e *Zak* – Jak –, nome dado na Polônia ao calouro universitário?), a dos jovens aprendizes no curso profissionalizante de ingresso nas guildas e, mais particularmente,

---

6. Cf. p. 325.

* No francês, *béjaunes* [N.T.].

no *Grand tour* que eram obrigados a cumprir, na iniciação que os jovens assistentes jurídicos recebiam nos tribunais.

Em contrapartida, tudo indica que a classe dos velhos – os "anciãos" das sociedades tradicionais – não teve papel importante na Cristandade medieval, sociedade de pessoas que morrem jovens, de guerreiros e camponeses que só têm valor na época de sua plena força física, de clérigos dirigidos por bispos e papas que, deixando de lado os adolescentes escandalosos do século X – João XI sobe no trono de São Pedro em 931, aos vinte e um anos, João XII em 954, aos dezesseis anos –, com frequência são eleitos jovens (Inocêncio III, em 1198, por volta dos 35 anos). A sociedade medieval ignorou a gerontocracia. No máximo sua sensibilidade pode ter sido comovida pelos grandes velhos de barba branca – como os que se veem nos portais das igrejas, velhos do Apocalipse e profetas, na literatura à imitação de Carlos Magno, "de barba encanecida", e tal como imaginou e representou os eremitas, patriarcas de longevidade impressionante [7].

*

É preciso pensar também na importância das relações sociais que se criam em certos centros da vida social, em ligação mais ou menos estreita com as estruturas de classes sociais e a diversidade dos gêneros de vida.

O primeiro desses centros é animado pelo clero: é a Igreja, centro da vida paroquial. A Igreja na Idade Média não é apenas um foco de vida social comum – muito importante, aliás, pois lá se formam, em torno dos temas de propaganda da Igreja, mentalidades e sensibilidades –, mas é também um lugar de assembleia. Na igreja realizam-se reuniões, seus campanários chamam à reunião em caso de perigo, especialmente de incêndio. Lá ocorrem conversas, jogos, feiras. Por muito tempo, apesar dos esforços do clero e dos concílios para reduzi-la a seu papel de casa de Deus, ela é um centro social de funções múltiplas, comparável à mesquita muçulmana.

---

7. Rolf Sprandel realiza uma pesquisa em Würzburg sobre as atitudes com respeito à idade na Idade Média.

Como a sociedade paroquial é o microcosmo organizado pela Igreja, a sociedade casteleira é a célula social formada pelos senhores nos castelos. Ela agrupa os jovens filhos dos vassalos enviados para lá servir ao senhor, realizar seu aprendizado militar – ocasionalmente servir como reféns –, os domésticos senhoriais e toda a multidão de animadores destinados a satisfazer às necessidades de diversão e de prestígio dos feudais. É uma posição ambígua a dos menestréis, troveiros, trovadores, obrigados a cantar louvores e os valores essenciais de seus empregadores, estritamente dependentes dos salários e favores desses patrões; com frequência desejosos, e às vezes o conseguem, de por sua vez se tornarem senhores – é o caso do *Minnesänger* que se torna cavaleiro e recebe armas (o famoso manuscrito de Heidelberg, cujas miniaturas representam os *Minnesänger* e seus brasões, comprova essa promoção por meio da arte nobre da poesia lírica) –, mas também frequentemente ulcerados por sua posição de artistas dependentes dos caprichos de um guerreiro, intelectuais animados por ideais em oposição aos da casta feudal, prontos a se fazerem acusadores de seus patrões. As produções literárias e artísticas do meio castelar são com frequência um testemunho mais ou menos camuflado de oposição à sociedade feudal.

Os meios populares têm outros centros de reunião. No campo, o moinho aonde o camponês precisa levar seu grão, ficar na fila, esperar sua farinha, é um lugar de encontro. Imagino, naturalmente, que lá com frequência foram comentadas as inovações rurais e então difundidas, que lá se tramaram as revoltas camponesas. Dois fatos provam a importância do moinho como centro de reunião dos camponeses. Os estatutos das ordens religiosas do século XII preveem que os monges esquadrinhem esses locais. As prostitutas frequentam suas proximidades a tal ponto que São Bernardo, disposto a fazer com que a moral sobrepuje o interesse econômico, incita os monges a destruir esses centros do vício.

Nas cidades, os burgueses têm seus galpões de mercado, suas salas de reunião, como a da corporação dos comerciantes de água que reúne os mais importantes comerciantes de Paris e é justamente denominada Parlatório dos Burgueses.

Tanto na cidade como na aldeia, o grande centro social é a taberna. Como se trata geralmente de uma taberna "banal", pertencente ao senhor, em que o vinho ou a cerveja que se tomam são na maioria das vezes fornecidos e taxados por ele, o senhor favorece sua frequentação. O cura, ao contrário, vitupera contra esse centro do vício, onde o jogo de azar e a bebedeira têm livre-curso e que faz concorrência às reuniões paroquiais, aos sermões, aos ofícios religiosos. Lembremos a taberna em que a barulheira encobria a voz do dominicano que São Luís escutava. A taberna não reúne apenas os homens da aldeia ou do bairro – outro contexto de solidariedades urbanas que assumirá grande importância no final da Idade Média, assim como a rua onde se reúnem os homens de mesma proveniência geográfica ou de mesma profissão –, frequentemente ela desempenha, por meio da pessoa do taberneiro, o papel de banco de empréstimo, e ela acolhe forasteiros, pois muitas vezes também é albergue. Assim, ela é núcleo essencial da rede de relações. Nela difundem-se as notícias, portadoras de realidades distantes, de lendas, de mitos. Nela as conversas formam as mentalidades. E, como a bebida aquece os espíritos, a taberna contribui intensamente para dar à sociedade medieval o tom apaixonado, as embriaguezes que fazem fermentar e explodir a violência interior.

★

Por vezes afirmou-se que a fé religiosa forneceu a determinadas revoltas sociais o cimento e o ideal de que suas reivindicações materiais necessitavam. A forma suprema dos movimentos revolucionários teria sido a heresia. Não há dúvida de que as heresias medievais foram sobretudo adotadas, mais ou menos conscientemente, por categorias sociais insatisfeitas com sua sorte. Mesmo no caso da participação ativa da nobreza meridional na primeira fase da cruzada dos albigenses ao lado dos hereges, foi possível notar a importância de suas queixas contra a Igreja que, aumentando os casos de impedimento de casamento por consanguinidade, favorecia a fragmentação dos domínios da aristocracia laica, que caíam mais facilmente em suas mãos. É certo, principalmente, que muitos movimentos heréticos, ao condenarem a sociedade terrestre e especialmente a Igreja, encerravam um fermento revolucionário muito poderoso. Isso é verdade no que diz respeito ao catarismo, à ideologia mais difusa do joaquimismo, aos diversos milenarismos cujos aspectos subversivos já foram destacados. Mas as heresias reuniram coalizões sociais heterogêneas, em cujo interior as divergências de classe enfraqueceram a eficácia do movimento. Seria possível, no catarismo – pelo menos sob sua forma albigense –, distinguir uma fase nobiliária, em que a aristocracia tem o comando, uma fase burguesa, em que comerciantes, notários, notáveis das cidades dominam o movimento abandonado pela nobreza depois da cruzada e do Tratado de Paris no final do século XIII, e finalmente uma fase de sequelas de aspecto mais francamente democrático, em que artesãos dos burgos, montanheses e pastores dos Pireneus continuam a luta quase sozinhos.

Sobretudo as palavras de ordem propriamente religiosas das heresias acabam por esvaziar o conteúdo social desses movimentos. Seu programa revolucionário degenera em anarquismo milenarista, que toma utopias por soluções terrestres. O niilismo que visa especialmente o trabalho, condenado por muitos hereges mais duramente do que por quaisquer outros – os perfeitos cátaros não devem trabalhar –, paralisa a eficácia social das revoltas situadas sob o signo da religião. As heresias foram as formas mais agudas da alienação ideológica.

*

Mas as heresias eram perigosas para a Igreja e para a ordem feudal. Os hereges foram, portanto, perseguidos e relegados aos espaços de exclusão da sociedade que, no decorrer dos séculos XII e XIII, foram, sob incitação da Igreja, cada vez mais delimitados. Sob influência dos canonistas, no momento em que se instaura a Inquisição, a heresia é definida como crime de "lesa-majestade", atentado ao "bem público da Igreja", à "boa ordem da sociedade cristã". Assim faz em sua *Summa* Huguccio (por volta de 1188), o mais importante decretista desse momento decisivo.

Com os hereges, são os judeus (o Quarto Concílio de Latrão, em 1215, obriga-os a portar a insígnia distintiva: a rodela) e os leprosos (os leprosários se multiplicam depois do Terceiro Concílio de Latrão, em 1179) que são colocados no índex, encurralados, perseguidos.

No entanto, também é um tempo em que certas categorias de párias acabam sendo acolhidas na sociedade cristã. A alta Idade Média multiplicara as profissões suspeitas. A barbarização permitira que os tabus atávicos fossem despertados: tabu do sangue, que recai sobre os açougueiros, os carrascos, os cirurgiões e até mesmo os soldados; tabu da impureza, da sujeira, que atinge os pisoeiros, os tintureiros, os cozinheiros, os lavadeiros (Jean de Garlande, no início do século XIII, evoca a aversão das mulheres aos operários têxteis de "unhas azuis", que terão, com os açougueiros, um papel primordial nas revoltas do século XIV); tabu do dinheiro, que, como vimos, corresponde à atitude de uma sociedade em que predomina a economia natural. Os invasores germânicos acrescentam a isso o desprezo do guerreiro pelos trabalhadores; o cristianismo, sua desconfiança com relação às atividades seculares, proibidas pelo menos aos clérigos, expostas ao opróbrio que recai sobre os laicos que as exercem.

No entanto, sob a pressão da evolução econômica e social que acarreta a divisão do trabalho, a promoção das profissões, a justificação de Marta diante de Maria, da vida ativa que, nos portais das catedrais góticas, se equipara honrosamente à vida contemplativa, o número de ocupações ilícitas ou desprezadas reduz-se praticamente a nada. O franciscano Bertoldo de Regensburg, no século XIII, coloca todos os "estados do mundo" na "família de Cristo", com exceção dos judeus, saltimbancos e vagabundos, que formam a "família do diabo".

Mas essa Cristandade que integrou a nova sociedade nascida do ímpeto dos séculos XI-XII, que atingiu sua "fronteira", é mais impiedosa ainda para com os que não querem se dobrar à ordem estabelecida ou que nela não são admitidos pela Cristandade, cuja atitude permanece ambígua com relação a esses párias. Parece detestá-los e admirá-los ao mesmo tempo, teme-os, com uma mistura de atração e pavor. Mantém-nos a distância, mas determina essa distância de modo bastante próximo para tê-los a seu alcance. O que ela chama de caridade para com eles assemelha-se à atitude do gato brincando com o camundongo. Assim, os leprosários devem situar-se "a uma pedrada da cidade" para que se possa exercer "a caridade fraternal" para com os leprosos. A sociedade medieval precisa desses párias, isolados porque perigosos, mas visíveis, porque, por meio dos cuidados que lhes dá, ela forja para si uma consciência limpa e, mais ainda, projeta e fixa neles, magicamente, todos os males que afasta de si mesma. Leprosos, por exemplo, no mundo e fora dele, como aqueles a quem o Rei Marco entregou Isolda culpada, no terrível relato de Béroul, diante do qual o terno e cortês Thomas recuou.

"Ora, cem leprosos, deformados, a carne corroída e toda esbranquiçada, que acorreram com suas muletas e batendo suas matracas, aglomeravam-se diante da fogueira e, sob as pálpebras inchadas, seus olhos sangrentos usufruíam o espetáculo.

"Yvain, o mais horrendo dos doentes, gritou para o rei com voz aguda: Sire, queres jogar tua mulher nesse braseiro; é justiça certa, mas breve demais. Esse fogo enorme logo a terá queimado, esse vento forte logo terá dispersado suas cinzas. E, quando daqui a pouco essa chama tiver se apagado, sua pena estará terminada. Queres que te ensine pior castigo, de modo que ela viva, mas em grande desonra e sempre desejando a morte? Queres, ó rei?

O rei respondeu:

– Sim, a vida para ela, mas em grande desonra e pior que a morte. Quem me ensinará tal suplício, terei por ele maior estima.

– Sire, direi brevemente o que penso. Vê, tenho aqui cem companheiros. Dá-nos Isolda, e que ela seja comum a todos nós! A dor ativa nossos desejos. Dá Isolda a teus leprosos. Jamais mulher alguma terá tido pior fim. Olha, nossos farrapos colam-se a nossas chagas que supuram. Ela que, a teu lado, deleitava-se com ricos tecidos forrados de zibelina, com joias, salas revestidas de mármore, ela que usufruía de bons vinhos, de honras, de alegria, quando vir a corte de seus leprosos, quando for obrigada a entrar em nossos pardieiros e deitar-se conosco, então a Bela Isolda, a Loura, reconhecerá seu pecado e almejará essa bela fogueira de espinhos!

O rei ouve-o, levanta-se e permanece imóvel por longo tempo. Finalmente, corre até a rainha e a toma pela mão. Ela clama: 'Por piedade, sire, leva-me ao fogo, leva-me ao fogo.'

O rei ergue-a, Yvain a toma e os cem doentes se acercam dela. Ao ouvi-los gritar e guinchar, todos os corações se desfazem em piedade; mas Yvain está contente; Isolda se vai, Yvain a leva. Para fora da cidade, desce o cortejo horrendo..."

Levada por seu novo ideal de trabalho, a Cristandade expulsa os ociosos, quer consintam ou não. Lança nas estradas aquela multidão de enfermos, de doentes, de desempregados que vão se juntar ao grande bando dos vagabundos. Para com todos aqueles infelizes que identifica com Cristo, ela age como em relação ao Cristo fascinante e assustador. É sintomático que aquele que quer de fato viver como Cristo, São Francisco de Assis, além de se misturar aos párias também queira ser um deles. Um pobre, um estrangeiro, um saltimbanco – o "saltimbanco de Deus", como ele mesmo se denomina –, é assim que ele se apresenta. Como poderia deixar de provocar escândalo?

Com os judeus, ao longo de toda a Idade Média os cristãos mantêm um diálogo permeado de perseguições e massacres. O judeu usurário, isto é, prestamista insubstituível, é detestável, mas necessário e útil. Judeus e cristãos debatem sobretudo em torno da Bíblia. Conferências públicas e reuniões privadas são constantes entre padres e rabinos. No final do século XI, Gilbert Crispin, abade de Westminster, relata em uma obra famosa sua controvérsia teológica com um judeu procedente de Mainz. André de Saint-Victor, em meados do século XII, preocupado em renovar a exegese bíblica, consulta os rabinos. São Luís conta a Joinville uma discussão entre clérigos e judeus no Mosteiro de Cluny. Na verdade ele desaprova essas reuniões: "O rei acrescentou: Também ninguém, se não é bom clérigo, deve discutir com eles; quanto aos laicos, quando ouvem difamar a lei cristã, não devem defendê-la de outro modo que não enfiando a espada no ventre tanto quanto ela puder penetrar".

Alguns príncipes, abades, papas e sobretudo os imperadores alemães protegem os judeus. Mas desde o final do século XI o antijudaísmo se excede e no século XIII transforma-se em antissemitismo. Com a Primeira Cruzada as perseguições redobram. Assim, em Worms e em Mainz: "O inimigo do gênero humano não tardou", relatam os *Anais saxônicos*, "em semear o joio ao lado do grão, em suscitar pseudoprofetas, em misturar falsos irmãos e mulheres desavergonhadas ao exército de Cristo. Por sua hipocrisia, por suas mentiras, por suas corrupções ímpias, eles turvaram o exército do Senhor... Houveram por bem vingar Cristo sobre os pagãos e os judeus. Por isso mataram novecentos judeus na cidade de Mainz, sem poupar mulheres e crianças... Era uma pena ver os grandes e múltiplos amontoados de cadáveres que se levavam em carroças da cidade de Mainz".

Com a Segunda Cruzada aparece, em 1146, a primeira acusação de homicídio ritual, isto é, o assassínio de uma criança cristã cujo sangue seria incorporado ao pão ázimo, e de profanação de Hóstia, crime ainda maior aos olhos da Igreja, uma vez que será considerado deicídio. As falsas acusações, a partir de então, virão ininterruptamente fornecer aos cristãos bodes expiatórios em tempos de insatisfação ou de calamidade. Em muitos lugares, por ocasião da Grande Peste de 1348, os judeus, acusados de terem envenenado os poços, serão massacrados. Mas a grande causa do isolamento dos judeus é a evolução econômica do mundo feudal e do mundo urbano. Os judeus não podem ser admitidos nos sistemas sociais resultantes dela – vassalagem e comunas. Não se pode prestar homenagem a um judeu, prestar juramento com um judeu. Desse modo, pouco a pouco os judeus são excluídos da possessão e mesmo da concessão da terra, assim como das profissões, inclusive do comércio. Só lhes restam as formas marginais ou ilícitas do comércio e da usura.

No entanto, será preciso esperar o Concílio de Trento e a Contrarreforma para que a Igreja institua e preconize o gueto. É na época da grande recessão do século XVII e do absolutismo monárquico que será instaurado o "grande confinamento",cuja história foi feita por Michel Foucault, no que diz respeito aos loucos. Loucos que a Idade Média também tratou com ambiguidade. Ora são quase inspirados, e o bufão do senhor, que será o bobo da corte*. O louco da aldeia, nessa sociedade camponesa, é um fetiche para a comunidade. No *Jeu de la Feuillée*, o *dervé*, o jovem camponês louco, revela a moral da história. Observa-se até um certo esforço para distinguir diversas categorias de loucos: os "furiosos" e os "frenéticos", que são os doentes que é possível tentar tratar ou antes encerrar nos hospitais especiais, dos quais um dos primeiros é o hospital de Bethléem, ou Bedlam, em Londres, no final do século XIII; os "melancólicos", cuja esquisitice talvez seja também física, ligada aos maus humores, mas que precisam mais do sacerdote do que do médico, enfim, a grande massa dos possuídos que só o exorcismo pode livrar de seu hóspede temível.

Muitos desses possuídos são geralmente confundidos com feiticeiros. Mas nossa Idade Média não é a grande época da feitiçaria, que será o

---

* Em francês, *le fou du roi*, literalmente "o louco do rei" [N.T.].

período do século XIV ao século XVIII. Entre os hereges e os possuídos, os feiticeiros dificilmente parecem ter lugar. São os herdeiros cada vez menos numerosos, por assim dizer, dos feiticeiros pagãos, dos tiradores de sorte rústicos que os penitenciais da alta Idade Média perseguem no contexto da evangelização rural. Aliás, é nesses penitenciais que se inspiram Regino de Prüm em seu Cânone (por volta de 900) e Burchard de Worms em seu decreto (por volta de 1010). Veem-se neles estriges oulâmias, que são vampiros, lobisomens (que em alemão se chamam *Werenwulf*, diz Burchard, o que acentua o caráter popular dessas crenças e dos personagens ligados a elas). Mundo do campo selvagem, sobre o qual a Igreja tem influência limitada e no qual interfere com prudência. Afinal, ela admite que um lobisomem veio vigiar a cabeça do rei anglo-saxão decapitado pelos *vikings*, Santo Edmundo.

Mas a partir do século XIII a razão de Estado, apoiando-se no renascimento do direito romano, lança a caça aos feiticeiros. Não é de espantar que se vejam os soberanos mais "estatistas" entregar-se a ela particularmente.

Os papas, que veem nos feiticeiros, assim como nos hereges, instigadores de "lesa-majestade", perturbadores da ordem cristã, estão entre os primeiros a mandar persegui-los. Em 1270 um manual para inquisidores, a *Summa de officio inquisitionis*, dedica um capítulo especial aos "áugures e idólatras", culpados por organizar o "culto dos demônios".

Frederico II, seguindo Azo de Bolonha que, em sua *Summa super Codicem* (por volta de 1220), declara os *malefici* passíveis da pena capital, persegue os feiticeiros, e o doge Jacopo Tiepolo edita um estatuto contra eles em 1232.

Porém o mais empenhado em aniquilá-los, o que mais constantemente invoca a feitiçaria contra seus inimigos é Filipe o Belo, cujo reinado assistiu a um certo número de processos em que a razão moderna de Estado manifestou-se sob suas formas mais monstruosas: aviltamento dos acusados, extração de confissões por todos os meios e, sobretudo, o método da amálgama pelo qual acusavam-se confusamente os inculpados de todos os crimes: rebelião contra o príncipe, impiedade, feitiçaria, devassidão e, mais especialmente, sodomia.

A história da sodomia medieval acaba de ser esboçada. Veem-se nos séculos XI-XII poetas cantarem, à antiga, elogios amorosos de mancebos, e os textos monásticos deixam entrever, de tempos em tempos, que o meio masculino clerical não deve ter sido insensível ao amor socrático. A alta Idade Média parece ter sido indulgente para com uma verdadeira *gay society*. Mas, no século XIII, como herança dos tabus sexuais judeus, em total oposição à ética greco-romana, vê-se a sodomia ser constantemente denunciada como o mais abominável dos crimes e, pelo viés de um aristotelismo curiosamente solicitado, o pecado "contranatural" colocado no topo da hierarquia dos vícios. Aliás, tal como os bastardos, desprezados quando são de baixa extração e tratados como filhos legítimos nas famílias principescas, os homossexuais de alta extração (como os reis da Inglaterra Guilherme o Ruivo, e Eduardo II) não serão nem um pouco incomodados. Parece até que, embora os julgamentos sejam cada vez mais severos, na prática a repressão à homossexualidade não foi muito rigorosa.

A sodomia, em todo caso, foi uma das principais acusações feitas aos templários, as mais famosas vítimas do mais famoso processo movido por Filipe o Belo, e seus conselheiros. A leitura do dossiê do processo dos templários manifesta que o rei da França e seu entorno tinham instaurado no início do século XIV um sistema de repressão que nada fica a dever aos casos de maior repercussão de nossa época.

Processos semelhantes foram movidos especialmente contra o bispo de Troyes, Guchard, acusado de ter tentado matar a rainha e outras pessoas da corte de Filipe o Belo, enfeitiçando uma estatueta de cera com ajuda de uma feiticeira, e contra o Papa Bonifácio VIII, que tinha se desvencilhado mais discretamente de seu malfadado antecessor, Celestino V.

O confinamento dos leprosos também se faz nessa época, mas a conjuntura da lepra, decerto por razões biológicas, é diferente daquela da feitiçaria. Sem desaparecer, a lepra no Ocidente recua consideravelmente a partir do século XIV. Seu apogeu ocorre nos séculos XII e XIII. Os leprosários então se multiplicaram (a toponímia conservou sua lembrança: na França, p. ex., os lazaretos, os subúrbios batizados *La Madeleine*, os povoados e aldeias lembrando o termo *mésel*, sinônimo de leproso etc.). Por testamento, Luís VIII, em 1227, lega cem soldos a cada um dos dois mil leprosários do reino da França. O Terceiro Concílio de Latrão, em 1179, ao autorizar a construção de capelas e cemitérios no interior dos leprosários, contribuirá para transformá-los em mundos confinados dos quais os leprosos só poderão sair provocando o vazio à sua frente, pelo barulho da matraca que deverão agitar, tal como os judeus que, exibindo a rodela amarela, fazem com que os bons cristãos se afastem. No entanto, o ritual da "separação" dos leprosos, que se generalizará nos séculos XVI-XVII, no decorrer de uma cerimônia em que o bispo, por meio de gestos simbólicos, suprime o leproso da sociedade e o torna morto para o mundo (às vezes ele é obrigado a entrar numa tumba) ainda é raro na Idade Média. Isso não é realidade nem mesmo do ponto de vista jurídico, pelo qual ele conserva os direitos de um ser sadio, exceto na Normandia e no Beauvaisis.

Porém um número considerável de "defesas" pesa sobre os leprosos, e também eles são bodes expiatórios por excelência em tempos de calamidade. Depois da grande fome de 1315-1318, os judeus e os leprosos foram perseguidos em toda a França e suspeitos de envenenar poços e fontes. Filipe V, digno filho de Filipe o Belo, mandou mover processo contra os leprosos em toda a França e, depois de confissões arrancadas, muitos foram queimados.

Tal como os bastardos e os pederastas nobres, os leprosos ilustres não são incomodados. Podem continuar exercendo suas funções e viver entre gente sadia. Assim, Balduíno IV, rei de Jerusalém, Raul, conde de Vermandois, e Ricardo II, terrível abade de Saint-Albans, que mandou revestir o piso de seu parlatório com as mós tomadas dos camponeses.

Os excluídos são também os doentes, e sobretudo os inválidos e aleijados. Naquele mundo em que a doença e a invalidez são considerados sinais exteriores do pecado, os afetados são malditos por Deus, portanto pelos homens. A Igreja os acolhe provisoriamente – o tempo de internação nos hospitais é geralmente muito limitado –, alimenta alguns esporadicamente – nos dias de festa. Os outros têm como únicos recursos a mendicância e a errância. Na Idade Média, pobre, doente e vagabundo são quase sinônimos; os hospitais frequentemente se localizam perto das pontes e dos desfiladeiros, lugares de passagem obrigatória dos errantes. Guy de Choliac, ao narrar a atitude dos cristãos durante a peste negra de 1348, relata que em alguns lugares culpavam-se pelo flagelo os judeus, que eram massacrados; em outros, os pobres e os aleijados (*pauperes et truncati*), que eram expulsos. A Igreja recusava-se a ordenar os inválidos como padres. Ainda em 1346, por exemplo, Jean de Hubant, ao fundar em Paris o Colégio da Ave Maria, excluiu dentre os bolsistas os adolescentes que apresentassem "uma deformidade corporal".

O excluído por excelência da sociedade medieval é o estrangeiro. Sociedade primitiva, sociedade fechada, a Cristandade medieval recusa o intruso que não pertence às comunidades conhecidas, portador de desconhecido e de inquietação. São Luís tem essa preocupação em seus *Estabelecimentos*, no capítulo "homem estranho", definindo-o como "homem desconhecido na terra". "Histriões, saltimbancos e estrangeiros" são colocados num mesmo saco por um estatuto de Goslar, em 1219. O estrangeiro é aquele que não é um fiel, um súdito, aquele que não jurou obediência, aquele que, na sociedade feudal, é "sem confissão".

Assim a Cristandade medieval circunscrevia alguns de seus abscessos. Cidades e campos nas cercanias dos castelos fortificados, em vez de escondê-los, exibiam seus locais e seus instrumentos de repressão: a forca na via principal na saída das cidades ou ao pé do castelo, o pelourinho na praça do mercado, no pátio ou diante da igreja, e sobretudo a prisão, cuja posse era o sinal do poder judiciário supremo, da alta justiça, da mais alta categoria social. Não é de espantar que a iconografia medieval nas ilustrações da Bíblia, nas histórias de mártires e de santos, tivesse predileção por representar as prisões. Havia uma realidade, uma ameaça, um pesadelo, sempre presentes no mundo medieval.

Os que não podia amarrar ou confinar, a sociedade medieval largava nas estradas. Misturados aos peregrinos e aos comerciantes, doentes e vagabundos erravam, isolados, em grupos, em filas. Os mais válidos e os mais raivosos iam engrossar os bandos de bandidos emboscados nas florestas.

4
Mentalidades, sensibilidades, atitudes (séculos X-XIII)

O que domina a mentalidade e a sensibilidade dos homens da Idade Média, o que determina o essencial de suas atitudes é o sentimento de sua insegurança. Insegurança material e moral para a qual, segundo a Igreja, como vimos, só há um remédio: apoiar-se na solidariedade do grupo, das comunidades da qual se faz parte, evitar a ruptura dessa solidariedade, pela ambição ou pela degradação. Insegurança fundamental que é, decididamente, a da vida futura que não é assegurada para ninguém e que as boas obras e a boa conduta jamais garantem completamente. Os riscos de danação, com ajuda do diabo, são tão grandes e as possibilidades de salvação tão fracas que o medo, necessariamente, vence a esperança. O pregador franciscano Bertoldo de Regensburg, no século XIII, ignorando o novo purgatório, estabelece as chances de danação em 100.000 por 1, e a imagem habitual para avaliar a proporção dos eleitos e dos condenados é a do pequeno grupo de Noé e seus companheiros diante da humanidade maciçamente aniquilada pelo Dilúvio. Sim, de fato as calamidades naturais são, para os homens da Idade Média, a imagem e a medida das realidades espirituais, e o historiador tem fundamentos para dizer que o rendimento da vida moral parecia, para a humanidade medieval, tão baixo quanto o rendimento da agricultura. Assim, mentalidades, sensibilidades, atitudes são ordenadas sobretudo pela necessidade de se tranquilizar.

*

E em primeiro lugar apoiar-se no passado, nos predecessores. Assim como o Antigo Testamento prefigura e fundamenta o Novo, os antigos justificam os modernos. Nada que se possa afirmar é seguro, salvo o que tem um aval no passado. E, entre esses avais, há privilegiados: as autoridades. Evidentemente é na teologia, ciência suprema, que o uso das autoridades encontra seu auge e, fundamentando toda a vida espiritual e intelectual, é submetido a uma regulamentação estrita. A autoridade suprema é a Escritura, à qual se acrescenta a dos Padres da Igreja. Mas essa autoridade geral se materializa em citações que, na prática, tornam-se as opiniões "autênticas" e, enfim, as próprias "autoridades". Como essas autoridades com frequência são difíceis e obscuras, elas são esclarecidas pelas glosas, que, por sua vez, devem provir de um "autor autêntico". Muitas vezes as glosas substituem o texto original. De todos os florilégios que veiculam os dados da atividade intelectual da Idade Média, as antologias de glosas são os mais consultados e mais plagiados. O saber é um mosaico de citações ou "flores", que no século XII denominam-se "sentenças". As sumas de sentenças são coletâneas de autoridades.

Sem dúvida as autoridades são solicitadas por seus utilizadores a ponto de não impedirem as opiniões pessoais. Alain de Lille, numa frase que se tornará proverbial, declarou que "a autoridade tem um nariz de cera que pode ser deformado em todos os sentidos". Decerto, também os intelectuais da Idade Média acolherão como autoridades filósofos "gentios" para envergonhar os cristãos. No século XII, os árabes estão na moda, tanto que Adelardo de Bath confessará, maliciosamente, que atribuiu a árabes muitos pensamentos pessoais a fim de que fossem mais bem-aceitos por seus leitores, o que, sublinhemos, deve levar-nos a considerar com prudência a influência dos árabes sobre o pensamento cristão medieval, exagerada por alguns. Muitas vezes a referência aos árabes não foi mais do que uma concessão à moda, a máscara publicitária de um pensamento original. O fato é que a referência ao passado é como que obrigatória na Idade Média. A inovação é pecado. A Igreja se desvela em condenar as *novitates*, que o francês antigo chama de "novelletés". É o caso do progresso técnico, do progresso intelectual. As invenções são imorais. O mais grave é que o respeitável "argumento de tradição", cujo valor se compreende quando se trata "de um consenso de testemunhas que depõem unanimemente através dos séculos", com frequência constituiu objeto de uma prática contestável. "Aqui, na maioria das vezes", escreve o Padre Chenu, "alega-se *um* autor, traz-se um texto, fora do tempo e do espaço, sem preocupação com o dossiê estabelecido".

O peso das autoridades antigas não oprime apenas o domínio intelectual. Faz-se sentir em todos os setores da vida. É, além disso, a marca de uma sociedade tradicional e camponesa em que a verdade é o segredo transmitido de geração em geração, legado por um "sábio" àquele que ele julgou digno de guardá-lo, difundido por boca a boca mais do que por escrito. Um monge anotou em um manuscrito de Adhémar de Chabannes essa continuidade que fundamenta o valor de uma cultura transmitida pela tradição: "Teodoro, o Monge, e o Abade Adriano ensinaram a Aldelmo a arte da gramática, Aldelmo instruiu Beda, Beda (por intermédio de Egberto) instruiu Alcuíno, este instruiu Hraban e Smaragde, este instruiu Teodulfo, depois do qual vêm Heiric, Huchbald, Remi, este com numerosos discípulos".

As autoridades regem também a vida moral. A ética medieval se ensina, se incute por meio de narrativas estereotipadas que ilustram uma lição e são retomadas incansavelmente pelos moralistas e pregadores. Coletâneas de *exempla* encerram a cadeia monótona da literatura moral medieval. A uma primeira leitura, essas narrativas edificantes podem ser divertidas, e no início baseiam-se com frequência num episódio real; reproduzidas cem vezes em outros lugares, revelam a técnica da repetição que é a tradução na vida intelectual e espiritual da vontade de abolição do tempo e da mudança, da força de inércia que parece ter absorvido grande parte da energia mental dos homens da Idade Média. Eis um *exemplum*, entre outros, cuja formação foi revelada por Astrik L. Gabriel: a história do estudante inconstante, de "o filho de inconstância" que comete o grande pecado de desejar mudar de estado. O *exemplum* aparece num tratado escrito entre 1230 e 1240 por um clérigo inglês, o *De disciplina scolarium*, que, é claro, começa por atribuí-lo a uma das mais incontestáveis autoridades, o próprio Boécio. Depois, mais ou menos enfeitada, com diversas variantes, a história do estudante que passa pelo clericato, pelo comércio, pela agricultura, pela cavalaria, pelo direito, pelo casamento, pela astronomia – pretexto para satirizar os "estados do mundo" – encontra-se por toda parte. Assim, de modo jocoso, em algumas traduções para o francês da *Consolação da filosofia*, de Boécio, os tradutores o inserem creditando a ele a autoria do *exemplum*. E também em muitos *fabliaux* dedicados aos "estados do mundo". E ainda em diversos comentários, seja de Boécio, seja do *De disciplina scolarium*. O destaque cabe definitivamente ao dominicano inglês Nicolas Trivet (morto por volta de 1330), que retomou o episódio nos dois comentários que fez sobre ambas as obras e que, além do mais, talvez nos ofereça a explicação da história citando o provérbio popular "pedra que rola não cria limo", *non fit hirsutus lapis per loca volutus*. Com os provérbios, sobre os quais ainda está por se fazer o estudo fundamental que nos permitiria alcançar as próprias profundezas da mentalidade medieval, chega-se ao nível essencial da cultura folclórica. Nessa sociedade camponesa tradicional, o provérbio tem papel fundamental. Porém, até que ponto ele é a elaboração erudita de uma sabedoria da terra ou, ao contrário, o eco popular de uma propaganda das classes dominantes?

Como é normal, o peso do passado assume toda a sua força no nível do contexto essencial da sociedade medieval, o das estruturas feudais.

O que fundamenta, de fato, o direito e a prática feudais é o costume. Os juristas o definem como "um uso jurídico nascido da repetição de atos públicos e pacíficos que, durante um longo período de tempo, não receberam nenhuma refutação". Nessa definição clássica de François Olivier-Martin, uma palavra leva a pensar: "pacíficos", pois o costume é simplesmente o direito estabelecido por uma força que soube calar as contestações por um tempo suficientemente longo. Avalia-se o alcance revolucionário das famosas palavras de Gregório VII: "O Senhor não disse: Meu nome é Costume". Mas muito tempo depois do papa reformador, o costume rege a sociedade. Ancora-se na imemorialidade. É o que remonta a mais longe da memória coletiva. A prova de verdade, na época feudal, é a existência "por toda eternidade". No conflito que, em 1252, opôs os servos do capítulo de Notre-Dame de Paris, em Orly, aos cônegos vê-se, por exemplo, como procedem as partes para provar seu direito. Aos camponeses que afirmam que não deviam pagar a talha ao capítulo, os cônegos replicam procedendo a uma enquete entre as pessoas informadas que são interrogadas *de fama*, sobre o que diz a tradição. Assim é interrogado um dos homens mais velhos da região, prefeito de Corbreuse, chamado Simon, de mais de setenta anos, "velho e doente". Ele declara que, segundo a *fama*, o capítulo pode cobrar a talha de seus homens e que o fez "desde uma época imemorial", *a tempore a quo non existat memoria*. Outra testemunha, o arcediago Jean, antigo cônego, declara ter visto no capítulo "velhos rolos" em que estava escrito que os cônegos tinham direito de cobrar a talha dos homens de Orly e ter ouvido os mais antigos dizerem que o uso existia "desde a mais remota Antiguidade", *a longe retroactis temporibus*, e que o capítulo punha fé nesses rolos "por respeito à antiguidade da escrita", *sicut adhibetur ancientie scripture*.

★

À prova pela autoridade, ou seja, a Antiguidade comprovada, acrescenta-se a prova pelo milagre. O que conquista de fato a adesão dos espíritos da Idade Média não é o que pode ser observado ou provado por uma lei natural, por um mecanismo repetido regularmente; é, ao contrário, o extraordinário, o sobrenatural ou, pelo menos, o anormal. A própria ciência prefere tomar por objeto o excepcional, as *mirabilia*, os prodígios, terremotos, cometas, eclipses, esses são os assuntos dignos de admiração e de estudo. A arte e a ciência da Idade Média abordam o homem pelo estranho atalho dos monstros.

Sem dúvida a prova pelo milagre define em primeiro lugar os próprios seres extraordinários, os santos. Aqui se encontram a crença popular e a doutrina da Igreja. Quando, a partir do final do século XII, o papado começa a se reservar a canonização dos santos, até então no mais das vezes designados pela *vox populi**, coloca os milagres entre as condições obrigatórias que o candidato à canonização deve preencher. Quando, no início do século XIV, os processos de canonização são regulamentados, os dossiês devem obrigatoriamente conter capítulos especiais relatando os milagres dos candidatos, os *capitula miraculorum*. Mas os milagres não se limitam aos que Deus opera por intermédio dos santos.

Eles podem produzir-se na vida de cada um, ou melhor, nos momentos críticos de todos aqueles que, por uma razão ou outra, mereceram ser beneficiados por essas intervenções sobrenaturais.

---

* *vox populi* = voz do povo [N.T.].

Decerto os beneficiários privilegiados dessas manifestações são os heróis. Viu-se um anjo acabar com um duelo de Rolando e Olivier na gesta de *Geraldo de Vienne*. Na *Canção de Rolando*, Deus detém o sol; na *Peregrinação de Carlos Magno*, ele confere aos bravos a força sobre-humana que lhes permite cumprir as proezas de que eles se vangloriaram temerariamente em seus palavreados. No entanto, mesmo os seres mais simples poderão ser favorecidos por um milagre, e, além do mais, os maiores pecadores, se forem devotos. A fidelidade, à imitação daquela do vassalo, a Deus, à Virgem ou a um santo, é mais capaz de salvar do que uma vida exemplar.

Uma obra célebre do início do século XIII, *Os milagres da Virgem*, de Gautier de Coincy, mostra a compaixão de Maria por seus fiéis. Ela sustenta com suas mãos durante três dias um ladrão enforcado por seus malfeitos, mas que nunca deixara de invocá-la antes de roubar. Ela ressuscita um monge que se afogara ao voltar da visita à amante, mas que recitava suas matinas no momento em que caíra na água. Ela faz o parto, clandestinamente, de uma abadessa grávida que lhe tinha uma devoção especial.

Mas a prova por excelência da verdade pelo milagre é conferida pelo Julgamento de Deus. "Deus se mantém do lado do direito": essa bela frase legitima um dos mais bárbaros costumes da Idade Média. Decerto, para que as chances não sejam por demais desiguais no plano terrestre, autorizam-se os fracos, particularmente as mulheres, a ser substituídos por um portento – há profissionais nisso, condenados pelos moralistas como os piores mercenários – que passe pela prova em seu lugar.

Também neste caso é uma noção formalista do bem que justifica o ordálio. Assim, na gesta *Ami e Amile*, dois amigos que se assemelham como gêmeos, num duelo judiciário Ami toma o lugar de Amile, que é culpado por aquilo de que é acusado. No entanto, Ami é inocente daquilo que o amigo é acusado e, portanto, vence o adversário.

Na Terra Santa, segundo a *Canção de Jerusalém*, um clérigo chamado Pedro afirmava que Santo André lhe revelara o lugar em que estava enterrada a Lança Sagrada que trespassara o flanco de Cristo na cruz. As escavações realizadas levaram a encontrar uma lança. Para saber se ela era autêntica, ou seja, se o clero havia dito a verdade, submeteram-no ao ordálio do fogo.

O clérigo morreu de seus ferimentos depois de cinco dias. Mas julgou-se que ele saíra vitorioso da prova e que a lança era autêntica. O clérigo tivera as pernas queimadas porque de início duvidara da verdade de sua visão.

E todos se lembram da prova de Isolda.

"Ela se aproximou do fogo, pálida e cambaleante. Estavam todos calados: o ferro estava em brasa. Então, ela mergulhou os braços nus na brasa, pegou a barra de ferro, deu nove passos segurando-a e depois, repelindo-a, estendeu os braços em cruz, com as palmas das mãos abertas. E todos viram que sua carne estava mais sã do que ameixa de ameixeira. Então de todos os peitos um grande brado de louvor subiu até Deus."

*

Basta pensar na etimologia da palavra "símbolo" para compreender o lugar do pensamento simbólico não só na teologia, na literatura e na arte do Ocidente medieval, mas no seu equipamento mental. O *symbolon* era, entre os gregos, um sinal de reconhecimento representado pelas duas metades de um objeto partilhado entre duas pessoas. O símbolo é sinal de contrato. É a referência a uma unidade perdida, lembra e invoca uma realidade superior e oculta. Ora, no pensamento medieval "cada objeto material era considerado a figuração de algo que lhe correspondia no plano mais elevado e, assim, tornava-se seu símbolo". O simbolismo era universal, e pensar era uma perpétua descoberta de significações ocultas, uma constante "hierofania". Pois o mundo oculto era um mundo sagrado, e o pensamento simbólico era simplesmente a forma elaborada, decantada, no nível dos doutos, do pensamento mágico no qual se banhava a mentalidade comum. Sem dúvida amuletos, filtros, fórmulas mágicas cujo uso e cujo comércio eram muito difundidos são apenas os aspectos mais grosseiros dessas crenças e dessas práticas. Mas relíquias, sacramentos e preces eram, para as massas, seus equivalentes autorizados. Tratava-se sempre de encontrar as chaves que destrancavam o mundo oculto, o mundo verdadeiro e eterno, aquele em que era possível salvar-se. Os atos de devoção eram atos simbólicos pelos quais se buscava ser reconhecido por Deus e obrigá-lo a manter o contrato que se tinha com Ele. As fórmulas de doação pelas quais os doadores faziam alusão a seu desejo de assim salvar sua alma designavam o mercado mágico que fazia de Deus o devedor do doador e o obrigava a salvá-lo. Do mesmo modo, o pensamento consistia em encontrar as chaves que abriam as portas do mundo das ideias.

O simbolismo medieval começava no nível das palavras. Nomear uma coisa já era explicá-la. Isidoro de Sevilha o dissera e, depois dele, a etimologia floresce na Idade Média como ciência fundamental. A denominação é conhecimento e tomada de posse das coisas, das realidades. Em medicina, o diagnóstico já é cura pela pronúncia do nome da doença. Quando o bispo ou o inquisidor pode declarar um suspeito "herege", o essencial está feito, o inimigo foi interpelado, desmascarado. As *res**** e as *verba***** não se opõem, umas são os símbolos das outras. Se a linguagem é para os intelectuais da Idade Média um véu da realidade, ela também é a chave, o instrumento adequado dessa realidade. "A língua", diz Alain de Lille, "é a mão fiel do espírito". E para Dante a palavra é um signo total que descobre a razão e o sentido: *rationale signum et sensuale*.

Compreende-se então a importância do debate que, do século XI até o final da Idade Média, opôs quase todos os pensadores em torno da natureza exata das relações entre as *verba* e as *res*, a tal ponto que os historiadores tradicionais do pensamento por vezes reduziram a história intelectual da Idade Média a um confronto entre "realistas" e "nominalistas", guelfos e gibelinos do pensamento medieval. É a "querela dos universais". Também o fundamento da pedagogia medieval é o estudo das palavras e da linguagem, o *trivium*: gramática, retórica e dialética, o primeiro ciclo das sete artes liberais. A base de todo o ensino, pelo menos até o final do século XII, é a gramática. Através dela chega-se a todas as outras ciências, especialmente à ética, que se sobrepõe às artes liberais e, de certo modo, as controla. A gramática é ciência polivalente, não só porque, através do comentário dos autores, ela permite tratar de todos os assuntos, mas também porque permite, graças às palavras, chegar aos sentidos ocultos de que elas são as chaves. Em Chartres, o célebre professor Bernard de Chartres também baseia todo o seu ensino na gramática.

---

* *res* = coisas [N.T.].

** *verba* = palavras [N.T.].

Esses professores simplesmente seguem ou retomam uma tradição que remonta à Antiguidade e que foi legada à Idade Média por Santo Agostinho e Martianus Capella. Na exegese escriturária dos quatro sentidos, embora alguns considerem, segundo São Paulo, que a letra pode matar ao passo que o espírito vivifica, a maioria dos exegetas medievais consideram a *lettera* uma introdução ao *sensus*.

O grande reservatório dos símbolos é a natureza. Os elementos das diferentes ordens naturais são as árvores dessa floresta de símbolos. Minerais, vegetais, animais são todos simbólicos, sendo que a tradição limita-se a privilegiar alguns: entre os minerais, as pedras preciosas, que impressionam a sensibilidade à cor e evocam os mitos de riqueza; entre os vegetais, as plantas e as flores citadas na Bíblia; entre os animais, os exóticos, lendários e monstruosos que agradam ao gosto medieval pelo extravagante. Lapidárias, florários e bestiários em que são catalogados e explicados esses símbolos ocupam um lugar privilegiado na biblioteca ideal da Idade Média.

Pedras e flores juntam a seu sentido simbólico suas virtudes benéficas ou nefastas. As pedras amarelas ou verdes, por homeopatia das cores, curam a icterícia e as doenças de fígado; as vermelhas, as hemorragias e os fluxos de sangue. A sardônia vermelha significa Cristo vertendo seu sangue na cruz pela humanidade; o berilo transparente atravessado pelo sol figura o cristão iluminado por Cristo. Os florários são próximos dos herbários. Introduzem no pensamento medieval o mundo dos "simples", das receitas tradicionais e dos segredos dos herbanários monásticos. O cacho de uva é o Cristo que deu seu sangue pela humanidade, numa imagem simbolizada pelo lagar místico; a Virgem é representada pela oliveira, pelo lírio, pelo lírio-do-vale, pela violeta, pela rosa. São Bernardo destaca que a Virgem é simbolizada tanto pela rosa branca, que significa sua virgindade, quanto pela rosa vermelha, que mostra sua caridade. A centáurea, cuja haste é quadrangular, cura a febre quartã, ao passo que a maçã é símbolo do mal e a mandrágora é afrodisíaca e demoníaca: quando é arrancada, ela grita, e quem a ouve morre ou enlouquece. Nesses dois casos a etimologia é esclarecedora para os homens da Idade Média: maçã, em latim, é *malum*, que também significa o mal; mandrágora é dragão humano (em inglês, *mandrake*).

O mundo animal é sobretudo o universo do mal. A avestruz, que bota seus ovos na areia e se esquece de chocá-los, é a imagem do pecador que esquece seus deveres para com Deus; o bode é o símbolo da luxúria; o escorpião, que pica com o rabo, é a encarnação da falsidade e especialmente do povo judeu. O simbolismo do cão fica dividido entre duas direções: a tradição antiga, que o considera uma representação da impureza, e a tendência da sociedade feudal a reabilitá-lo como animal nobre, companheiro indispensável do senhor na caça, símbolo da fidelidade, a mais elevada das virtudes feudais. Mas os animais fabulosos são todos satânicos, verdadeiras imagens do diabo: áspide, basilisco, dragão, grifo. O leão e o unicórnio são ambíguos. Símbolos da força e da pureza, podem ser também da violência e da hipocrisia. O unicórnio, aliás, é idealizado no final da Idade Média, quando se torna moda e é imortalizado na série de tapeçarias *A dama do unicórnio*.

O simbolismo medieval encontrou um campo de aplicação particularmente vasto na riquíssima liturgia cristã, e em primeiro lugar na própria interpretação da arquitetura religiosa. Honorius Augustodunensis explicou o sentido dos dois tipos principais de plantas das igrejas. Nos dois casos, a planta redonda e a planta em cruz, trata-se de uma imagem da perfeição. É fácil compreender que a igreja redonda seja a imagem da perfeição circular. Mas é preciso entender que a planta em cruz não é apenas a figuração da crucifixão de Cristo. É mais a forma *ad quadratum*, baseada no quadrado que designa os quatro pontos cardeais e que resume o universo. Nos dois casos a igreja é microcosmo.

Entre as formas mais essenciais do simbolismo medieval, o simbolismo dos números teve papel fundamental: estrutura do pensamento foi um dos princípios diretores da arquitetura. A beleza provém da proporção, da harmonia, daí a preeminência da música como ciência do número. "Conhecer música", diz Thomas de York, "é conhecer a ordem de todas as coisas." O arquiteto, segundo Guilherme de Passavant, bispo de Le Mans de 1145 a 1187, é um "compositor". Salomão disse ao Senhor: *Omnia in mensur et numero et pondere disposuiste* (Sb 11,21), "Tens tudo disposto segundo a medida, o número e o peso". O número é a medida das coisas. Tal como a palavra, o número adere à realidade. "Criar os números", diz Thierry de Chartres, "é criar as coisas". E a arte, que é imitação da natureza e da criação, deve tomar o número por regra. Em Cluny, o inspirador da grande igreja do Abade Hugo, iniciada m 1088 (Cluny III), o Monge Gunzo, que uma miniatura nos mostra vendo em sonho São Paulo, São Pedro e Santo Estêvão traçar com cordas a planta da futura igreja, é um músico renomado, *psalmista praecipuus*. O número simbólico que em Cluny teria resumido todos os simbolismos numéricos empregados na construção do edifício é 153, número de peixes da pesca milagrosa.

Tratados inéditos do século XII mostram que o simbolismo dos números na época romana esteve muito mais em voga do que se acredita. Vitorinos e cistercienses distinguem-se nesse jogo que levam muito a sério. Em um tratado editado na *Patrologia Latina*, Hugo de São Vítor, expondo os dados numéricos simbólicos de acordo com as Escrituras, explica o significado das desigualdades entre os números. Seja a partir dos sete dias da gênese (ou antes dos seis dias em que o Criador agiu: *Hexaemeron*): 7 > 6 é o repouso depois do trabalho, 8 > 7 é a eternidade após a vida terrestre (encontramos o 8 do octógono de Aix-la-Chapelle, de San Vitale de Ravena, do Santo Sepulcro da Jerusalém celeste) ou, a partir de 10, que é a imagem da perfeição, 9 < 10 é a falta de perfeição e 11 > 10 a desmedida. O cisterciense Eudes de Morimondo, morto em 1161, nas *Analytica numerorum** retoma as especulações numéricas de São Jerônimo. Este, em seu libelo contra Joviniano, opúsculo em favor da virgindade que terá grande repercussão no século XII, "século antimatrimonial" (talvez como remédio ao crescimento demográfico), explica o simbolismo dos números 30, 60 e 100 aplicados aos três estados: casamento, viuvez e virgindade. Para representar 30, as extremidades do polegar e do indicador se unem suavemente, é o casamento. Para representar 60, o polegar se inclina e como que se submete ao indicador que o envolve: é a imagem da viúva cuja continência reprime a lembrança das volúpias do passado ou que se curva sob seu véu. Para formar 100, enfim, os dedos representam uma coroa virginal. Prosseguindo nessa linha, Eudes de Morimondo expõe o simbolismo dos dedos. O auricular, que prepara os ouvidos para ouvir, simboliza a fé e a boa vontade; o anular simboliza a penitência; o médio, a caridade; o indicador, a razão demonstrativa; o polegar, a divindade. Evidentemente só será possível compreender tudo isso se pensarmos que as pessoas da Idade Média calculavam com os

---

* *Analytica numerorum* = Da análise dos números [N.T.].

dedos e que o cálculo digital estava na base dessas interpretações simbólicas, assim como as proporções eram determinadas por medidas "naturais": comprimento do passo ou do antebraço, palmo, superfície lavrada em um dia etc. As mais altas especulações eram ligadas aos gestos mais humildes. Sente-se por esses exemplos que é difícil distinguir no equipamento mental dos homens da Idade Média a parte abstrata da concreta. Claude Lévi-Strauss recusou justamente a "pretensa inaptidão dos 'primitivos' para o pensamento abstrato". Há, ao contrário, uma inclinação do espírito medieval para a abstração ou, mais precisamente, para uma visão de mundo baseada em relações abstratas. Assim, cor-de-rosa é considerado uma cor especialmente bonita porque é um misto de branco e vermelho, cores excelentes que simbolizam, como vimos, a pureza e a caridade. Mas, inversamente, sente-se aflorar as imagens concretas por trás das noções abstratas. Seguindo Isidoro de Sevilha, os clérigos medievais pensam que *pulcher** vem de *pelle rubens***, aquele que é belo de pele vermelha porque sente-se nele a palpitação do sangue que flui por debaixo, princípio de nobreza, líquido tabu, de todo modo princípio essencial.

Na verdade, essa imbricação de concreto e abstrato é a própria base da estrutura das mentalidades e das sensibilidades medievais. Uma mesma paixão, uma mesma necessidade faz oscilar entre o desejo de encontrar o abstrato mais verdadeiro por trás do concreto sensível, e o esforço por fazer aparecer essa realidade oculta sob uma forma perceptível pelos sentidos. Também não é certo que a tendência abstrata seja mais coisa da camada instruída, intelectual dos clérigos ao passo que a tendência concreta é encontrada mais nos meios incultos, ou seja, que sentido do abstrato e sentido do concreto caracterizem os *litterati*, de um lado, e os *illiterati* de outro. É possível indagar, por exemplo, se nos símbolos maléficos a massa medieval não tende, antes, a captar primeiro um símbolo mau que depois os clérigos lhe mostram sob as aparências concretas do diabo e de suas encarnações. Entende-se o sucesso popular de uma heresia como o catarismo, variedade do maniqueísmo, que substitui Deus e satã por um princípio do bem e um princípio do mal. Igualmente, a arte

---

* *pulcher* = belo [N.T.].

** *pelle rubens* = pele vermelha [N.T.].

da alta Idade Média, para além das tradições estéticas indígenas ou estépicas que a inspiram, manifesta que as tendências "não figurativas" são mais "primitivas" do que as outras.

★

Assim, no gosto pela cor e no prestígio do físico, tendências fundamentais da sensibilidade medieval, pode-se perguntar o que seduz mais os homens da Idade Média, os atrativos sensíveis ou as noções abstratas que se dissimulam por trás das aparências: a energia luminosa e a força.

É bem conhecido o gosto da Idade Média pelas cores brilhantes. É um gosto "bárbaro": cabochões inseridos nas capas de encadernação, ourivesarias rutilantes, policromia das esculturas, pinturas revestindo as paredes das igrejas e das residências dos poderosos, magia colorida dos vitrais. A Idade Média quase incolor que admiramos hoje é produto da destruição do tempo e do gosto anacrônico de nossos contemporâneos. Mas por trás dessa fantasmagoria colorida há o medo da noite, a busca da luz que é salvação.

Progresso técnico e moral parecem orientar-se para uma domesticação cada vez maior da luz. A parede das igrejas góticas é vazada e deixa entrar fluxos de luz colorida pelos vitrais, o vidro de vidraça aparece timidamente nas casas a partir do século XIII, a ciência do século XIII com um Grosseteste, um Witelo e outros escruta a luz, coloca a óptica como prioridade das suas preocupações e, no plano técnico, dá claridade aos olhos cansados ou doentes inventando os óculos bem no final do século. O arco-íris detém a atenção dos cientistas: ele é luz colorida, análise natural, capricho da natureza. Satisfaz ao mesmo tempo as tendências tradicionais e as novas orientações do espírito científico medieval. Por trás de tudo isso, há o que se chama "metafísica medieval da luz", digamos, de maneira mais geral e modesta, a busca de segurança luminosa. A beleza é luz, ela dá segurança, é sinal de nobreza. O santo medieval, nesse sentido, é exemplar: "O santo é um ser de luz". O *Elucidarium* esclarece que no juízo final os santos ressuscitarão com corpos de cores diversas, conforme sejam mártires, confessores ou virgens. Pense-se no cheiro de santidade, simbólico, mas real para as pessoas da Idade Média.

Em Bolonha, na noite de 23 para 24 de maio de 1233, por ocasião da canonização de São Domingos, seu caixão foi aberto para o traslado do corpo na presença de um grupo de frades pregadores e de uma delegação de nobres e de burgueses. "Ansiosos, pálidos, os frades rezam cheios de inquietude." Quando o caixão foi aberto, um aroma maravilhoso envolveu toda a assistência.

Mas a luz é o objeto das mais ardentes aspirações, é impregnada dos símbolos mais elevados.

"Entre todos os corpos, a luz física é o que há de melhor, de mais deleitável, de mais belo [...] o que constitui a perfeição e a beleza das coisas corporais é a luz", diz Robert Grosseteste, e, citando Santo Agostinho, ele lembra que "o nome Beleza", quando é entendido, leva a perceber logo de início "a claridade primeira". Essa claridade primeira não é outra que não Deus, foco luminoso e incandescente. O *Paraíso* de Dante é uma caminhada na direção da luz.

Guilherme de Auvergne junta o número e a cor para definir o belo: "A beleza visível define-se ou pela figura e pela posição das partes no interior de um todo, ou pela cor, ou por essas duas características reunidas, seja justapondo-as seja considerando a relação de harmonia que refere uma à outra". Grosseteste, por outro lado, considera que a cor e a proporção derivam da energia fundamental da luz.

O belo é também o rico. Sem dúvida a função econômica dos tesouros – reserva para caso de necessidade – contribui para fazer que os poderosos acumulem objetos preciosos. Mas o gosto estético também participa dessa admiração pelas obras e principalmente, talvez, pelos materiais raros. Os homens da Idade Média admiram mais a qualidade da matéria-prima do que a do trabalho do artista. Seria preciso estudar desse ponto de vista os tesouros das igrejas, os presentes oferecidos aos príncipes e aos poderosos, as descrições de monumentos e de cidades. Observou-se que o *Liber pontificalis*, que descrevia os empreendimentos artísticos dos papas da alta Idade Média, eram cheios de *gold and glitter**. Uma obra anônima de meados do século XII sobre os *Mirabilia Romae*, as "Maravilhas de Roma", fala sobretudo em ouro,

---

* Em inglês no texto (*gold and glitter* = ouro e brilho) [N.T.].

prata, bronze, marfim, pedras preciosas. Um lugar-comum da literatura, histórica ou romanesca, é a descrição, ou melhor, a enumeração das riquezas de Constantinopla, a grande atração para os cristãos da Idade Média. Na *Peregrinação de Carlos Magno*, o que à primeira vista impressiona os ocidentais são os campanários, as águias, as pontes "reluzentes". Nos palácios, são as mesas e as cadeiras de ouro fino, as paredes cobertas de ricas pinturas, o salão cuja abóbada é sustentada por um pilar de prata nigelada, rodeado de cem colunas de mármore nigelado de ouro.

O belo é o colorido e o brilhante, que no mais das vezes é também o rico. Mas o belo é, ao mesmo tempo, o bom. O prestígio da beleza física é tal que a beleza é atributo obrigatório da santidade. O Bom Deus é, antes de tudo, o Belo Deus, e os escultores góticos realizam o ideal dos homens da Idade Média. Os santos medievais têm não apenas os sete dons da alma (amizade, sabedoria, concórdia, honra, poder, segurança e alegria), mas também os sete dons do corpo: beleza, agilidade, força, liberdade, saúde, volúpia, longevidade. Isso também vale até mesmo para os santos "intelectuais". O caso de Santo Tomás de Aquino é característico. Um legendário dominicano conta: "Quando Santo Tomás passeava no campo, o povo que se encontrava ocupado nas plantações abandonava seus trabalhos e se precipitava a seu encontro, admirando a estatura imponente de seu corpo e a beleza de seus traços humanos: eram atraídos muito mais por sua beleza do que por sua santidade". Na Itália do sul era chamado de *Bos Siciliae*, o "Boi da Sicília". Então, esse intelectual era, para o povo de sua época, antes de tudo um "robusto".

Esse culto à força física, evidentemente, é encontrado principalmente entre os membros da aristocracia militar, entre os cavaleiros, para quem a guerra é uma paixão. O trovador Bertrand de Born, que antes de se tornar monge cisterciense foi companheiro de Ricardo Coração de Leão, paradigma do cavaleiro (Joinville também relata com admiração: "Quando os cavalos dos sarracenos mostravam medo de um matagal, seus donos lhes diziam: Estás pensando que é o Rei Ricardo da Inglaterra? E, quando os filhos das sarracenas berravam, elas diziam: Cala-te, cala-te! Senão vou chamar o Rei Ricardo para te matar!), cantou o ideal belicoso dos homens de guerra da Idade Média.

Belle m'est la presse des boucliers
aux couleurs de vermeil et d'azur,
d'enseignes et de gonfanons
de diverses couleurs tretous;
tentes, abris, riches pavillons dresser,
les lances briser, les écus trouer et fendre
les heaumes brunis; des coups donner et recevoir.
Et j'ai grande allégresse
quand je vois en campagne rangés
chevaliers et chevaux armés.

Je vous le dis: rien n'a pour moi saveur,
ni manger, boire ou dormir,
autant que d'entendre crier: "En avant!"
des deux cotés, et d'entendre hennir
les chevaux démontés, en forêt,
et crier: "A l'aide! A l'aide!"
et voir tomber dans les fossés
grands et petits dans la prairie, et voir les morts avec,
dans le côté,
tronçons de lance et leurs fanions*.

    Joinville, no início de sua biografia hagiográfica de São Luís, considera duas partes da vida do rei: "A primeira, trata de como o santo rei se conduziu toda vida segundo Deus e segundo a Igreja, em proveito de seu reino. A segunda fala de seus grandes feitos de armas e de cavalaria". O

---

* Tradução livre: Bela é para mim a multidão de escudos / De cores vermelha e azul / de insígnias e de gonfalões / de diversas e todas as cores; / tendas, abrigos, ricos pavilhões erguer,/ lanças quebrar, escudos furar e rachar / os elmos polidos; golpes dar e receber. / E tenho grande alegria, / quando vejo em campo enfileirados / cavaleiros e cavalos armados. // Digo-vos: nada para mim tem sabor / nem comer, beber ou dormir/ tanto quanto em ouvir gritar: "Em frente!" / dos dois lados, e em ouvir relinchar / os cavalos desmontados, na floresta, / E ouvir: "Socorro! Socorro!" / e ver cair nos fossos / grandes e pequenos na pradaria, / e ver os mortos tendo ao lado / pedaços de lança e suas bandeirolas [N.T.].

ideal militar é o corpo a corpo: "Saibam que foi um belo feito de armas, pois não se atirou com arco nem balesta; o combate foi corpo a corpo, a golpes de maças e de espadas". É disso que se vangloriam para agradar às mulheres: "O bom Conde de Soissons, naquele encontro, gracejava comigo e dizia: Senescal, deixemos gritar a canalha; pois, pela coifa de Deus (era sua imprecação favorita), vós e eu ainda falaremos deste dia nos quartos das mulheres!"

Os "ídolos das pessoas de todas as condições são os autores de "proezas", os elevados feitos esportivos.

Há o mesmo arroubo pela proeza por parte dos clérigos, sobretudo dos monges. Os irlandeses ensinaram aos monges medievais os elevados feitos ascéticos, a embriaguez das mortificações. Os santos, sucessores dos mártires dos primeiros tempos, são os "atletas de Cristo". Também suas proezas são antes de tudo físicas. A arte, enfim, será a busca da proeza: esmero dos objetos nos detalhes ou desmedida na construção, cada vez mais rebuscada, cada vez mais alta, cada vez maior. O artista gótico prossegue a façanha.

Uma estrutura mental que se expressa frequentemente resume bem a visão guerreira e, ao mesmo tempo, o simplismo dualista: é o pensamento por oposição entre dois adversários. Para os homens da Idade Média, toda a vida moral é um duelo entre o bem e o mal, entre as virtudes e os vícios, entre a alma e o corpo. Prudêncio, em sua *Psicomaquia*, fizera os vícios e as virtudes se baterem. A obra e o tema, na Idade Média, tiveram uma fortuna singular: as virtudes tornaram-se cavaleiros e os vícios, monstros.

*

Toda essa exaltação era uma busca. Escapar a esse mundo inútil, decepcionante e ingrato é tentativa constante, de cima a baixo da sociedade na Idade Média. Encontrar, do outro lado da realidade terrestre mentirosa – os *integumenta*, os véus, ocupam a literatura e a arte medievais, e a trajetória intelectual ou estética na Idade Média é antes de tudo desvendamento – a verdade oculta, *verità ascoza sotto bella mensogna**

---

* *verità ascoza sotto bella mensogna* = verdade escondida sob bela mentira [N.T.].

(DANTE. *Convivio*, II, 1), essa é a preocupação maior dos homens da Idade Média.

Daí o constante recurso aos mediadores de esquecimento, aos criadores de evasão. Afrodisíacos e excitantes, filtros do amor, especiarias, beberagens de que surgem as alucinações, existem para todos os gostos e todos os meios. As feiticeiras das aldeias os fornecem para os camponeses; os comerciantes e físicos, para os cavaleiros e príncipes. Todos estão em busca de visões, de aparições, e muitas vezes as obtêm. A Igreja, que reprova esses meios mágicos, recomenda outros: todo ato importante deve, segundo ela, ser preparado por jejuns prolongados (em geral de três dias), práticas ascéticas, orações que produzem o vácuo necessário à inspiração, à graça. A vida dos homens da Idade Média é assediada pelos sonhos. Durante muito tempo o cristianismo suspeita dos sonhos e condena a oniromancia. No entanto, a partir do século XII, os sonhos rompem a barreira. Sonhos premonitórios, sonhos reveladores, sonhos instigadores, são a própria trama e os estimulantes da vida mental. Os inumeráveis sonhos dos personagens bíblicos que a escultura e a pintura representam à larga prolongam-se em todos os homens e todas as mulheres da Cristandade medieval. "De onde vêm os sonhos?", pergunta o discípulo do *Elucidarium*. "Às vezes de Deus, quando se trata de uma revelação do futuro, como quando José ficou sabendo pelas estrelas que seria preferido a seus irmãos, ou de uma advertência necessária, como quando o outro José ficou sabendo que deveria fugir para o Egito. Às vezes do diabo, quando se trata de uma visão vergonhosa ou de uma incitação ao mal, como lemos na paixão de Nosso Senhor a respeito da mulher de Pilatos. Às vezes do próprio homem, quando ele imagina em sonho o que viu, ouviu ou pensou e deduz o medo, quando se trata de coisas tristes, ou a esperança, quando se trata de coisas alegres." Todos os estados da sociedade sonham. Henrique I, rei da Inglaterra, vê em sonho os três estados de seu povo revoltados contra ele, o monge Gunzo recebe em sonho os dados numéricos da reconstrução da Igreja de Cluny, o pai de Helmbrecht percebe em sonho as etapas do trágico destino do filho. Há também sonhos suspeitos, inspirados pelo diabo. Em *La vie de Marie d'Oignies**, de Jacques de Vitry, o diabo aparece para a santa e declara:

---

* *La vie de Marie d'Oignies* = A vida de Maria d'Oignies [N.T.].

"Meu nome é sonho. Na verdade apareço em sonhos para muitas pessoas, sobretudo para os monges e religiosos, como Lúcifer; eles me obedecem e, sob efeito de minhas consolações, deixam-se levar pela exaltação e chegam a acreditar-se dignos de ter conversas com os anjos e as potências divinas". O sonho é conhecimento. "Na terceira noite, Isolda sonhou que tinha no colo a cabeça do grande javali que lhe sujava a roupa de sangue e soube, assim, que não voltaria a ver seu amigo vivo."

★

Ao lado dessa mentalidade e dessa sensibilidade mágicas, aparecem e se desenvolvem outras estruturas, sobretudo nas cidades e por meio delas, onde as evoluções são mais rápidas. Perceptíveis no século XII, essas transformações parecem ter-se firmado no século XIII.

A primeira novidade nesse campo no século XII, como vimos, foi a elaboração por homens, também eles "novos", os professores das escolas urbanas que se tornam os universitários, de um novo equipamento mental. Esse equipamento mental constitui-se a partir de um instrumento material, o livro. Mas não nos enganemos. O livro universitário é bem diferente do livro monástico. Não se trata de negar que este tenha sido instrumento de cultura. A magnífica história da cultura monástica basta para atestar o papel do livro nesse sistema cultural. Mas o livro monástico, inclusive em sua função espiritual e intelectual, é antes de tudo um tesouro. O livro universitário é antes de tudo um instrumento. Apesar dos esforços da técnica – letra cursiva, menos cuidada e mais rápida, multiplicação dos exemplares pelo sistema da *pecia*, ausência de miniaturas ou ilustrações feitas em série –, o livro continua sendo caro, enquanto não chega a imprensa. É de lembrar o milagre, no século VI, de São Bento que traz do fundo da água o ferro de uma enxada. A esse milagre corresponde – novos tempos, novos instrumentos – o de São Domingos no século XIII: "Um dia São Domingos atravessava um rio, nas cercanias de Toulouse, e seus livros caíram na água. Ora, três dias depois um pescador, jogando a linha naquele lugar, achou que tinha apanhado um peixe grande e tirou da água os livros do santo, intactos como se tivessem sido cuidadosamente guardados num armário". Não é que São Domingos tivesse sucumbido a um novo fetichismo do livro, o que nem todos os universitários evitarão. A *Legenda áurea* também o testemunha: "Ao lhe perguntarem qual era o livro em que mais havia estudado, ele respondeu: 'O livro da caridade!'"

É sintomático, aliás, ver as próprias ordens mendicantes adaptarem-se mal a esse novo papel do livro. São Francisco mostra-se muito desconfiado com respeito à cultura intelectual, pois continua a considerá-la um tesouro, e o valor econômico do livro lhe parece estar em contradição com a prática da pobreza que deseja para seus irmãos. Um grande personagem da ordem dos frades pregadores no século XIII, o Cardeal Humberto de Romans, indigna-se por ver que o livro, tornando-se utilitário, já não é objeto de cuidados atentos: "Assim como os ossos, que são as relíquias dos santos, são conservados com tal reverência que são embrulhados em seda e encerrados em ouro e prata, é condenável ver os livros que encerram tanta santidade conservados com tão pouco cuidado".

A transformação da função do livro é, na verdade, apenas um caso particular de uma evolução mais geral, a que difunde o uso do escrito e lhe reconhece novo valor: o de prova. O ordálio proibido pelo Quarto Concílio de Latrão, em 1215, aos poucos é substituído por provas escritas, o que transtorna a justiça. Em seus *Coutumes de Beauvaisis*, no final do século XIII, Filipe de Beaumanoir, enumerando as categorias de provas, coloca em segundo lugar (depois do conhecimento direto da causa pelo juiz) a prova "por letras", antes da prova "por *gage de bataille*", ou seja, o duelo judicial, sobre o qual ele declara: "de todo modo, entre as provas, é a mais perigosa". Mais ainda, ele sublinha que, no caso da prova por letras, deve-se atribuir a menor importância possível – ao contrário do que existia no passado – às testemunhas que são *mortis*, "donde convém que as letras valham por si mesmas, e de fato é esse o caso".

É o momento em que se generaliza a redação dos costumes, em que se multiplicam os códices, em que o direito feudal, tal como o direito romano e o direito canônico, concretiza-se em tratados. A sociedade tradicional do boca a boca, da tradição oral, habitua-se lentamente a manejar, se não a ler, o escrito tal como aprendeu a manejar o dinheiro na vida econômica. Em todos os domínios o equipamento se renova. Assim como ocorre quanto às inovações técnicas no domínio econômico, as novidades no domínio cultural não acontecem sem resistências pois, ao lado das reticências dos meios tradicionalistas, também há a oposição das classes inferiores à apropriação pelas classes dominantes das técnicas novas que, às vezes, reforçam a exploração senhorial. O códice por vezes garante mais os direitos do senhor do que os dos camponeses, e será tão detestado quanto o moinho ou o forno banal. Destruir os registros dos códices e dos censos será uma das ações essenciais dos levantes camponeses.

A dessacralização do livro é acompanhada por uma "racionalização" dos métodos intelectuais e dos mecanismos mentais. Não se trata de pôr em questão o objeto de exame e de pesquisa. As críticas cada vez mais numerosas, por exemplo, em torno das relíquias – como o célebre opúsculo, no início do século XII, de Guibert de Nogent, quanto ao mais pouco "progressista" – não colocam em questão a eficácia das relíquias. Tendem apenas a descartar as falsas relíquias multiplicadas pelas cruzadas e pelo desenvolvimento das necessidades financeiras das igrejas. Mais profundamente, o método escolástico não põe em questão a fé. Ele resulta, ao contrário, do desejo de melhor esclarecer, circunscrever, compreender essa fé. É o desenvolvimento da famosa fórmula de Santo Anselmo: *Fides quaerens intellectum*, a fé em busca da inteligência de si mesma. O fato é que os métodos elaborados com esse fim representam uma verdadeira comoção das atitudes mentais. No nível superior da teologia, o Padre Chenu bem mostrou tudo o que significava para ela o fato de se transformar, como o fez nos séculos XII e XIII, em ciência.

★

Seria presunção tentar definir em algumas linhas o método escolástico. A evolução primordial é a que leva da *lectio** à *questio*** e da *questio* à *disputatio****. O método escolástico é, antes de tudo, a generalização do velho procedimento, empregado especialmente com respeito à Bíblia, das *questiones* e *responsiones*, perguntas e respostas. Mas colocar

---

* *lectio* = leitura [N.T.].

** *questio* = pergunta, questão [N.T.].

*** *disputatio* = debate, discussão [N.T.].

problemas, pôr os autores "em questões", no plural, leva a pô-los "em questão" no singular. A escolástica é, nesse primeiro momento, o estabelecimento de uma problemática. Em seguida é um debate, a "disputa", e a evolução neste caso é que, diante do puro argumento de autoridade, o recurso ao raciocínio assume uma importância cada vez maior. Enfim, a disputa termina numa *conclusio* dada pelo professor. Decerto essa conclusão poderá sofrer limitações pessoais daquele que a pronuncia, e, como os professores universitários tendem a erigir a si mesmos em autoridades, a conclusão pode se tornar fonte de uma tirania intelectual. No entanto, mais do que esses abusos, o que importa é que ela obriga o intelectual ao compromisso. Ele não pode limitar-se a questionar, ele deve se comprometer. No fundo do método escolástico, há a afirmação do indivíduo em sua responsabilidade intelectual.

É difícil saber em que medida alguns ultrapassaram esse uso comedido da escolástica. As condenações de 1270 e de 1277 parecem fazer alusão não apenas aos "averroístas", que, sob a influência de mestres como Siger de Brabante, teriam professado uma doutrina da "dupla verdade", que separava perigosamente a fé da razão, mas também a verdadeiros agnósticos. É difícil conhecer suas verdadeiras opiniões, seu número, sua audiência. A censura eclesiástica parece ter apagado seus vestígios, mas equivale a dizer que ela provavelmente limitava-se a círculos universitários bastante restritos. A literatura do século XIII também põe em cena personagens apresentados como absolutamente descrentes ou incrédulos, sobretudo nas classes superiores da sociedade. Também neste caso não parece que os "espíritos fortes" tenham sido mais do que isolados.

É possível medir por três fenômenos o refinamento do equipamento intelectual em virtude da escolástica.

O primeiro é o uso mais sutil das autoridades, tal como se colocou no célebre *Sic et non** de Abelardo, verdadeiro *Discurso do método* da Idade Média. Trata-se antes de tudo de eliminar as divergências aparentes entre as autoridades verificando se esse desacordo não provém, segundo o resumo do Padre Chenu, do emprego das palavras em sentido inusitado ou com significados diferentes, da inautenticidade das obras ou da

---

* *Sic et non* = Sim e não [N.T.].

adulteração dos textos, de passagens em que o autor é simples relator das opiniões de alguém outro ou nas quais ele se conforma às ideias correntes, de frases em que ele fala não de modo dogmático, mas sob forma de exortação, de conselho ou de isenção, da variação do sentido das palavras segundo os diferentes autores. Enfim, se o desacordo parece irredutível, deve-se seguir a autoridade mais qualificada.

A *disputatio* ajudou os espíritos a se habituarem à coexistência de opiniões diferentes, a reconhecer a legitimidade da diversidade. Sem dúvida o ideal continua sendo o da unidade, da concórdia, da harmonia. Em seu *Decreto*, Graciano proclama que ele busca a *concordia discordantium canonum*, o acordo entre cânones discordantes. É um sinfonista. Mas essa sinfonia nasce da polifonia. "Se observares", diz Guilherme de Auvergne, "a beleza e a magnificência do universo, descobrirás que o universo é como um belíssimo cântico e que as criaturas, por causa de sua variedade, soando em uníssono, formam um acorde de suprema beleza".

Enfim, a Modernidade amedronta cada vez menos. Já no início do século XII, em seu *De musica*, Johannes Cotton afirma que os músicos modernos "têm mais sutileza e sagacidade, pois, segundo palavras de Prisciano, quanto mais se é jovem, mais se é perspicaz". Em sua medíocre *Suma das sentenças*, Pedro Lombardo insere, entretanto, o que seus contemporâneos chamam de "novidades profanas", *profanae novitates*, e Guilherme de Tocco, biógrafo de São Tomás de Aquino, elogia-o por suas inovações: "Frei Tomás colocava em seu curso problemas novos, descobria novos métodos, empregava novas redes de provas".

Em busca de provas novas, os escolásticos – pelo menos alguns deles – desenvolveram o recurso à observação e à experimentação. O nome citado com mais frequência é o de Roger Bacon, que parece ter sido o primeiro a empregar o termo *scientia experimentalis* e que desdenhou os professores parisienses excessivamente dogmáticos – com exceção de Pierre de Maricourt, autor de um *Tratado sobre o ímã*, a quem chama "o professor das experiências" – e contrapõe a eles os professores de Oxford, versados nas ciências da natureza. Na verdade, os oxonianos são e serão principalmente matemáticos, e aqui se revelam as dificuldades dos intelectuais medievais para estabelecer relações orgânicas entre teoria e prática. As razões disso são múltiplas, mas a evolução social das universidades pesou muito sobre o fracasso parcial dessas tentativas. A escolástica nascente tenta estabelecer um vínculo entre artes liberais e artes mecânicas, entre ciências e técnicas. Os universitários, perfilando-se entre as categorias sociais que se envergonhavam do trabalho manual, fizeram essa tentativa abortar. Em alguns domínios, o divórcio foi prenhe de consequências. Os físicos preferiram Aristóteles às experiências, os médicos e cirurgiões preferiram Galeno às dissecções. Muito mais do que as reticências da Igreja, foram os preconceitos dos doutores que retardaram a prática da dissecção e o progresso da anatomia, que no entanto, em Bolonha e em Montpellier, por volta de 1300, haviam conhecido um início promissor. Os humanistas, por sua vez, viverão contradições internas.

*

Entretanto, à medida que afirmavam seu domínio sobre a natureza e conquistavam uma segurança cada vez maior diante do mundo, os homens dos séculos XII e XIII escavavam novos abismos em si mesmos. A vida espiritual interiorizava-se, uma frente pioneira abria-se nas consciências e as questões da escolástica prolongavam-se tornando-se casos de consciência. É tradição atribuir a Abelardo o mérito dessa grande inversão da psicologia e da sensibilidade. Foi obra das mudanças profundas do que Alphonse Dupront chama de "mentalidade coletiva". O homem buscava fora dele a medida e a sanção de seus erros e de seus méritos. Os penitenciais lhe infligiam castigos, que eram multas. Ao pagar, reconciliava-se com Deus, a Igreja, a sociedade e consigo mesmo. A partir de então exige-se dele, e ele deseja, o arrependimento (os mais escrupulosos irão até o remorso), a contrição. É ela que o absolve. No *fabliau Le chevalier au barizel**, o mau cavaleiro aceita a penitência material que consiste em encher a barrica mergulhando-a na água; mas, enquanto seu coração ignora a contrição, a barrica continua vazia. No dia em que, arrependido, ele verte uma lágrima, basta ela para encher a barrica. A Idade Média chorou muito, mas os heróis das canções de gesta choram por causa da dor ou da tristeza que o mundo lhes causa, não das que eles inspiram a si mesmos. Gregório Magno, no final do século VI,

---

* *Le chevalier au barizel* = O cavaleiro da barrica [N.T.].

recomendava as lágrimas, sinal de recompensa da compunção. Ele só foi verdadeiramente compreendido pelos homens da Idade Média seis séculos mais tarde.

Vamos solicitar o testemunho desse refinamento da sensibilidade, a partir de então mais atenta à intenção do que ao ato, mais desinteressada, a uma velha mulher de Acre, no tempo da Cruzada de São Luís: "Enquanto eles iam a sua hospedaria, a hospedaria do Sudão, Frei Yves encontrou no meio da rua uma velha mulher que trazia na mão direita uma escudela cheia de fogo e na esquerda um frasco cheio de água. Frei Yves lhe perguntou: 'O que quer fazer com isso?' Ela respondeu que com o fogo queria incendiar o paraíso e com a água apagar o inferno, de modo que já não existisse nem um nem outro. Ele perguntou: 'Por que isso?' 'Porque não quero que se faça o bem para alcançar o paraíso ou por medo do inferno, mas só pelo amor de Deus, que vale mais que tudo e que é para nós o bem supremo'".

Assim como os penitentes mudam, os santos se transformam. Ao lado dos sinais exteriores tradicionais de santidade, exige-se deles cada vez mais a pobreza e a caridade. A influência moral e o apostolado contam mais do que as proezas taumatúrgicas ou ascéticas. Os santos do século XII tinham aprofundado seu ideal na vida mística. Étienne Guilson falou do "socratismo cristão" de São Bernardo. Mas André Vauchez diz: "O santo tradicional do século XII é alguém que se abstém, que recusa e cuja santidade apresenta um aspecto um pouco 'rabugento'. O santo do século XIII não é menos exigente consigo mesmo do que seu predecessor, mas parece-nos menos tenso, mais sorridente, enfim, mais aberto e mais positivo em suas virtudes. A pobreza de Francisco não é apenas recusa a possuir e a adquirir. É uma nova atitude diante do mundo [...]".

O santo já não precisa ter beleza física. "Um dia", contam os *Fioretti*, "quando chegaram muito famintos a uma aldeia, eles foram, conforme era regra, mendigar pão pelo amor de Deus; e São Francisco foi para um bairro e Frei Masseo para outro. Mas, como São Francisco era um homem de aparência muito desprezível, de pequena estatura, e era considerado um vil pobrezinho por quem não o conhecia, ele coletou apenas alguns bocados e restos de pão seco; mas para Frei Masseo, que era um homem alto e de bela aparência, deram muitos pedaços grandes e bons, até pães inteiros."

O século XII românico, pessimista, deleitara-se com o bestiário; o século XIII, gótico, que exercitava a felicidade, volta-se para as flores e para os homens. Ele é mais alegórico do que simbólico. É sob a figura humana que, boas ou más, as abstrações do *Romance da rosa* (avareza, velhice, boa acolhida, perigo, razão, falsidade, naturalidade) são representadas. O gótico ainda é fantástico. Porém consagra-se mais ao bizarro do que ao monstruoso.

Sobretudo ele se torna moral. A iconografia torna-se uma lição. Vida ativa e vida contemplativa, virtudes e vícios com aparência humana, ordenados corretamente, adornam os portais das catedrais para oferecer aos pregadores a ilustração de seus ensinamentos morais. Certamente os clérigos sempre atribuíram uma função edificante à arte. "A pintura", diz Honorius Augustodunensis, "tem três objetivos", e o primeiro é um objetivo catequético, pois a pintura é "a literatura dos laicos"; os outros dois são estético e histórico. O Concílio de Arras de 1205 já afirmava: "Os iletrados contemplam em pintura o que não podem ver pela escrita". Mas a intenção primordial era impressionar e até amedrontar. A partir de então tudo se "moraliza": bíblias e livros de salmos, herbários "moralizados" transformam a Escritura e o ensino religioso em relatos morais. Florescem os *exempla*. Essa evolução não tem só vantagens. A sensibilidade esmorece, com frequência a religião se infantiliza. No nível dos vulgarizadores, de um Vincent de Beauvais, por exemplo, a época gótica parece sem vigor. E, mais melíflua, a tirania moralizadora não é mais bem aceita do que as outras. As ordenanças de São Luís, no final de seu reinado, provocam em seu próprio meio uma reprovação melancólica.

*

Há, no entanto, nessa época, um sentimento cuja transmutação parece decididamente moderna. É o amor. O refinamento dos sentimentos entre dois seres parecia confinado, na sociedade viril e guerreira da época propriamente feudal, à amizade entre homens. No próprio nível da erudição, a gênese do amor cortês permanece obscura. O que ele deve à poesia e à civilização muçulmanas? Quais seus vínculos com o catarismo? Terá sido a heresia que Alexander Denommy viu nele, talvez confundindo-o com excessiva facilidade com o *Tratado do Amor*, escrito por volta de 1185 por André Capelão, do qual Etienne Tempier, em 1277, com seu simplismo habitual, extraiu algumas afirmações chocantes para condená-las atropeladamente com o tomismo, o averroísmo e algumas outras doutrinas, entre as mais avançadas da época, que não lhe agradavam? No plano da interpretação, a discussão não se encerrou. Ao passo que muitos insistiam no caráter "feudal" da concepção do amor inspirado aparentemente pelas relações entre senhor e vassalo, sendo o senhor, neste caso, a dama como resgate do belo sexo, outros viam nele uma forma de revolta contra a moral sexual desse mesmo mundo feudal. Quanto à mulher, terá encontrado nele uma promoção ou sua transformação em objeto?

É bem verdade que o amor cortês era antimatrimonial e que o casamento era o terreno privilegiado para um combate que tendia a revolucionar não apenas os costumes, mas também a sensibilidade. Reivindicar a autonomia do sentimento, pretender que pudessem existir outras relações entre os sexos que não as do instinto, da força, do interesse ou do conformismo, era algo verdadeiramente novo. Por que haveria de surpreender o fato de a nobreza meridional ser o terreno em que se trava essa batalha? Nobreza ambígua em todas as suas posições e cujas contradições se manifestam em sua atitude com respeito ao catarismo, que no entanto ela abraçou por outras razões. Nobreza mais instruída, de sensibilidade mais refinada do que os bárbaros feudais do norte, mas que perdia velocidade diante de um mundo em que todas as novidades técnicas nasciam e se difundiam no norte, e portanto preocupada. O amor cortês, no entanto, será de fato o amor à provençal? O mais belo amor cortês não é o de Tristão e Isolda, que pertencem ao "tema da Bretanha"?

Acontece que, para além desse protesto e dessa revolta, o amor cortês conseguiu encontrar o milagroso equilíbrio entre alma e corpo, coração e espírito, sexo e sentimento. Para além dos ouropéis de vocabulário e de rito que fazem dele um fenômeno de época, para além do maneirismo e dos exageros da escolástica cortês e, é claro, das tolices dos trovadores modernos, resta o dom imperecível que, de todas as formas mortais que ela cria, uma civilização lega à sensibilidade humana. Citar seria risível, é preciso ler:

Seigneurs, vous plaît-il d'entendre un beau conte d'amour et de mort?*

e também: *en joie ai mon espoir*
                    fin coeur et ferme vouloir**

★

Talvez a mais importante mudança que a arte medieval nos revela é a que faz surgir – com o novo sistema de representações chamado realismo ou naturalismo – um novo olhar para o mundo, um novo sistema de valores. Esse olhar passa a deter-se nas aparências e, em lugar de ser um simples símbolo da realidade oculta, o mundo sensível adquire valor em si, é objeto de deleite imediato. Na arte gótica, as flores são flores reais, os traços humanos são traços individuais, as proporções são as das medidas materiais e não as dos significados simbólicos. Sem dúvida essa dessacralização do universo é, em certo sentido, empobrecimento, mas é também libertação. Já na época românica, aliás, os artistas com frequência levavam mais em conta preocupações estéticas do que imperativos ideológicos. Não se deve exagerar a interpretação simbólica da arte medieval. Muitas vezes o sentido das belas formas era o único guia dos criadores, as exigências técnicas eram sua principal preocupação. Os patronos eclesiásticos impunham um tema, os realizadores encontravam, no interior desse contexto definido, sua liberdade. O simbolismo medieval às vezes só existe no espírito de exegetas modernos, pseudoeruditos obnubilados por uma concepção um tanto mítica da Idade Média. E é provável que, apesar do peso da propaganda eclesiástica, muitos tenham conseguido escapar da asfixiante atmosfera mágica em que eram envolvidos. É significativo que muitas obras de arte medievais bastem a si mesmas sem que tenhamos as chaves de seu significado simbólico. A maioria das obras de arte – poder-se-á dizer que as mais belas? – da Idade Média nos emocionam simplesmente

---

* Tradução livre: Senhores, agrada-vos ouvir um belo conto de amor e de morte? [N.T.].

** Tradução livre: em alegria tenho minha esperança / coração leve e firme querer [N.T.].

por suas formas. Sereias encantadoras as quais desejamos esquecer que representam o mal! A sensibilidade, no período gótico, emerge lentamente da floresta de símbolos em que a alta Idade Média a havia mergulhado. Ao observarmos as miniaturas – as cópias, infelizmente, dos originais destruídos em 1870 – que ornamentam o *Hortus diliciarum*, de Herrade de Landsberg, de meados do século XII, deparamos um ceifeiro, um lavrador, um manipulador de marionetes. O pintor aplicou-se claramente em representar cenas, pessoas, instrumentos em si mesmos. Apenas um detalhe – um anjo pequenino, relegado a um canto da miniatura – lembra-nos que se trata da parábola evangélica do bom grão e do joio, do homem condenado ao trabalho depois da queda, de Salomão contemplando o universo como um teatro de fantoches e exclamando: "Vaidade das vaidades, tudo é vaidade!" Tudo na obra de arte diz, ao contrário, que o artista leva a sério o mundo sensível, ou melhor, que se deleita com ele. A extinção do simbolismo, pelo menos o ofuscamento do simbolismo diante da realidade sensível, manifesta uma mudança profunda da sensibilidade. O homem, seguro, contempla o mundo como Deus depois da criação, e o acha belo e bom. A arte gótica é confiança.

*

Antes de chegar a isso, os homens da Idade Média precisaram lutar – e o combate não terminou no século XIII – com uma impressão generalizada de insegurança. Seu grande problema provém do fato de os serres e as coisas não serem realmente o que parecem. O que a Idade Média mais detesta é a mentira. O epíteto da natureza de Deus é "que não mente nunca". Os maus são os mentirosos. "Você é um mentiroso, Ferrando de Carrion", lança Pero Bermudez ao infante, e o outro companheiro do Cid, Martin Antolinez, joga na cara do segundo infante: "Cale a boca, mentiroso, boca-sem-verdade". A sociedade é formada por mentirosos. Os vassalos são traidores, pérfidos que renegam seu senhor, êmulos de Ganelão e, ainda mais, do grande traidor que é o protótipo de todos: Judas. Os comerciantes são fraudadores que só pensam em enganar e roubar. Os monges são hipócritas, tal como o franciscano do *Romance da Rosa*: Hipocrisia*. O vocabulário medieval é de extraordinária riqueza para designar os inúmeros tipos de mentiras e as infinitas espécies de mentirosos. Profetas podem ser pseudoprofetas, milagres podem ser falsos milagres, obras do diabo. É que a influência do homem medieval sobre a realidade é tão débil que ele precisa usar de artimanhas para sobrepujá-la. Imagina-se que essa sociedade belicosa toma tudo de assalto. Supremo engano. As técnicas são tão medíocres que a resistência quase sempre triunfa sobre a ofensiva. Até mesmo no âmbito militar, os castelos fortificados, as muralhas, são quase indevassáveis. Quando o atacante os arromba, é quase sempre por artimanha. O conjunto dos bens colocados à disposição da humanidade medieval é tão insuficiente que, para viver, é preciso arranjar-se. Quem não tem força ou astúcia está quase certamente condenado a perecer. Quem está seguro e o que é seguro? Na imensa obra de Santo Agostinho, a Idade Média selecionou o tratado *De mendacio*, "Da mentira".

★

Mas, diante dessas realidades que se dissimulam, o que fazer a não ser apegar-se às aparências? Por mais que a Igreja incitasse os homens a ignorá-las e a desprezá-las para buscar as verdadeiras riquezas ocultas, a sociedade medieval, em seu comportamento e em suas atitudes, é uma sociedade do aparente.

A primeira aparência é o corpo. É preciso rebaixá-lo. Gregório Magno chamou-o de "abominável vestimenta da alma". "Quando o homem morre, cura-se da lepra do corpo", diz São Luís a Joinville. Os monges, modelo da humanidade medieval, humilham o corpo constantemente pelas práticas ascéticas. As regras monásticas limitam ao mínimo os banhos e os cuidados de higiene, que são luxo e frouxidão. Para os eremitas, a sujeira é virtude. O batismo, no sentido próprio e no figurado, deve lavar o cristão de uma vez por todas. A nudez, assim como o trabalho, é punição pelo pecado. Adão e Eva depois da queda, Noé depois da embria-

---

* Personagem de *O romance da rosa*. Em francês, *Faux-Sembalnt*, literalmente "Falsa-Aparência" [N.T.].

guez, mostram sua nudez impudica e pecadora. Aliás, o nudismo é sinal de heresia e impiedade, e em todo herege há mais ou menos um adamita. É curioso constatar que também neste ponto São Francisco de Assis, que muitas vezes beira a heresia, tende, na contracorrente, a fazer da nudez uma virtude. A pobreza é nudez. E ele passa ao ato simbolicamente e também concretamente. Um estranho episódio dos *Fioretti* mostra-nos São Francisco e Frei Rufino, nus, pregando no púlpito em Assis.

No entanto, o ideal guerreiro exaltava o corpo tanto quanto o ideal cristão o rebaixava. Os jovens heróis das canções de gesta têm a pele branca e os cabelos loiros e encaracolados. São atletas.

Il avait un coffre large et le corps à proportion
Des épaules larges et une poitrine ample, il était fortement bâti.
Les bras gros et puissants et les poignets énormes,
Le cou long et gracieux*..*

Toda a vida do cavaleiro é exaltação física: a caça, a guerra, os torneios são suas paixões. Carlos Magno se compraz em banhar-se nu com seus companheiros na piscina do palácio de Aix. Mesmo cadáver, o corpo é objeto de cuidados zelosos. O dos santos é venerado e seu traslado é a sanção da canonização. Santa Clara de Montefalco, morta em 1308, aparece para uma monja e diz: "Meu *corpo* deve ser canonizado". Os homens da Idade Média, cuja visão, sentido intelectual, se desenvolverá tardiamente – lembremos que os óculos só foram inventados no final do século XIII –, exercem sobretudo o mais material de todos os sentidos: o tato. São todos Tomé. Para conservar o corpo dos grandes personagens mortos, instilava-se mercúrio no nariz, depois obstruíam-se os orifícios naturais com tampões embebidos em substâncias odoríferas consideradas antiputrefacientes e embalsamava-se o rosto. Quando o corpo tinha que ser transportado para longe, extraíam-se suas vísceras, que eram enterradas separadamente, o cadáver era preenchido com mirra, aloé e outras substâncias aromáticas, e era costurado. A religião prometia a ressurreição da carne.

---

* Tradução livre: Ele tinha o tronco grande e o corpo proporcional / Ombros grandes e peito amplo, era de constituição forte. / Os braços grossos e poderosos e os punhos enormes, / O pescoço longo e gracioso [N.T.].

A julgar pela literatura penitencial, pelo número de bastardos, pela resistência do clero ao celibato, pelas alusões ou afirmações dos *fabliaux*, a vida sexual dos homens na Idade Média preocupava-se bem pouco com as exortações da Igreja. A higiene finalmente progredia, e também nesse caso as cidades devem ter exercido um papel pioneiro. Em 1292, em Paris há pelo menos vinte e seis estabelecimentos de banho. As estufas são, aliás, locais de prazer e mesmo de devassidão. Eis os banhos de Erfurt no século XIII: "Os banhos dessa cidade lhe serão muito agradáveis. Se tiver necessidade de se lavar e se gosta de comodidade, pode entrar com confiança. Será recebido amavelmente. Uma bela jovem o massageará com mão suave, com as melhores intenções. Um barbeiro perito o barbeará sem lhe deixar cair a mínima gota de suor no rosto. Cansado do banho, você encontrará uma cama para repousar. Depois uma bela mulher, que não lhe desagradará, com ar de uma virgem, arrumará seus cabelos com um pente experiente. Quem não lhe subtrairá beijos, se tiver vontade, e ela não resistir? Se lhe pedirem um salário, um simples dinar será suficiente..."

A literatura monástica também deu sua contribuição aos cuidados com o corpo. Um precioso manuscrito alsaciano de 1154 contém um manual de dietética escrito por uma monja de Shwarzenthann e ilustrado por Sintram, cônego regular de Murbach. É um calendário que, para cada mês, indica o regime a ser seguido. No início do século XIII, um *Guia de saúde* escrito em Salerno terá ampla difusão.

A comida foi, como vimos, uma obsessão da sociedade medieval. A massa camponesa precisa contentar-se com pouco. A papa era a base de sua alimentação. Os produtos da colheita eram com frequência o principal acompanhamento. No entanto, nos séculos XII-XIII, o *companagium*, o acompanhamento de pão, difunde-se em todas as categorias sociais. É então que o pão assume de fato, no Ocidente, o significado quase mítico sancionado pela religião. Mas a classe camponesa conhece uma festa alimentar: em dezembro, a imolação do porco, cujos produtos guarnecem os banquetes de fim de ano e as refeições do longo inverno. As representações dos trabalhos dos meses a enaltecem na iconografia.

A alimentação é a principal oportunidade para as camadas dominantes da sociedade manifestarem sua superioridade no domínio essencial das aparências. O luxo alimentar é o primeiro luxo. Ele expõe os produtos reservados: a carne de caça das florestas senhoriais, os ingredientes preciosos comprados a altos preços, as especiarias e as iguarias raras preparadas pelos cozinheiros. As cenas de banquete ocupam lugar importante nas canções de gesta. Ao luxo eclesiástico que consiste em tesouros litúrgicos corresponde o luxo alimentar cavaleiresco. Não é que os senhores eclesiásticos estejam atrasados para participar desse tipo de munificência. Roger Dion mostrou o papel fundamental das abadias e bispos na constituição do vinhedo medieval. "A maioria de nossos bispos", indigna-se Guilherme de Conches, filósofo da Escola de Chartres, no século XII, "esquadrinha o universo para encontrar talhadores ou cozinheiros capazes de compor excelentes refogados... Dos que se dedicam à sabedoria, fogem como de leprosos..." A mesa senhorial também é ensejo para manifestar e estabelecer a etiqueta. Na iconografia dos vícios, a glutonaria, a *gula*, é apanágio dos senhores. Mas a gastronomia se desenvolverá com a burguesia urbana. Os primeiros manuais de cozinha surgem em meados do século XIII na Dinamarca; nos séculos XIV e XV multiplicam-se na França, na Itália e depois na Alemanha.

Finalmente, o corpo fornece à sociedade medieval seus principais meios de expressão. Vimos o cálculo digital. A civilização medieval é uma civilização do gesto. Todos os contratos e juramentos essenciais na sociedade da Idade Média são acompanhados de gestos, manifestam-se por meio deles. O vassalo põe suas mãos entre as do senhor, estende-as sobre a Bíblia, quebra uma palhinha ou joga uma luva por desafio. O gesto significa e compromete. É mais importante ainda na vida litúrgica. Gestos de fé: sinais da cruz. Gestos de prece: mãos juntas, mãos erguidas, mãos em cruz, mãos veladas. Gestos de penitência: bater no peito. Gestos de bênção: imposição das mãos e sinais da cruz. Gestos de exorcismo: incensamentos. A administração de sacramentos culmina em alguns gestos. A celebração da missa é uma série de gestos. O gênero literário feudal por excelência é a canção de gesta – *gesta* e *gestus* pertencem à mesma família.

Essa importância do gesto é fundamental para a arte medieval. Ele a anima, a faz expressiva, confere-lhe o sentido da linha e do movimento. As igrejas são gestos de pedra. E a mão de Deus sai das nuvens para dirigir a sociedade medieval.

O significado social do traje é ainda maior. Ele designa cada categoria social, é um verdadeiro uniforme. Vestir o traje de uma condição que não é a sua é cometer o pecado maior da ambição ou da decadência. O *pannosus*, o mendigo vestido de farrapos, é desprezado. É o termo lançado com desdém a Santo Ivo, no início do século XIV, por aqueles que desprezam o santo homem. O *leitmotiv* de *Meier Helmbrecht*, história de um ambicioso que acaba como desclassificado, é o gorro bordado à moda dos senhores, que ele usa por vaidade. As regras monásticas estabelecem minuciosamente as vestes, mais por respeito à ordem do que por preocupação de impedir o luxo. Será preciso as ordens eremíticas dos séculos XI e XII, especialmente cistercienses, adotarem em sinal de reforma a roupa branca sem tingimento, e os monges brancos se oporem aos monges pretos, os beneditinos. As ordens mendicantes irão mais longe ao se vestirem de burel, tecido cru. Serão os monges cinzentos. Cada nova categoria social apressa-se em se atribuir um traje. Assim fazem as corporações, e antes de tudo a corporação universitária. É dada atenção especial aos acessórios que determinam mais particularmente a categoria: chapéus e luvas. Os doutores usam luvas de camurça longas e boina. Os cavaleiros reservam-se as esporas. Fato curioso para nós, o armamento medieval é por demais funcional para constituir um verdadeiro uniforme. Mas ao elmo, à cota de malha, ao escudo e à espada os cavaleiros acrescentam a insígnia de armas. Nasce o brasão.

O luxo do vestuário exibe-se entre os ricos. Manifesta-se pela qualidade e quantidade de tecido: panos pesados, amplos e refinados, sedas bordadas de ouro; pelos ornamentos: cores que mudam conforme a moda, sendo que o escarlate, ligado aos corantes vermelhos (vegetais como a garança, animais como a cochonilha), no século XIII recua diante do garço, a gama dos azuis e dos verdes estimulada pelo desenvolvimento da cultura do *guado* ou pastel (mas os comerciantes de garança na Alemanha, para lutar contra a concorrência, mandam pintar os diabos de azul, para desacreditar a nova moda); as peles que a Liga Hanseática chega a buscar em Novgorod, os genoveses na Crimeia; e, para as mulheres, as joias.

No final do século XIII, surgem leis suntuárias, especialmente na Itália e na França. Decerto estão ligadas à crise econômica que desponta, mais certamente às transformações sociais, das quais resultam os novos-ricos, que querem eclipsar as famílias antigas com seu luxo espalhafatoso. Essas leis ajudam a manter a ordem social pela diferenciação no trajar.

Enquanto a roupa feminina se alonga e se encurta ao ritmo da prosperidade e da crise econômica (alonga-se em meados do século XII, para grande indignação dos moralistas, que julgam essa moda desavergonhada e inconveniente, encurta-se em meados do século XIV), a roupa de baixo torna-se mais importante nos séculos XIII e XIV, com os avanços da higiene e da cultura do linho. A camisa se generaliza. Surge a ceroula. Mas, tal como ocorre com a gastronomia, o triunfo da roupa de baixo estará ligado ao da burguesia.

*

A casa é a última manifestação da diferenciação social. A casa camponesa é de adobe ou de madeira, e a pedra, quando utilizada, limita-se às fundações. Reduz-se em geral a um só cômodo, e sua única chaminé é um buraco no teto. Precariamente mobiliada e equipada, a casa não retém o camponês. A pobreza concorre para a mobilidade do camponês medieval.

As cidades ainda permanecem principalmente feitas de madeira. São presas fáceis de incêndios. O fogo é um grande flagelo medieval. Entre 1200 e 1225, Rouen se incendeia seis vezes. A Igreja não tem dificuldade para persuadir os homens da Idade Média de que eles são peregrinos nesta terra. Mesmo que sedentários, raramente eles têm tempo para se apegar à sua casa.

O mesmo não acontece com os ricos. O castelo fortificado é sinal de segurança e prestígio. No século XI, os torreões se eriçam e a preocupação com a proteção predomina. Depois as dependências da habitação se definem. Sempre bem protegidos, os castelos atribuem mais espaço ao alojamento, desenvolvem edifícios de habitação no interior de suas muralhas. Mas a vida continua concentrada no salão. O mobiliário é reduzido. Em geral as mesas são desmontáveis, sendo retiradas depois das refeições. O móvel normal é a arca ou baú, onde se guardam as roupas ou a baixela. Esta é o luxo supremo, ela reluz, é também uma reserva econômica. Como a vida dos senhores continua sendo itinerante, é preciso poder transportar a bagagem com facilidade. Joinville, na cruzada, carrega quase só joias e relíquias. Outro luxo são as tapeçarias, também utilitárias: estendidas, formam anteparos e delimitam os recintos. São levadas de castelo em castelo, e para aquele povo de guerreiros evocam a habitação por excelência: a tenda.

Mas talvez as grandes damas – mecenato das mulheres – incitem a maior rebuscamento na ornamentação de interiores. Segundo Baudri de Bourgueil, o dormitório de Adélia de Blois, filha de Guilherme o Conquistador, tem as paredes ornamentadas por tapeçarias que representam o Antigo Testamento e as *Metamorfoses*, de Ovídio, e reposteiros bordados com a conquista da Inglaterra. No teto, pinturas representam o céu com a via láctea, as constelações, o zodíaco, o sol, a lua e os planetas. O piso é um mosaico representando o mapa-múndi com monstros e animais. A cama de baldaquino é sustentada por oito estátuas: a filosofia e as artes liberais.

O sinal de prestígio e de riqueza é a pedra e as torres que coroam o castelo. Assim fazem por imitação, na cidade, os burgueses ricos: "casa forte e bela", como se diz. Mas o burguês se apegará à sua casa e a mobiliará. Também nesse aspecto deixará sua marca na evolução do gosto e inventará o conforto.

Símbolo do poder de um indivíduo e de uma família, o castelo muitas vezes é demolido quando seu proprietário é derrotado. Também na cidade o rico exilado tem sua casa destruída ou incendiada: é o *abate* ou a *queimada* da casa.

*

Uma vez satisfeitas as necessidades essenciais da subsistência e, para os poderosos, as satisfações não menos essenciais do prestígio, pouco resta aos homens da Idade Média. Despreocupados com o bem-estar, eles sacrificam tudo, quando está em seu poder, pelas aparências. Suas únicas alegrias profundas e desinteressadas são a festa e o jogo, ainda que entre os grandes a festa também seja ostentação e propaganda. O castelo, a igreja, a cidade, são cenários de teatro. É sintomático que a Idade Média não conheça um lugar especial para teatro. As cenas e as representações são improvisadas onde haja um centro de vida social. Na igreja, as cerimônias religiosas são festas, e do drama litúrgico provém o teatro puro e simples. No castelo, sucedem-se banquetes, torneios, espetáculos de trovadores, saltimbancos, dançarinos, apresentadores de ursos. Na cidade, erguem-se tablados nas praças e acontecem os *jeux de la feuillée*. Todas as classes da sociedade fazem das festas familiares cerimônias ruinosas: os casamentos deixam os camponeses empobrecidos por anos e os senhores, por meses. Os jogos exercem uma sedução singular sobre essa sociedade alienada. Escrava da natureza, ela se entrega ao acaso: os dados rolam em todas as mesas. Prisioneira de estruturas sociais rígidas, transforma em jogo a própria estrutura social: o xadrez, que o Oriente lhe lega no século XI como um jogo real que ela feudaliza reduzindo o poder do rei e transforma em espelho social depois que o dominicano Tiago de Cessoles, no século XIII, ensinou-lhe a "moralizá-lo". Ela projeta e sublima suas preocupações profissionais nos jogos simbólicos e mágicos: torneios e esportes militares exprimem a essência da vida cavaleiresca, festas folclóricas expressam o ser das comunidades camponesas. A Igreja é obrigada a aceitar ser fantasiada na Festa dos Loucos. Principalmente a música, o canto, a dança, dominam todas as classes sociais. Cantos de igreja, danças eruditas dos castelos, carolas populares dos camponeses. Toda a sociedade medieval encena a si mesma. Monges e clérigos abandonam-se às *vocalises* do canto gregoriano, senhores, às modulações profanas – *Klangspielereien* dos saltimbancos e dos *Minnesänger* –, camponeses, às onomatopeias da algazarra. A essa alegria medieval, Santo Agostinho também deu uma definição: é o júbilo, "gritos da alegria sem palavras". Então, para além das calamidades, das violências, dos perigos, os homens da Idade Média encontram esquecimento, segurança e abandono na música que envolve sua cultura. Eles se rejubilam.

Referências*

I – Obras gerais

BECK, M. *Finsteres oder Romantisches Mittelalter*. Zurique, 1950.

BLOCH, M. *Mélanges historiques*. 2 vol. Paris, 1963.

BONASSIE, P. *Les 50 mots clefs de l'histoire medieval*. Toulouse, 1981.

BORST, A. *Lebensformen im Mittelalter*. Frankfurt/Berlim, 1973.

BOUARD, M. *Manuel d'archéologie médiévale* – De la fouille à l'histoire. Paris, 1975.

BRANCA, V. (ed.). *Concetto, storia, miti e immagini dei Media Evo*. Florença, 1973.

BROOKE, C. *L'Europe au milieu du Moyen Age (962-1154)*, 1967.

DELORT, R. *Introduction aux sciences auxiliaires de l'histoire*. Paris, 1969.

FEOOU, R. *Lexique historique du Moyen Age*. Paris, 1980.

GÉNICOT, L. *Le XIIIe siecle européen*. Paris, 1968.

_____. *Les lignes de faite du Moyen Age*. 3. ed. Tournai, 1961.

HEER, F. *L'Univers du Moyen Age*. Paris, 1961.

HEERS, J. *Précis d'Histoire du Moyen Age*. 2. ed. Paris, 1973.

_____. "Histoire universelle". *Larousse de poche*. 3 vol. Paris, 1968-1969.

LE GOFF, J. *Pour un autre Moyen Age*. Paris, 1977.

LOPEZ, R. *Naissance de l'Europe (IVe- XIVe siècles)*. Paris, 1962.

---

* Nenhuma obra que trate apenas da baixa Idade Média (séculos XIV-XV) está incluída nestas referências.

MORRALL, J.-B. *The Medieval Imprint*. Londres, 1967.

MUNOY, J.-H. *Europe in the High Middle Ages (1150-1309)*. Londres, 1973.

PACAUT, M. *Guide de l'étudiant en histoire medieval*. Paris, 1968.

PERNOUD, R. *Pour en finir avec le Moyen Age*. Paris, 1977.

SOUTHER, R.W. *The Making of the Middle Ages*. Londres, 1953.

VOLPE, G. *Il Medio Evo*. Florença, 1965.

ZUMTHOR, P. *Parler du Moven Age*. Paris, 1980.

_____. *Informatique et Histoire médiévale*. École Française de Rome, 1977.

_____. *Typologie des sources du Moyen Age occidental*. 35 fasc. [Dir. de L. Génicot].

II – Histórias nacionais

Alemanha

CUVILLIER, J.P. *L'Allemagne médiévale*: naissance d'un état (VIIIe-XIIIe siècles). Paris, 1979.

FUHRMANN, H. *Deutsche Geschichte im hohen Mittelalter*. Vol. 2. Gottingen, 1978 [Éd. de J. Leuschner].

GEBHARDT, B. *Handbuch der deutschen Geschichte*. Vol. 1. [Ed. De H. Grunmann].

LÜTGE, F. *Deutsche Sozial und Wirtschaftsgeschichte*. 2. ed. Berlim, 1960.

RASSOW, P. et al. *Histoire de l'Allemagne des origines à nos jours*. T. 1, 1969.

SCHIEFFER, T. *Die deutsche Kaiserzeit (900-1250)*, 1973 [Ed. de W. Hubatsch].

Áustria

HANTSCH, H. *Die Geschichte Osterreichs*. T. 1. 4. ed. Viena, 1959.

UHLIRZ, K. & UHLIRZ, M. *Handbuch der Geschichte Österreich Ungarns*. Vol. 1, 1963.

Bélgica e Países Baixos

DOEHAERD, R. *L'Expansion économique belge au Moyen Age*. Bruxelas, 1946.

GÉNICOT, L. *Du Xe au XIVe siècle* – Des provinces dans um monde. Bruxelas, 1966.

PIRENNE, H. *Histoire de Belgique*. 3. ed. T. I-III. Bruxelas, 1922.

VAN HOUTTE, J.A. *Economische en Sociale Geschiedenis van de Lage Landen*. Zeist.-Anvers, 1964.

Croácia

GULDESCU, S. *History of Medieval Croatia*. La Haye, 1964.

Escandinávia

ANDERSON, I. *Histoire de la Suède*. Roanne, 1973.

MUSSET, L. *Les peuples scandinaves au Moyen Age*. Paris, 1951.

Escócia

DICKINSON, W.-C. *Scotland from the Earliest Times to 1603*, 1961.

Espanha

DESFOURNEAUX, M. *Les Français en Espagne aux XIe et XXe siècles*. Paris, 1949.

DUFOURCQ, C.-E. & GAUTIER DALCHÉ, J. *Histoire économique et sociale de l'Espagne chrétienne au Moyen Age*. Paris, 1976.

GUICHARD, P. *Structures sociales "orientales" et "occidentales" dans l'Espagne musulmane*. Paris/La Haye, 1977.

MENENDEZ PIDAL. *La España del Cid*. 7. ed. Madri, 1969.

PASTOR DE TOGNERI, R. *Del islam al cristianismo* – En las fronteras de dos formaciones economico-sociales: Toledo sigl. XI-XIII. Barcelona, 1975.

_____. *Conflictos sociales y estancamiento economico en la España medieval*. Buenos Aires, 1973.

SANCHEZ ALBORNOZ, C. *Estudios sobre las instituciones medievales españolas*. México, 1965.

VALDEAVELLANO, L.G. *Historia de España*. T. 1. 3. ed. Madri, 1964.

VIVES, V. *Historia social y economica de España y America*. T. I-II. Barcelona, 1957.

França

CHÉDEVILLE, A. *La France du Moyen Age*. Paris, 1965.

DUBY, G., apud DUBY, G. & MANDROU, R. *Histoire de la civilisation française*. T. I. Paris, 1958.

DUBY, G. (ed.). *Histoire de la France*. T. I. Paris, 1970.

LEMARIGNIER, J.-F. *La France médiévale*: institutions et société. Paris, 1971.

LORCIN, M.T. *La France au XIIIe siècle*. Paris, 1975.

Hungria

MacARTNEY, C.A. *The Medieval Hungarian Historians*. Cambridge, 1953.

PAMLENYI, E. (éd.). *Histoire de la Hongrie*. Roanne, 1974.

Inglaterra

BARLOW, F. *The Feudal Kingdom of England 1042-1216*. Londres, 1972[3].

BERESFORD, M.W. & SAINT-JOSEPH, J.-K.-S. *Medieval England, an Aerial Survey*. Cambridge, 1958.

PLATT, C. *Medieval England* – A Social History and Archeology from the Conquest to A.D. 1600. Londres, 1978.

POOLE, A.L. *Medieval England*. 2 vol. Oxford, 1958.

POSTAR, M.M. & HILL, C. *Histoire économique et sociale de la Grande-Bretagne*. Paris, 1977.

Irlanda

ÜTWAY-RUTHVEN, A.J. *A History of Medieval Ireland*, 1968.

Itália

JONES, P. *Economia e società nell'ltalia medievale*. Turim, 1980.

LUZZATO, G. *Storia economica d'ltalia*. T. I. Roma, 1949.

SALVATORELLI, T. *Histoire de l'Italie*. Roanne, 1973.

Storia d'ltalia Einaudi. T. I e II. 3 vol. Turim, 1972-1974 [*Annali*. T. I, 1978].

País de Gales

JACK, R.I. *Medieval Wales*. Londres, 1972.

Polônia

GIEYSZTOR, A. et al. *Histoire de Pologne*. Roanne, 1971.

Portugal

OLIVEIRA MARQUES, A.-H. *Histoire du Portugal*. Roanne, 1978.

Suíça

BERGER, J.-F. *Problèmes de l'histoire économique de la Suisse*. Berna, 1968.

PEYER, H.-C. *Frühes und Hohes Mittelalter* – Die Entshehung der Eidgenossenschaft. Zurique, 1972.

III – Alta Idade Média (sumarizada)

BANNIARD, M. Le Haut Moyen Age occidental. Paris, 1980.

BEUMANN, H. *Lebenswerk und Nachleben*. 4 vol., Dusseldorf, 1965-1967 [Éd. de Karl der Grosse].

Charlemagne – Oeuvre: Rayonnement et survivance. Catalogue de l'exposition d'Aix-la-Chapelle, 1965.

DHONDT, J. & ROUCHE, M. *Le Haut Moyen Age (VIIIe-XIe siècles)*. Paris, 1976.

DOCKES, P. *La libération medieval*. Paris, 1979.

DUSV, G. *Guerriers et paysans, VIIe-XIIe siècles, premier essor de l'économie européenne*. Paris, 1973.

LÜMBARD, M. *Espaces et réseaux du Haut Moyen Age*. Paris/La Haye, 1972.

RICHÉ, P. *Écoles et enseignement dans le Haut Moyen Age*. Paris, 1979.

Settimane di Studio dei centro italiano di Studi sull'alto Medioevo. Espoleto, 1953.

IV – O Oriente, Bizâncio, o Islã e a Cristandade

DANIEL, N. *Islam and the West* – The Making of an Image. Edimburgo, 1960.

EBERSOLT, J. *Orient et Occident* – Recherches sur les influences byzantines et orientales en France pendant les Croisades. Paris, 1954.

OHNSORGE, W. *Abendland und Byzanz*. Darmstadt, 1958.

SOUTHERN, R.W. *Westem Wiews of Islam in the Middle Ages*. Cambridge, Mass. 1962.

WILPERT, P. (ed.). *Antike und Orient im Mittelalter* – Miscellanea Mediaevalia I. Berlim, 1962.

V – Marina, viagens

HEINSIUS, P. *Das Schiff der hansischen Frühzeit*. Weimar, 1956.

HOCQUET, J.C. *Le Sef et la fortune de Venise* – II: Voiliers et commerce en Méditerranée, 1200-1650. Lille, 1979.

MOLLAT, M. *Histoire universelle des explorations*. T. I. Paris, 1955.

MOLLAT, M. (ed.). *Colloques d'histoire maritime* (depuis 1956).

ROUX, J.-P. *Les Explorateurs au Moyen Age*. Paris, 1961.

VI – Alimentação

DEMBINSKA, M. *La Consommation alimentaire dans la Pologne medieval.* Varsóvia, 1963.

HEMARDINQUER, J.-J. (ed.). *Pour une histoire de l'alimentation.* Paris, 1970.

MAURIZIO, A. *Histoire de l'alimentation végétale.* Paris, 1932.

TANNAHILL, R. *Food in History.* Londres, 1973.

VII – Demografia

BARATIER, E. *La démographie provençaie du XIIIe au XVIe siècle.* Paris, 1961.

BELOCH, K.-J. *Bevolkerungsgeschichte Italiens.* 3 vol., 1937, 1961.

CIPOLLA, C.-M. *Economic History of World Population.* Harmondsworth, 1962.

KEYSHR, E. *Bevolkerungsgeschichte Deutschlands*, 1938.

REINHARD, M.; ARMENGAUD, A. & DUPAQUIER, J. *Histoire générale de la population mondiale.* Paris, 1968.

RUSSELL, J.-C. *Late Ancient and Medieval Population.* Filadélfia, 1958.

_____. *British Medieval Population.* Albuquerque, 1948.

VIII – Família, parentesco

DUSV, G. *Le chevalier, la femme et le prêtre* – Le mariage dans la France féodale. Paris, 1981.

DUBY, G. & LE GOFF, J. (eds.). *Famille et parenté dans l'Occidem medieval.* Roma, 1977.

FLANDRIN, J.-L. *L'Église el le contrôle des naissances.* Paris, 1970.

GAUDEMET, J. *Les communautés familiales.* Paris, 1963.

HEERS, J. *Le clan familial au Moyen Age.* Paris, 1974.

MOLIN, J.P. & MUTEMBÉ, P. *Le rituel du mariage en France du XIIe au XVIe siècle*. Paris, 1974.

NOONAN, J.-T. *Contraception et marriage*. Paris, 1969.

IX – Mulher, criança

ARIES, P. *L'Enfant et la vie familiale sous l'Ancien Régime*. Paris, 1975.

Cahiers de Civilisation Médiévale, n. 2-3, 1977: "La femme dans les civilisations des Xe-XIIIe siècles.

CASAGRANDE, C. *Prediche alie donne del secolo XIII*. Milão, 1978.

GRIMAL, P. (ed.) *Histoire mondiale de la femme*. T. II. Paris, 1966.

LLOYD DE MAUSE (ed.). *The History of Childhood*. Nova York, 1974.

POWER, E. *Medieval Women*. Cambridge, 1975.

SHAHAR, S. *Die Frau im Mittealter*. Königstein, 1981.

"L'Enfant au Moyen Age". Senefiance, 9, 1980. Aix-en-Provence/Paris.

X – Guerra

CONTAMINE, P. *La guerre au Moyen Age*. Paris, 1980.

RUSSELL, F.-H. *The Just War in the Middle Ages*. Cambridge, 1975.

XI – Castelos

BROWN, R.-A. *English Castles*. 2. ed., 1962.

DESCHAMPS, P. *Les Châteaux des Croisés en Terre Sainte*. 2 vol. Paris, 1964-1969.

FINO, J.-F. *Forteresses de la France médiévale*. 3. ed. Paris, 1977.

FOURNIER, G. *Le château dans la France medieval*. Paris, 1978.

XII – Cruzadas

ALPHANDÉRY, P. & DUPRONT, A. *La chrétienté et l'idée de croisade*. 2 vol. Paris, 1954-1959.

CARDINI, F. *Le Crociate tra il mito e la storia*. Roma, 1971.

DELARUELLE, E. *L'Idée de croisade au Moyen Age*. Turim, 1980.

MORRISSON, C. *Les croisades*. Paris, 1969.

PRAWER, J. *Crusader Institutions*. Oxford, 1980.

_____. *Histoire du royaume latin de Jérusalem*. 2 vol. 2. ed. Paris, 1975.

_____. *The Latin Kingdom of Jerusalem* – European colonialism in the Middle Ages. Londres, 1972.

RICHARD, J. *L'Esprit de la croisade*. Paris, 1969.

RUNCIMAN, S. *A History of the Crusades*. 3 vol. Cambridge, 1951-1954.

SETTON, K.-M. (ed.) *A History of the Crusades*. 2 vol., 1955-1962.

SIVAN, E. *L'Islam et la Croisade*. Paris, 1968.

XIII – Técnicas

GILLE, B. *Histoire des techniques*. Paris, 1978 [Encyclopédie de la Pléiade].

WHITE JR., L. *Technologie médiévale et transformations socials*. Paris, 1969.

SINGER, C. et al. *A History of Technology*. Vol. II. Oxford, 1956.

XIV – Economia e sociedade

BALDWIN, J.-W. *Masters, Princes and Merchants, the social views of Peter the Chanter and his circle*. 2 vol. Princeton, 1970.

_____. *The Medieval Theories of the just Price*. Filadélfia, 1959.

BOSL, K. *Die Gesellschaft in der Geschichte des Mittelalters*. 3. ed. Göttingen, 1975.

BROOKE, C.N.L. *The Structure of Medieval Society*. Londres, 1971.

_____. *The Cambridge Economic History of Europe* – I: The Agrarian life of the Middle Ages. 2 ed., 1966.

_____. *The Cambridge Economic History of Europe* – III: Economic Organization and Policies in the Middle Ages, 1963.

_____. *The Cambridge Economic History of Europe* – II: Trade and Industry in the Middle Ages, 1952.

CIPOLLA (ed.) *The Fontana Economic History of Europe* – I: The Middle Ages. Londres, 1972.

FOSSIER, R. *Histoire sociale de l'Occident medieval.* Paris, 1970.

FOURQUIN, G. *Histoire économique de l'Occident medieval.* Paris, 1969.

GILCHRIST, J. *The Church and Economic Activity in the Middle Ages.* Londres/Nova York, 1969.

IBANES, J. *La doctrine de l'Eglise et les réalités économiques au XIIIe siècle.* Paris, 1967.

LE MENÉ, M. *L'Économie medieval.* Paris, 1977.

LITTLE, L.K. *Religious Poverty and the Profit Economy in Medieval Europe.* Londres, 1978.

NELSON, B. *The Idea of Usury.* Princeton, 1959.

NOONAN JR., J.T. *The Scholaslic Analysis of Usury.* Cambridge, Mass., 1957.

PIRENNE, H. *Histoire économique et sociale du Moyen Age.* Paris, 1963.

POUNOS, J.J.G. *An Economic History of Medieval Europe.* Londres/Nova York, 1974.

WOLFF, P. *Histoire générale du travail.* T. II. Paris, 1960.

XV – Campo e camponeses

BADER, K. *Das mittelalterliche Dorf ais Friedens und Rechtsbereich.* T. I. Weimar, 1957.

BENNETT, H.-S. *Life on the English Manor* – A Study of Peasant Condition, 1150-1400. Cambridge, 1937.

BESSMERTNY, Y.-C. *La campagne féodale et le marché en Europe Occidentale aux XIIe et XIIIe siècles.* Moscou, 1969.

CHAPELOT, J. & FOSSIER, R. *Le village et la maison au Moyen Age*. Paris, 1980.

CURSCHMANN, F. *Hungersnöte im Mittelalter*. Leipzig, 1900.

DION, R. *Histoire de la vigne et du vin en France*. Paris, 1959.

DOLLINGER, P. *L'Évolution des classes rurales en Bavière*. Paris, 1949.

DUAY, G. *L'Économie rurale et la vie des campagnes dans l'Occident medieval*. 2 vol. Paris, 1962.

EPPERLEIN, S. *Bauernbedrückung und Bauernwiderstand im hohen Mittelalter*. Berlin, 1960.

FOSSIER, R. *La terre et les hommes en Picardie jusqu'à la fin du XIIIe siècle*. 2 vol. Paris/Louvaina, 1968.

FOURQUIN, G. *Histoire de la France rurale*. T. I. Paris, 1975 [Ed. de G. Duby e A. WALLON].

FRANZ, G. (ed.). *Deutsche Agrargeschichte* – T. II: ABEL, W. Geschichte der deutschen Landwirtschaft. Stuttgart, 1962.

_____. *Deutsche Agrargeschichte* – T. III: LUTGE, F. Geschichte der deutschen Agrarverfassung, 1962.

FUMAGALLI, V. & ROSSETTI, G. (eds.). *Medioevo rurale*. Bolonha, 1980.

HIGOUNET, C. *La Grange de Vaulerent* – Structure et exploitation d'un terroir cistercien de la plaine de France, XIIe-XVe siècles. Paris, 1965.

HILTON, R.-H. *A Medieval Society* – The West Midlands at the End of the XIIIth Century. Londres, 1966.

HOMANS, G.C. *English Villages in the XIIIth Century*. Cambridge, Mass., 1942.

IMBERCIADORI, I. *Mezzadria classica toscana (IX-XIV sec.)*. Florença, 1951.

KOSMINSKY, E.A. *Studies in the Agrarian History of England in the XIIIth Century*. Oxford, 1956.

LENNARD, R. *Rural England 1086-1135* – A Study of Social and Agrarian Condition. Oxford, 1959.

"Le paysage rural: réalités et représentations". *Revue du Nord*, jan.--mar./1980 [num. esp.].

PERROY, E. *La terre et les paysans en France aux XIIe et XIIIe siècles*. Paris, 1973.

ROUPNEL, G. *Histoire de la campagne française*. 2. ed. Paris, 1973.

SERENI, E. *Histoire du paysage rural italien*. Paris, 1964.

SUCHER VAN BATH, B.-H. *An Agrarian History of Western Europe*, 1963.

TNOW, J.-Z. *Winchester Yields* – A study in Medieval Agricultura/Productivity. Cambridge, 1972.

XVI – Feudalismo e senhores

BLOCH, M. *La société féodale*. 2. ed. Paris, 1949.

BONASSIE, P. *La Catalogne du milieu du Xe siècle à la fin du XIe siècle*. Toulouse, 1975.

BORST, A. (ed.). *Das Ritterbum im Mittelalter*. Darmstadt, 1976.

BOUTRUCHE, R. *Seigneurie et Féodalité*. 2 vol. Paris, 1968-1970.

CARDINI, F. *Alle radici della cavalleria medievale*. Florença, 1981.

CONTAMINE, P. (ed.). *La noblesse au Moyen Age*. Paris, 1976.

COULBORN, R. (ed.). *Feudalism in History*. Princeton, 1956.

DUBY, G. *La société aux XIe et XIIe siècles dans la région mâconnaise*. Paris, 1953.

GANSHOF, F.L. *Qu'est-ce que la féodalité?* Bruxelas, 1957.

GUERREAU, A. *Le féodalisme* – Un horizon théorique. Paris, 1980.

Les structures sociales de l'Aquitaine, du Languedoc et de l'Espagne au premier âge féodal. Paris, 1969 [Colloque CNRS. Toulouse, 1968].

MITTEIS, H. *Lehnsrecht und Staatsgewalt*. Weimar, 1933.

POLY, J.-P. & BOURNAZEL, E. *La mutation féodale X^e-XIIe siècles*. Paris, 1980.

Structures féodales et féodalisme dans l'Occident méditerranéen [Colloque CNRS. Roma, 1978].

TOUBERT, P. *Les structures du Latium medieval*. Rome, 1973.

XVII – Cidades e burgueses

BAREL, Y. *La ville médiévale, système social, système urbain.* Grenoble, 1975.

BERESFORD, M. *New Towns of the Middle Ages* – Town Plantation in England, Wales and Gascony, 1967.

ENNEN, E. *Die europäische Stadt des Mittelalters.* Göttingen, 1972.

FRANCASTEL, P. (ed.). *Les origines des villes polonaises.* Paris/La Haye, 1960.

HAASE, C. (ed.). *Die Stadt des Mittelalters* – I: Begriff, Entstehung und Ausbreitung. Darmstadt, 1969.

La coscienza cittadina nei comuni italiani dei Duecento. Todi, 1972.

LAVEDAN, P. *Histoire de l'urbanisme.* 2. ed. Vol. I. Paris, 1966.

LE GOFF, J.; CHEDEVILLE, A. & ROSSIAUD, J. Apud DUBY, G. (ed.). *Histoire de la France urbaine.* T. II – La ville médiévale. Paris, 1980.

LESTOCQUOY, J. *Les villes de Flandres et d'Italie sous le gouvernement des patriciens.* Paris, 1952.

LUDAT, H. *Vorstufen und Entstehung des Städtewesens in Osteuropa.* Colônia, 1956.

MUNDY, J.H. & RIESENBERG, P. *The Medieval Town.* Princeton, 1958.

PETIT-DUTAILLIS, C. *Les communes françaises.* 2. ed. Paris, 1970.

PLANITZ, H. *Die deutsche Stadt im Mittelalter.* Graz/Colônia, 1954.

PLATT, C. *The English Meaieval Town*, 1976.

PLESNER, J. *L'Emigration de la campagne à la ville libre de Florence au XIIIe siècle.* Copenhague, 1934.

RENOUARD, Y. *Les villes d'Italie de la fin du Xe siècle au début du XIIIe siècle.* 2 vol. Paris, 1969.

ROMERO, J.-L. *La revolución burguesa en el mundo feudal.* Buenos Aires, 1969.

RÖRIG, F. *Die europäische Stadt und der Kultur des Burgertums im Mittelalter.* Göttingen, 1955.

Städtewesen und Bürgertum ais geschichtliche Kräfte. Gedächtnisschrift für F. Rörig, 1953.

WERNER, E. *Stadt und Geistesleben im Hochmittelalter.* Weimar, 1980.

XVIII – Corporação, artesãos, operários

FAGNIEZ, G. *Études sur l'industrie et la classe industrielle à Paris aux XIIIe et XIVe siècles.* Paris, 1877.

GEREMEK, B. *Le salariat dans l'artisanat parisien aux XIIIe-XVe siècles* – Étude sur le marché de la main-d'oeuvre au Moyen Age. Paris, 1968.

KNOPP, D. & JONES, G.P. *The Medieval Mason.* Manchester, 1933.

MICKWITZ, G. *Die Kartellfunktionen der Zünfte und ihre Bedeutung bei der Entshehung des Zunftwesens.* Helsinki, 1936.

XIX – Comércio, moeda, comerciantes

BISSON, T.-N. *Conservation of Coinage.* Oxford, 1979.

BLOCH, M. *Esquisse d'une histoire monétaire de l'Europe.* Paris, 1954.

CIPOLLA, C. *Money, Prices and Civilization in the Mediterranean World.* Princeton, 1956.

DELORT, R. *Le Commerce des fourrures en Occident à la fin du Moyen Age.* 2 vol. Roma, 1978.

DOLLINGER, P. *La Hanse, XIIe-XVIIe siècles.* Paris, 1964.

ESPINAS, G. *Les origines du capitalism* – T. I: Sire Jehan Boinebroke. Lille, 1933.

FOURNIAL, E. *Histoire monétaire de l'Occident medieval.* Paris, 1970.

LE GOFF, J. *Marchands et banquiers du Moyen Age.* 6. ed. Paris, 1980.

LOPEZ, R.S. *La revolution commerciale dans l'Europe medieval.* Paris, 1974.

POWER, E. *The Wool Trade in English Medieval History.* Oxford, 1941.

RENOUARD, Y. *Les hommes d'affaires italiens du Moyen Age.* 2. ed. Paris, 1968.

SAPORI, A. *Le marchand italien au Moyen Age.* Paris, 1952.

VALDEAVELLANO, L.G. *El mercado* – Apuntes para su estudio en Leon y Castilla durante la Edad Meda. Madri, 1952.

XX – A sociedade: integrações e exclusões

Aspects de la marginalité au Moyen Age. Montreal, 1975.

BOSWELL, J. *Christianity, Social Tolerance and Homosexuality.* Chicago/Londres, 1980.

BRODY, S.-N. *The Disease of the Soul*: Leprosy in Medieval Literature. Ithaca, 1974.

DYCKMANNS, W. *Das mittelalterliche Gemeinschaftsdenken unter dem Gesichtspunkt der Totalität.* Paderborn, 1937.

Exclus et systèmes d'exclusion dans la littérature et la civilisation médiévales. Aix-en-Provence/Paris, 1978 [Senefiance 5].

HUNNISSETT, R.F. *The Medieval Coroner.* Cambridge, 1961.

IMBERT, J. *Les hôpitaux en droit canonique.* Paris, 1947.

KEEN, M. *The Outlaws of Medieval Legend.* Toronto, 1961.

Les marginaux et les exclus dans l'histoire. Paris, 1979 [Cahiers Jussieu 5].

McDONNELL, E.W. *The Beguines and Beghards in Medieval culture*, 1954.

MICHAUD-QUENTIN, P. *Universitas. Expressions du mouvement communautaire dans le Moyen Age latin.* Paris, 1970.

MOLLAT, M. *Les pauvres au Moyen Age.* Paris, 1978.

MOLLAT, M. (ed.). *Études sur l'histoire de la pauvreté.* 2 vol. Paris, 1974.

PUGH, R.B. *Imprisonment in Medieval England.* Cambridge, 1968.

SCHWER, W. *Stand und Ständeordnung im Weltbild des Mittelalters.* Paderborn, 1970.

Soziale Ordnungen im Selbstverständnis des Mittelalters. Berlim, 1979 [Miscellanea Mediaevalia, 12].

ULLMANN, W. *The Individual and Society in the Middle Ages.* Baltimore, 1966.

XXI – Judeus

BARON, S.W. *Histoire d'Israel: vie sociale et religieuse.* T. II, III, IV. Paris, 1957-1961.

BLUMENKRANZ, B. *Les auteurs latins chrétiens du Moyen Age sur les juifs et le judaïsme.* Paris, 1963.

BLUMENKRANZ, B. (ed.). *Art et archéologie des juifs en France médiévale.* Toulouse, 1980.

CHAZAN, R. *Medieval Jewry in Northern France.* Baltimore, 1973.

DASBERG, L. *Untersuchungen über die Entwertung des Judenstatus im I Jahrhundert.* Paris/La Haye, 1965.

GRAYZEL, J. *The Church and the Jews in the XIIIth century.* Filadélfia, 1933.

Judentum im Mittelalter. Berlim, 1966 [Miscellanea Mediaevala, 4].

KATZ, J. *Exclusiveness and Tolerance* – Studies in Jewishgentile relations in Medieval and Modem Times. Oxford, 1961.

KISCH, G. *The Jews in Medieval Germany* – A Study of their legal and social status. 2. ed. Nova York, 1970.

POLIAKOV, L. *Histoire de l'antisémitisme.* T. I. Paris, 1953.

SCHOLEM, G. *Les origines de la Kabbale.* Paris, 1966.

TRACHTENBERG, J. *The Devil and the Jews* – The Medieval Conception of the Jew and its Relations to Modem Antisemitism. Yale, 1943.

XXII – Peregrinações

SIJGAL, P.A. *Les marcheurs de Dieu* – Pelerinages et pelerins au Moyen Age. Paris, 1974.

VASQUEZ DE PARGA, L.; LACARRA, J.M. & URIA RIU, J. *Las peregrinaciones a Santiago de Compostela.* 3 vol. Madri, 1948-1949.

VIELLIARD, J. *Le guide du pelerin de Saint-Jacques-de-Compostelle.* 2. ed. Mâcon, 1963.

Voyage, quête, pelerinage dans la littérature et la civilisation médiévales. Aix-en-Provence/Paris, 1976 [Senefiance 2].

XXIII – Direito e ideias políticas

BERGES, W. *Die Fürstenspiegel des hohen und späten Mittelalters.* Leipzig, 1938.

BLOCH, M. *Les rois thaumaturges.* 2. ed. Paris, 1961.

CALASSO, F. *I glossatori e la teoria della sovranità.* 3. ed. Milão, 1957.

_____. *Medio evo dei diritto.* Milão, 1954.

DAVID, M. *La souveraineté et les limites juridiques du pouvoir monarchique.* Paris, 1954.

FOLZ, R. *L'Idée d'empire en Occidenc du Ve au XVe siècle.* Paris, 1953.

KANTOROWICZ, E. *The King's two bodies.* Princeton, 1957.

KELLER, R. *Freiheitsgarantien für Person und Eigentum im Mittelalter.* Heidelberg, 1933.

KUTTNER, S. *Harmony from Dissonance*: An Interpretation of Medieval Canon Law, 1960.

LE BRAS, G. (ed.). *Histoire du droit et des institutions de l'Église en Occident.* T. VII: L'Age classique 1140-1378, Sources et théories du droit. Paris, 1965.

LEWIS, E. *Medieval Political Ideas.* 2 vol. Londres, 1954.

MEIJERS, E.-M. *Études d'histoire du droit* – T. III: Le droit romain au Moyen Age. Leyde, 1959.

MOCHI ONORY, S. *Fonti canonistiche dell'idea moderna dello stato.* Milão, 1951.

MORRALL, J.-B. *Political Thought in Medieval Times.* 2. ed. Nova York, 1962.

PACAUT, M. *Les structures politiques de l'Occident medieval.* Paris, 1969.

_____. *La théocrarie* – L'Église ec le pouvoir laïque au Moyen Age, Paris, 1957.

PANGE, J. *Le roi très chrétien.* Paris, 1949.

POST, G. *Studies in Medieval Legal Thought, Public Law and the State, 1100-1322*. Princeton, 1964.

RIESENBERG, N. *Inalienability of Sovereignty in Medieval Thought*. Nova York, 1956.

SCHRAMM, P.-E. *Der König von Frankreich*: das Wesen der Monarchie vom 9 zum 16 Jahrhundert. 2 vol. Weimar, 1939.

SCHRAMM, P.-E. *Herrschaftszeichen und Staatssymbolik*. 3 vol. Stuttgart, 1954.

TELI ENBACH, G. *Libertas*: Kirche und Weltordnung im Zeitalter des Investiturstreites. Leipzig, 1936.

TOUCHARD, J. et al. (eds.). *Histoire des idées politiques*. T. I. Paris, 1959.

ULLMANN, W. *Principies of Government and Policies in the Middle Ages*. Nova York, 1961.

XXIV – Vida intelectual

ALESSIO, F. *Il pensiero dell'Occidente feudale in Filosofie e Società, I*. Bolonha, 1975.

ARNALDI, G. (ed.). *Le origini dell'Università*. Bolonha, 1974.

Arts libéraux et Philosophie au Moyen Age – Actes du IVe Congres International de Philosophie Médiévale. Montréal/Paris, 1969.

BALDWIN, J.-W. *The Scholastic Culture of the Middle Ages 1000-1300*. Lexington, 1971.

BULTOT, R. *Christianisme et valeurs humaines, la doctrine du mépris du monde en Occident de saint Ambroise à Innocent III* – T. IV: Le XIe siècle. 2 vol. Paris, 1963-1964.

CHENU, M.-D. *La théologie au XIIe siècle*. Paris, 1957.

_____. *La théologie comme science au XIIIe siècle*. 3. ed. Paris, 1957.

COBBAN, A.-M. *The Medieval Universities*: their development and organization. Londres, 1975.

CRISCIANI, C. & GAGNON, C. *Alchimie et Philosophie au Moyen Age*: perspectives et problems. Montreal, 1980.

DE LUBAC, H. *Exégese médiévale* – Les quatre sens de l'Écriture. 4 vol. Paris, 1959-1964.

FOREST, A.; STEENBERGHEIN, F. & GANDILLAC, M. *Le mouvement doctrinal du IXe au XIVe siècle.* Paris, 1951 [FLICHE & MARTIN. *Histoire générale de l'Église*. T. XII].

GANDILLAC, M. & JEAUNEAU, E. (ed.). *Entretiens sur la Renaissance du XIIe siècle.* Paris-La Haye, 1968.

GILSON, E. *La philosophie au Moyen Age.* 3. ed. Paris, 1947.

JEAUNEAU, E. *La philosophie medieval.* Paris, 1963.

LAGARDE, G. *La naissance de l'esprit laïque au déclin du Moyen Age.* 6 vol., 1956-1963.

LECLERCQ, J. *L'Amour des lettres et le désir de Dieu.* Paris, 1957.

LE GOFF, J. *Les intellectuels au Moyen Age.* Paris, 1957.

LEY, H. *Studie zur Geschichte des Materialismus im Mittelalter.* Berlim, 1957.

MURRAY, A. *Reason and Society in the Middle Ages.* Oxford, 1978.

PARE, G.; BRUNET, A. & TREMBLAY, P. *La Renaissance du XIIe siècle*: les écoles et l'enseignement. Paris/Ottawa, 1933.

PAUL, J. *Histoire intellectuelle de l'Occident medieval.* Paris, 1973.

RENUCCI, P. *L'Aventure de l'humanisme européen au Moyen Age* (IVe-XIVe siècles). Paris, 1953.

ROQUES, R. *L'Univers dionysien* – Structure hiérarchique du monde selon le pseudo-Denys. Paris, 1954.

SMALLEY, B. *The Study of the Bible in the Middle Ages.* 3. ed. Oxford, 1970.

STEENBERGHEN, F. *La philosophte au XIIIe siècle.* Lovaina/Paris, 1966.

The Cultural Context of Medieval Learning – Proceedings of the First lnternational Colloquium on Philosophy, Sciences and Theology in the Middle Ages. Dordrecht/Boston, 1975.

VERGER, J. *Les universités au Moyen Age.* Paris, 1973.

VIGNAUX, P. *Philosophie au Moyen Age.* Paris, 1958.

WOLFF, P. *L'Éveil intellectuel de l'Europe.* Paris, 1971.

XXV – Literatura

BADEL, P.-Y. *Introduction à la vie littéraire du Moyen Age*. Paris, 1969.

BEC, P. *La poésie lyrique en France au Moyen Age*. 2 vol. Paris, 1977-1978.

BEZZOLA, R.-R. *Les origines et la formation de la littérature courtoise en Occident*. 5 vol. Paris, 1958-1963.

BOASE, R. *The Origin and Meaning of Courtly Love* – A critical Study of European Scholarship. Manchester, 1977.

BOLGAR, R.-R. *The Classical Heritage and its Beneficiaries*. Cambridge, 1954.

BOUTET, D. & STRUBEL, A. *Littérature, politique et société dans la France du Moyen Age*. Paris, 1979.

CAMPROUX, C. *Histoire de la littérature occitane*. Paris, 1972.

COMBARIEU DU GRES, M. *L'Idéal humain et l'expérience morale chez les héros des chansons de geste des origines à 1250*. Aix-en-Provence/Paris, 1979.

CURTIUS, E.-R. *La littérature européenne et le Moyen Age latin*. Paris, 1956.

DOBIACHE-ROJDESVENSKY, O. *Les poésies des Goliards*. Paris, 1931.

DUBOIS, M.-M. *La littérature anglaise du Moyen Age*. Paris, 1962.

ESTRADA, F.L. *Introducción a la literatura medieval española*. Madri, 1979[4].

FRAPPIER, J. *Amour courtois et table ronde*. Genebra, 1973.

GHELLINCK, J. *L'Essor de la littérature latine au XIIe siècle*. 2 vol. Paris, 1946.

JAUSS, H.-R. *Untersuchungen zur mittelalterlichen Tierdichtung*. Tüblingen, 1959.

KOHLER, E. *L'Aventure chevaleresque* – Idéal et réalité dans le roman courtois. Paris, 1974.

LE GENTIL, P. *La littérature française du Moyen Age*. Paris, 1963.

_____. *La chanson de Roland*. Paris, 1955.

LEHMANN, P. *Die Parodie im Mittelalter*. 2. ed. Munique, 1963.

LEJEUNE, R. *La chanson de geste et l'histoire*. Liege, 1948.

LEWIS, C.-S. *The Discarded Image: an Introduction to Medieval and Renaissance Literature*. Cambridge, 1964.

LOOMIS, R.S. (ed.). *Arthurian literature in the Middle Ages*. Oxford, 1959.

LORCIN, M.T. *Façons de sentir et de penser*: les fabliaux français. Paris, 1979.

LOUIS, R. *De l'histoire à la legende* – Girart comte de Vienne. 2 vol. Auxerre, 1946-1947.

MARROU, H.-I. *Les Troubadours*. 2 ed. Paris, 1971.

MARX, J. *Nouvelles recherches sur la littérature arthurienne*. Paris, 1965.

_____. *La légende arthurienne et le Graal*. Paris, 1952.

PAYEN, J.-C. *Littérature française: le Moyen Age* – T. I: Des origines à 1300. Paris, 1970.

_____. *Manuel d'histoire littéraire de la France*: le Moyen Age. Paris, 1965.

PORRION, D. *Le roman de la rose*. Paris, 1973.

REY-FLAUD, H. *Pour une dramaturgie du Moyen Age*. Paris, 1980.

RICHTER, P. (ed.). *Literatur im Feudalismus*. Stuttgart, 1975.

_____. *Les romans du Graal dans la littérature des XIIe et XIIIe siècles*. Paris, CNRS, 1956.

RIQUER, M. *Les chansons de geste françaises*. 2. ed. Paris, 1968.

ROSSI, V. *Storia della literatura italiana*. T. I. Milão, 1946.

WADDELL, M. *The Wandering Scholars*. 2. ed. 1954.

WESSELSKI, A. *Märchen des Mittelalters*. Berlim, 1925.

ZUMTHOR, P. *Essai de poétique médiévale*. Paris, 1972.

_____. *Histoire littéraire de la France médiévale*. Paris, 1954.

XXVI – Ciências

AGRIMI, J. & CRISCIANI, C. *Malato, medico e medicina nel Medioevo*. Turim, 1980.

_____. *Medicina del corpo e medicina dell'anima*. Milão, 1978.

ALESSIO, F. *Mito e scienza in Ruggero Bacone*. Milão, 1957.

CLAGETT, M. *The Science of Mechanics in the Middle Ages*. Madison, 1956.

CROMBIE, A.-C. *Histoire des sciences de saint Augustin à Galilée*. Paris, 1958.

FRANKOWSKA, M. *Scientia as interpreted by Roger Bacon*. Varsóvia, 1971.

GRANT, E. *Physical Science in the Middle Ages*. Nova York, 1971.

JUSCHKEWITSCH, A.P. *Geschichte der Mathematik im Mittelalter*. Bale, 1964.

KIMBLE, G.H.I. *Geography in the Middle Ages*. Londres, 1938.

LAWN, B. *The Salernitan Questions*, 1962.

LINDBERG, D.C. (ed.). *Science in the Middle Ages*. Chicago, 1978.

MIELI, A. *Panorama general de historia de la sciencia* – T. II: El mundo islamico y el occidente medieval Cristiano. Buenos Aires, 1946.

STOCK, B. *Myth and Science in the XIIth century*. Princeton, 1972.

TATON, R. (ed.). *Histoire générale des sciences* – T. I: BEAU JOUAN, G. La Science antique et medieval. Paris, 1957.

THORNDIKE, L. *A History of Magic and Experimental Science* – T. II: During the first thirteen Centuries of our Era. Nova York, 1923.

WRIGHT, J.-K. *Geographical Lore of the Time of the Crusades*. 2. ed. Nova York, 1965.

XXVII – Arte

BALTRUSAITIS, J. *Le Moyen Age fantastique*. Paris, 1955.

CHRISTE, Y. *Les grands portails romans*. Genebra, 1969.

CONANT, K.-J. *Carolingian and Romanesque Architecture 800-1200*. Londres, 1959.

DEBIDOUR, V.-H. *Le bestiaire sculpté du Moyen Age en France.* Paris, 1961.

DEMIANS D'ARCHIMBAUD, G. *Histoire artistique de l'Occident medieval.* Paris, 1968.

DEMUS, O. *La peinture murale romane.* Paris, 1970.

DUBY, G. *L'Europe au Moyen Age* – Art roman, art gothique. Paris, 1979.

_____. *Le temps des cathédrales, l'art et la société.* Paris, 1976.

FOCILLON, H. *Art d'Occident.* 2. ed. Paris, 1965.

FRANCASTEL, P. *L'Humanisme roman.* 2. ed. Paris/La Haye, 1970.

_____. *Frontieres du gochique.* 2. ed. Paris/La Haye, 1970.

FRANKL, P. *The Gochic, Literary Sources and Interpretations Through Eight Centuries.* Princeton, 1960.

GAUTHIER, M.-M. *Emaux du Moyen Age occidental.* 2. ed. Paris, 1972.

GRODECKI, L. *Le vitrail roman.* Paris/Friburgo, 1977.

GRODECKI, L.; MOTHERICH, F.; TARALON, J. & WORMALD, F. *Le siècle de l'An Mil.* Paris, 1973.

HAHNLOSER, H.R. *Villard de Honnecourt.* Viena, 1933.

HARVEY, J. *The Gothic World 1100-1600.* Londres, 1950.

KIRSCHBAUM, E. & BRAUNFELS, E. (eds.). *Lexicon der christlichen Ikonographie.* 8 vol. 1968-1976.

LADNER, G.B. *Ad imaginem Dei* – The Image of Man in Mediaeval Art, 1965.

PANOFSKY, E. *Architecture gothique et pensée scolastique.* Paris, 1967.

PORCHER, J. *L'Enluminure française.* Paris, 1959.

REESE, G. *Music in the Middle Ages.* Nova York, 1940.

SAUERLÄNDER, W. *La sculpture gothique en France, 1140-1270.* Paris, 1972.

SCHAPIRO, M. *Romanesque Art.* Nova York, 1977.

SCOBELTZINE, A. *L'Art féodal et son enjeu social.* Paris, 1973.

SIMPSON, O. *The Gothic Cathedral*: Origins of Gothic Architecture and the Medieval Concept of Order. Nova York, 1956.

STEINEN, W. *Homo caelestis* – Das Wort der Kunst im Mittelalter. 2 vol. Berna/Munique, 1965.

WYLIE EGBERT, V. *The Medieval Artist at Work.* Princeton, 1967.

XXVIII – Igrejas, religião, espiritualidade

CONGAR, Y. *L'Église de saint Augustin à l'époque moderne.* Paris, 1970.

FLICHE, A. & MARTIN, V. (ed.). *Histoire générale de l'Eglise.* Paris, 1940-1953: t. VII (888-1057), t. VIII (1057-1123), t. IX (1123-1198), t. X (1198-1274).

HINNEBUSCH, W.A. *History of the Dominican Order.* Nova York, 1966.

I laici nella "Societas Christiana" dei secoli XI e XII. Milão, 1968.

JUNGMANN, J.-A. *Missarum sollemnia, explication génétique de la messe romaine.* Paris, 1950.

KNOWLES, M.D. & OBOLENSKY, D. *Nouvelle histoire de l'Église* – T. II: Le Moyen Age. Paris, 1968.

La vita comune del clero nei secoli XI e XII. Milão, 1962.

LE BRAS, G. *Institutions ecclésiastiques de la chrétienté médiévale.* 2 vol. Paris, 1962-1964 [FUCHE & MARTIN. *Histoire générale de l'Église.* T. 12].

LECLERCQ, J.; VANDENBROUKE, F. & BOUYER, L. *La spirilualité du Moyen Age.* Paris, 1961.

L'eremitismo in Occidente nei secoli XI e XII. Milão, 1965.

MOORMAN, J.R.H. *A History of the Franciscan Order.* Oxford, 1968.

PACAUT, M. *Histoire de la papauté de l'origine au Concile de Trente.* Paris, 1976.

_____. *Les ordres monastiques et religieux.* Paris, 1970.

SOUTHERN, R.W. *Western Society and the Church in the Middle Ages.* Harmondsworth, 1970.

Spiritualità cluniacense. Todi, 1960.

VAUCHEZ, A. *La sainteté en Occident aux derniers siècles du Moyen Age.* Roma, 1981.

_____. *La spirilualité du Moyen Age occidemal, VIIIe-XIIe siècles.* Paris, 1975.

VICAIRE, M.H. *Histoire de saint Dominique.* 2 vol. Paris, 1957.

VIOLANTE, C. *Studi sulla Cristianità Medioevale.* Milão, 1972.

WOLLASCH, J. *Mönchtum des Mittelalters zwischen Kirche und Welt.* Munique, 1973.

XXIX – Heresias, feitiçarias, religião popular

BOGLIONI, P. (ed.). *La culture populaire au Moyen Age.* Montreal, 1978.

BORST, A. *Les cathares.* Paris, 1974.

CAPITANI, O. (ed.). *L'eresia medievale.* Bolonha, 1971.

CARDINI, F. *Magia, stregoneria, superstizioni nell'Occidente medievale.* Florença, 1979.

COHN, N. *Les fanatiques de l'Apocalypse.* Paris, 1962.

DELARUELLE, E. *La piété populaire au Moyen Age.* Turim, 1975.

GONNET, G. & MOLNAR, A. *Les vaudois au Moyen Age.* Turim, 1974.

GRUNDMANN, H. *Ketzergeschichte des Mittelalters.* Gottingen, 1963.

_____. *Religiöse Bewegungen im Mittelalter*, 1961.

HARMENING, D. *Superstitio* – Uberlieferungs und theoriegeschichtliche Untersuchungen zur kirchlich-theologischen Aberglaubensliteratur des Mittelalters. Berlim, 1979.

KOCH, G. *Frauenfrage und Ketzertum im Mittelalter.* Berlim, 1962.

LAMBERT, M.D. *Medieval Heresy* – Popular Movements from Bogomilism to Hus. Londres, 1977.

LE GOFF, J. (ed.). *Hérésies et Sociétés dans l'Europe pré-industrielle (XI-XVIIIe s.).* Paris/La Haye, 1968.

LOUROAUX, W. VERHELST, D. (ed.). *The Concept of Heresy in the Middle Ages*. Louvaina/La Haye, 1976.

MANSELLI, R. *La religion populaire au Moyen Age*. Montreal/Paris, 1975.

_____. *L'eresia dei male*. Nápoles, 1963.

MANTEUFFEL, T. *Naissance d'une hérésie* – Les adeptes de la pauvreté volontaire au Moyen Age. Paris/La Haye, 1970.

MOORE, R.I. *The Birth of Popular Heresy*. Londres, 1975.

NELLI, R. *Le phénomene cathare*. Toulouse/Paris, 1968.

RUNCIMAN, S. *Le manichéisme medieval*. Paris, 1959.

SCHMITT, J.C. *Le Saint Lévrier* – Guinefort guérisseur d'enfants depuis le XIIIe siècle. Paris, 1979.

THOUZELLIER, C. *Catharisme et valdéisme en Languedoc à la fin du XIIe et au début du XIIIe siècle*. 2. ed. Lovaina/Paris, 1969.

TÖPFER, B. *Das Kommende Reich des Friedens*. Berlim, 1964.

WAKEFIELD, W.L. & EVANS, A.P. *Heresies of the High Middle Ages*. Nova York/Londres, 1969.

WERNER, E. *Pauperes Christi* – Studien zu sozial-religiösen Bewegungen im Zeitalter des Reformpapsttums. Leipzig, 1956.

XXX – Sensibilidades, mentalidades, ideologias

Beiträge zum Berufsbewusstsein des mittelalterlichen Menschen. Berlim, 1964 [Miscellanea Mediaevala, 3].

BERNHEIMER, R. *Wild Men in the Middle Ages*. Cambridge, Mass., 1952.

BLOOMFIELD, M.-W. *The Seven Deadly Sins*, 1952.

BOAS, G. *Essays on Primitivism and Related ldeas in the Middle Ages*. Baltimore, 1948.

BORST, A. *Der Turmbau von Babel* – Geschichte der Meinungen über Ursprung und Vielfalt der Sprachen und Völker. 3 vol. Stuttgart, 1957-1961.

BROWE, P. *Beiträge zur Sexualethik des Mittelalters*. Breslau, 1932.

BRUYNE, E. *Études d'esthétique medieval*. 3 vol. Bruges, 1946.

BUGGE, J. *Virginitas* – An Essay in the History of a Medieval Idea. La Haye, 1975.

DEMPF, A. *Die Hauptform mittelalterlicher Weltanschauung, eine geisteswissenschaftliche Studie über die Summa*. Munique/Berlim, 1925.

DEVISSE, J. & MOLLAT, M. *L'Image du noir dans l'art occidental*. T. II, 2 vol. Friburgo, 1979.

Die Mächte des Guten und Bosen, Vorstellungen im XII und XIII Jahrhundert über ihr Wirken in der Heilsgeschichte. Berlim, 1977 [Miscellanea Mediaevalia, 11].

DUBY, G. *Les trois Ordres ou l'imaginaire du féodalisme*. Paris, 1978.

GRAF, A. *Il diavolo*. Roma, 1980.

GURJEWITSCH, A.J. *Das Weltbild des mittelalterlichen Menschen*. Dresde, 1978.

La mort au Moyen Age – Colloque de la Société des Historiens Médiévistes. Estrasburgo, 1977.

Le diable au Moyen Age. Aix-en-Provence/Paris, 1979 [Senefiance n. 6].

LE GOFF, J. *La naissance du Purgatoire*. Paris, 1981.

LE ROY LADURIE, E. *Montaillou, village occitan de 1294 à 1324*. Paris, 1975.

Le sentiment de la mort au Moyen Age. Montreal, 1979.

MAURER, F. *Leid*: Studien zur Bedeutungs und Problemgeschichte. Berna/Munique, 1951.

MÉNARD, P. *Le rire et le sourire dans le roman courtois en France au Moyen Age (1150-1250)*. Genebra, 1969.

MISCH, G. *Geschichte der Autobiographie*. 4 vol. Frankfurt, 1949-1955.

MOODY, E.-A. T*ruth and Consequence in Medieval Logic*. Amsterdã, 1953.

NELLI, R. *Écrivains non-conformistes du Moyen Age occidental*. Paris, 1977.

PAYEN, J.C. *Le motif du repentir dans la littérature française medieval*. Genebra, 1968.

SPRANDEL, R. *Mentalitäten und Systeme*. Stuttgart, 1972.

STERINAGEL, P. *Die Artes Mechanicae im Mittelalter* – Begriffs und Bedeutungsgeschichte bis zum Ende des XIII Jahrhunderts. Munique, 1966.

XXXI – Tempo, memória, história

Antiqui une Moderni – Traditionsbewusztsein und Fortschrittsbewusztsein im späten Mittelalter. Berlim, 1974 [Miscellanea Mediaevalia, 9].

DUBY, G. *Le dimanche de bouvines*. Paris, 1973.

GUENÉE, B. *Histoire et culture historique dans l'Occident medieval*. Paris, 1980.

GRAF, A. *Roma nella memoria e nelle immaginazioni del Medio Evo*. Turim, 1975.

GRAUS, F. *Lebendige Vergangenheit* – Überlieferung im Mittelalter und in den Vorstellungen vom Mittelalter. Colônia/Viena, 1975.

XXXII – Vida cotidiana

BOUCHER, F. *Histoire du costume en Occident de l'Antiquité à nos jours*. Paris, 1967.

DELORT, D. *Le Moyen Age, histoire illustrée de la vie quotidienne*. Lausana, 1972.

DESLANDRES, Y. *Le costume image de l'homme*. Paris, 1976.

FARAL, E. *La vie quotidienne au temps de Saint Louis*. Paris, 1942.

LANGLOIS, C.V. *La vie en France au Moyen Age de la fin du XIIe au milieu du XIVe siècle*. 4 vol. Paris, 1926-1928.

MOULIN, L. *La vie quotidienne des religieux au Moyen Age, X-XVe siècle*. Paris, 1978.

PASTOUREAU, M. *La vie quotidienne en France et en Angleterre au temps des chevaliers de la table ronde.* Paris, 1976.

TIGNER HOLMES JR., U. *Daily Living in the XIIth Century.* Madison, 1952.

VERDON, J. *Les loisirs au Moyen Age.* Paris, 1980.

Índice

Sumário, 5

Introdução, 7

Parte I – Do mundo antigo à Cristandade medieval, 15

1 A instalação dos bárbaros (séculos V-VII), 17

- A crise do mundo romano (séculos II-IV), 17
- Romanos e bárbaros, 19
- As invasões e o novo mapa do Ocidente, 26
- O Ocidente da alta Idade Média: novas estruturas, 31
- Conclusão – Da Antiguidade à Idade Média: continuidade ou ruptura?, 35

2 A tentativa de organização germânica (séculos VIII-X), 40

- O Ocidente carolíngio, 40
- A crise nos séculos IX-X: os novos invasores, 44
- A crise do mundo carolíngio: aspectos internos, 45
- A restauração otoniana, 49
- Renascimento do século X, 51
- Conclusão – O *take off* medieval: apelo externo ou ímpeto interno?, 52

3 A formação da Cristandade (séculos XI-XIII), 54

- Impulso da Cristandade: desenvolvimento da construção, progressos agrícolas e demográficos, 55

- Expansão da Cristandade: cristianização no norte e no leste; reconquista espanhola, cruzadas, 56
- O renascimento urbano, 65
- A renovação comercial, 69
- O impulso intelectual e artístico, 71
- A Igreja e a religião no impulso da Cristandade, 72
- O feudalismo ocidental, 79
- Peripécias políticas: o sacerdócio e o império, 84
- Peripécias políticas: os estados, 86
- Conclusão – A organização do espaço medieval: cidades ou estados?, 91

4 A crise da Cristandade (séculos XIV-XV), 93
- O fim da fronteira medieval, 93
- A crise do século XIV, 96
- O sentido da crise: depressão geral ou condição de progresso?, 96

Parte II – A civilização medieval, 97

Gênese, 99
- Cultura pagã e espírito cristão, 99
- Saber fragmentado, 102
- Regressão e adaptação, 103
- Ilhotas de civilização: cidades, cortes, mosteiros, 109
- Os "fundadores" da Idade Média, 110
- O Renascimento carolíngio, 112

1 Estruturas espaciais e temporais (séculos X-XIII), 115
- Clareiras e florestas, 115
- A mobilidade medieval: as estradas, 119
- A natureza e o universo, 123

- A Cristandade e Bizâncio: os cismáticos, 125
- A Cristandade e o Islã: os infiéis, 129
- A Cristandade e os pagãos: a conversão, 132
- A Cristandade e o mito mongol, 133
- Cristandade aberta ou fechada?, 134
- O além: Deus, 137
- O além: o diabo, 145
- Entre terra e céu: os anjos, 148
- Tempo, eternidade, história, 150
- Indiferença ou atenção ao tempo?, 159
- Tempos sociais: tempo natural e tempo rural, 163
- Tempos sociais: tempo senhorial, 165
- Tempos sociais: tempo religioso e clerical, 166
- A fuga do mundo, 170
- O sonho milenarista: anticristo e Idade áurea, 174

2 A vida material (séculos X-XIII), 182
- As "invenções medievais", 182
- Precariedade da "mecanização" medieval, 186
- A madeira e o ferro, 190
- Técnicas rurais, 195
- Fontes de energia, 199
- Os navios, 203
- Os avanços técnicos, 205
- Uma economia de subsistência, 210
- As mentalidades econômicas, 214
- Um mundo à beira do limite: fomes, 218
- Miséria fisiológica e epidemias, 228

- Esgotamento e insegurança, 233
- O crescimento econômico: a conjuntura medieval, 236
- Economia-natureza e economia-dinheiro, 237
- O crescimento econômico: repercussões sociais, 243

3 A sociedade cristã (séculos X-XIII), 248
- A sociedade das três ordens, 249
- Da sociedade tripartite aos "estados do mundo", 254
- A sociedade bicéfala: o papa e o imperador, 258
- A sociedade rompida: a Torre de Babel, 269
- Indivíduo e comunidade, 274
- A comunidade familiar, 276
- A mulher e a criança, 279
- A comunidade senhorial, 280
- Comunidades aldeãs e comunidades urbanas, 282
- A cidade e a sociedade urbana, 285
- A luta de classes: sociedade urbana e sociedade feudal, 288
- A luta de classes em meio rural, 290
- A luta de classes em meio urbano, 294
- A mulher na luta de classes, 295
- Rivalidades no interior das classes, 297
- A Igreja e a realeza na luta de classes, 298
- Comunidades intersociais: confrarias, classes de idade, 301
- Centros sociais: igrejas, castelos, moinhos, tabernas, 303
- Heresias e luta de classes, 305
- Os excluídos: hereges, leprosos, judeus, feiticeiros, sodomitas, doentes, estrangeiros, desclassificados, 306

4 Mentalidades, sensibilidades, atitudes (séculos X-XIII), 315

• O sentimento de insegurança, 315

• O recurso aos anciãos: as autoridades, 317

• O recurso à intervenção divina: milagres e ordálios, 319

• A mentalidade e a sensibilidade simbólicas, 321

• Abstração e sentido do concreto: a cor e a luz, a beleza e a força, 327

• As evasões e os sonhos, 332

• A evolução para o realismo e o racionalismo, 333

• O espírito escolástico, 335

• A interiorização e o moralismo, 338

• O amor cortês, amor moderno, 340

• A dessacralização da natureza, 342

• A falsidade e a mentira, 343

• Uma civilização do aparente: a alimentação e o luxo alimentar, o corpo e o gesto, 344

• A roupa e o luxo do vestuário, 348

• A casa e a ostentação: da moradia, 349

• Uma civilização do jogo, 351

Referências, 353

EDITORA VOZES
Editorial

CULTURAL
Administração
Antropologia
Biografias
Comunicação
Dinâmicas e Jogos
Ecologia e Meio Ambiente
Educação e Pedagogia
Filosofia
História
Letras e Literatura
Obras de referência
Política
Psicologia
Saúde e Nutrição
Serviço Social e Trabalho
Sociologia

CATEQUÉTICO PASTORAL
Catequese
  Geral
  Crisma
  Primeira Eucaristia

  Pastoral
    Geral
    Sacramental
    Familiar
    Social
    Ensino Religioso Escolar

TEOLÓGICO ESPIRITUAL
Biografias
Devocionários
Espiritualidade e Mística
Espiritualidade Mariana
Franciscanismo
Autoconhecimento
Liturgia
Obras de referência
Sagrada Escritura e Livros Apócrifos

Teologia
  Bíblica
  Histórica
  Prática
  Sistemática

VOZES NOBILIS
Uma linha editorial especial, com importantes autores, alto valor agregado e qualidade superior.

REVISTAS
Concilium
Estudos Bíblicos
Grande Sinal
REB (Revista Eclesiástica Brasileira)
SEDOC (Serviço de Documentação)

VOZES DE BOLSO
Obras clássicas de Ciências Humanas em formato de bolso.

PRODUTOS SAZONAIS
Folhinha do Sagrado Coração de Jesus
Calendário de mesa do Sagrado Coração de Jesus
Agenda do Sagrado Coração de Jesus
Almanaque Santo Antônio
Agendinha
Diário Vozes
Meditações para o dia a dia
Encontro diário com Deus
Guia Litúrgico

CADASTRE-SE
www.vozes.com.br

EDITORA VOZES LTDA.
Rua Frei Luís, 100 – Centro – Cep 25689-900 – Petrópolis, RJ
Tel.: (24) 2233-9000 – Fax: (24) 2231-4676 – E-mail: vendas@vozes.com.br

UNIDADES NO BRASIL: Belo Horizonte, MG – Brasília, DF – Campinas, SP – Cuiabá, MT
Curitiba, PR – Fortaleza, CE – Goiânia, GO – Juiz de Fora, MG
Manaus, AM – Petrópolis, RJ – Porto Alegre, RS – Recife, PE – Rio de Janeiro, RJ
Salvador, BA – São Paulo, SP